马克思主义理论研究
和建设工程重点教材

U0750451

世界古代史

（第二版）下册

《世界古代史》编写组

主　编　朱　寰

副主编　杨共乐　晏绍祥　王晋新　刘　城

主要成员

（以姓氏笔画为序）

王云龙　刘林海　张乃和

周巩固　周颂伦　侯树栋

宫秀华　郭丹彤

高等教育出版社·北京

图书在版编目（ＣＩＰ）数据

世界古代史.下册／《世界古代史》编写组编. --
2 版. -- 北京：高等教育出版社，2018.8（2025.7 重印）
马克思主义理论研究和建设工程重点教材
ISBN 978-7-04-050112-4

Ⅰ.①世… Ⅱ.①世… Ⅲ.①世界史-古代史-高等
学校-教材 Ⅳ.①K12

中国版本图书馆 CIP 数据核字（2018）第 162130 号

责任编辑	张　林	封面设计	王　鹏	版式设计	于　婕
责任校对	吕红颖	责任印制	赵　佳		

出版发行	高等教育出版社	网　　址	http://www.hep.edu.cn
社　　址	北京市西城区德外大街 4 号		http://www.hep.com.cn
邮政编码	100120	网上订购	http://www.hepmall.com.cn
印　　刷	涿州市星河印刷有限公司		http://www.hepmall.com
开　　本	787mm×1092mm　1/16		http://www.hepmall.cn
印　　张	17.75	版　　次	2016 年 6 月第 1 版
字　　数	330 千字		2018 年 8 月第 2 版
购书热线	010-58581118	印　　次	2025 年 7 月第 21 次印刷
咨询电话	400-810-0598	定　　价	37.80 元

本书如有缺页、倒页、脱页等质量问题，请到所购图书销售部门联系调换

版权所有　侵权必究
物 料 号　50112-00

目　录

下 册 引 言

世界中古史所叙述的主要内容为封建制社会的历史，上承上古的原始社会、奴隶社会，下启近代社会变迁，是人类历史长河中一个重要的社会发展阶段。

就时间维度而言，世界中古史大约起始于5、6世纪民族大迁徙，终结于15、16世纪海路大通，大约1000年的历史。期间，大略可分作早期（5、6世纪—9世纪）；中期（10—13世纪）和晚期（13—16世纪）三个时间段。必须指出，这种起止与时段划分是就世界整体而言的，各个地区、国家的实际历史状况并非全然与此一致。

从地球表面这一自然空间维度而言，中古社会人类的活动范围，较之上古时期更为广泛。首先，维系人类生存发展的物质生产所影响的自然空间大为扩展。而农耕、游牧两大世界的空间布局也发生了前者逐渐扩展，后者渐趋缩减的巨大变革，现代亚欧大陆的农业地理景观在此时已基本定型。随着大量土地逐渐被置于农耕生产之下，成为专门种植谷物的农田，自然界在地表植被、作物种类等层面上也随之出现了种种新的变化，人类与大自然的关系愈发微妙。

其次，以大河流域为中心的数个上古文明的分布格局也渐渐发生改观。亚欧大陆东端，华夏文明在魏晋之后，由于汉族与各个少数民族之间的互动，其幅员分别向华南、西北和东北拓展，朝鲜、日本、越南等周边地区在中国文明的辐射影响下迈入文明时代。南亚地区，文明所覆盖的范围也远远超越出印度河、恒河流域，向整个次大陆扩展。而在进入中古时代之后，由于罗马帝国东西两部分的分崩离析、诸多游牧半游牧民族的冲击和阿拉伯-伊斯兰帝国的兴起扩张，使古代晚期形成的古典地中海世界发生裂变，一分为三，分别构成拉丁基督教文明、拜占庭东正教文明和伊斯兰文明三大区域，从而使古典东西方观念的内涵在中古时代发生了深刻变化。8、9世纪以后，拉丁基督教文明区域中心已由意大利半岛移至西欧内陆的法兰克地区，其后又向北欧、中欧扩展，"欧洲"首次以一种整体姿态出现在世界历史格局的演进当中。随着东欧斯拉夫人诸地区陆续地进入，拜占庭东正教文明区域获得一个更为广袤的生存发展空间。而阿拉伯帝国在为时不长的时期内便促使一个横跨亚非欧三大洲的伊斯兰世界形成，它的出现和此后的变革，是中古世界人文地理状况发展沿革中一个十分重要的主题。此外，上古时代一直默默无闻的撒哈拉以南非洲地区和中南部美洲也有相当一部分于中古时代步入文明世界，更使中古世界与上古世界在空间外貌上迥然相异，不可等量齐观。

在时间长度上，中古史虽无法与长达数百万年的上古史相比，但在一个相对扩大了的历史空间中，它却展示出远较古代社会更为繁杂多样的时代内涵。主要表现在：

首先，在物质生产与经济活动领域，以农（牧）为主，辅之以一定的土木建筑、纺织、金属冶炼和商贸活动的农本经济体系构成了中古时代人类社会经济的基本形态。这种经济具有耕织结合、自给自足的自然经济属性，呈现出较为明显的狭隘闭塞之特性。大土地所有制与以农民家庭为基本单位的小生产相结合所构成的封建生产方式，是有别于大土地所有制与奴隶集体大生产的奴隶制生产方式的另一种经济剥削形态。

农本经济自中古时代已进入一个相对成熟的发展阶段。然而各个国家、地区在生产组织方式、生产力水平、地租形态、技术模式、耕织结合程度和经济效益上都显现出种种不同的特点。及至中古晚期，农本经济内部开始孕育某种新的变革，耕织结合趋于分解，商品化不断加强，经营、生产组织和所有制出现某种改变。而这些则是认识中古时代社会历史演变时也应予以密切关注和辨析的。

其次，在制度创制与选择方面，封建制社会虽然也与上古奴隶制社会一样，是一个存在着严重的人对人依赖关系的社会，然而中古时代各个地区、国家的封建社会制度又呈现出不同的外貌和结构。国内外学术界对此多有探究，成果斐然，但迄今为止尚未取得一致的结论。故而如何对封建制度的本质统一性和结构多样性加以科学的认知和辨识，是学习世界中古史的一个非常重要的内容。

在不同的文化传统、社会状况、阶级力量对比等条件的制约下，各个民族、国家在制度层面上，或者自身创制，或者外来借鉴，形成了繁杂不一的政治制度和社会控制体系，如中国就是在自身历史运行过程中，形成了中央集权多民族统一国家的政治架构；而西方则先是形成一种以封土制为里，以封君封臣制为表的封建制度，后来又以君王为中心的民族国家为其主要政治制度取向。阿拉伯-伊斯兰世界、南亚次大陆等地区的制度体系也都各有其特点。

再次，在文化精神的创造方面，中古时代的人类以自己的智慧对自然、社会和人自身加以不断的思考、认识和探究，从而创造出各具特色的不同的思维方式、解释体系、伦理学说和宗教信仰。诸多先贤大哲在世界本源、人生理念、伦理价值、终极关怀等各种领域提出的许多范畴、命题和解说，不仅使上古"轴心时代"的文化成就得以发展、提升、深化，而且时至今日仍旧闪烁着深邃睿智的光芒。中国文化完成了儒、道、释"三教合一"的过程，其内涵更为博大精深；南亚地区古婆罗门教历经变革，重新超越佛教，形成新婆罗门教——印度教，古老的印度文化重新焕发活力；在两河流域各种古老信仰的基础上，汲取犹太教、基督教之多种成分，伊斯兰教迅猛崛起，广泛传播于西亚北非地区，创造出别具一格、活力四射的伊斯兰文化；在中世纪的风云变幻中，基督教脱胎换骨，化育新生，演化出日耳曼-拉丁系的西方基督教文化和拜占庭-斯拉夫系的东正教文化两大系统。

这些文化成就还以社会化方式塑造着各个民族内心的不同品性，以绘画、雕塑、建筑等物化途径外显于世，使中古世界历史的文化内涵获得极大丰富。中古时代不同的文化体系与不同社会力量相互作用，演化出种种不同的社会意识和政治纲领，影响指导着不同地区、国家人们的社会实践，并赋予其不同的历史特征。这一切皆表明精神文化的形成、变迁、发展、传播不仅仅是中古世界社会运动的产物，而且也是参与其历史运动的重要力量。物质生产、制度创新、文化发展在历史运动中的统一，构成了这一时代文明发展的主题脉络和整体框架。

最后，在交往活动的深度和广度方面，中古时代人类较之上古时代有了较大的扩展：从个人、群体之间低层次的日常交往到诸民族和国家之间的高层次的区域性交往，从互通有无的物资性交往到政治文化各领域的交往，从民间自发的交往到官方有组织的交往，从和平方式的交往到以战争为表现形式的暴力交往。一部世界中古史，在一定意义上讲就是一部人类早期交往史。

中古时代亚欧大陆在人种、物种、生产技艺、宗教文化、军事冲突碰撞，甚至病毒、菌群等诸多领域的交往水平、规模都远远超过上古时代。从而对中古时代亚欧文明格局的重新确定，农耕、游牧两大世界空间结构的变迁产生巨大作用。东亚中华文明、南亚印度文明、西亚北非伊斯兰文明、西欧基督教文明和东欧东正教文明几个相对稳定的区域世界，在亚欧大陆上比肩而立。而这些区域世界的形成和内部的整合运动，特别是它们在交往关系不断扩展中形成的数个大规模交往网络体系，具有相当深刻的世界性意义。正是亚欧大陆上各个区域性世界的存在和交往体系的出现，为后世的整体性世界历史的形成提供了诸种先决性的条件和厚实的历史基础。孤悬于美洲大陆的印第安文明的存在状态，则从另一个侧面展示出交往在社会发展进程中的功用。这一文明虽曾出现了数个中心，但彼此之间交往甚少，互动乏力，加之海洋阻隔同亚欧诸文明断绝联系，长期处于发展缓慢的状态之中，故而当西方人横越大洋，驾船远来之时，无从应对。中古世界历史的演进过程已清晰地昭示出，交往活动是同物质生产、制度创新、文化发展一样重要的社会内容和历史推动力量。一千多年前，链接亚欧非三大洲的古丝绸之路，沟通了东西方文明，丰富了沿线人民生活，推动了世界文明建设。这条路所承载的和平合作、开放包容、互学互鉴、互利共赢的精神，历千年而不息。而今日中国之"一带一路"倡议，连接历史与未来，沟通中国与世界。

长久以来，世界中古史以其独特魅力一直为后世人们所关注，也成为史学研究的重要领域之一。尤其是在步入21世纪的当下，人们对中古世界历史更是难以释怀，意在彰往察来，识古明今，从这份历史遗产中辨识、获取可以启示现实指导未来的精神财富。然而，这是一项只有在正确的历史理论指导下，正确运用科学方法，通过艰难探求方可有所收获的学术劳动。20 世纪下半叶以来，包括中国学术界在内的一批世界史学者力图从经济、社会、政治、文化等各种层面中，从文明、交往、生态和全球史等角度出发，对这一时代的世界历史演进基本结构、整体趋势和各个区域性文明，尤其是对中国、伊斯兰等东方文明独特的内部架构、运行模式所据有的历史地位和贡献做了重新评价，并在一定程度上对"西方中心论""欧洲特殊论"等立场观点加以扬弃，应当说其整体学术水平业已超越了 19 世纪史学认知的水准。但是也应看到仍有部分学者、流派所提出的学说，由于在寻觅现代世界如何得以兴起的历史缘由时，刻意对西方支配现代世界的合理性加以解说，故而既未能脱离传统的窠臼，又与中古世界历史的真实状况相去甚远。

在学习世界中古史的过程中，必须要以历史唯物主义史观的科学理论作为指导思想，必须坚持以历史的辩证的观点，同时还需大量吸取相关人文学科、社会科学甚至自然科学的成果，从宏观、中观、微观等不同层次，社会运动的纵向、横向等不同维度和整体与具体的不同角度，来认识中古世界的历史，分析不同区域文明、国家、地区、民族和群体的不同特征与独特成就，探析人与自然之间微妙关系的转换。只有如此，方能对中古时代世界历史的丰富遗产有准确的认知与把握。

第八章 文明的冲撞与融合（3—6世纪）

引　言

世界上文明产生之初，在两河流域，尼罗河流域，印度河流域，黄河、长江流域和爱琴海等农耕发达地区相继出现了城市国家、王国甚至帝国等庞大的社会组织体系和较高水准的文化形态。它们各自的兴衰隆替，构成了古代人类社会纵向发展的主要内容。这一纵向发展过程中，农耕文明也随着农业社会的力量发展而被拓展到更为广阔的区域。然而，农业文明区域仅仅占据着地球的一小部分，从较大的时空范围来看，不同的农业文明中心时常处于游牧民族的分割、包围之中。迁徙的生活方式塑造了游牧民族的社会组织体系、物质文化方式等，也深刻影响着他们与农耕世界的交往。因此，除了农耕文明的演进之外，古代社会历史也包含着游牧世界的发展，特别是农耕与游牧两个世界之间的横向交往等广博的内容。古代农耕世界与游牧世界之间的交往也促成了古代世界历史发展格局的最初形成、两大世界的分布与不断变迁。游牧民族在古代历史中具有非常重要的作用，经常性的交往，促进了两大世界的冲撞与融合，进而促进了亚欧文明区域的进一步拓展。我们今天的世界历史发展面貌在很大程度上就是这两大世界长期冲撞与融合的结果。因此，理解游牧民族的生活方式以及他们与农耕世界之间的相互影响至为重要。

公元前后，农耕、游牧两大世界间的交往与冲撞加剧。汉王朝对匈奴人的军事胜利，迫使匈奴人一部西迁，由此引发了一系列连锁反应。及至3世纪以后更是形成了一种超越地区、民族、国家，绵延数百年，波及亚欧大陆广大地域的宏大历史景观，遂成为古代社会结束、中古社会肇始的一个主要标界。在这一过程中，东亚、南亚、地中海地区的亚欧大陆三大主要农耕文明区域受到了匈奴、鲜卑、月氏、嚈哒、日耳曼等诸多游牧民族大迁徙不同程度的冲击，农耕社会随之经历了一系列的动荡、调整、融合与变革，新的区域文明主要特征和地缘文明格局逐渐成形。

第一节　农耕、游牧——古代文明的两大世界

（一）农耕世界

史学界习惯将新石器时代原始社会晚期人类由渔猎采集的经济生活向农业生

产的转变，冠之以"农业革命"的称谓，这是一场人类历史上发生最早的产业"革命"。然而这场革命的过程、内涵和意义皆极为复杂。首先，它为时极为漫长，前后长达数千年，其中又分为原始农耕技术产生、普及、扩展、传播等若干个阶段。其次，其内涵非常复杂，既包括农业，也包括牧业；既包括作物培植、动物驯育等农牧生产技艺产生，也包括青铜、铁等金属开采、冶炼和各类生产工具发明。再次，其影响极为广泛悠远，它使人类生存状态由流动转向定居；从靠大自然恩施的食物采集者转变为日益摆脱大自然束缚、一定程度上掌握自己命运的食物生产者；社会财富总量增长，财富出现剩余，使分配方式变异，剥削发生，阶级分化，整个社会结构面貌开始变迁；促进带动了工具制造、纺织、建筑等产业的发展；促进了人类在精神文化生活领域的巨大改观；最后，它还使人类同自然之间的关系发生变革，人类开始对自然环境的原生形态施加一种改造性的力量，影响自然本身的演化进程。

在原始农耕中心形成之后，农业生产技术就开始缓慢地向其他宜于农耕的地区扩展。如西亚美索不达米亚的麦类种植，就向东、西两翼分别扩展：东北到伊朗北部和阿富汗；东南到俾路支和印度河；向西进入爱琴海诸岛和希腊，再深入中欧、南欧和东欧。中国和东南亚培育的粟、水稻，中美、南美培育的玉米，也逐步向各自周围地带扩散。就亚欧大陆而言，在经历了数千年的缓慢发展之后，中国由黄河至长江；印度由印度河至恒河；西亚、中亚由安纳托利亚至波斯、阿富汗；欧洲由地中海沿岸至波罗的海之南，由乌克兰至不列颠；上述地区以及非洲北部的地中海沿岸等地区，都相继成为农耕或半农耕地带。由此构成了一个绵亘于亚欧大陆两端之间、偏南的长弧形农耕世界。

随着农业生产的不断发展，生产工具的种类增多和技术水平的提高，人类自身生产的能力有了较大增长，从而令农耕地区的人类社会纵向发展的能力和速度大大提高。社会愈来愈趋复杂，组织管理范围越来越大，自我调控能力的发展程度也越来越强，精神文化的创造水平越来越高。古代著名的几大文明区域几乎无一不在农耕世界中诞生，并由初始的城邦发展为王国、甚至更高的组织形态——帝国。

（二）游牧世界

在与亚欧大陆弧形农耕地带相邻的偏北地区，还存在着另一种人类广泛活动的区域。这里雨水较少，地域辽阔，冬寒夏暖。到了春季，皑皑冬雪融化之后，滋润着丘陵、平原、草地，一入夏天，花草茂盛，极宜于动物的生存与繁衍。这里的人们开始从驯猎动物逐渐向游牧生产演化。这条游牧地带几乎与农耕地带平行，东起西伯利亚，经今之中国东北，蒙古，中亚咸海、里海以北，高加索，南俄罗斯直至欧洲东境，横亘在亚欧大陆的居中地带。生活在这一地带的人类构成了一个与农耕世界相对的游牧世界。两个世界的分界线，大体为兴安岭、燕山、阴山、祁连山、兴都库什山、扎格罗斯山、高加索山，直到欧洲境内的喀尔巴阡山一线，南为农耕地带，北为游牧地带。当然，这一划分并不是绝对的。在界南农耕地带，也有游牧部落，如阿拉伯半岛上的游牧部落。在界北的游牧地带也有从事农耕或半农耕的部落。

北方游牧世界，由于所处的自然地理条件不同，民族众多，发展程度不尽相同。有的是在大漠草原上逐水草而居的纯游牧部落，有的则已开始半牧半农，并逐步转向定居生活的部族，但他们的主要生产活动是畜牧业，零星散布的农业不占重要地位。以金属冶炼和制造技艺为主要内容的手工业生产虽有某种程度的发展，但其总体水平仍无法与南方地区相比。物质生产力的相对低下，使游牧民族的人口增长速度也相对缓慢，社会分工和阶级分化相对滞缓。原始的社会组织牢固存在，长期停留在淳朴而落后的状态之中。至公元前夕，游牧世界各族社会发展水平还大都处于部落联盟时代，尚未形成国家。有的民族虽因控制内部冲突和对外战争的需要，组成了国家，但仍带有深厚的氏族残余。经营粗放，是当时种族游牧经济的主要特征。在大漠草原放牧畜群，随季节变化逐水草迁徙。而作为生产资料的天然牧场，资源相当有限，只能承载一定数量的牲畜和人口，如遇人口过量增长，或自然灾害的侵袭，某些游牧部落便难以按照原来的方式生活下去。

农耕、游牧两大物质生产方式的形成与发展，使人类社会的纵向发展拥有了相对稳定的物质基础。总体而论，农耕世界较之游牧世界，在物资上富庶，在社会发展水平上先进。游牧世界的经济发展要相对落后一些。但是两个世界各自内部的发展变革和彼此之间的互动交往，则使整个人类社会横向发展亦获得了相对持久的推动力。

一、和平往来与暴力冲突

从人类社会发展总体历史过程看，无论是各个农耕文明区域之间，还是农耕世界和游牧世界之间，都各有特点，带有某种自发分工互补性质，彼此产品的交换和交流成为社会生产和生活的共同需要。伴随着各个国家和民族活动范围的扩大，各地区内部和各个地区之间的交往也逐渐增多。上古晚期、中古之初，人类各个农耕文明区域的交往有较大的发展，除了相邻区域之间双边交往持续发展之外，还出现了横跨亚欧大陆大部分地区的远距离交往，而位于亚欧大陆东西两端之间形成的丝绸之路，便是其中最为显著的标志。

人类不同群体、地区、民族、国家和文明之间接触与交流的历史形态是多种多样的。既有田园诗般和平交往，也时常发生敌对与劫掠、侵略和征服。这些暴力冲撞是人类接触与交往的又一种基本方式。和平交流与暴力冲撞构成了人类交往史中的二重奏。

（一）和平往来

南、北两个世界虽然都有各自的主要生产形式和主导产品，可以满足自身的基本需求，但无法满足生产与生活的全部需求。南方农耕世界在牲畜、皮革、乳肉制品及战马等方面经常仰赖北方游牧世界。北方游牧世界的生产、生活所需要的农产品和手工业品，主要从农耕世界获得。同时，伴随着物资交流的不断扩展，双方的精神与社会交往也不断增多。南方各国较先进的思想文化、生活方式以及社会组织和社会制度等，为北方各族所钦慕；北方各族淳朴的民风、悠扬的乐曲、奔放的舞蹈等艺术也使南方各国赞叹不已。广大普通民众，在双方接壤之地，以日常交换、商队贸易等方式进行着长期广泛的民间交流。有时农耕国家政权和游牧社会上层也介入这些商贸活动之中，甚至成为主角。无论民间自发的、还是官方组织的物资交换和人员交往，对于农耕、游牧两个世界的社会经济发展、物质和精神生活的丰富都有着积极的作用。

此外，由于经济、社会、政治和知识程度、技术水平等条件限制，中古时代各个文明区域的远距离交往往往呈现出一种间接性和接力式的特征，如中古时代著名的连接东方中国与地中海西方世界丝绸之路的漫漫长途，就是由东亚、中亚、西亚之间诸多古国，特别是一些游牧民族的商贸活动连接、传递的。故而游牧民族在中古世界各个地区的人类交往中，还承担起一种特殊功用，即发挥着沟通东西各大文明区域相互交往的媒介作用。

（二）暴力冲撞

自进入文明时代以来，暴力冲突和征服以其特有的形式和功用，一直是人类社会用以解决内外矛盾、维系推动社会运行发展的方式之一。古代社会历史进程中，无论农耕文明，还是游牧文明，每当内部矛盾积聚到一定程度时，运用战争暴力便常常成为统治阶级的选择。而在农耕世界和游牧世界的交往、互动中，战争也同样扮演着重要的角色，成为一种相当常见的现象。

农耕世界的国家和民族，往往以上国或优秀民族而自居，蔑视周边游牧和半游牧民族，中国历代王朝往往称其周边各个民族为"蛮""夷""戎""狄"。而希腊、罗马等西方国家则称其周边民族为"蛮族"或"野蛮人"。凭借强大的国家和较完备的暴力机器，一些大国常以稳固边疆为由，或以武力掠取、征服游牧民族的土地；或置"藩属"，抚其民为"同盟者"和"羁縻"对象，征收贡赋方物，实行长期统治。公元前后，东方的秦汉王朝就曾对中国北部和西北部地区游牧民族的侵扰予以抗击，并进行广泛的经略，西方的亚历山大帝国和罗马帝国对亚、欧、非广大地区的各族也进行过大规模的征服战争。

北方游牧、半游牧民族在自身内部的暴力冲突的同时，对先进的农耕世界也常伺机入侵，掳获财物，俘虏人口，以至焚毁城池，屠戮生灵。游牧世界虽在人口数量和生产力发展水平上落后于农耕世界，但在某些关键性的技术方面，如金属冶炼和武器制造，并不落后于农耕世界。此外，游牧民族在军事技术上还拥有农耕国家所不具备的特殊优势，即骑兵体现出来的较高军事机动能力。因而在两大世界的暴力对抗或冲撞中，特别是农耕国家内部矛盾（即统治阶级内部矛盾和社会阶级之间的矛盾）严重之际，游牧民族往往占据相当大的优势，从而构成对富庶的南方世界的强大军事压力。为了应付这种威胁，农耕国家不得不付出巨大国力进行防御建设。秦汉中国在北方兴建的长城，罗马帝国在多瑙河、莱茵河之间和不列颠中部所修筑的边墙就出于这种战略考虑。

二、文明的扩展

长期的和平交流和骤然爆发的暴力冲突等各种人类交往所产生的历史后果是多重的，而其中最为重要的就是各个农耕文明区域之间往来愈发密切，农耕、游牧两大世界之间闭塞格局逐渐被突破，从而推动了人类文明区域的不断扩展。

人类文明拓展的实现方式有两种：一是先进农耕国家对落后游牧地区的经略和征服，前者不断吞食后者，使文明区域的周边地带逐步被纳入文明世界体系。

二是落后游牧民族，在条件具备时，以暴力为开路手段，冲入农耕世界，而后以定居或建立新王朝统治的方式，融入文明体系。公元前后数百年间，这种情形在东西方都曾多次出现。公元前 3 世纪中叶，西亚马萨革泰游牧部族中一支就推翻了亚历山大部将塞琉古的王朝，建立起庞大的帕提亚帝国；1 世纪中叶，中亚的大月氏人贵霜部攻灭大夏王国，联合吐火罗人，形成庞大的具有高度经济文化水准的贵霜帝国。东亚北方的诸多游牧部落，在与两汉王朝的反复冲突之后，利用汉末、魏晋之际的内乱，于 4 世纪左右，攻入中原，建立起诸多国家政权，即"五胡十六国"。在这种互相交往、彼此渗透的过程中，亚欧大陆两大世界逐步打破了相互闭塞的局面，促进了不同民族和文明的融合。

第二节　亚欧大陆民族大迁徙

一、游牧民族的分布

公元前后数百年间，亚欧大陆农耕诸国与游牧诸族南北对应，从东至西，大体分布为：东亚农耕中心是汉朝中国，其北方的游牧民族主要有匈奴，东北有乌桓、鲜卑，西北有羌、月氏、乌孙等。在中亚、南亚地区，农耕国家主要有贵霜帝国和印度，其北方游牧民族有康居、大宛、嚈哒、大月氏等。西亚地区南方有帕提亚帝国（中国史书称安息），其北有马萨革泰和阿兰等游牧民族。在欧洲，南部为东、西罗马帝国，其北东欧草原地带则为斯基泰和萨尔马特、日耳曼、斯拉夫等游牧、半游牧民族。约在 1 世纪，匈奴人开始迁徙，从而引发了一场延续数百年、波及亚欧大陆广大地域的民族大迁徙。这一迁徙的主要方向，一是南下，二是西进。但它们对各个地区的影响存在巨大差异。

二、诸游牧民族的南下

（一）匈奴的迁徙

公元前后数世纪，中国北方大漠中最大的游牧民族是匈奴。它原兴起于黄河河套地区及阴山一带，后经北进南迁，东西扩张，占据了东起大兴安岭，西至阿尔泰山，包括大漠南北，绵亘数千公里的广大地区。公元前 3 世纪，约当中国战国末年，匈奴开始形成部落联盟，内部渐渐出现贵族、平民和奴隶三大社会集团。在向阶级社会过渡中，匈奴人的扩张掠夺更为频繁。在东灭东胡，南并楼烦，西走月氏，北服丁零之后，匈奴势力大为扩展，控制了南起阴山，北抵贝加尔湖，东尽辽河，西逾葱岭的广大地区，成为一个十分庞大的游牧国家。

匈奴与中国中原地区的交往素来密切。战国时期，匈奴屡为中国北方边患，燕、赵、秦三国不得不在各自北疆修筑长城，以御匈奴骑兵。秦始皇统一中国后，将三国长城连接，重新修缮，东西扩展，建成西起临洮（治今甘肃岷县），沿黄河北走至河套，傍阴山东去至辽东的“万里长城”防御体系，遣大将蒙恬将兵 30 万守卫。秦汉之际，匈奴冒顿单于乘中原大乱，竭力向南扩张，人口几达 200 万之众，成为亚欧大陆游牧世界东部地区的强大政治势力，对新建的西汉政权构成极大威胁。公元前 200 年，“白登之围”后，西汉王朝无力抗击匈奴，只好采取和亲政策，向匈奴出嫁公主，奉送酒、米、絮缯。汉武帝时，南北力量对比发生变化。汉武帝遣卫青、霍去病为主帅，数次出击，击败匈奴；并派张骞出使西域，联络大月氏、大宛、乌孙等，以断匈奴右臂，从此匈奴势衰。

公元前 1 世纪中叶，在天灾、内乱、外患的影响下，匈奴分为南、北两部。公元前 51 年，南匈奴呼韩邪单于归服汉朝，汉元帝的宫女王嫱（昭君）出嫁单于，汉与匈奴一度和平相处。48 年，匈奴内讧再起。南匈奴得东汉之允，入居塞内，分布于晋、陕北部和内蒙古西部地区与汉人杂处，逐渐转向定居农耕，并与汉族和其他民族融合。北匈奴留居漠北，在原归附的鲜卑、丁零等族的反抗和南匈奴与汉王朝的不断进攻下，势力大为削弱，处境日益困难。“南部攻其前，西零寇其后，鲜卑击其左，西域侵其右”，北匈奴“不复自立”，于 91 年“乃远引而去”，开始了漫长的西迁过程。

西迁的北匈奴，人数并不多，估计为 20 余万人，约占其人口总数的1/4，其余的大部分，60 余万人仍留居漠北。西迁的北匈奴在北单于和贵族的率领下，首先奔向西北，进入乌孙西北的悦般地区（今天山西北至伊犁河下游一带）。105 年和 106 年，北单于曾遣使汉朝，请求和亲，汉帝未予理睬，从此北匈奴便不与汉通。北匈奴在悦般驻牧 70 年左右，因受鲜卑人的挤压，遂于 2 世纪中叶，弃悦般，再走康居。康居位于中亚锡尔河流域，北匈奴在此驻牧 1 个世纪左右。至 3 世纪中叶，可能受到贵霜帝国和康居民众的联合攻击，北匈奴又被迫迁往粟特地区。百年之后，北匈奴更西迁至东欧顿河流域，向居住在黑海北岸的阿兰人进攻，双方大战于顿河河畔，阿兰人败绩，其"王"被杀，土地被征服，大部分人众被匈奴合并。4 世纪中叶以后，西方史家才有关于"匈人"的记载。而他们所说的匈人即北匈奴的后代。匈奴西迁不仅席卷中亚，而且冲入欧洲内地。在匈奴西迁的强大压力下，其他游牧、半游牧民族先后涌入亚欧大陆农耕世界。

（二）北方游牧民族的南徙

3—5 世纪，活动在中国北方的游牧民族除匈奴外，还有乌桓、鲜卑、丁零、月氏、乌孙等，其中尤以鲜卑和月氏在历史上影响较大。

原居住在鲜卑山的鲜卑人，公元前 2 世纪初时归附于匈奴人。到 1 世纪中叶，匈奴分裂为南、北两部，分别南徙西迁之后，鲜卑乘虚而起，占领漠北，日渐强盛。2 世纪中叶，在首领檀石槐的领导下，鲜卑人建立空前强大的部落联盟，东起辽东，西至敦煌，拥有精兵十万之众，不断攻掠东汉边地。末世的东汉王朝，实力衰微，难以抗衡。檀石槐死后，鲜卑联盟瓦解，势力大衰，但仍是漠北一大势力，并在后来南徙中扮演了主要角色。

月氏人原居敦煌、祁连山之间的河西走廊，势力强盛，有控弦之士十万。匈奴一度依附于月氏。从公元前 2 世纪初起，匈奴势力渐强，屡屡进击月氏。月氏被迫西迁，先至天山北伊犁河上游，后再度西迁，过大宛（今锡尔河中游费尔干纳盆地），占阿姆河北岸之地。西迁的月氏习称"大月氏"，留在祁连山的残部称"小月氏"。公元前 1 世纪初，大月氏南下征服阿姆河以南的大夏（巴克特里亚），统治此地 200 余年的希腊人被逐至兴都库什山以南，希腊化的巴克特里亚王国灭亡。1 世纪初，大月氏的贵霜部联合大夏的吐火罗人，建立强大的贵霜帝国。

从 3 世纪起，居住于中国北部和西北部的匈奴、鲜卑、羯、氐、羌等五支游牧民族，为了拓展生存空间，同时在汉族先进文化的强烈吸引下，不断向南移徙。魏晋统治者为了利用"胡人"当兵、种地，也往往强制他们迁居内地。至 3 世纪末，内迁的南匈奴大部集中在晋南汾河流域；匈奴羌渠的后裔羯胡迁居晋东上党一带；鲜卑东部迁至辽西，鲜卑西部则分布在甘肃、青海；氐族和羌族部分迁入甘肃东部和陕西境内，部分南下四川。到西晋初年，内迁的匈奴、鲜卑、乌桓等族人口达 40 余万；迁入关中的氐、羌人口达 50 余万，几达关中人口之半。

三、诸游牧民族的西迁

在希腊、罗马农耕世界的北方，有三支比较落后的民族：即克尔特人、日耳曼人和斯拉夫人。希腊人和罗马人将他们统称为"野蛮人"或"蛮族"，其中日耳曼人的历史影响最大。

（一）古日耳曼人社会

早在公元前数百年，日耳曼人就已居住在北起波罗的海，南抵多瑙河，西至莱茵河，东达维斯杜拉河的欧洲中部、北部地区。公元前 2 世纪，罗马人开始与日耳曼人进行直接交往，条顿人、森布里人曾侵袭意大利，震动罗马城。公元前 1 世纪中叶，恺撒在征服高卢地区时著有《高卢战记》，塔西佗在 1 世纪末又完成了《日耳曼尼亚志》。这两部史书，对日耳曼人的社会状况有所记载。从中可知，公元前后的日耳曼人正处于游牧业向定居农业的过渡阶段，农业虽是整个社会的主要生产部门，但畜牧业仍起重要作用。整个社会处于在原始公社晚期父系大家长制阶段。氏族部落等集体组织在日常生活中仍起着重要作用。日耳曼人基本上是自由平等的，平时耕稼，战时作战。但阶级分化已经开始，出现了奴隶。不过日耳曼奴隶的处境远比罗马奴隶为佳，他们一般领种主人的土地，交纳谷物、牲畜等，有自己的房宅和妻室，较少受到虐待。军事民主制是当时日耳曼人的主要政治组织形式。氏族贵族议事会掌握着实权，处理一般的公众事务。遇有作战或重大犯罪案件，则召开民众大会，由贵族议事会介绍情况，提出解决方案，全体与会人员对其进行表决。氏族贵族中的显赫人物因负责指挥作战而成为部落军事首领。在其周围聚集着一批好战的青年，称亲兵。

随着时间发展，日耳曼人中也逐渐形成了许多部落集团，如撒克逊人、苏维汇人、法兰克人、阿勒曼尼人、哥特人、汪达尔人和伦巴底人等。按其居住地域，又可划分为两个大集团：西日耳曼人集团，主要有撒克逊人、苏维汇人、法兰克人和阿勒曼尼人，他们多以农业为生；东日耳曼人集团，主要有哥特人、汪达尔人和伦巴底人，他们多以游牧为生。在所有日耳曼人中，尤以哥特人为强。他们经迁徙占据了黑海北岸的南俄草原，凭借强大武力，成为这一地区的统治民族集团。哥特人本身也分为东、西两部。东哥特人分布在顿河和德涅斯特河之间，西哥特人则集中在多瑙河下游。

（二）与罗马帝国的交往

罗马人与日耳曼人之间的交往，经历了漫长的演进过程。最初多是强盛的罗马人向日耳曼人进攻，以掠夺奴隶和扩张领土。间或日耳曼人也攻入罗马境内，但帝国强盛，尚能抵御日耳曼人。1—2 世纪，罗马帝国从北海到黑海，沿莱茵河—罗马边墙（罗马长城）—多瑙河一线的500公里边境基本保持平静。3世纪以后，罗马帝国日趋衰败，边防松弛，难以抵挡日耳曼人的渗入。大批日耳曼人不断进入罗马帝国境内，他们或以"同盟者"身份，移居帝国境内，缴纳贡赋，戍守边疆；或以参加帝国军队的方式，进入内地。4世纪以后，罗马军队中的日耳曼人越来越多，甚至军团上层将领也由日耳曼人充任；有些日耳曼人则作为奴隶，被输往罗马各地。这些进入帝国境内的日耳曼人在一定程度上接受了"罗马化"影响，同时也使罗马帝国出现了"日耳曼化"的现象。两个不同人种、两种不同社会制度和两类不同文明经历了彼此影响的历史进程。

（三）欧洲民族大迁徙

375年，来自东方的匈奴人向顿河流域的东哥特人发动进攻，触发了一场长达200余年的民族大迁徙浪潮。几个大的日耳曼部落集团一改以往和平渗入的方式，向罗马帝国展开全面进攻。哥特人越过多瑙河向东南进攻，构成全线总攻的左翼；法兰克人越过莱茵河，侵入高卢地区，构成进攻的右翼；由多瑙河—莱茵河结合部直插罗马帝国腹地的苏维汇人和汪达尔人构成攻势的中央部分。此外，盎格鲁人和撒克逊人则徒渡海峡，向罗马帝国边陲不列颠发起进攻。数路大军在帝国境内纵横驰骋，横冲直闯，给罗马军团和帝国统治以沉重打击。378年，罗马军队在阿德里亚堡战役中败于西哥特人，皇帝瓦伦斯战死疆场。此后，罗马帝国再也无力量组织有效的抵抗。在阿拉里克的率领下，西哥特人翻越阿尔卑斯山，进攻意大利，西罗马皇帝因形势危殆，避居拉文那。410年，西哥特人攻陷罗马城，震动了整个帝国。455年，汪达尔人再次克陷罗马。诸多日耳曼部落集团在罗马帝国境内来回游荡迁徙，彼此绞杀，兵锋所至，一片焦土。往昔，骄傲的罗马贵族们将掳来的蛮族奴隶置于角斗场中，令其厮搏，供己玩乐；如今，整个帝国疆土都成为蛮族各部互争雌雄的大战场。5世纪上半叶，汪达尔-阿兰王国、苏维汇王国、哥特王国、勃艮第王国等大小蛮族国家将西罗马疆土分割殆尽，只有意大利和部分高卢地区还掌握在帝国手中。

5世纪中叶，点燃欧洲民族大迁徙之火的匈奴人，在沉寂了半个世纪之后，由阿提拉统率再次发起冲击，杀向高卢，对罗马和新建的各个蛮族国家构成极大的威胁。罗马与法兰克人、勃艮第人、西哥特人联手抵御匈奴。451年夏，双方举行会战，各死伤十几万人，未分胜负。后阿提拉又攻入意大利，蹂躏城乡。453年，阿提拉病死，匈奴人遂定居在多瑙河下游。

476年，蛮族出身的罗马将领奥多亚克在帕维亚发动兵变，废黜了在拉文那的西罗马最后一位皇帝罗慕路·奥古斯都，西罗马帝国灭亡。在意大利又出现了一个以奥多亚克为国王的蛮族国家。489年狄奥多里克率东哥特人冲入意大利，经三年激战，几乎占领整个意大利。493年，狄奥多里克施诡计杀死奥多亚克，建起东哥特王国。与此前后，又有一批蛮族国家出现，如高卢地区的法兰克王国、意大利北部的伦巴底王国、不列颠的诸多小王国。

民族大迁徙、日耳曼诸王国的建立和西罗马帝国的覆亡，使欧洲历史进入了一个新的时代。

第三节　亚欧大陆历史格局的变迁

4—5世纪，游牧世界的各个民族大规模向农耕世界迁徙，是亚欧大陆的普遍现象，也是两个世界长期交往、促进社会经济发展的必然结果。而这一现象又对亚欧大陆农耕世界的社会矛盾和文明的进一步发展造成极为深刻的影响。

一、中国社会的动荡与融合

（一）历史演进基本过程

2世纪中叶之后，以汉王朝为中心的东亚农耕世界进入了一个动荡不安的历史时期。其原因，一是汉王朝内部各种社会矛盾普遍激化，统治阶级内部各个政治集团争权夺势，相互倾轧，中央权威衰微，地方豪强乘机割据自雄，相互兼并；二是地主阶级、官僚集团与广大农民的矛盾对抗愈演愈烈，终导致184年的黄巾农民大起义。在长期而残酷的混战中，秦汉以来的统一局面瓦解。群雄并起，逐渐形成曹魏（220—265年）、蜀汉（221—263年）、孙吴（222—280年）三个政权鼎立的局面。

265年，西晋（265—316年）代魏而兴，279年发动征伐孙吴的统一战争。280年，西晋统一中国，然而仅在11年之后，即291年，西晋统治集团内部混战再起，史称"八王之乱"。大规模的战乱和各种自然灾害使百姓无以为生。从4世纪初起，内迁的诸游牧民族不满西晋王朝的统治压迫，相继掀起反晋战争，加剧中国局势动荡。304年，匈奴领袖刘渊，以其部族武装作为基础，起兵反晋，据山西离石，自称汉王。此后的130余年间，匈奴、鲜卑、羯、氐、羌等诸少数民族，在中国北方各地先后建立十几个地方性政权。中国古代史书称其为"五胡十六国"。事实上，当时南迁的游牧民族并不止5个，所建政权也不止16个。长期的战乱、攻伐，使庐舍为墟，田地荒弃，黄河流域的农耕文明遭到极大破坏。317年，晋皇室被迫渡江南下，史称东晋（317—420年），偏安江左百余年。随后，由宋、齐、梁、陈诸王朝相继。在北方，经反复争战，诸少数民族割据政权渐趋合并，先后出现北魏、北齐、北周诸王朝。南北王朝对峙，史称"南北朝"。

（二）社会变革与民族融合

东汉末至三国魏晋南北朝，长达400余年。其间，分裂割据，政权更迭频仍，先后存在过 30 余个政权，社会动荡不安，民族矛盾尖锐复杂。但是，在这场历史巨变中，中华文明亦进行了一系列调整，对日后中国社会发展具有深远影响。

首先，农耕文明的区域得以扩展。大量北方游牧、半游牧民族南下内迁，开始逐渐定居黄河流域，走向农耕化。同时，西晋大量人口南逃，江南日益开发，中国经济重心由此从北方向南方转移。从而使中国农耕文明区域在南、北两个维度上得以扩展。

其次，各种生产关系得以发展。由于社会动荡而不断出现的变革，生产关系得以调整，形成独特的形式。如三国时代，曹魏、蜀汉、孙吴三国，先后推行"屯田制"，以直接控制和剥削依附小农。私人地主也发展起坞壁经济。西晋代魏之后，为改善国家财政状况，缓和社会阶级矛盾，"以均政役"，颁行占田、课田制和户调式。北魏孝文帝统治时期，借鉴西晋的占田、课田制，发展起以均田制与三长制为中心的政策体系，广泛施行于中国北方地区。485 年，孝文帝颁均田令，按农民人数授予一定数额的无主荒地或国有土地。并在此基础上修订了租调制度。486 年，又颁令行三长制，即五家一邻，五邻一里，五里一党，分设邻长、里长和党长。三长负责检查户口，收缴赋税，征发徭役以及督促生产和互助。均田制和三长制的推行，使北魏政权综合实力显著增长。均田制自北魏创立后，先后为北齐、北周、隋、唐所沿用，施行时间长达 300 多年。这一制度的选择、推行为中国古代鼎盛时代的出现奠定了雄厚的物质基石。

再次，民族大融合的过程加速。动荡之初，汉民族与诸少数民族之间，各个少数民族相互之间存在着相当尖锐的民族矛盾和冲突。西晋王朝统治者对待少数民族的基本态度就是歧视、压迫、虐待和剥削，"非我族类，其心必异"的"徙戎"理论一时甚嚣尘上；大官僚司马腾曾遣兵捕捉胡人，两人一枷，押往内地，出卖为奴。而遭受歧视的少数民族上层在建立政权之后，也大肆对汉族进行报复。然而，在民族仇杀、民族压迫的过程中，诸民族的文化交往也日益展开。落后的少数民族为先进的汉族文化所吸引，逐渐意识到，欲使自己的政权巩固，必须学习先进的汉族文化，必须实行汉族政权行之有效的统治模式。匈奴统帅刘渊就以上党儒生崔游为师，习《易》《诗》《书》三经，博览《史记》《汉书》及诸子百家，文化程度与晋朝士族不相上下。前秦苻坚重用汉人儒生王猛，整修法度，扩充势力，一度统一北方。鲜卑拓跋部所建北魏王朝，在孝文帝（471—499 年在位）时期，大力进行改革，变鲜卑旧俗，令鲜卑百姓着汉服，说汉语，行汉化措施，仿照汉朝设立各种典章制度，使北魏王朝大为巩固，为后来北方统一奠定了坚实基础。同样，汉族也从各少数民族那里吸收了许多有益的东西，其精神文化和物质文化大为丰富。随着各少数民族的日益汉化，民族融合进程大为加速，以汉族文化为主体的中华文明得到进一步发展。到 6 世纪末，隋朝统一中国之时，民族大融合的过程基本完成，一个以多民族统一国家为基本框架的内聚性文明整合态势业已定型。这不仅是促使隋唐王朝迈入中国中古鼎盛时代的重要历史前提之一，也奠定了此后中华文明发展的一个十分鲜明的基本特征。

二、印度社会的调整

嚈哒人是古代中亚北部地区的游牧民族之一。嚈哒人自称为"匈奴"，因其肤色较白，亦称"白匈奴"。但其真正族属，众说纷纭，莫衷一是。4世纪70年代，嚈哒人开始向南迁徙，占据中亚锡尔河、阿姆河之间的泽拉夫善河流域，即粟特地区。5世纪20年代，嚈哒人越过阿姆河，向西、南展开进攻。首先征服了吐火罗斯坦，迫使贵霜帝国的残部寄多罗西移，盛极一时的贵霜帝国由是彻底灭亡。随后，嚈哒人于5世纪后期大败波斯，占据呼罗珊大部地区，建立嚈哒国，定都巴底延城（今阿富汗马扎尔谢里夫）。萨珊朝波斯被迫向其称臣纳贡。

5世纪中叶，嚈哒人又向南方的印度发起大规模进攻。499年，其酋长头曼罗进占印度中部的马尔瓦地区。502年，头曼罗之子密希拉古拉在北印度立国，以旁遮普的奢羯罗为国都。至此，嚈哒国势臻于鼎盛，在东方控制了准噶尔盆地和塔里木盆地西部，与中国的北魏、西魏、北周乃至梁朝都有交往，西方抵达里海，南方征服了印度大部地区，形成一个庞大的嚈哒人国家。

嚈哒国家强盛时间不长。528年，北印度王公联合起兵击败嚈哒，其王逃往克什米尔，约558—约567年，萨珊朝波斯联合突厥人东西夹击，使嚈哒国家灭亡，其部众分散各地，渐与各族融合。嚈哒人先后吸收波斯和印度文化，信奉拜火教，因其地处东西南北商路交通的中枢，商业十分繁荣，对南北农耕、游牧两个世界的交往和东西各个农耕文明经济文化的交流都起到了桥梁作用。

三、地中海裂变与西欧历史新格局

5世纪前后，日耳曼诸部落联盟兴建起众多国家政权。然而在此后绵延百年的血雨腥风中，大多数蛮族国家夭折消亡，而偏居高卢东北的法兰克王国却日益壮大起来，最终成为西欧大陆的主宰。

（一）克洛维建国

法兰克人，是西日耳曼人中的一支，其部落称萨利克法兰克人（意即滨海法兰克人）。4世纪前，法兰克人就不断越过莱茵河，进入高卢北部地区。481年，萨利克部落首领克洛维创建法兰克王国，因其出身于墨洛温家族，故称墨洛温王朝（481—751年）。486年，克洛维在苏瓦松战役中击败了高卢的残余罗马军队，占领卢瓦尔河、塞纳河流域；又征服了阿勒曼尼人。法兰克王国能在当时风云变化、残酷复杂的局势中得以生存发展是由以下因素造成的。

首先，它地处偏僻，并未过多地介入诸日耳曼国家与罗马帝国的殊死搏斗，因而未过早地削弱本不强大的国力。其次，建国不久，克洛维决定皈依罗马基督教。496年，他率领3000名亲兵接受洗礼，从而既避免了与高卢罗马人在宗教上的对峙，又获得了高卢罗马教会强有力的支持。再次，在征服过程中，克洛维不曾明令剥夺罗马大地产主的土地，只是将旧有的罗马国有土地和无主土地分赠给自己的亲兵和官吏，从而使高卢罗马地主和法兰克人之间不仅未产生严重的对抗，反而形成政治上的联合局面。最后，克洛维本人突破传统习俗，秉持严厉打击氏族部落贵族的政策，逐步剪除潜在的对手，使新兴王权得以巩固壮大。克洛维之后的墨洛温诸王继续向外扩张，向南逐渐侵入高卢南部，向北征服图林根人，向东则威胁到萨克森人和巴伐利亚人。

（二）懒王与宫相

新兴的法兰克国家尚处于初创阶段，内部统治还相当脆弱，尤其是还没有建立起一套有效的行政统治机构。中央机构仅由为数不多、职责不明的官吏组成。地方长官称伯爵，分守各地。但各伯爵辖区的界限并不明确，每个伯爵有效控制的只是其驻节地附近地区而已。许多地区仍为地方豪族占据，中央鞭长莫及。克洛维死后，其子孙为争夺王位，陷入长期内讧，分裂兼并战争不断，时合时分。6世纪晚期，法兰克国家渐渐分裂为东部的奥斯特拉西亚，西部的纽斯特里亚和东南部的勃艮第三个地区。639年以后的历代君主屡弱无能，不理政务，史称"懒王"。国家大权落入名为"宫相"的王室总管手中。宫相多出自权贵豪门，是地方贵族的领袖，成为墨洛温王朝晚期的风云人物。687年，奥斯特拉西亚宫相赫里斯塔尔的丕平击败所有对手，统一整个王国。715年，查理继承父职出任宫相之后，各地贵族蠢蠢欲动，王国内部再呈分裂之势，外族势力也乘虚而入，战火四燃。为挽救时局，加强中央权威，查理大刀阔斧进行改革。他以强力征用贵族和教会的土地，以服骑兵役为条件的采邑分封代替以往无条件的土地封赐，组建起以中小贵族和上层自由民为主的强大骑兵武装，史称"查理·马特改革"。732年，在普瓦提埃战役中，法兰克人击溃来犯的阿拉伯人，捍卫了国家独立。查理威望日高，被称为"查理·马特"（马特，意为铁锤）。742年，查理·马特之子矮子丕平继任宫相。他进一步扩大采邑分封，发展力量，但停止了对教会土地的征用，使王权与教会的关系得到改善和发展。751年的苏瓦松会议上，矮子丕平在贵族，尤其是教皇的支持下，废黜墨洛温国王，当选为法兰克国王（751—768年在位），从此开始了加洛林王朝的统治。为回报教皇的支持，丕平两度出兵攻打威胁教皇的伦巴底人，并把征服来的从拉文那至罗马的土地送给教皇，教会史称其为"丕平献土"，奠定了教皇国的基础。

（三）加洛林帝国

加洛林王朝第二代君主查理（768—814年在位）雄才大略，率领封建主四处征伐，开创了法兰克国家最辉煌的时代。774年，查理击败伦巴底人，控制了意大利北部。尔后越过比利牛斯山，进攻阿拉伯人统治下的西班牙。801年，占领巴塞罗那，在埃布罗河以东地区建立起"西班牙边区"。通过33年萨克森战役确立对莱茵河下游至易北河之间的广大地区的统治。查理还出兵巴伐利亚，把多瑙河上游地区纳入王国版图，并继续向阿瓦尔汗国进攻，在多瑙河中游建立起"东方马克"，该地区后发展成为奥地利。查理在位46年，共进行50余次对外战争，建立起一个西南至埃布罗河，北达北海，东到易北河、多瑙河，南括意大利半岛北部与中部的大陆性帝国。799年，罗马教皇利奥三世被罗马贵族所逐，向查理乞援。查理率大军进兵罗马，恢复了教皇权位。800年圣诞节，利奥三世为报答查理的恩德，在罗马圣彼得大教堂为查理加冕，称其为"罗马人的皇帝"。从此西方史书称查理为"查理曼"（查理大帝之意），把法兰克王国称为"查理帝国"或"加洛林帝国"。在不断扩张的同时，查理也整顿内政，建立起一套从中央到地方的统治机器。他以亚琛为帝都，将帝国划为近百个行政区，每区设伯爵一人；几个伯爵区之上再设公爵，专理军务。此外，他还派遣巡按使分赴各区，代表皇帝巡视地方，监督伯爵。在中央，由廷臣组成枢密会议，辅助查理处理日常政务。每年召开一次由公爵、伯爵、主教、修道院长参加的贵族大会，确定军国大计。查理宠信一批颇通文墨的教士，或令其起草敕令文书，参与中枢机要；或派出任监察官，巡视地方；有时还命其担任外交使臣，出访各国。

查理大帝对文化教育也甚为关注。为改变日耳曼人文化落后的局面，他带头读书学习，初步掌握了拉丁文和希腊文，并邀请饱学之士到宫中设帐讲学，其中有编写文法、修辞等书的盎格鲁-撒克逊人阿尔琴、《伦巴底人史》一书作者保罗和为查理大帝作传的艾因哈德。查理大帝还兴办了许多主教学校，强令贵族子弟入学读书，目的在于培养传播基督教和管理国家的人才。他还下令收集古代手稿，用8世纪末形成的加洛林小写书体加以誊抄。修道院始设图书馆，收藏教父作品和中世纪早期的史学著作，甚至还包括一部分古典时代的作品。他还罗致欧洲最好的建筑师、雕刻家和工匠建造欧洲最好的教堂，卢瓦雷的日米尔尼·累·普雷教堂即为此时代的代表作。查理大帝倡导提高文化教育的政策虽局限于上层社会和僧侣阶层，但对提高日耳曼人文化和恢复古典文化还是有一定积极意义的。

（四）封建制度的形成

进入高卢之后，法兰克人从罗马人那里逐渐掌握了二圃轮作的耕作方式，学会了种植新品种的谷物、蔬菜和水果，学会了使用铁犁、镰刀、鹤嘴锄等生产工具，懂得了翻地、除草、施肥等农耕技术。

在国家发展、生产力提高的推动下，封建生产关系逐步产生、发展，取代了以往法兰克人简约的原始生产关系和罗马人衰败的奴隶制生产关系。从6、7世纪的《萨利克法典》中，可以看到征服者法兰克人的社会内部已出现深刻变化。财产私有制开始萌发，阶级分化已经出现。征服战争使王室和贵族大量占有私人土地，但马尔克（农村公社）制度并未彻底消失，尚有大量遗存。在被征服的高卢罗马人中，仍有相当一部分罗马地主存留下来。《萨利克法典》曾明确与国王同桌进餐的罗马人、占有土地的罗马人和负有纳税义务的罗马人三种不同类型的罗马人，前两种都是大土地所有者。随着社会发展，法兰克人地主与罗马人地主逐渐合一，成为大土地所有者阶级，而授产奴隶、隶农和沦落破产的法兰克公社成员成为依附农民阶级。大土地所有者与依附农民之间结成一种新型关系——封建生产关系。与此同时，普通的法兰克公社成员与"纳税的罗马人"相结合，形成自由小农阶层。由于天灾人祸、赋役繁重和大封建主的兼并，法兰克自由小农阶级不断萎缩、分化，逐渐丧失土地和人身自由，沦为依附农民，加入封建生产关系中。至 9 世纪初，法兰克人的封建化基本完成。

在封建化过程中，法兰克国家政权始终发挥着重要作用，大力推动封建化进程，如建国之初，墨洛温诸王对亲兵、朝臣和教会大肆分配土地，培养起一批教俗封建主；同时，由于新兴国家对旧有的高卢罗马贵族施行怀柔政策，使新、旧两大地主集团迅速合为一体，并在国家法律保护之下成长壮大起来。另外，法兰克王国所奉行的征服扩张政策，导致苛税重赋和沉重的军役，客观上加速了自由小农阶级的瓦解，从而为封建经济提供了源源不断的劳动者。同时，国家还经常以法律手段把劳动人民固定在依附农民的位置上。8 世纪上半叶，查理·马特一反前朝君王无度封赐土地的做法，实行采邑改革政策。他规定，采邑的领受者（受封者）必须为赐予者（封主）服军役，并向其宣誓效忠；采邑的封授者有义务保护忠心效力的受封者，使其不受他人侵害；受封者有权向采邑中的农民征税，并享有行政管理权；采邑分封只限终身，不得世袭。查理·马特改革目的是为了保持国家的长治久安，特别是为了建立起以中小骑士为主体的强大军事支柱。从社会发展角度看，这一改革使当时的社会秩序得到修整，更加井然有序，同时也使采邑制度成为当时封建制度的核心。

到 9 世纪上半叶，封建制度进一步发展、普及。一是国家官职（伯爵、马克侯爵、公爵）和高级教职（主教、修道院长等）均采邑化了，以往文武官僚如今变成领受帝王采邑封赐的封臣；二是君王的封臣，如公爵、伯爵、主教等也将自己的土地再作为采邑分封给属下，衍生出下一层次的封君封臣关系；三是终身占有的采邑逐渐成为世袭拥有的领土，改称封土。各级封建领主对其世袭领地不仅拥有所有权，还掌握对土地上居民的司法权和行政管理权。整个帝国的经济、政治、社会关系都被纳入以皇帝为最高封主，大大小小封建领主层层分封的封建等级结构之中。然而，就在这种封建关系发展至成熟之际，其内部蕴含的割据、独立倾向也日益增强，帝国统治非但没有得到加强，反而步步走向分崩离析的境地。

（五）帝国的分裂

814 年，查理大帝病故，其子虔诚者路易继位（814—840 年在位）。终其一朝，父子相争，兄弟阋墙，世俗贵族反叛，教会修道院乘机占地，各种事端接踵而至，从未间断。虔诚者路易死后，长子罗退尔继位，其弟日耳曼路易和秃头查理起兵反抗，三皇子之间爆发内战。842 年，路易与查理在斯特拉斯堡举行盟誓，两人誓词分别使用古德语（条顿语）和古法语（罗曼斯语）。这是迄今所知最古老、有准确时间的德语和法语文献。

843 年，三兄弟缔结《凡尔登条约》，三分帝国。日耳曼路易为东法兰克王，领有莱茵河右岸和巴伐利亚地区，其地域大致在今德国西部，是在语言和血统方面主要属于条顿人的国家；秃头查理为西法兰克王，领有大体今法国的地区，主要讲罗曼斯语；罗退尔保留皇帝头衔，并兼意大利国王，领有意大利半岛中、北部及东、西法兰克中间狭长的洛林地区。870 年，日耳曼路易和秃头查理签订《墨尔森条约》，瓜分夹在他们中间的洛林地带。《凡尔登条约》奠定了后世法兰西、德意志和意大利三个国家疆域的基础。

（六）频繁的外族入侵

9 世纪以后，正当查理帝国日趋分裂之际，整个西欧又遭到来自东、南、北三面的外族侵袭。东方入侵者为马扎尔人，即匈牙利人。这是一支来自亚洲的游牧民族。9 世纪迁入欧洲，在多瑙河一带定居，并不停向西劫掠。9 世纪末至 10 世纪中期，马扎尔人骑兵先后洗劫德、法、意等国，其中巴伐利亚、萨克森等地受害最深。10 世纪中叶以后，马扎尔人因自身农耕经济的发展和德皇奥托一世的顽强抵御，逐渐停止侵掠。

由南方侵入西欧的是阿拉伯人。732 年普瓦提埃战役之后，阿拉伯人对西欧的攻势稍作停息。但自 9 世纪起，雄踞北非的马格里布王朝、法蒂玛王朝等又由海路掀起侵略西欧的高潮。西西里、意大利半岛和法国南部等地都曾遭到阿拉伯人的进攻。但此时阿拉伯人进攻的方略有所改变，只注重临时性的劫掠财富和人口，而较少有长期占领的意图。及至 11 世纪后，阿拉伯人对西欧的侵扰渐渐停止。

对西欧影响最大的侵袭是来自北方的诺曼人。诺曼人是属于古日耳曼人中的一支，包括丹麦人、瑞典人和挪威人，原居住在斯堪的纳维亚半岛一带。7—8 世纪，诺曼人生产发展，人口增多，社会内部矛盾加剧。9 世纪以后，诺曼人开始向外侵略、移民，形成对当时基督教西欧各国最严重的威胁。其侵略方向大致有三：西路主要是挪威人进攻苏格兰和爱尔兰等地；中路为丹麦人，主要袭击法国和英格兰；而东路则是瑞典人，他们向东欧发展，即古罗斯历史中的瓦兰人（即瓦里亚格人）。在侵略过程中，诺曼人与西欧封建文明的联系愈发紧密，逐渐融合。如在英格兰，丹麦国王克努特（1017—1035 年在位）所建立的帝国解体后，丹麦人便渐与当地居民融合。10 世纪，诺曼海盗罗洛建立的诺曼底公国，逐渐成为法国的一部分。11 世纪后，诺曼底公国先后征服英格兰和西西里。东欧的瓦里亚格人也建立罗斯国家，与当地东斯拉夫人融合。

本 章 小 结

本章主要是从农耕与游牧两大世界的分布格局着眼，以和平、暴力交往为主要线索，简述了上古时代晚期、中古时代早期亚欧大陆人类社会存在状态的动荡变革。重点介绍各个游牧民族在此一时期的迁徙活动，及其给当时的文明和社会发展态势造成的巨大冲击和影响，并简要勾勒出中古初期东亚、南亚和环地中海的亚非欧交界地区等各个区域文明的基本历史格局和主要特征。

在东亚文明经受动荡、调整的同时，位于亚欧大陆西端以地中海为中心的农耕文明世界，也经历了同样的历史巨变。民族大迁徙、日耳曼诸王国的建立和西罗马帝国的覆亡，使地中海世界发生巨大裂变，开始步入一个新的时代。首先，奴隶制在这一地区逐步破产，新的社会制度开始确立，基督教在西欧内陆地区广泛传播，法兰克地区成为该地区的文明中心。其次，由东罗马帝国所控制的东地中海地区开始步入另一种演进轨道之中。随着时日推移，东、西地中海两个地区之间的关系愈发疏离，渐行渐远。因其浓厚的希腊化特点使得人们难以再将东地中海地区称为罗马帝国，故而史学界通常改称其为拜占庭帝国。再次，7 世纪上半叶以降，阿拉伯人在短短不足百年时间内便先后征服了地中海东南沿岸地区、南部沿岸整个北非地区和西部沿岸比利牛斯半岛这一广袤的地域。这场当时人们始料不及的狂飙大潮，对古典地中海世界格局的崩溃进程施以最后也是最重的一击。伴随着上述历史大潮，古代地中海世界崩塌裂变，位于其西北部的西方经历了日耳曼-拉丁化；东北部地区经历了东方希腊化；而西部、南部和东南部地区则完成了伊斯兰化，分别形成了西方基督教文明、东正教拜占庭文明和伊斯兰文明。最后，在这一新的文明地缘格局中，三大文明环地中海鼎足而立、彼此对峙，相互交往，规定制约着中古时代亚欧大陆历史的运行轨迹。

思考题

1. 综述农耕文明与游牧文明之间的交往与冲突对世界中古史的历史作用。
2. 简述魏晋南北朝时期中国文明发展的基本态势和历史地位。

3. 简述匈奴以及诸游牧民族西迁对西方世界的历史影响。

4. 简述日耳曼人早期社会的基本状态。

5. 综述罗马帝国衰落后地中海地区历史演变的基本格局。

▶ 拓展阅读

吴于廑《世界历史上的游牧世界与农耕世界》

第九章　东亚社会的发展（6—13世纪）

引　言

公元6世纪前后，位于欧亚大陆东端，主要由古代中国、朝鲜、日本等构成的东亚地区开始进入一个新的历史发展时期。短命的秦朝和统治了4个世纪的汉朝初步建立起持续数千年的中华文明的基本要素，使之成为人类历史上最具创造力和影响力的文明之一。而从2世纪末东汉王朝的名存实亡到6世纪隋文帝统一中国的4个世纪中，中国社会动荡不安，政治分裂割据，民族矛盾尖锐而复杂，众多游牧民族入侵、割据政权之间逐鹿中原的战争等摧毁了秦汉时代建立起来的诸多先进制度。面对此种状况，中华文明也进行了一系列调整与变革，而周边诸多游牧、半游牧民族主动向中华文明核心区域持续的内向运动，也客观上促进了民族大融合，一个以多民族统一国家为基本框架的内聚性文明整合态势逐渐成形。同时，各地区和民族在国家制度、政治组织、生产技术、文学艺术、宗教信仰等方面的开拓性也得到了较为充分的发展空间，深刻影响着中华文明的发展变迁，也为更大规模的统一创造了条件。隋朝统一后，中华文明区域的整体一致性得以不断强化。唐宋时代的中华文明更是显现出社会发展、国力强盛、民族融合与文化空前发达等诸多非凡气象，开创了一个中国在东亚乃至世界文明史上大放异彩的开放时代，不仅中国域内的文化内聚趋势大为增强，也对其周边的地区和国家产生巨大影响。

在中国先进文明的带动下，6世纪后，呈现三国鼎立格局的朝鲜半岛通过战争途径完成了整个半岛的统一。日本列岛上的大和国家通过政治改革的方式进入新的历史发展时期。朝鲜半岛、日本列岛逐渐成为东亚中古文明的重要区域。朝鲜和日本诸王朝广泛引进、吸收中国发达的物质文明和精神文明成就。东亚各国在政治体制、经济结构上具有一定的相似性，特别是儒学和佛教的昌盛与流传更构成文化上的共同特征。一个以中国为核心的文明区域开始形成。

第一节　中　国

一、唐宋时代

（一）基本历史进程

6世纪中叶，中国南北统一趋势逐渐凸显。北周勋臣杨坚于581年篡权灭周，建立隋朝，是为隋文帝（581—604 年在位）。开国之初，隋文帝倡节俭，惩贪吏，废苛法，修新律，兴科举，社会经济日益发展，政治军事实力迅速增长。隋文帝兵谋兼用，使大漠突厥人分裂破败，北方边患得以消解。587 年以后，又乘势兼并后梁、南陈。随即又平定江南其他地区。天下大定，重归一统，自西晋末年以来长达 270 余年的分裂局面结束，黄河、长江两大流域重新统一，顺应时势，深得民心，开创了中国历史上又一个统一发展的新时期。

隋炀帝（604—618 年在位）荒淫无度，施暴政于天下，征徭役，凿运河，三伐辽东，祸国殃民。民众不堪暴虐之苦起而反之。群雄并起，乘机割据，天下大乱。617 年，唐国公李渊起兵太原。618 年，隋炀帝死于扬州。李渊自立为帝，是为唐高祖（618—627 年在位），建都长安，开始唐王朝统治。在次子李世民的辅助之下，唐高祖迅即平定四方。626 年，李世民发动"玄武门之变"，登基为帝，是为唐太宗（627—649 年在位）。他励精图治，开创"贞观之治"。而后又有武则天（690—705 年在位）、唐玄宗（712—756 年在位）等有为君主治世，使得唐朝前期经济繁荣，文化昌盛，疆域扩展，社会繁荣。从而将中国文明推向顶峰。

8 世纪中叶以后，帝王昏愦，奸臣当道，藩将反叛，唐朝陷入"安史之乱"。后虽有中兴局面再现。但由于宦官擅权专政，外族屡屡扰乱边境，党争士祸不断，唐朝逐渐衰败。最终在黄巢农民大起义的冲击下走向灭亡。

此后半个多世纪，中国再次陷入分裂困境。北部地区相继建立了梁（后梁）、唐（后唐）、晋（后晋）、汉（后汉）、周（后周）等朝代，史称"五代"；南部和山西地区先后出现了吴、南唐、吴越、楚、闽、南汉、前蜀、后蜀、荆南（即南平）、北汉等国，史称"十国"。960 年，宋王朝建立，随即统一中国大部，进入了中国古代文明的后期发展阶段。与宋朝同时，在中国的北方尚有辽、金、西夏等少数民族政权并立。

政治上，赵宋王朝鉴于唐末、五代将帅权重，屡屡危及中央的教训，以加固皇权专制为核心，大幅度调整权力结构。961 年，宋太祖以"杯酒释兵权"的方式，剥夺了禁军宿将的军权。同时，又行"更戍法"，即派禁军轮流出外戍守，形成"兵无常帅，帅无常兵"，将不得专其兵的特殊机制。对各级行政机构亦大力改革，在中央，减弱宰相的权力，一切均需皇帝裁决。在地方，削弱地方主官的权力；又在各路设转运使，控制地方财赋，通过一系列军政改革，赵宋王朝在重文抑武、偏重防内的原则下形成"以大系小，丝牵绳联，总合于上"的专制统治格局。应当说这种格局的出现对于结束唐末五代以来的割据混战局面，促进统一国家的形成与稳固，是有一定积极作用的。但这种统治体制内部各个组成部分之间关系复杂，机构重叠臃肿，既运作不灵，又造成叠床架屋，冗官、冗兵、冗政之弊，遂形成积贫积弱的不良局面。

五代和宋王朝时期，北方的辽、西夏、金等少数民族相继崛起，频繁南下东进，使宋朝从一开始就承受着来自北方的强大军事压力。先是宋与辽、夏对峙，攻伐不停。12世纪，东北地区的女真部落逐渐强大，1115年，阿骨打建立政权，国号大金，是为金太祖。1125年，灭辽。1126年，金兵又攻陷宋都开封，俘掳宋徽宗、钦宗。北宋（960—1126年）灭亡。1127年，宋康王赵构即皇位，重建赵宋王朝，偏居东南一隅，立都临安（今浙江杭州），史称南宋（1127—1279年），经反复拼杀，宋、金以淮河为界，南北对峙近百年。13世纪初，大漠蒙古崛起，频频南下，攻伐夏、金两国，中国政局愈发复杂。蒙古愈战愈勇，先于1227年灭西夏，又于1234年末亡金。随即向南宋展开全面进攻。1279年，终于灭南宋，统一中国。

从唐末到南宋灭亡的370余年间，中国历史上一直是数个区域性政权并立，但这只是中华文明发展中的一种区域性差异，各个政权之间以战争与和平两种方式一直进行着接触，各个民族在经济、文化领域的成就均促进了中华文明的整体发展，而各种区域性特征更使中华文明呈现出多元繁荣的态势，最为重要的是重建统一的多民族国家的历史趋势从不曾中断，始终贯穿其中。

（二）强固而规范的政治体制

隋朝初年曾大规模调整政权机构，整饬吏治，修订律法，开一代新风。唐承隋制，又不断完善，终建成空前强固的中央集权政治体制。

唐朝中央机关的主体架构为三省（即中书省、门下省和尚书省）、六部（吏、户、礼、兵、刑、工）、一台（御史台）、九寺（太常寺、光禄寺、卫尉寺、宗正寺、太仆寺、大理寺、鸿胪寺、司农寺、太府寺）和五监（国子监、少府监、将作监、军器监、都水监）。三省长官同为宰相，分别负责政令的草拟、审议和执行。尚书省设六部，每部下有四属司，分别执掌处理官吏、民政、礼仪、军政、司法和工程营建等方面的具体事务。这一体制的特征，一是改变秦汉时代一人为相，权势过重的局面，由三省长官同为宰相，避免大权独揽，威胁君权；二是三省六部的职权及运作复杂精密，既分工明确，又相互制约。各省长官绝难独断专行，最高决策权集中于君王一身。此外，中央还专设御史台。此机构缘起秦汉，唐朝时权势加重，其职能是充君王"耳目之任"，专司检举、弹劾百官的失职不当行为。帝王多选不阿权势、敢于直言者担当此任，并给予独立监察之权。

鉴于前代教训，唐朝大力加强中央对地方的控制，力戒地方长官权势过大和豪门世族把持地方政权的弊端。唐朝地方行政框架主体为州、县两级，县下再设乡、里。州置刺史，其权位远不及汉朝郡守，且刺史重要属吏由吏部选派，刺史不得自行辟除。为了监督地方，又按山河形势，分全国为10道，道不置长官，由朝廷遣大臣为黜陟大使，分巡各地。

唐朝是中国古代律法与礼制发展完善的重要时期。建朝之后，历代皇帝就以隋《开皇律》为蓝本不断修订律法，高祖时制成《武德律》，太宗时重修，成《贞观律》，高宗令长孙无忌再行增订，又成《永徽律》。《唐律》共12篇502条。内容完整，条目简要，体式严格，权限清楚，责任明确。一个由律、令、格、式等部分组成的法律体系基本建成。律为司法部门量刑定罪的依据；令为各级官府须遵守的规章制度；格为皇帝制敕汇编，是补充性的法规；式乃各级官府处理公事细则和公文程序。长孙无忌还奉命撰成《唐律疏议》30卷，对已成条文的法律加以疏证诠释。此乃中国现存的一部最为系统完整的法理研究著述，是古代中华法系的代表。唐代法律以其成熟的模式和规范，对后世影响极深。

唐朝也是礼乐制度获得重要发展的时期。太宗令房玄龄、魏徵等修改旧礼，撰成《贞观礼》100卷。高宗又令长孙无忌等撰成《显庆礼》130卷。玄宗时再加以折中补编，以吉、宾、军、佳、凶次第编撰，修成《大唐开元礼》150卷。内涵广泛的唐朝礼制对种种不同身份的人和群体的不同社会地位加以确定，进而对君臣、官民、上下、尊卑、内外、华夷等各种社会政治关系加以细致严格的界定。同时，随着家礼流行，唐代礼乐制度日趋渗入普通民众意识之中，影响社会生活，规范社会秩序。礼乐制度的社会控制功能得到充分彰显。而更为重要的是，随着礼制与法制的发展，出现了礼法合流的局面。唐律的一个突出特征便是礼制原则融入律法规定之中，而律法"一准乎礼"。由此，礼逐渐获得了法的强制性，法也因礼而更具有普遍性。

二、社会经济

隋唐时期社会经济蓬勃发展。首先，均田制的推行使国家控制之下的小自耕农经济一度极为繁荣，展示出充分活力。其次，长江流域以南地区的经济，在南朝时代的基础上进一步发展，人口增殖，土地垦辟，成为富饶之乡。而长江、黄河两大流域的经济发展，使唐王朝的综合国力大为提高。

（一）农业水利

唐王朝在北魏、隋的基础上，继续推行均田制，国家在占有大量土地的前提下，对百姓和官僚授予一定数额的土地。百姓凡年满18岁的男丁授田1顷，其中含口分田80亩，永业田20亩；工商业者减半；老、孀、残疾及僧尼也分得部分田地；贵族、官僚分别按爵位、官品授田。在均田制的基础上，国家对农民征课租、庸、调，每丁年纳粟（租）2石，服役（庸）20天，交绢（调）2丈。均田制和租庸调制的施行既保证了农民有一定的耕地，又限定了租税额度，从而在一定程度上提高了广大农民的生产积极性。千里荒野变为良田，边陲僻壤得以垦殖，全国耕地面积达800多万顷，堤塘坝渠纵横大地，仅大规模工程就有200多处，为秦汉以来水利工程的两倍。"四方丰稔，百姓殷实"。

（二）工商交通

工商业繁盛、城市不断兴起是唐朝社会经济的又一特征。手工业种类繁多，尤以纺织、冶铸、制瓷最为发达，堪称世界一流。官营手工业规模宏大，技艺精湛，质量上乘。民间工艺不仅产量巨大，而且地方特点突出。商业兴旺活跃，京都长安的繁荣是唐代商业兴盛的缩影。该城周长35.5公里，居民逾百万，为当时世界最大城市。全城有住宅区108坊。商业区分为东、西两市。东市有220行，千余邸肆，"四方珍奇，皆所聚集"；西市为外国客商聚居之所，其繁荣更甚于东市。地方各级行政治所一般也成为大小商业中心，邸店遍布，商贸活跃。唐代交通四通八达，陆路干线有五条，东至山东半岛，西南入川藏，西北通西域，北达太原（在今山西太原西南）、范阳（今北京），南抵广州；水路以大运河为纽带，由河入汴，由汴入淮，由淮入江，南北纵横，东西沟通，全国各大水系联结为一体。

（三）土地买卖、兼并

唐中叶改行"两税法"后，中国的土地买卖和兼并完全合法化了，私人地主经济愈发强大。为适应这一时代潮流，宋王朝在经济上奉行"不立田制，不抑兼并"政策，听任土地自由买卖，甚至认为富者田连阡陌乃是"为国守财"。结果，不仅富户竞相购置地产，而且各级官吏也惰于政而勤于财，甚至国家也时常参与土地买卖，专置"常平司"处理各类官田出售事宜。随着国有土地与私有土地之间差别的基本消失，地产所有权频频转手，土地兼并以空前规模和频率进行，"贫富无定势，田宅无定主，有钱则买，无钱则卖"。这使地主阶层的经济实力大为膨胀，有的地主已拥有土地数十万亩，"至于吞噬千家之膏腴，连亘数路之阡陌，岁入号百万斛，则自开辟以来，未之有也"。据估计，到11世纪后半叶，全国将近3/4的耕地已成为地主私产。大量自耕小户纷纷破产，变成佃户。据统计，1080年，佃农已占全国总户数的1/3，到南宋时期，"所谓农民者，非佃客计，则佃官计，其为下户，自有田者亦无几"。这表明地主租佃制经济已获得巨大发展，成为中国经济的主要成分。

三、思想文化

（一）教育体系与科举制度

隋唐王朝的统一使社会环境相对稳定，为文化教育发展提供了有利条件。唐朝教育体系较之以往各个朝代都更为完备。京师长安国子监设有六学：即国子学、太学、四门学、律学、书学、算学，此外东宫有崇文馆，门下省有弘文馆。六学两馆主要招收贵族官僚子弟。地方各州县亦设官学，并允许民间"任立私学"。中唐时，中央国子监生有8000余人，地方州县学生多达6万余人。除律、书、算三学各有专门术业外，中央及地方各级官学皆以研习儒家经典为主。太宗命颜师古等考订"五经"，孔颖达等加以疏证，撰成《五经正义》，将经学归于统一，并作为官定学校教科书，令士人诵习。这一时期学校教育体系的稳定与发展，既适应了当时社会文化发展，也从特定角度和层面上满足了其他领域，尤其是政治体制变革的需求。

门阀士族日趋没落，庶族地主地位逐步上升，魏晋时代的凭借门资选官的制度难以为继。587 年隋文帝举行秀才、明经二科常贡考试、开科取士，合格者不论门第出身，通由中央授官，九品中正制被废除，科举选官制度正式确立。隋炀帝又设进士科。唐朝科举制度进一步发展完善，分为不定期制举和定期常举两类，诸科考试中以明经、进士两科最为主要，前者有赖熟谙经典，后者则需个人发挥，更见才华。进士及第虽难，然为帝王所看重，及第者极易升迁，故有"士林华选"之美称。此科第一名称"状元"，众人誉为"登龙门"。

科举制是中国官僚政治发展成熟的重要标志之一，它使中国成为世界上第一个主要通过考试，择取较有才能的文人为官的国家。它一改秦汉乡举选官制和魏晋九品中正制所形成的以门第身份为任官重要依据的弊政，削弱了贵族对政治的垄断，拓宽选拔官吏的途径，建成一种相对合理的人才网罗渠道，为庶族中小地主参政掌权提供了机遇，从而扩大了王朝政权的社会基础。诚如唐太宗所言："天下英雄尽入吾彀中矣"。科举制施行的后果还使各级政权基本集中在国家职业官僚手中，从而使之与贵族、地主的土地所有权相对分离，大大削弱了地主直接控制农民人身自由的能力；使国家能在一个更广泛的空间和更高的层面上行使剥削阶级的整体意志，中央专制皇权统治的操作运转机制大为增强。

此外，科举制对中国文明和社会的影响也极为深远。其考试内容以儒学为主，要求文章文辞优美，以经史子集所述议论时政。这样遂使政治与儒学文化的结合达到空前紧密的程度，儒学对中国社会的整合功能大为增强。科举还从制度上决定了儒家学术的社会价值取向，决定了天下儒生终生的进取归宿，对中国知识分子影响深远。同时，皇权下庞大职业官僚群体的存在，也使原来由皇亲国戚组成的社会特权阶层增添一新的集团。因科举而进仕的文人无论出身如何，一旦及第便踏入了特权阶层的阵营，至少从理论上说，平民与官僚之间不再有不可逾越的鸿沟。此后，官僚集团在中国社会政治体制中一直充当着极其重要的角色。

（二）博大而绚丽的文化

唐代是中国文化辉煌发达的时代，也是中外文化交流盛极一时的时代。究其缘由，一是蓬勃的社会经济发展和相对稳定的社会环境奠定了坚实的社会基础；二是魏晋以来中国文化的演进为唐朝文化铺垫了深厚的历史根基；三是强盛的国力、辽阔疆域和与域外各族频繁的政治经济交往，为中国文化对外传播和吸取外来文化的精华，提供了合适的条件与机遇。在各种历史因素的作用下，唐朝文化博大精深，昂扬激越，辉煌绚丽。

唐朝的思想界相当活跃，儒、佛（亦称"释"）、道三家并立，皆有发展。与魏晋玄学不同，唐朝儒学以经学为主。在朝廷倡导组织下，先后有《五经正义》《九经正义》刊行，流传全国，并成为科举考试的课本依据。唐朝佛学大盛，耽于佛理，钻研佛经，研习梵语为一时文人之尚。正是在唐朝前后，源自西土印度的佛学完成了与中国魏晋玄学融合的过程，出现了佛教中的中国流派——禅宗。源于中国本土，以老庄思想为核心的道教也十分兴盛。儒、佛、道三家之间虽有相互攻诘论战，统治阶级也曾扬此抑彼，不过并未造成定于一尊的局面，而在相互取资的情况下，构建起以儒为主，佛、道为辅的中国思想文化的多元结构。入世精神极强的儒家思想有助于进取，是身处顺境的支撑力量。以逍遥自得为归依的道家思想则适合赋闲，可作为身处逆境时的精神食粮。而修心养性的佛学更是人生经历重大挫折后的心灵安慰剂。自此，中国古代社会的人们尤其是知识分子不论顺逆、荣辱、浮沉、进退、显隐都可从多元的中国思想文化结构中获取适应当时处境的精神资源，拥有足够的精神空间，而且儒、道、释三家都日渐向社会下层民众进行渗透，成为民间文化的核心。

以韩愈、朱熹为代表的唐宋儒学在儒学发展史上有着极为重要的地位与作用。魏晋南北朝时期，中国陷于分裂、动乱之中，西来的佛教得以广为传布，寺院经济、政治势力膨胀，厌恶现实，渴望消遁出世的意识在社会各个阶层广为流传，成为不利于国家集权统一的因素之一。唐朝中期，为适应地主制经济和中央集权政治的需要，以韩愈为代表的儒学家们主张裁抑佛教，弘扬儒学。韩愈对只讲个人修养身心，不管社稷天下的佛教出世观念大加鞭笞，提出修身、齐家、治国、平天下的积极入世思想。以儒学"道统"对抗佛教"法统"，并主张儒道的基本含义就是"仁"与"义"。韩愈的"道统"学说被宋代儒学继承发展，形成"理学"。理学始创于周敦颐和二程，由朱熹集大成。朱熹以孔孟儒学正宗自居，认为"理"为万物，社稷之根本，"宇宙之间，一理而已"，"其张之为三纲，其弛之为五常，盖皆此理之流行，无所适而不在"。他认为理气相合，即生万物，气有清浊昏明之分，人禀气而生，故有圣、贤、愚和不肖之别；只有存天理，灭人欲，才可达到修养的最高境界。宋朝理学是孔孟思想在农耕经济充分展开条件下的演变与发展，更符合地主阶级在农民人身依附关系有所削弱的形势下加强统治的需要。

唐朝学术文化门类繁多，十分发达，其中尤以史学成就更为非凡。先秦以降，虽有史官传统，然史学作品仍多为个人著述。此种局面在唐朝时发生改变。太宗设立史馆，修撰史书，并令宰相监修，确立起官修正史的编纂体制。有唐一代，先后修成《晋书》《梁书》《陈书》《北齐书》《周书》《隋书》《南史》和《北史》等 8 部正史，占中国古代正史的 1/3。杜佑历经数十载，编成专载历代典章制度的专史著述《通典》，继编年、纪传体之外创立"政书体"这一体裁，丰富了史学著述体例，开创了中国史学史的一个新传统。刘知幾所撰著的《史通》为中国第一部史学批评和史学理论专著。他对前朝历代史学的优长劣弊一一评价，提出自己的治史原则；主张治史者必须兼备才、学、识三长；强调修史须秉笔直书，善恶并写，不避强御，无所阿容，对后世史学影响甚深。

唐代文学绚丽多彩，成就斐然，尤以诗歌最为光彩夺目，其成就之大，内容之丰富，风格流派之多皆远胜于以往任何时代。著名诗家如璀璨群星光耀千秋，其中有悠然恬美的田园诗人，如王维、孟浩然；有以雄壮豪迈的边塞诗而著称的高适、岑参；有构思奇特，别树一帜的才子李贺；有表意婉曲，诗文并茂的李商隐；更有名冠诗坛的天才大师李白、杜甫和白居易。李白诗歌内容宏富，气魄豪迈，形象雄伟；杜甫和白居易则忧国忧民，哀黎民苦难，叹朝政黑暗。除诗歌外，唐朝还形成了词、传奇小说等新的文学体裁。特别是中唐后，韩愈、柳宗元等散文大家发起的提倡古文（即新散文体）运动，摈弃六朝以来讲求声韵、辞藻，内容空洞，形式僵硬的骈体文，开创了一代新文风。

唐朝艺术宛如一座巨大宝藏，令人目不暇接。唐朝乐舞高贵典雅，雄壮威武。乐分坐、立两部；舞分健、软两种。梨园的开创使中国有了第一座专业的艺术学苑。唐朝绘画流派各异，画风创新。人物画，初唐有阎立德、阎立本兄弟两人比肩而立，中唐有吴道子异军突起。山水画，北有李思训，南有王维，其作品"诗中有画，画中有诗"，开创文人画派。敦煌壁画泥塑、龙门石雕皆为中国乃至世界古代艺术的珍品。欧阳询、颜真卿为书法两大家，各成一体，为后世宗师。

科学技术的发达是唐朝文化昌盛的又一体现。天文、数学中最杰出的代表是一行和尚，其成就众多，恒星移动现象的发现、子午线长度的测定和《大衍历》的编成对中国天文历法水平的提高有重要贡献。"药王"孙思邈著有《千金方》，为中国最早的临床医学百科全书。规模宏大的唐长安城、巍然壮观的大雁塔是唐朝建筑艺术的杰出典范，也是古代世界建筑史上的杰作。白洁精美的邢州白瓷、晶莹光泽的越州青瓷和色彩鲜活艳丽的唐三彩，代表着唐朝制瓷的高超技艺。雕版印刷的发明是人类印刷史上的伟大创举。

第二节　朝鲜半岛

位于亚洲东北部的朝鲜半岛，北面与中国山水相连，唇齿相依；南面与日本隔海相望，是东亚中古文明的重要区域之一。

一、古代朝鲜

（一）早期国家

自远古旧石器时代以来，朝鲜半岛与大陆就有密切的联系。半岛出现的新石器时代巨石文化与大陆辽东、山东等地同类文化基本一致。公元前 5 世纪，朝鲜出现铜器，不久又出现了铁器，开始了铜石并用时代。随着原始社会逐渐解体，半岛出现了几个较大部落联盟。东部、东北部有沃沮人与秽人；南部有马韩、弁韩和辰韩；北部因受大陆文明影响较深，最早出现国家雏形"古朝鲜"。

西汉初年（前 195 年），中国燕人卫满率部属千余人徙至古朝鲜。后占国都王俭城（今平壤），篡位自立，建卫氏朝鲜。公元前 108 年，汉武帝攻灭卫氏政权，置乐浪、玄菟、临屯、真番四郡，统治朝鲜半岛北部，激起朝鲜人民的反抗。公元前 82 年，汉被迫裁销临屯、真番二郡，撤玄菟郡归辽东，只余乐浪郡。

公元前后，在三韩部落联盟的基础上，朝鲜半岛南部地区分别兴起百济与新罗两个奴隶制国家政权。与此同时，原居住在中国东北地区的少数民族高句丽部落联盟也由辽东迁徙至鸭绿江两岸，以今吉林集安为都城，建成高句丽政权。4 世纪左右，中国政局动荡，战乱不止，高句丽广开土王便大力向南扩张，攻占乐浪郡属地，进至大同江一带，迁都平壤。朝鲜半岛遂形成西南部汉江下游的百济、南部庆州一带的新罗和北部高句丽三国鼎立对峙角逐的局面。

（二）三国时代

三国之中，新罗发展较快，国势渐强，收复了半岛南端曾被倭人（日本）长久盘踞的任那地区，在与高句丽、百济的战争中也多获胜。而高句丽、百济两国逐渐结盟，并联合日本，力图抑制新罗。面对强敌，新罗则进一步与中国大陆政权修好结盟。自 6 世纪末起，中国的隋唐王朝曾数度征伐高句丽，皆损兵劳民，屡遭败绩。至唐高宗时，中国政权审时度势，采取与新罗结盟，先灭百济，后翦高句丽的战略。660 年，唐军与新罗军联手作战，一举攻灭百济。667 年，联军又乘高句丽内乱南北夹击，次年灭高句丽。唐王朝随即在朝鲜半岛设置安东都护府，欲对其进行直接的封建统治，遭到朝鲜军民的坚决抗争。676 年，唐朝政权被迫迁走安东都护府。新罗遂统一了整个朝鲜半岛。

二、新罗统一

（一）社会制度与经济

朝鲜半岛很早就出现了定居农耕文化，其五谷、杂果、蔬菜的种类与大陆相同。最迟于公元前 3 世纪时，朝鲜又出现了稻米种植。6 世纪前后，随着牛耕与铁制农具的普及，社会生产力有相当大的提高，个体小农经济日益发展，使发展尚不充分的奴隶制度趋于解体，开始向封建社会过渡。统一整个半岛之后，新罗王朝大规模引进、吸收中国大陆先进的政治、文化和经济体制，使封建制度在朝鲜全面确立。

687年，新罗王朝实行禄邑制，国家按官位高低授予文武官僚数量不等的收租地，以为俸禄。此外，又大赐功臣、贵族、寺院以土地，作为食邑。722年，为限制土地兼并，扩拓税源，新罗王朝又实行丁田制，即对16岁以上的良民男女授予一定数量的土地，分为口分田和永业田两种；丁田农须固着在土地之上，向国家交纳租、庸、调，从而确立起来土地国有制的基本框架。而后新罗统治者参照中国隋唐王朝中央集权的政治模式，于8世纪中叶建立起相当完备的官僚统治体制。中央设若干府部，分别执掌朝廷各类政务，地方划为九州，州下设郡、县、乡，由国家任命各级行政长官。除首都庆州外，择要地又置五个小京，驻以重兵。为维护专制王权的统治，新罗诸王大力倡导中国儒家学说，设国学，行科举，并遣派大批贵族子弟赴唐留学。

7—8世纪，新罗经济发展迅速，各地大兴水利，提高水田稻米产量。麦、豆、桑、麻等旱田作物的产量也有所增长。手工业发展显著，官府控制的纺织、金银细工、武器制造等重要行业的产品极为精美。商业贸易，尤其是外贸繁荣活跃。新罗的商船往来于东海、黄海水域，与中国、日本互通有无。中国唐朝的许多城市都有"新罗坊"，即为新罗商人的聚居之处。

（二）后三国时代

然而随着时间的推移，封建大土地所有制不断成长，土地兼并之势大炽，国有的丁田遭到严重破坏，大量丁田农民破产。社会各种矛盾和阶级斗争日趋尖锐。9世纪以后，饥馑频发，饿殍遍野，人民反抗接踵而起，地方官僚豪族割据势力猖獗。9世纪末年，新罗王朝统治陷入全面危机。10世纪初，弓裔借农民起义之势，自立为王，在半岛北部建后高句丽政权。西南戍将甄萱割据自雄，建后百济国。新罗王朝龟缩于东南一隅之地。三国鼎立局面复现，史称后三国。

三、高丽王朝

（一）高丽建朝

918年，弓裔部将王建发动政变，篡权自立，国号高丽，立都松岳（今开城）。不久，王氏高丽便举兵南下，除灭新罗和后百济，重新统一朝鲜半岛，再建统一王朝统治。

为了重振专制王朝权威，稳定天下，高丽王朝在朝鲜再次确立土地国有制度。在将全国耕地、山林登记入册的基础上，976年，高丽王朝颁行"田柴科"制，把文武百官至士兵分成 79 个品级，按照品级高低分给数量不等的田地和山林采樵之地，最高者得田、柴各 110 结，最低者得田 21 结、柴 10 结。他们所享有的土地，称私田，但实际上只有收租权，且不得世袭。而更大量的土地是由国家直接支配，称公田，通过各级官府租佃给广大农民。田柴科的实施确保了国家根基的巩固，也使得新罗王朝末期以来的尖锐社会矛盾有所缓和，社会经济文化都有新发展。在此基础上，高丽王朝又重新确立起集权专制的统治体制。中央朝廷设门下、尚书、三司三省和吏、户、兵、刑、礼、工六部，以为统治中枢。地方分置道和十二州，道下设府、郡、县。高丽王朝的文武官吏合称文武两班。鉴于前朝教训，高丽诸王奉行尊文抑武之国策，以防军事将领势力过大而威胁中央王权。

（二）内外动荡

社会经济的运动自有其内在规律，高丽王朝仅靠强制性的行政法规难以控制经济生活的实际运转。在获取更多生产资料和劳动力、攫取更大经济利益的欲望驱使下，以两班贵族为主的朝鲜统治阶级对国有土地和租佃农民的侵吞蚕食日烈，土地私有和买卖兼并之风渐起。及至 12 世纪初，田柴科已无法维持，废弛不行，豪门权势者田连阡陌，弥州跨县；公地良民却大批沦为与奴隶无异的部曲贱民。农民、贱民起义暴动此起彼伏，交相呼应，南有亡伊、亡所伊大起义，北有妙香山起义。高丽王朝的统治基础开始动摇。外戚擅权，武将专横也成为高丽王朝后期政治的常态。

中国大陆尤其是东北地区的政治动荡，是制约朝鲜半岛封建统治稳固与否的又一重要因素。10 世纪以后的数百年间，中国东北地区契丹、女真政权相继崛起，13 世纪后蒙古帝国建立，每每给高丽造成巨大冲击。面对这些北方游牧民族铁蹄的不断践踏，高丽王朝怯懦无能，一一议和，称臣纳贡，苟安求存。但朝鲜人民不甘屈辱，屡屡奋起反抗，先有 10 世纪爱国将领徐熙率军民奋起抗击辽军，后有 13 世纪"三别抄军"据险抗战，破坏蒙元帝国利用朝鲜为根据地东侵日本的战略意图。"三别抄军"的抗战也威胁了高丽王朝自身的统治。1274 年，高丽王朝曾与蒙元大军联手，进剿义军，残酷镇压民众武装。

第三节 日 本

一、古代日本

位于东北亚的岛国日本，由北海道、本州、四国、九州等四座大岛及附近数千座小岛组成。西及西北，分别与中国大陆、朝鲜半岛隔海相望。自古以来，日本便与中国、朝鲜有着十分密切的往来，正是在吸取大陆文化的基础上，日本社会不断发展，并形成了独具特色的民族文化。

（一）早期历史演变

早在旧石器时代，日本列岛就有原始人类居住。一般认为，距今 1 万年前，日本进入了新石器时代，其主要文化代表为遍布列岛全域的绳文陶器。直至公元前 3 世纪左右，绳文文化为另一种性质的弥生文化所替代。弥生文化陶器的制作工艺远远高于绳文陶器，出现了青铜器、铁器，而且原始稻作生产技术已经为弥生时代的人们所掌握。当时中国已进入铁器盛行时代，农耕文明已经十分成熟，故而学界普遍认为弥生时代的新文化是在大陆文化的直接作用下发生、发展起来的。随着进入农耕阶段，日本社会开始出现贫富分化，原始公社趋于解体。3—7 世纪，为日本古坟时代。由大陆而来具有明显东北亚特征的"渡来人"是这一时期一个重要的现象。他们最初主要居住在西日本地区，并同仍保留绳文人特征的东日本地区展开交往。

由渡来人集团组建的小规模"国"，在经历了随遇而安的散在状态分布阶段后，陆续开始进入归并统合阶段，终于在近畿地区首现朝廷。为获取从大陆流入的先进文化，朝廷更加不遗余力地接受渡来人及渡来文化，渡来人数量急剧增加。6—7 世纪为古坟时代后期，通过巨大的墓葬型制和各种奢华的陪葬品，似可推断地方豪族的成长。最大的古坟为总面积 46.4 万平方米的仁德天皇墓，此乃强大王权的无言象征。据中国史书《汉书》载："乐浪海中有倭人，分为百余国，以岁时来献见云"。这些小国独自与汉朝定期友好交往。小国内部关系紧张，较强的聚落国家为掠夺土地、人口、财富，向四周邻国挑起战争。结果促使早期国家的形成。日本第一个国家政权是 1 世纪末 2 世纪初出现的邪马台国，它管辖有 20 余个小国。"其国本亦以男子为王，住七八十年，倭国乱，相攻伐历年，乃共立一女子为王，名曰卑弥呼"。她有供驱使的奴隶千余人，死后有百余人殉葬，并设有各种名目官吏和粗陋的法规。凡此种种，皆证明邪马台国已经不是一个部落联盟国家，而是一个阶级统治的机构。

（二）大和国家

3 世纪到 6 世纪中叶，是大和政权统治日本的时期，被称为"倭五王"的时代又是其中的鼎盛期，控制了西至九州、东至关东即九州全境、本州大部的地区。依据贵族在统一战争的功勋及出身，大王向上层贵族授"臣""连"等姓，地方贵族授予"直""君"等姓。大王所赐的"姓"与贵族所代表的"氏"联结起来，不仅使朝廷、中央和地方产生上下联结的君臣关系，而且也给了朝廷任命大臣的根据。地方行政设置"国造""稻造"等职务，上下贵族都各得其所，史称"氏姓制度"。

农耕生产成为大和国家的经济基础。其土地有两种占有形式：国家直属的土地，称屯仓、屯田、神田、封田；王族和贵族的私有地，称子代、名代、私屯仓。大和国家社会经济最基层的生产组织为"部"，即劳动人民被贵族按自己的需求并根据技术特长，分别被编入各种名目的"部"中，有"谷部""马部""锦织部""陶部""服部""土师部"等。部民隶属贵族，通常被认为是贵族的奴隶。

统一和稳定成为大和国家积极外交活动的基础。4世纪中叶后，乘朝鲜半岛高句丽、新罗、百济三国纷争之际，大和国家染指朝鲜半岛，与百济联盟，辟新罗的伽倻为任那。5世纪初，高句丽支援新罗，两国联手于400年、404年，两度击退日军。在朝鲜半岛的军事迭遭失利后，倭王采取远交近攻策略，向中国大陆刘宋政权称臣示好。421年遣使通好，425年又派贡使。刘宋封其为"安东将军·倭国王"号，但未应其要求封都督六国军事的大将军号。478年，大和国家又遣使呈书，求封统辖半岛军事的安东大将军及倭王。宋顺帝仍未赐封都督百济一项。这种保留似乎隐含着对后世的暗示。

5世纪中叶后，高句丽大举南下，占领了百济首都汉城，压迫百济势力向南回缩，威胁日本对任那的控制。512年，应百济要求，大和朝廷将任那的西部四县割让给百济。同时，新罗也向百济施压。一向同百济结盟的日本，为救百济之急，于527年出兵驰援，反而引发了接受新罗贿赂的筑紫国造磐井的叛乱，历两年才将其镇压。但援助百济的军事行动也因此而无果告终，最终导致任那丧失。562年，日本在朝鲜半岛的侵略占领宣告终结。

（三）圣德太子改革

进入6世纪后，大豪族为争夺部民扩大田庄，彼此相争不已。同时，为控制王权展开激烈争夺，其中苏我氏、物部氏两大家族渐强。587年，苏我马子战胜物部氏，权倾一朝。592年，他推举女帝推古天皇即位。6世纪中后期，正是大陆统治秩序大规模的调整时期。高句丽的南下和新罗加强对百济的挤压，莫不是这一形势下相关各方的连锁反应。东北亚诸国之间关系新变化的压力，也传递到了日本列岛。面对这种局面，日本的内政外交必须有所改变，才能稳定自身的统治。

推古天皇即位翌年，任命外甥圣德太子（574—622）为皇太子，摄政总理政事。年仅20岁的圣德太子采取了与苏我马子联合的方式，推进国政改革。603年，制定冠位十二阶，确立新的官僚制度。所谓十二阶，是以儒家秩序道德的德、仁、礼、信、义、智为序，每序分有大、小之别，共十二阶，以为官位的上下尊卑。冠位者，同此前仅凭世袭门第便可获取官职不同，须以个人才能与功绩为依据，期限仅及终身。此举的目的在于破弃氏姓制度的弊害，选拔有用之才。

604年，圣德太子又颁布了宪法十七条。内容是对豪族的政治、道德训诫。第一条为以和为贵，无忤为宗；第二条为笃敬三宝（佛、法、僧），第三条为承诏必谨，君天臣地等。从这些强烈渗透着儒、佛、法思想，强调国家意识的内容来看，这场改革已经认定国家的进取之路取决于如何彻底模仿、利用中国王朝的政治观念。"大王"的称号改用"天皇"称号，并从推古朝改革后沿袭至今。

589 年，隋朝统一南北，国力急速发展。大陆王朝对周边诸国的影响，越来越成为各国制定外交政策的重大因素。607—614 年间，推古天皇派小野妹子等使臣三度出访隋朝，随行者中还有高向玄理、南渊请安和僧旻等留学生、留学僧。622 年，圣德太子逝世。628 年，推古女皇逝世。但是，以大陆王朝政治与文化为楷模的推古改革，仍然为日本历史的进程留下了宝贵财富。

（四）大化改新

圣德太子辞世之后，苏我入鹿、苏我虾夷父子更加飞扬跋扈，暴虐骄横，在统治阶级内部结下重重怨仇。中大兄皇子与中臣镰足交好，拜南渊请安为师，商议讨灭苏我氏，实行政治改革的计划，并团结了宫廷中大批官员。645 年 6 月 12 日，利用三韩使者来访仪式之时，于殿堂之上斩杀入鹿，接着又迫使虾夷焚宅自杀。在中大兄和中臣镰足的拥戴下，孝德天皇登基，年号"大化"。孝德天皇是中大兄的舅舅，博览中国典籍，有志改革陈腐政治。他任命中大兄为皇太子，中臣镰足为内大臣，以为国政中坚。任命从唐朝留学归来的僧旻和高向玄理为国博士，以为改革智囊。

646 年 1 月 1 日，孝德天皇发布《改新之诏》，实行政治经济改革。其内容如下：第一，废除世袭氏姓贵族制，确立中央集权制。中央设神祇、太政二官，中务、式、治、民、兵、刑、大藏、宫内八省、一台。地方设国（司）、郡（造）、里（长），里下设十保（每五户为一保，设保正）。中央任免各级官吏。第二，废私田和部民制，建公地公民制。国家封大夫以上高级官僚以"食封"（土地及私口），以为俸禄。第三，行班田收授法。凡 6 岁以上公民，班给口分田。第四，实行租庸调制。受口分田者每年向官府缴纳田租。

毋庸置疑，大化改新的改革，是对唐朝制度的全面模仿和引进，是古代日本政治制度的全面革新。日本社会阶级关系发生深刻变化，部民制废除后，由于土地制度和租税制度的变革，直接造成了剥削阶级（皇室、豪族、地方豪强）与被剥削阶级（公民、家人、奴婢）间的对立。

二、律令制国家

（一）律令制度

中大兄皇子于 668 年登基，是为天智天皇。671 年去世之后，其弟大海人皇子发动兵变，在大和地区豪族的支持下，击败朝廷军，史称"壬申之乱"。673 年登基，是为天武天皇。天武在位 13 年，亲理朝政，万事独断，大力提高天皇权威。从天武朝起，日本天皇逐渐被赋予神格权威。

668—718 年的 50 年间，日本朝廷先后四度颁布律令，"律"乃刑法典，"令"乃行政法、民法和商法的总和。668 年，中臣镰足奉命将大化改新以来天皇诏令编纂成《近江令》，为日本历史上第一部正规法令；681 年，天武天皇下令编纂《飞鸟净御原令》；701 年，制成《大宝律令》，凡律 6 卷，令 11 卷；718 年，修改增删《大宝律令》，制成《养老律令》，律、令各 10 卷。至此，日本建成较为完备的法律制度体系，它虽说是模仿唐朝律令的产物，但也依据日本国情做了一些修改。律令的颁布和执行，加强了日本朝廷对社会的全面控制。

（二）班田制的动摇

律令制下，将口分田班给农民耕种，据此而收取租庸调，确保国家财源，中央集权制度得以巩固，社会精神文化得以发展。日本国家的迅速发展，证实了各项改革措施收到了积极效果。然而，公田（国有田）与私田（功田、位田、职田、寺田、社田等）两种土地所有形式并存却构成了当时日本社会中的一个极大矛盾。

按照班田收授法规定，每 6 年核准一次人口，但对应于人口的增加，口分田的班给却未必成正比例增加，往往无田可班。国造、郡司、里长等大小官僚，从 8 世纪开始，便"背公家向私业"，侵占公田，兼并土地，截留租税，中饱私囊，严重地干扰了朝廷对地方的统治；而大臣、寺院、豪强沆瀣一气，大肆兼并公田。沉重的租税和劳役负担，常使班田农民处于努力耕种却无法养家糊口的境地。"天地虽广，何为吾而狭？日月虽明，何为吾而暗？甑罐蜘蛛筑巢，炊饭之事竟已忘却。"一首《贫穷问答歌》，生动地唱出了当时日本下层民众痛苦度日的情景。班田农民破产逃亡，公民沦为私民屡见不鲜。

722 年，日本朝廷颁发大规模开垦计划；723 年又颁布"三世一身法"，许垦荒者经三代之后便可将垦地据为私有；743 年颁"垦田永年私财法"，承诺开垦荒地则永久私有该地；意图以增加耕地来缓解公田流失的危机。同时，又采取措施加强对地方官员的监督，抑制贵族豪强兼并土地和荫蔽逃离农民。然而，严酷的事实是，律令制下的土地国有（公田公民）原则，正为"三世一身法"和"垦田永年私财法"所破坏。为逃离租赋而背井离乡的农民，成为豪族驱使的垦民。

（三）社会文化

从 618 年到 894 年，为了更多更快地摄取大陆文化，日本朝廷共向唐朝派出文化使节及学问僧、留学生共 18 次（实际成行 13 次），称"遣唐使"。遣唐文化之旅取得了巨大的成果，不仅大规模移植中国文化，而且在长安还接触到波斯文化和印度文化，大量学问僧经过苦读修行成为一代高僧。此外，在医学、药学、绘画、史学、文学、建筑、音乐等领域，也出现了一批人才。唐文化的大量摄入，极大地推动着日本文明的发展。模仿长安城的平城京从 710 年起成为律令制国家的都城。面积虽只有长安城的 1/4，但外郭和内部构造，同长安几近一辙，可谓长安城的缩小版。都市的中心部分同长安一般，也称太极殿，城内大安寺、药师寺、元兴寺等诸寺林立，东、西两市是各地货物的集散地，被称为"皇朝十二钱"的货币，在商品货物交易中发挥着流通的作用。

在文化上，日本古代社会也取得了一些令人瞩目的成就。其一，修史事业。天武天皇令稗田阿礼诵读《帝纪》《旧辞》，又命太安麻吕笔录，终于 712 年成书三卷。其内容为天地创造、日本的诞生到推古天皇时期的事迹，是为《古事记》。720 年，以舍人亲王等宫廷史家为中心，撰成《日本书纪》（30 卷），其内容为神代直至持统天皇的事迹，史实与神话传承混杂，模仿中国史书的编年体裁，用汉文著成。同时，朝廷命令由各地编纂《风土记》，作为地方志献呈朝廷。在此基础上，又有包括《日本书纪》《续日本书纪》《日本后纪》《续日本后纪》《文德天皇实录》《日本三代实录》的"六国史"著成。日本修史事业，受到中国史籍的编纂体例和中国史家的史观强烈影响，但其中对神话建国、神代发轫等内容的记述，表现了日本早期史家独自的史观。这些史籍，至今仍然是日本古代史研究不可或缺的珍贵史料。

其二，假名的创造。所谓假名，乃为真名即汉字的对称。用汉字来标注日本语，始见于 5—6 世纪。8 世纪初成书的《古事记》和《万叶集》，仍然借用汉字的音训来标记日本语，称之为万叶假名。从 9 世纪起，对万叶假名进行整理，在不能对汉文进行充分阅读理解的下级贵族之中，开始了一字一音的尝试，其方法是将汉字简略化，取汉字的偏旁、部首，用草体书写称平假名，用楷体书写称片假名，每一假名都缀有标准读音，分别归入各自的行、段。假名的书写法经过长期变迁，至 11 世纪初逐渐定型。从大陆留学归国的吉备真备和空海，在假名的创造过程中起到了很大的作用。假名的创造和使用，成为现代日本语的源头。来自于汉字却又有别于汉字，日本文化的自主性独立性的最初努力，正是源自于此。

其三，物语文学的兴盛。7—11 世纪，以《古今和歌集》《竹取物语》《伊势物语》和《土佐日记》为日本物语文学代表。平安时代（794—1192 年），开始了古代文学的繁荣期。紫式部（约 978—1016）创作的《源氏物语》，为这一时期物语文学的最高峰，也被誉为世界上最早的长篇纪实小说。平安京的上层贵族纵意享受和复杂的利益纠葛、社会矛盾交织其中。众多人物的不同性格，在紫式部笔下栩栩如生地表现出来。贵族无所顾忌地纵欲和尔虞我诈，揭示出贵族社会必然崩溃的内在机理。这类文学作品不仅具有文学史上的地位，也对理解古代日本国家发展脉络具有极为珍贵的参考价值。

三、公武政治与幕府统治

（一）摄关与院政

669 年，大化改新的功臣中臣镰足去世，其子藤原不比等凭借父辈功荫，入朝主政。他将女儿嫁给天皇为妃，成为外戚，权势日盛。其后，藤原家族执掌朝政约达 200 年之久。因其久居摄政、关白等职，故称之为"摄关政治"。

为了摆脱上述状况，1086 年，白河天皇宣布让位于年仅 8 岁的堀河天皇，在自己居住的宫殿内建立院厅，任"上皇"，开始了"法王执天下政"的院政时代。此后，摄关政治一蹶不振。院厅以上皇名义发布的院宣，成为决定政策的最高依据。白河上皇掌权 43 年，鸟羽上皇掌权 27 年，后白河上皇掌权 34 年，上皇的连续执权，极大地削弱了藤原氏的势力，并在一定程度上保持了政治稳定。然而，摄关政治向院政的转变，说明了皇室与外戚争夺王朝统治的斗争相当激烈。

（二）庄园与武士

外戚专权，朝廷政争，势必进一步削弱中央对地方的控制。各地豪强和私田领主乘乱而起。初期垦田式庄园，若得到太政官符或民部省符，即获得了免除租税的特权（不输）。神田和寺田都属此类庄园。若非此类土地则必须要承担租税。为了逃避租税，私田领主便想方设法接近有权者，并向大贵族和寺院、神社寄进土地。获取"不输"特权的庄园日益增多，势必影响国家财政收入。从 902 年至 1069 年，朝廷发布系列庄园整理法令，试图抑制土地私有化进一步发展，却屡禁不止，寄进系庄园完全压倒了垦田系庄园，大土地者以中央权贵为背景，公然向所在地国司要求不输权，并进一步要求拒绝国司介入（不入）。不输与不入强化了庄园的独立性，庄园不断增加之势已不可遏制。本家—领家（受领者）—预所（代理者）—下司（庄官）—庄民等层层结构，形成了错综复杂的剥削关系。充任本家或领家者，往往就是皇族或藤原氏。

与此同时，作为一个新的社会阶层，武士也随庄园的发展而逐渐兴起。9 世纪后，各地开始出现被称为"弓马之士"的武力集团。伴随庄园经济的发展，领主组织武装农民，用以应付庄园间的争斗。这种武装农民只听从主人的命令行事，被称为"家子"或"郎党""所从"等。初始，各武士团都专属于某领主，相互之间并无联系。随着时间和事态变迁，有些逐渐式微，但有些却与有力量的豪族甚至与中央贵族、皇族结合起来，势力日增。武士团遂成为一股不可忽视的力量。朝廷有意对武士团加以利用，委以押解使、追捕使，担任军事、警察重责。大武士团的首领，被称为"武士的栋梁"，其中实力最强者，有平氏集团和源氏集团。当朝廷政治斗争日趋白热化之际，武士团的作用则愈发凸显。武士团逐渐成长为左右政局的决定性力量。

（三）保元平治之乱

伴随着从摄关政治到院厅政治的变迁，军事上武士团崛起且日益强大。1156 年，鸟羽法皇去世，天皇家、藤原家、源氏、平氏，当时政治舞台的四股力量结成两大阵营，展开殊死决战。后白河天皇一方凭借源义朝的突袭而一举获胜。凭借强大武力，武士在政治上的作用大为凸显，其势力开始全面进入政界。平清盛通好院厅近臣藤原通宪，源义朝则与通宪结怨甚深的藤原信赖相交结。义朝与信赖于 1159 年突发兵变，捕杀通宪，幽禁天皇。平清盛引军反击，信赖被捕斩首，义朝在逃亡途中被杀，义朝之子源赖朝被流放伊豆。律令制的全面崩溃和平氏武力集团全盛期的到来，意味着大化改新以来的古代国家实际上已经解体。

（四）镰仓幕府

源赖朝（1147—1199）被平氏流放伊豆时，年仅 13 岁。成年后，娶伊豆豪族北条时政之女政子为妻，历 20 年逐渐成长为一代枭雄。由于平氏仗势跋扈，引得各方怨声。1180 年，后白河法皇次子以仁王向各地武士发出令旨，讨伐平氏。源赖朝接旨立即举兵响应。虽然初战不利，但关东各地武士素对平氏不满，自动向源赖朝聚拢，武藏镰仓一带即刻成为赖朝的根据地。两大武士集团历经数次会战，源氏连战连捷，平氏势力被一举扫灭。1192 年，源赖朝被正式任命为征夷大将军。他在镰仓设立幕府，其主要机构为负责军务、管理武士的"侍所"；负责政务的公文所（后改称政所）和负责司法的问注所，拥有了一整套完全独立的军事、行政、法律以及地方控制的官僚机构。故此，日本国家制度形成公（天皇朝廷）武（将军幕府）并存，实权握于幕府的二元结构。

镰仓幕府的政治隶属中，最基本的关系是将军与御家人。御家人与将军结成主从关系的武士，区别于非御家人的其他武士。这种关系一旦成立，御家人对将军就必须绝对忠诚。关东各地的土地领主在源赖朝举兵反平氏之际，纷纷奉家谱名册参拜誓忠，成为源赖朝的御家人。他们是源赖朝获取和维系全国统治权的政治、经济基础。

一旦成为源赖朝的御家人，就可以被任命为"守护"和"地头"，进驻地方。守护乃各地的警备头目，直接隶属于源赖朝，履行战时作战与平日警卫的职能。地头是庄园的监管人，为庄园领主或国司征收租税、维持秩序。1232 年，北条政子下令制定《御成败式目》，因在贞永年间完成，又称《贞永式目》，为武家的根本法典。内容共 51 条，依据源赖朝处事的先例和公认的"道理"，处理武家之间的纷争，约束武士的行为。式为式条，目为目录。式目对规制武士的行为起到了一定的作用。初始，这一法规仅适用于幕府势力范围内的御家人武士，并不否认朝廷的法典。但随着幕府势力的扩大，最终在全国范围都行之有效。由于统治阶级各个集团之间的关系得到调整规范，日本社会秩序相对稳定，社会经济也获得一定发展。

进入 14 世纪后，镰仓幕府统治出现危机，其原因首先在于构成幕府存在基础的御家人逐渐陷入疲惫贫困的窘境，幕府统治根基开始动摇。其次，北条家族长期把持将军之下最高权位执权一职，引发诸多有影响的御家人的不满，遂使幕府统治大为削弱。

（五）南北朝动乱

一直韬光养晦的朝廷终于觅得好时机，1309 年，后醍醐天皇继位。他改革朝廷体制，废除院政实行亲政，将原本朝廷院厅两元式结构归并一统。还开创了登用人才的记录所，广罗势力，意图推倒幕府。他几番联络寺院僧兵、畿内武士起事，均未成功。北条氏废黜后醍醐天皇。此时天下武士皆对北条氏不满，纷纷起兵反叛。幕府调足利氏平乱，但足利氏临阵倒戈，而新田义贞亦在关东举起反旗。1333 年 5 月，镰仓幕府灭亡。后醍醐天皇返回京都，建立起新的朝廷和公家政权，史称"建武中兴"。

足利氏为源氏家族别支，在起兵反叛镰仓幕府前任上总、三河两国守护，素有取北条氏而代之的野心。由于其反叛是导致北条氏灭亡的重要原因，故天皇授其"尊"字为名。随着实力不断增强，足利氏频频干预朝政，并同其他贵族和武士集团展开争斗。最后，足利尊氏废黜后醍醐天皇，另立天皇。1336 年 12 月，后醍醐扮成女子逃出京都，潜入吉野山，建立一个自认为皇统正宗的朝廷。于是，京都朝廷（北朝）和吉野朝廷（南朝）的南北朝对峙形成，史称"南北朝"（1336—1392 年）。

（六）室町幕府

1338 年，足利尊氏任征夷大将军，设置幕府，开始了日本历史上第二个幕府的统治时代（1338—1573 年）。1378 年，第三代将军足利义满将幕府迁入京都室町，故史称室町幕府。为了实现政权统一和巩固自己的地位，足利义满一方面用武力抑制一些有力的守护，使之归顺；另一方面利用天皇权威，以增大自我权威的合法性。室町幕府取消了执权一职，代之以管领，同样位居将军之下，但管领一职有斯波、畠山、细川三氏专任，故称"三管领"。设多个辅佐职，意在避免再度发生如北条氏那样的专制。此外，在地方管辖方面，在镰仓设镰仓府，用以控制关东地区，长官称镰仓公方，由自己直系子孙专任。1392 年，南北朝统一后，室町幕府在内政方面亦渐趋稳定。

室町幕府时期，日本社会发生了极大的变化。以往武士团的结合是以血缘关系为纽带的，但从镰仓幕府建立到室町幕府，许多重大事变都发生在血缘集团内部，其解决往往都脱不了血缘相残的模式。而这一时期对地方管辖的加强，使得武士团结成的血缘纽带已经明显地向地缘原则转变。同时，守护权势大为增长。长期动乱使足利尊氏认为地方武士组织化已成必要，他又向守护追加了取缔争夺土地和执行裁决两项强制执行权，这大大强化了守护的权力，使得守护权力开始进入庄园内部，地头权势渐衰。整个南北朝动乱时期，各地守护纷纷在自己管辖范围内组建家臣团，以确立"一国"（一个地域）内的统治体制。领主化的守护被称为守护大名，其支配体制被称为守护领国制。

（七）农民运动

日本农民迭遭连年动乱之苦，身负着官僚贵族、幕府将军、守护大名及地头、高利贷者等层层剥削，沉重的租税和赋役压迫，使他们处于水深火热之中。为了生存，农民们不得不起来反抗，其斗争的形式多以"惣""惣村"（农村自治团体）为单位，集体诉诸要求减年贡、轻劳役，若达不到目的便纷纷逃离。这种农民斗争被称为"土一揆"。农民斗争的另一种形式是要求取消债务，史称"德政一揆"。他们袭击放高利贷的土仓和酒屋，夺回抵当物，毁坏借用证书。在大和、伊贺、伊势、纪伊、河内、和泉和近畿地区，这类突然蜂起、又迅速自然散去的农民斗争此起彼伏。1428 年的正长一揆、1429 年的播磨一揆、1441 年的嘉吉一揆，皆要求幕府发布"德政令"，幕府虽然迫于农民反抗，连连颁发"德政令"，但毫无效力。整个室町幕府期间，日本农民坚持抗争，各种一揆发生总数据称达到数万起。

（八）应仁之乱

15 世纪中叶，室町幕府的统治愈发趋于破败，奢靡浮华，大兴土木，幕政腐败至极，统治阶级内部矛盾重重，动荡不已。第八代将军义政在确立后嗣问题上，决策失误，而诸位管领家族内部也展开了家督之争。家督乃一族之长，当时武家社会正从分割继承向嫡子单独继承过渡，继承家督等于把握住了整个家族的指挥权和领地财产的继承权。将军继嗣之争和管领家督之争，实际上也牵涉地方守护和有力武士的利害。矛盾骤然激化，1467 年（应仁元年），终于爆发全国性内乱，史称"应仁之乱"。细川氏率东军 16 万人，山名氏率西军 11 万人，双方力量伯仲难分，难决胜负。战乱迅速波及全国，幕府已不能控制形势。历经 11 年的混战，直至 1477 年才最后停息。此时，幕府统治机构的职能完全失效，将军权威没落，众多身份低下的武士乘乱袭击将军府和寺院，豪族宅邸化为灰烬，寺社和朝廷的财产被抢夺。守护们引军在外作战，领地内部却发生下克上的风潮。此后，日本社会步入战国时代。

第四节　儒学与佛教

中古时代的东亚文明，不仅有高度发达的物质文明和政治体制，而且也发展起博大精深的观念形态和思想文化系统。构成这一系统的两大支柱是儒家学说和佛教信仰。二者的演化流变，使东亚地区形成了相对一体化的文化风格。

一、儒家学说的发展与传播

儒家学说不仅是中国历代帝王进行统治的思想工具，也是中国古代文化的主体思想，其中蕴藏着丰富的民族文化遗产。此外儒学的意义不仅局限于中国，而且也越出国境，传至周边地区，对朝鲜、日本、越南等国家的思想、文化、政治乃至社会生活等各个方面都有着广泛而深刻的影响。

（一）儒学在朝鲜的传播

1 世纪初，《诗经》《春秋》等中国儒学典籍便已传入朝鲜。三国时代，儒学被各国视为维护加强王权的思想工具。4 世纪，高句丽和百济分别设立太学，传播儒家学说，建立儒学教育制度。约 6 世纪，新罗统一半岛后，出现了学习儒学的热潮。682 年，新罗设国学，置博士、助教传授儒经，培养贵族子弟，甚至国王也"亲幸国学听讲"。788 年，仿唐朝科举，新罗设读书三品科，试以儒经，合格者分三等授官。8、9 世纪之交，大批朝鲜留学生赴唐研习儒学。其中佼佼者还考取了中唐的进士或状元，出现了薛聪、崔致远等鸿儒。

高丽王朝对儒学的尊崇甚于前朝，不仅大量输入儒学经典，遣派留学生，建学校，兴科举，而且还仿中国之风，建文庙，塑金像，尊孔子为文宣王、百王之师，并大力奖彰朝鲜名儒。1021 年，追封先儒薛聪和崔致远分别为弘儒侯和文昌侯，称誉在朝鲜首创私学"九斋学堂"的崔冲为"海东孔子"，使私学大兴。12 世纪初，出使高丽的宋人徐兢言："高丽地封未广，生齿已众，四民之业，以儒为贵，故其国以不知书为耻"，盛赞朝鲜儒学之盛。13、14 世纪之交，朱子理学传至朝鲜，受到高丽君王与达官显贵们的重视。他们认为朱熹"发明圣人之学，攘斥禅佛之学，功足以配仲尼"，"欲学仲尼之道，莫如先学晦庵"，纷纷将朱子理学的伦理观念作为诠释国家统治秩序的理论基础。

李朝建成之初，专制皇权空前加强，在文化上抑佛扬儒，积极提倡程朱理学的政策。开国元勋郑道传早在高丽末年就倡导斥佛扬儒之说，著有《佛氏杂辩》一书，批判佛教，主张王道政治，传布朱子学原理。15—16 世纪，又有权近、郑汝昌、李滉等朱子学大家，更将程朱理学奉为至美学说，成为李朝维护天下的精神支柱和统治思想。

（二）儒学在日本的传播

儒学传入日本的时间很早。据日本《古事记》载，284 年，百济王子阿直岐来到日本，成为日本皇太子的老师。次年，阿直岐荐王仁来日，献《论语》等籍。6 世纪初，继体天皇渴求儒学心切，曾要求百济王定期向日本遣派讲授《诗》《书》《礼》《易》《春秋》的五经博士。儒学入日本后，迅速被日本统治集团所接受，日益与日本的本土文化融为一体，成为施政育才和醇化民俗的基本文化规范。圣德太子政治改革的精神乃至话语体系都以儒经为宗。圣德太子还多次向中国遣派留学人员，积极摄取大陆文化，使儒学成为贵族官僚的必修课程。676 年，日本政府设大学寮，"凡博士、助教皆取明经堪为师者"，以儒经为教学之本。710 年，

《大宝律令》对儒学在国家教育中的地位、组织体制和教学内容都有明确规定。奈良、平安时代，儒学更为昌隆，天皇敕封孔子为"文宣王"，命各地祀孔。诏令每户人家须藏有《孝经》一本，使儒学越出上层社会，进入寻常百姓之家，成为维持社会稳定的教化手段。9 世纪时期，摄政藤原基经"敦崇儒术，释奠之日，率公卿拜先圣，使明经博士讲周易"。

幕府时代初期，新兴武士阶层为适应政治需要，将儒学思想、伦理纲常与将军同御家人的关系紧紧联结为一体。《贞永式目》规定武士必须"仆忠主，子孝父，妻从夫"。南北朝时代，日本接受程朱理学，并开始逐步建立起具有日本特色的儒家学说，及至德川幕府时期，日本的宋儒理学发展到极盛。最早用日文宣讲宋儒理学的是藤原惺窝，其著作《四书五经倭训》便以朱注作为依据，被誉为"日本朱子学之祖"。他有门徒百余人，其中林罗山、松永尺五都是名冠一时的朱子学家。德川家康统一日本后，"欲以诗书之泽，销兵革之气"，将思想控制作为维持幕藩体制的重要手段之一。他聘用鸿儒藤原惺窝讲解《贞观政要》，录用林罗山为将军侍讲，参与政要。五代将军德川纲吉亲自向大名讲授儒经 200 余次，并建孔子圣堂。六代将军德川家宣重用儒学家新井白石，结成君臣鱼水之交。各地藩主也都大兴儒学，聘学者，刊儒籍，设藩校。日本朱子学派之所以受到江户幕府的重视，在于其竭力宣扬的"大义名分"理论与幕藩体制和严格的身份制度极为吻合。日本学者鼓吹"君臣上下，尊卑大小，各尽其分而已，无浸渎之患则天下治矣"，"人有四等，曰士农工商，士以上劳心，农以下劳力，劳心者在上，劳力者在下，劳心者心广志大而虑远，农以下劳力而自保而已，颠倒则天下小者不平，大者乱矣"。在幕府强制推崇下，日本朱子儒学广泛而深刻地渗入社会各个阶层，成为幕府官方意识形态和整个社会的伦理道德规范。

二、佛教的中国化及其传布

（一）佛教的流传及中国化

佛教发源于南亚次大陆，其历史命运与犹太教和基督教颇为相似，虽未能在原初诞生之地得以长久存在，却在其他地区获得了广泛的传播与发展。佛教的流传大致可分为南北两个方向。南传佛教是以坚持原初教义，主张自我修度的小乘佛教为主，主要是先流传至斯里兰卡，后传布至缅甸、泰国、老挝、柬埔寨等东南亚各国和中国云南的西双版纳地区，其佛教经典属巴利文系统。北传佛教以大乘佛教为主，坚持自我修行的自利与普度众生的利他相并重，主要流传于中国、朝鲜、日本等东亚国家及越南，其经典属汉文系统与藏文系统。

大约公元前后，佛教由印度通过西域传入中国，此后中国遂成为北传佛教的中心地区。2 世纪中叶，东汉一些王公贵族认为佛教与黄老之术相近，都主张清虚，乃将两者结合起来，如楚王刘英"诵黄老之微言，尚浮屠之仁祠"；汉恒帝刘志也在"宫中立黄老浮屠之祠"。魏晋南北朝时期社会动乱，民众苦难，期望从宗教中寻求慰藉，加之统治者倡导，佛学遂得以广兴。当时佛经汉译兴盛，普遍修建寺院，信徒增加，名僧辈出。也正在此时，佛教教义与儒、道观念在相斥相融、交错互动的复杂关系中相互取资、相互浸染。一方面佛教的传入和普及，对中国以儒、道为主的本土文化产生极大触动，丰富了中国文化的内涵和多样性；另一方面佛教吸取儒、道某些观念开始了中国化的过程。如著名佛僧道安、慧远等就是用魏晋玄学大师王弼、何晏所创立的"贵无学派"的思想体系来阐释佛学中的般若经典。而一般民众则将佛教宣扬的人生无常、无我、皆苦与儒学宣扬的贫而无怨、富而不骄及生死有命、富贵在天等加以沟通。

隋唐时代，中国佛教进入繁荣阶段，其缘由和表现有三：一是隋唐王朝为巩固政治秩序，加强思想控制，在尊崇儒学的同时也较重视佛教，大力尊倡；二是中国相继出现了许多各有法统、讲究衣钵传承且以某名山大刹为基地的佛教宗派；三是佛教的中国化过程趋于完成。那些与中国传统文化和心理契合较深的宗派对成佛途径的解说简明通俗，易为中国普遍民众所接受，而那些属于印度佛教原有的宗派却因其语义深奥、仪式繁琐而不得发展，相传几代便渐趋衰弱。

隋唐时期，在中原流传较广的佛教宗派主要有天台宗（又称法华宗）、法相宗（又名唯识宗）、华严宗、密宗、律宗、净土宗等，同时在西藏地区有藏传佛教。其中以禅宗、净土宗和藏传佛教最为畅行。禅宗，因主张禅定，概括了佛教的全部修习而得名。相传其创始人为菩提达摩。该宗后分成两派，北派宗师神秀，南派宗师慧能。禅宗北派持渐悟说，主张通过长期苦修逐渐觉悟成佛；禅宗南派持顿悟说，认为佛在心中，觉悟不假外来，净心自悟就可成佛。禅宗南派这种简明直接的得道理论是对以往佛教繁琐教义的重要革新，又因其提倡修持和生产劳动相结合，故而受到广大民众的欢迎。中唐以后，禅宗南派不仅成为禅宗正统派别，而且几乎取代佛教所有教派成为中国佛教的主流。净土宗创立于唐朝，宣称众生信仰阿弥陀佛，并一心专念此佛名号，死后即可升往西方净土极乐世界，故名。因该宗修行方法简单易行，普通百姓都可接受，故在民间广为流行，后与禅宗合流。藏传佛教，是产生于西藏地区的佛教支派，主要是大乘密宗与当地苯教长期相互影响的产物。它是中国佛教不可分割的重要支派。今主要流传于藏、蒙古、土家、裕固、纳西等中国少数民族地区以及不丹、尼泊尔、蒙古高原和西伯利亚等地。

作为一种外来的信仰和价值体系，佛教与中国传统思想文化间的关系是十分复杂的。佛教所秉持的那种寄期望于来世的出世思想，"万物皆空""众生平等"的观念与儒学积极入世的精神和重人伦的纲常观念相悖，二者间自然产生种种矛盾、抵触和抗衡；但佛教不介入政治、不觊觎政权的倾向和因果报应、忍耐、顺从、寡欲、善行的主张却为当时严酷的社会现实提供了理论依据。同时，佛教不断吸收儒学因素，倡行戒孝合一，鼓吹心性之学；吸收道教中的老庄自然主义和仙家方术。这既无害于中国文化传统，又有利于专制秩序的强化和巩固。佛教在中国的长期传播发展，既影响了中国文化的外在面貌和内在机制，又使自身中国化，因此，中国佛教成为中国文化的重要组成部分，并在很大程度上体现了中国文化的基本特征。

（二）佛教在朝鲜、日本的传布

三国时期，朝鲜从中国输入佛教，高句丽为372年，百济为384年，新罗为518年。新罗统一朝鲜后，佛教隆升为国教。650年，新罗僧人义湘赴唐求学《华严经》，归国后奉旨在太白山建浮石寺，成为朝鲜华严祖师，后又被高丽王朝谥为"国教国师"。740年，新罗僧人审祥赴日宣讲华严宗教义，开创日本的华严宗。大陆的佛教流派对半岛影响甚巨，7世纪时，新罗佛教有五个教派——五教；8世纪后，又形成禅宗系统的九派——九山。

高丽王朝时期，宣扬护国护王思想的佛教更得君王青睐。高丽王朝始祖曾在其施政纲领《十训要》中明申："我国家大业，必资诸佛护卫之力"，甚至在未立宗庙之前，就先建造了法王寺等10座寺院。王都开京一度有佛寺70座，几成为一座佛都。高丽国家设僧科，由国家授予僧侣不同级别的宗教职称，赐给田柴科。获得王师之名位的高僧常常直接参与政事。历代君王不仅常至寺院作佛事，且派王子或至戚出家为僧，任僧科要职。高丽王朝常斥巨资，召集精工巧匠雕刻佛经，为镇护国家社稷之宝。这种行为虽近痴迷，却推动了朝鲜雕版印刷业的发展。

李朝建立后，扬儒斥佛，程朱理学超越佛教，成为朝鲜社会占统治地位的思想。佛教日趋衰落，但影响并未消失，它已渗透到古代朝鲜思想文化的各个方面。

早在6世纪初，佛教就经大陆传入日本民间。562年，百济使节又将佛像、佛经带入日本。6世纪晚期，大和国家上层集团就出现崇佛、反佛两大派别。以苏我马子为首的崇佛派，以武力击垮物部守屋为首的反佛派，遂使佛教得以在日本公开合法传播。圣德太子摄政之后，以崇佛作为刷新政治的手段，积极支持佛教发展，先颁布弘扬佛教诏书，后在"宪法十七条"中明令"笃敬三宝"，佛教信仰由个人私事转化为国家公务。大化改新之后，日本加速引进大陆文化，在遣唐使的队列中常常可见求法僧的身影。中国佛教各宗也纷纷传及日本。日渐昌隆的佛教与日本国家政权的结合愈发紧密，"护寺镇国，平安圣朝，以此功德永为恒例"的佛教宣传深得统治者的赞赏，"诚欲赖三宝之威灵，乾坤相泰，修万代之福业"。奈良时代，法相宗十分流行，其代表行基和尚周游城乡，教化众生。信从者"动以千数"，"争来礼拜"。后行基任全国大僧正。8世纪中叶，中国高僧鉴真历经艰难，东渡扶桑，创立日本律宗。日本朝廷对其十分重视，赐田地，建寺院。鉴真不仅在日本弘布戒律，还与弟子们主持设计、建造了庄严精美的唐招提寺，将唐朝中国的建筑技艺传至日本，赢得日本人民"禅光耀百倍，戒月照千乡"的极高评价。

平安时代，天台、真言两宗在日本最为流行。日僧最澄来大陆求法，得天台宗秘传而归日本，在比睿山创日本天台宗，强调众生皆有佛性，人人可修心成佛，盛极一时。日本真言宗，又称密宗，为日本僧人空海求法长安时由中国高僧惠果所传授。密宗主张"三密加持"即身成佛，即口诵真言（咒语），手结印契（特定的手势），一心向佛，认认真真，即可得道。13 世纪后，日本佛教本土化倾向加强。亲鸾将早已传入的净土宗改造成为净土真宗（也称一向宗），该派强调内心的坚定信仰，戒律比较宽松，允许僧侣娶妻食肉，主张不分老少贵贱，皆可进入极乐世界。各种包含相互平等观念的宗派在民间甚为流行，却遭到官方压抑。此外，僧人日莲革新天台宗，创立日莲宗，主张返璞归真，恢复佛经本原精神，方可"立正安国"。该宗对其他各宗持斥责态度，视禅宗为天魔、真言宗亡国、律宗为国贼，并以"两日并现，薄蚀无恒；黑白二虹，表不祥相"的说教指责幕府政权，为历代将军所恶，并予以严加控制。佛教在日本化的过程中，与豪族关系密切，许多贵族子弟进出寺院，出现"权门座主"的现象，使佛教贵族化倾向加剧。同时，佛教与日本传统神道信仰的交融日甚，宣扬天照大神乃大日如来之化身。佛、神二教趋向合流。

镰仓幕府时代，融合了儒道两家某些思想，更富有政治宗教色彩的禅宗在日本成为主流宗派。12、13 世纪之交，日僧荣西与道元先后将中国禅宗南派的临济宗和曹洞宗传入日本，弘扬其中的坐禅、顿悟原理，发展"兴禅护国"学说，深得幕府和武士阶层欢迎，成为官方教派。特别是禅宗传入日本后，实行严酷的坐禅纪律，对于日本人恭顺、服从、自律和肉体忍受精神以及武士道的形成都起了一定的作用。同时，佛教也深入日本社会结构之中，成为日本人的生活信仰，并极大地丰富了日本人的文化生活。

本 章 小 结

本章主要讲述了唐宋时代中国历史的基本脉络，对这一时期中国比较发达的政治、经济状况和社会、文化的水平加以粗略勾画。同时，也对朝鲜和日本古代社会的发展线索、样态和阶段做了基本介绍。特别是从东亚区域文明的角度，对这两个国家各自发展过程中所呈现出来的独特特征加以描述的同时，也对其深受大陆中国文化影响的情形做了一定介绍。

6—13 世纪，是中国历史发生重大转变的时期。中华文明在富有程度、官僚主义化、城市化、世界化等方面远超以往。这一时期，强大而统一的封建王朝恢复了对中国的全面控制。中国旧有的官僚制度逐步得到恢复、改进和扩充。隋唐时代建立起来的中央集权政治体制框架规范为以后中国历代王朝大体沿袭。唐代法律以其成熟的模式和规范，深刻影响后世。儒家的复兴、科举制度的快速发展强化了官僚士大夫的地位及其对社会的整合功能，并为高度中央集权的王朝实行统治提供了意识形态和人才基础。精神层面上，儒、佛、道三家并立，展现了中华文化的多元和厚度。新的贸易、商业模式，城市的扩张，新的艺术文学表达形式以及一系列的技术突破推动了中华文明向新的方向前进。

中华文明的辉煌成就迅速扩散到东亚邻邦。朝鲜与日本历代王朝不断模仿作为文明发展典范的中华文明。朝鲜、日本也成为受中国影响极深、时间长久的两个国家。一个以中国为核心的具有相似内在结构特征的文明区域逐渐形成。6—13世纪，中国对朝鲜半岛的影响达到顶峰，朝鲜诸王朝几乎成为唐宋王朝的缩影，朝鲜文化也迎来了历史上的第一次繁荣。中国对日本社会的影响在 7、8 世纪时达到顶峰，中国的政治、经济、文化体制深刻影响着日本社会的发展。9 世纪后，日本中央王朝逐渐失去对强大的贵族和地方势力集团的政治控制，日本政治和社会逐渐走上了中央与地方、地方势力之间争斗与长期内战的发展道路。依然影响日本社会发展的神道教等传统文化内核，与武士文化日益结合，逐渐改变了日本文化的发展路径，这一后果随时间推移而日愈显现。

思考题

1. 简述隋唐时代在中国历史中的地位。

2. 简述宋朝社会经济与文化的成就。

3. 简述中古时代朝鲜社会发展的基本脉络。

4. 简述日本早期国家的性质。

5. 简述佛教在东亚的传播与变革。

第十章 南亚社会的变迁（6—13世纪）

引　言

在中古时代，南亚次大陆仍是当时人类文明的一个重要区域。温迪亚山脉将南亚次大陆一分为二：温迪亚山脉以北地区素为文化昌明地带，居住该地的民族多为印欧语系的雅利安人；温迪亚山脉以南则较为落后，其居民主要是达罗毗荼人；而其他民族部落还不断通过次大陆西北山口进入印度。在长期的发展过程中，喜马拉雅山以南的广大地区逐渐形成了相对统一的文化趋势。

从孔雀帝国覆灭到笈多王朝建立之间的几个世纪中，南亚次大陆陷入政治分裂之中。北部地区，恒河流域是土地最为肥沃的地区之一，中古时代北部地区文明社会所涵盖的范围主要是以恒河流域为中心，并不断向外扩展。一波又一波的入侵者不断进入次大陆。一些征服者建立起强盛一时的帝国，如贵霜帝国。婆罗门教、佛教为获得统治者的庇护和民众的支持展开了竞争。3世纪后，贵霜帝国衰落，为恒河流域小邦笈多的崛起提供了便利。4世纪笈多王朝建立后，以军事征服、联姻等方式在恒河流域快速扩张势力，印度大部地区重归统一。笈多王朝的建立为次大陆大部地区创造了较长时间的和平安定局面。5世纪后，笈多王朝逐渐衰落。6世纪上半叶，由于嚈哒人的入侵，南亚次大陆北部再次分裂。7世纪上半叶，戒日帝国完成了对北印度大部分地区的统一。戒日帝国昙花一现，戒日王去世后，帝国立即陷入分裂状态。阿拉伯人的入侵进一步加剧了分裂，小邦之间相互攻伐、据地自雄，印度社会长期无法统一，此种状况一直持续到12世纪末。南部地区与北部地区情况相似。中古时代初期，除被笈多王朝征服地区外，一直存在许多独立小国。8世纪后，逐渐形成一些大国争夺地区霸权，彼此之间征战不休，留下的是更加软弱无力的小国。在分分合合中，南亚次大陆也逐渐进入了中古封建文明时代。中古时代的南亚次大陆民族成分复杂，语言、宗教、风俗各异，因此也形成了独特的南亚文化。

第一节　戒日帝国

6世纪中叶，笈多帝国业已瓦解，北印度小国林立，争战不已。在此背景下，戒日帝国建立，实现了南亚次大陆相对的、短暂的统一。从4世纪初笈多王朝建立，到7世纪中叶戒日帝国瓦解，南亚次大陆社会的封建制度经历了初步发展到最后确立的历史过程，进入了封建社会时代。

6、7 世纪之交，在林立纷争的北印度诸邦国中，较强者有位于朱木拿河与恒河流域的坦尼沙王国、恒河中游的穆里克王国、恒河三角洲孟加拉的高达王国和印度中部地区的摩腊婆王国。四国中，前两者和后两者分别结成两个敌对的政治军事集团。

一、戒日王

坦尼沙原为从属于穆里克王国的一个小邦，其君主普西亚布蒂统治时期，获得独立。606 年，曷利沙·伐弹那继承坦尼沙王位，史称"戒日王"（606—647 年在位）。即位之后，戒日王便亲率大军"自西徂东，征战不臣"。历经六年"兵不释甲，象不卸鞍"的连续征战，终于征服了北印度诸国。612 年，戒日王将坦尼沙与穆里克合并，建立戒日帝国，定都曲女城（今印度卡瑙季），但是其属地远远不及笈多王朝广大。

有关戒日帝国的社会状况，中国唐朝著名高僧玄奘在《大唐西域记》中有较为详尽的记载。戒日帝国的统一与强大只是相对而言，所谓"帝国"，实际上只是由诸多臣服纳贡的邦国组成的松散政治联盟。身为盟主的戒日王，对数十个处于半独立状态的藩邦采取了如下策略：一是以"象军 6 万，马军 10 万，步军 5 万"组成的庞大军队相震慑，他经常巡视各地，营帐所至，众官相随；二是经常作出一些必要的妥协，以羁縻地方。戒日王晚年，中央权势十分软弱，地方割据之势愈益强炽。647 年，戒日王病故，身后无嗣，王位由大臣阿罗那顺篡夺。

二、长期的分裂

随着封建制度的逐步发展，地方势力的割据独立日益加剧，地方王公纷纷自立，戒日帝国全面解体。7 世纪中叶至 12 世纪末的数百年间，印度次大陆一直处于分裂局面。

阿拉伯倭马亚王朝曾在 8 世纪初，遣派大将卡西姆攻占了印度河下游的信德地区。占领期间，卡西姆向印度居民征收人头税，引发印度民众的反抗。及至 8 世纪中叶，在印度民众的不断反抗下，穆斯林军队不得不退出次大陆地区。

印度西北地区的一些小邦相互攻伐，忽盛忽衰。有些小邦王族自称"拉其普特"（意为王孙贵族），他们是一些极为好战的带有血缘关系的宗族集团，保有崇奉圣火、实行马祭等共同传统，是中古时期印度社会中一个军事贵族种姓。他们勇武好战，崇尚自由、荣誉和忠诚，为维护其部落独立不惜性命。至于拉其普特集团的来源，史学界有所争论，欧洲学者一般认为他们来自侵入西北印度的外族人。他们吸收了印度文化，与一部分刹帝利种姓相融合。而印度学者则认为拉其普特多为印度婆罗门和刹帝利种姓，或由二者相互通婚所导致的结果，只有一小部分来自外族。这些拉其普特小邦，势力颇大，但它们往往局限于狭小的地方利益，缺乏政治远见，相互仇杀争斗，割地自雄，长期无法统一。

8—10世纪，印度政治格局错综复杂，群雄竞起，其中较强者有8世纪兴起的补罗提诃罗王朝。该王朝占有曲女城，夺得恒河中游大片土地，10世纪初，为其势力最盛时代，一度称雄北印度。9世纪初，孟加拉地区巴拉王朝也曾一度崛起。而德干高原的拉喜特拉库特王国，曾数度北上，同补罗提诃罗、巴拉两国反复征战，互有胜负。

及至10世纪末，这三个国家均陷入衰败境况之中。补罗提诃罗王朝分裂为许多小邦，难以重兴。巴拉王朝则退化成为一个国力羸弱、无足轻重的小国。而曾辉煌一时的拉喜特拉库特王国则在历史中彻底消失。

当印度北部政治混乱，外族入侵频仍之际，南印度的朱罗王国则保持了一段长达200余年之久的兴盛状态。甚至还跨海征战，远征斯里兰卡和马尔代夫，并同阿拉伯、东南亚等地区保持频繁的贸易往来。12世纪末，朱罗王国衰败。

第二节　南亚社会变革

印度社会向封建时代的转变是一个非常复杂的历史过程，其途径也多种多样。古代社会所呈现出来的巨大不平衡性，对中古印度社会的形成具有极大影响。首先，区域性特征极为明显。古代印度文明大体上只是在恒河流域的某些地区得到发展，并在此地区形成了孔雀王朝这样强大的国家政权和先进的文化，而其他广大地区则相当落后，甚至还存在着原始社会的残余。故而，印度次大陆进入封建社会的基本途径就出现了恒河地区由奴隶社会向封建社会转变和众多地区由原始社会直接向封建社会过渡的两大类型。其次，王朝征服战争与外族武装入侵相互结合，这一方面使军事王公贵族在新近建成的封建社会中占据着十分突出的统治地位，另一方面也使古代社会各种因素大量地留存下来。

一、村社制度

5—7世纪，印度社会的生产关系发生变革，封建制度逐步形成，但古老的村社制度仍旧留存下来，构成当时社会的基层组织结构。封建制度与村社制度的牢固结合，构成印度中古社会的一大特征。

（一）封建制度的形成

早在公元初几个世纪，印度就曾出现一部论述政治艺术的著作《政事论》，书中多处载有鼓励奴隶主释放奴隶，令其耕作小块田地，奴隶主坐收地租的内容，表明奴隶制度已不合时宜，封建因素萌发在即。

笈多王朝时，据法显《佛国记》载："人民殷乐，无户籍官法；惟耕王地者，乃输地利，欲去便去，欲住便住"，"诸国王、长者、居士，为众僧起精舍供养，供给田宅、园圃、民户、牛犊，铁券书录，后王王相传，无敢废者，至今不绝"。由此可见，当时印度的生产者已有所分化，一部分成为"耕王地者"的自由农民，他们虽负有缴纳"地利"的义务，但人身尚自由；但另一部分农民业已成为可以连同土地被赠与他人的"民户"，其不自由的社会地位已由永久性文书固定下来，他们可能就是早期的封建农奴。从上述文献可看到，当时也存在国王、长者、居士和寺院等世俗或宗教大土地所有者阶层。

6—7世纪，封建制度在次大陆又有发展，并最终确立起来。《佛国记》载："王之侍卫左右，皆有供禄"，表明笈多王朝已将土地分封给军事贵族。戒日王时代，依玄奘《大唐西域记》所言，印度土地分封进一步发展，"王田之内，大分为四：一充国用，祭祀粢盛；二以封建辅佐宰臣；三赏聪睿硕学高才；四树福田，给诸异道"。"宰牧、辅臣、庶官、僚佐各有分地，自食封邑"。有关4、5世纪以来历代君主赐地的具体情形，可由当时遗存下来的数千件之多的铜版文书予以证明。这些文书往往载明赐地国王的姓名、所赐土地的地点、四至边界以及这些土地上的免税权、司法权等内容。此外，还明确对所赐土地上居民必须向授赐者缴纳税款、承担义务作了规定。在分封土地的同时，戒日帝国统治者还常常随土地一起，把大量劳动力分封给教俗地主。如佛教中心那烂陀寺"国王钦重，舍百余邑，充其供养。邑二百户，日进粳米酥乳数百石"。其中的"邑"，为当时印度农村公社的基层组织名称，一邑就是一个村庄。各邑面积不等，户数多寡不一，但大体每邑为200户人家。"百余邑"，即百余个村社，有2万多户农民。可见，大量国有土地转化为封建土地与大量村社农民转化为依附农民是同时发生的。

中古印度的封建剥削方式主要是实物地租。《大唐西域记》载："假种王田，六税其一"；7世纪后期，唐朝求法僧义净访印后所著的《南海寄归内法传》中也曾提及印度的地租率为"六分抽一"。可见这种地租率业已成为延续相当长时期的传统税率。当然，由于各个地区之间的差异以及水田、旱田的不同，税率多少也有所不同。除此之外，农民还需承担其他劳役等负担。

（二）村社制度之由来

早在古代时期，印度社会发展中就形成了一个鲜明的特征，即由氏族公社演化而来的农村公社的长期存在。而在进入中古时代之后，这种被称为那多的村社组织依然存在，构成了印度中古社会组织框架和封建经济体系中的一个重要组成部分。

印度村社在经济上自成体系，自给自足，并有自己的管理组织。故而它既是一种公社自治机构，也是国家的一级行政机构。各个村社的内部事务，如税收征缴、某些纠纷的处理、案件的审理、公共工程的举办等，通常由各个家长组成的全体会议来决定。

印度王公们常常是将整个村社的土地，连同村社成员一道封赐给贵族和寺院。转化为依附农民的村社成员继续生活在农村公社体制框架之中。土地所有权虽已转化为贵族和寺院的私人或集体封建地产的封邑，但依附农民在使用时，仍然要向村社领种土地。可见村社土地还保留着某种"集体所有制"的外壳。同样，依附农民的劳动产品也通过村社集体征缴岁贡这一传统形式转化为封建租税。村社虽是自成一体的社会组织实体，但内部的生产单位仍是以一家一户为主，所以印度的村社又绝非农奴制式的封建庄园。由于各地发展水平不同，村社内部的组成成分也有所差别。有的仍以大家庭为单位，有的则已经分化为个体小家庭。

二、种姓制度

古老的种姓制度在印度社会变革过程中不仅未见衰亡，而且随着封建关系的演进出现了进一步的发展和变化。古代印度社会中的种姓，原本称作瓦尔那，最初只具有区别征服者与被征服者的功用。后来，婆罗门阶层创造出四大瓦尔那之说，添加了职业差别的色彩和社会等级的含义。进入中古时代之后，瓦尔那一词渐不通用。其原意是指"生"或"种"的阇提一词开始流行。种姓制度的发展同中古印度特定的社会发展不平衡状态的密切相关。国家政权对诸多原始部落发动的战争、征服，形成了人种、民族、部落之间的统治服从关系；社会分工的发展，各经济部门的专业化，形成了不同的行业集团；此外还有语言、宗教、风俗上的分裂等都使中古时代的种姓制度日益强化，数量越来越多。种姓与职业有关，种种名目不一的种姓集团，反映出社会各个阶级之间的差别，但是，种姓等级和阶级又不完全一致。

（一）种姓成分衍变

《大唐西域记》载："若夫族姓殊者，有四流焉：一曰婆罗门，净行也……二曰刹帝利，王种也……三曰吠舍，商贾也，贸迁有无，逐利远近，四曰戍陀罗，农人也，肆力畴陇，勤身稼穑。"从中可见，古代的四大种姓仍旧存留下来，不过后两个种姓的成分却出现了较大变动。吠舍，原来是由农村公社中自由成员，即农民、手工业者和商人组成的等级，而如今只剩"贸迁有无，逐利远近"的商人，那些劳动民众则被排除在外。"肆力畴陇，勤身稼穑"的农民已下降到最低的等级首陀罗之中。后世编成的《纳罗辛哈往世书》也证实玄奘的描述符合历史真实状况。

（二）种姓等级细化

除了等级成分有所变动外，中古时代印度种姓制度的组织形式也日趋严格和细密。在吠舍、首陀罗这两个下层等级中依照行业的不同，形成了各种名目的阇提。阇提内部职业世袭，设有专门管理机构监督其成员遵守规章制度和风俗习惯，违者视情节予以惩处。各阇提之间相互隔绝，不得通婚，构成一个个内婚制集团。随着手工业分工的发展，各类手工业阇提数目增加，他们分别聚居于各固定地段，父子相传，世代为业。阇提间从不交流生产技艺，更无竞争可言，排他性极强。而在他们之上，则耸立着统治阶层的两大种姓：婆罗门与刹帝利。

在四大种姓之外，还有一个名为旃荼罗的庞大人群，即不可接触者——贱民。这实际上是由从事屠、侩、钓、猎、娼等"不洁"职业的人所组成的种姓等级。因劳作肮脏、出身卑微，贱民的人身和用过之物都被世人视为龌龊，故而贱民不得同其他人接触。"旃荼罗名为恶人，与人别居，若入城市，则击木以自异。人则识而避之，不相唐突"。

印度种姓制度的延续、发展和衍变与生产力提高和分工加强有关。但种姓间的分割与隔绝又是生产发展不够充分的表现。从社会发展而言，长期存在的种姓制度是印度社会肌体上的赘疣，它使印度社会成员处于相互隔绝、彼此排斥的状态中，阻碍了社会生产的发展，削弱了社会凝聚力，也降低了抵御外敌入侵的能力。因此，种姓制度是印度社会发展道路上的主要障碍之一。

第三节 南 亚 文 化

一、佛教与印度教

4 世纪之后，随着社会的发展变革，南亚次大陆的文化观念也出现了新的转变。这集中体现在，自 6 世纪以来受历代帝王尊崇的佛教渐趋衰落，而古老的婆罗门教在新的历史形势下出现复兴之势。到 8、9 世纪时，逐渐形成新的宗教体系——印度教。

（一）佛教的衰微

5—7 世纪，中国高僧法显、玄奘在访印求法时，虽受到印度王公贵族的礼遇，但他们已经注意到佛教的衰败迹象，寺院废弃，佛塔倾残，"异道甚多，僧徒寡少"。佛教衰微的原因十分复杂。自阿育王以来，历代统治阶级对佛教优待礼遇，广大信徒奉献贡纳，使得佛教僧侣身处深寺大庙之中，与社会民众愈来愈远，其说教理论也渐渐失去教祖释迦牟尼时期的那种朴实无华、关注人生的风范。各宗各派偏执一端，相互争辩不已，使佛学愈发抽象、艰深、晦涩，对社会的巨大转变未能做出令人信服的解释，信徒日散，香火难以为继。结果在外邦异域广泛传播的佛教，在故乡本土却陷入衰落的困境之中。

（二）印度教的兴起

就在佛教败落的同时，印度教悄然兴起。从一定程度上讲，印度教是古代婆罗门教同佛教长期融合的一个结果，但由于印度教的基本特征和文化传统多源自古老的婆罗门教，故又称新婆罗门教。8、9世纪，著名宗教大师商羯罗（788—820）发起改革运动，创建四大寺院，整顿印度教的思想体系和寺院法规，废止了残忍野蛮的人祭，终使印度教趋于定型，并彻底取代佛教，成为印度社会的主导宗教。

印度教认为人生目的有四，即法、利、欲和解脱。法（即达摩）指宗教、种姓所规定的各种应尽的义务；利指物质生活条件、财产等的获得；欲指物质生活特别是感官的享受；解脱则指从物质世界超脱出来，脱离生死轮回的束缚。而解脱之道主要有三：一为知识之道，即对物质和精神进行苦思冥求般的哲学探讨，从而达到梵我为一、不生不灭的境地。二是行为之道，既严格按照达摩的规定，履行义务，但又不能对行为的结果抱有指望，因为行为本身便是目的。若对行为有得到报偿的欲望，则无法求得解脱。只有全心全意奉献，神才会使人得到解脱。三是虔诚之道，即虔诚地对神赞颂礼拜，诚心奉贡。此为最易得到解脱的途径，故而致使雕造神像，营建寺院，施舍钱财，举行盛大祭祀仪式之风，在中古时代印度社会愈演愈烈。

印度教所崇拜的主体有三：创造之神大梵天、保护之神毗湿奴、破坏之神湿婆。大梵天婆罗摩为古婆罗门教主神，在印度各地都被奉为万物之主、第一主神，但实际地位远不如前。印度教徒多信奉湿婆和毗湿奴。印度教主张化身说，每个神教以多种形式化身显现，下凡济世，降魔除暴，赐福救民，例如佛祖释迦牟尼就被印度教视为毗湿奴的化身之一。此外，哈奴曼、黑天、罗摩等神猴颇受敬奉，牛、蛇等被奉为神物，喜马拉雅山、恒河、朱木拿河等自然山川也都成为崇拜对象。

印度教不是由某个教主所创立的思想体系，而是在社会长期发展过程中逐步形成的宗教信仰，因而所崇拜的神祇多种多样，并随派别的不同而各有区别。这种典型的泛神、多神崇拜，同印度7世纪之后长期割据造成的多元政治局面相适应。同时，它又广泛吸收和消化各地民间的信仰崇拜，因而拥有广泛的生存空间和社会基础。

（三）经典繁杂流派众多

印度教承袭了古婆罗门教的众多内容，奉古代吠陀为经典，其教义既保存了婆罗门教的种姓制度理论，又吸收了佛教不抵抗、禁欲、造"业"和轮回等说教，同时还吸收了原始图腾崇拜、多神信仰、各种哲学思想、各地风俗习惯等繁杂内容；既宣扬虔敬神灵，安分守命，又提倡人的感官和恣意寻乐。印度教信奉的经典十分庞杂，包括吠陀、史诗、赞歌、奥义书、往世书、法典、神话、传说、哲学及伦理学各方面的著作。这些著述往往是经若干世纪，通过众人之手编纂而成，因而相互矛盾之处甚多。但《薄伽梵歌》最为重要，许多印度教著作都以它的注释形式出现。

印度教内部派别众多，主要教派大致有四：一是尸摩多派，遵奉古婆罗门教传统，奉行多神信仰，承认泛神论为最高真理，其信徒人数颇众；二是毗湿奴派，拜兼有创造与破坏能力的宇宙维持者毗湿奴为最高神，认为通过默念神名和坐禅便可获解脱，强调禁欲、苦行、素食等戒律，主要流行于北印度和西海岸地区；三是湿婆派，奉湿婆为最高主神，视其为毁灭、苦行和舞蹈之神，主要流行于克什米尔和南印度等地；四是性力派，崇尚梵天之妻辩才天女、毗湿奴之妻吉祥天女、湿婆之妻难近母等女性神灵，持具有色情色彩的性力仪式。该派不相信业报轮回，反对种姓制度和歧视妇女，主要流行于孟加拉、尼泊尔和南印度的喀拉拉等地。

二、文化艺术

12 世纪以前的南亚中古文化，在继承古代文化硕果的基础上继续向前发展，更趋繁荣昌盛，在哲学、文学、艺术、科学等领域取得了辉煌成就。

（一）吠檀多派哲学

这一时期的哲学成就主要体现为吠檀多派唯心主义哲学体系的创立与发展。8、9 世纪之交，印度哲学大师商羯罗从哲学角度对吠陀经典进行了新的诠释，认为存在的唯一实体是"梵"，它是唯一不生不灭，无所不在，具有无穷创造力的宇宙精神。而现实的大千世界是不实在的，仅为一种幻想而已。人们称商羯罗的这一学说为"不二论"，它为印度教基本教义奠定了理论基础。

12—13 世纪，另一位著名哲学家罗摩奴迦（1175—1250）对吠檀多派的"不二论"哲学进行了修正。他认为物质世界、人的灵魂和神都是实在的，三者构成一个统一体，只不过物质和灵魂都服从于神。而神以物质、时间和灵魂创造了世界。此外，他还主张理解神并不需要对典籍的广泛了解，重要的是对毗湿奴神的真诚信仰。罗摩奴迦的修正理论使印度教信仰更为通俗化，极大地推动了毗湿奴教派和虔诚派的发展。

（二）灿烂的印度文学

梵语文学在这一时间进入全盛阶段，其中戏剧成就最大。5 世纪伟大剧作家迦梨陀娑著有《沙恭达罗》《优哩婆湿》等剧作，主要特点是人物生动饱满，情节细腻精致，直到今天仍为印度人民所喜爱，并蜚声世界。此时的梵语故事集也很有水准，著名的有《五卷书》和《嘉言集》等，其内容多通过生动的情节来讲述一些治国安邦、为人处世之道。其中一些故事对后来的阿拉伯、欧洲的文学都有影响。梵语文学的另一种表现体裁是小说，著名作品有《戒日王传》《十王子传》等。这些作品虽在一定程度上反映了当时印度社会的生活，但因文字冗长、辞藻堆砌、文体过于华丽而流传不广。

（三）辉煌的石窟艺术

石窟艺术集中代表了这一时期印度在建筑、雕刻、绘画等领域的高超水平。著名的阿旃陀石窟位于印度中部，是一座由 27 个岩雕组成的石窟寺院。玄奘曾游览此地，称其"高堂邃宇，疏崖枕峰，重阁层台，背岩面壑"。其雕刻造型生动，壁画色彩斑斓，内容虽为佛教故事，却洋溢着深厚的人间生活情趣，在表现技巧上达到极高水平，为印度艺术的一大宝库。另一著名石窟为埃罗拉石窟，它位于奥朗格巴德附近山崖上，长约 2 公里，历经 3—13 世纪的千年时光建造而成，其雕像、壁画庄严肃穆，生动逼真，技艺纯熟精美，建筑规模甚为宏大。

（四）博大的自然科学

自然科学是中古印度文化的重要领域。6 世纪大科学家彘日对希腊、罗马的天文学有深入研究。他创立了 5 种天文学理论体系。著名数学家梵藏和作明对算术四则运算、开方以及代数中的一次、二次方程的求解都有精深的研究。在 6 世纪印度数学的论著中，圆周率的计算已相当精确，定为 3.1416。数学家、天文学家亚雅巴达提出了地球绕太阳旋转，并沿地轴自转的科学主张，同时对日食、月食等天文现象都有清晰的解释。6、7 世纪，医学家婆拜多著有医学名著《八科举要》。

（五）举世闻名的学术中心

5—11 世纪的印度有两大学术活动中心：一是北印度摩揭陀城的那烂陀寺，它创建于 5 世纪，到戒日王时代已发展成一座宏伟的佛教寺院和佛教最高学府，僧徒主客常有万人。研习的科目既有佛教因明、声明之学，也有医方术数等自然科学。当时中国、朝鲜、中亚和东南亚的大批留学生曾在此留学求法，进行各种文化学术研究。中国名僧玄奘、义净等人也曾在此就学多年。同那烂陀寺院齐名的另一学术中心，是南方的建志学院，主要向东南亚各国传播印度文化。

随着印度封建社会的发展，印度文化向域外的传播日益加强，特别是戒日王朝之后，伴随大量印度移民迁往东南亚，印度的婆罗门教、佛教、印度教以及文字、文学、艺术在东南亚也得到广泛传播。在泰国、缅甸，佛教势力强大，都曾被奉为国教。柬埔寨的吴哥王朝也笃信佛教，12 世纪兴建著名的吴哥窟。8 世纪爪哇、苏门答腊等地夏连特拉王朝崇奉佛教，建造了婆罗浮屠，其规模华丽程度甚至超过了印度本土。印度的封建经济、政治制度、社会体制也对缅甸、泰国、柬埔寨等东南亚各国产生极大影响，极大地推动了这一地区向封建社会的过渡和中古文明的形成发展。

本 章 小 结

本章主要讲述了南亚次大陆中古早期发展变革的基本线索，着重描述了笈多、戒日两大帝国的兴衰，古老的村社组织同中古封建制度之间的关系，古代种姓制度在中古印度社会中进一步演化与变迁，佛教逐渐衰微，印度教兴起、其各个主要教派概况等内容，就它们各自对南亚社会发展的功用和影响进行了一些分析。同时也对中古时代印度文化在哲学、艺术、建筑等领域的辉煌成就做了简要介绍。

中古时代，南亚次大陆仍是亚欧大陆诸种文明中的一个重要区域。在延续古代传统中，又发生了众多变化是中古印度社会的主要特征。笈多王朝建立后，南亚次大陆逐渐出现了一个在哲学、艺术、社会发展等方面都取得了诸多成就的辉煌时代。然而，各地区文明发展程度的不均衡，有效经济联系的缺乏，长期的军事征服，不断的外族入侵，也使得主要依靠武力维持统治的笈多王朝逐渐走向衰落。此后次大陆的坦尼沙等诸多国家依然具有此类特征，因此，南亚次大陆历史发展也就带有极强的区域性、军事性等特点。各地区政治的分裂、社会组织发展的不平衡，也让村社制度、种姓制度等古代社会因素大量保存下来。封建制度的兴起、村社制度的延续、种姓制度的演进也构成了中古时代南亚次大陆社会发展的主要特征。宗教文化方面，在古代文化硕果基础之上，中古时代南亚社会创造了辉煌的文化成就。佛教的日趋衰微，婆罗门教在中古时代的复兴、转变与印度教的兴起，伊斯兰教传入印度构成了中古时代南亚次大陆宗教发展的主要特征。印度教逐渐发展成为南亚社会的主导宗教。中古时代中后期，伊斯兰教更是对传统的印度文化和人民的生活产生了重大冲击，它在赋予中古时代南亚次大陆宗教多元性特点的同时，也带来了严重的宗教矛盾冲突。为了缓和印度教和伊斯兰教之间的紧张，印度社会出现了对于两种宗教的调和，如虔诚派运动。13世纪后，更是出现了印度历史上第一个伊斯兰国家——德里苏丹国。

思考题

1. 简述南亚社会变迁与种姓制度内容的新变化。

2. 简述印度教兴起的缘由与基本主张。

3. 简述中古南亚文化的成就。

4. 简述中古南亚封建社会制度与村社的关系。

第十一章 阿拉伯帝国（7—13世纪）

引　言

　　世界上最大的半岛——阿拉伯半岛是阿拉伯人生存和发展的最初舞台。半岛三面环海，东濒波斯湾，西临红海，南滨阿拉伯海，北界肥沃的新月地带，总面积320万平方公里，地处要冲，战略位置极为重要。半岛腹地多为一望无际的燥热沙漠，间杂着小块绿洲。西南地区雨水较为丰沛，存在着相对发达的农业文明。半岛上多数居民为贝都因人，过着迁徙不定的游牧生活。此外，还有少数从事手工业和商业的居民。希贾兹地区散布水草丰盛的绿洲，宜于放牧，也是亚欧大路上的一条重要商道。商路两旁散布许多商业据点和城镇，其中尤以麦加和叶斯里卜最为重要。

　　4、5世纪后，阿拉伯半岛陷入前所未有的危机之中。波斯与拜占庭进行着旷日持久的争霸战争，战争的破坏严重影响了阿拉伯半岛，迫使传统商路改道，商业衰落、牧场荒芜。生存环境的恶化严重冲击了阿拉伯社会，社会矛盾凸显，贫富差距增大，阶级分化，斗争激烈。同时，半岛上盛行血亲复仇，因争夺牧场、水源等不断发生冲突、战争。生存的艰辛和社会的动荡，使阿拉伯人传统的多神崇拜信仰体系逐渐松动。周边地区犹太教、基督教等一神教信仰观念传入阿拉伯半岛，给阿拉伯人带来了朦胧启示。

　　穆罕默德顺应时代和社会需求，肩负起社会变革的重任。610年，先知穆罕默德开始在麦加传播伊斯兰教，建立起早期伊斯兰国家，逐步实现阿拉伯半岛的统一，阿拉伯半岛迎来文明的曙光。先知穆罕默德逝世之后，麦地那哈里发、倭马亚王朝哈里发领导阿拉伯人开始向半岛以外区域进行大规模军事扩张。阿拉伯人经过近百年的征战，建立起一个西起大西洋，东至帕米尔高原，北抵高加索，南达阿拉伯海和亚丁湾，横跨亚欧非三洲的庞大的阿拉伯帝国。阿拉伯帝国幅员辽阔，在三洲五海的舞台上，阿拉伯人立足自身传统文化，融合周边各种文明成就，创造出璀璨夺目的阿拉伯-伊斯兰文明。

第一节　伊斯兰文明的诞生

一、阿拉伯人的早期历史

（一）贝都因人

阿拉伯半岛是阿拉伯人的故乡。此地地表干枯，气候干旱，植被稀少，资源匮乏，游牧生活方式长期占据统治地位。在阿拉伯半岛，贝都因人为数甚多，骆驼和羊群是其赖以生存的基本财富。此外，这里还生活着相当数量的定居人口，他们大都分布在适宜农业生产的半岛边缘。阿拉伯半岛的游牧与定居两种生活方式并非孤立地存在，而是相互依赖和彼此制约。定居者由于自然环境的限制和生产水平的低下，往往需要游牧经济的诸多产品作为补充。

古代阿拉伯人并非统一的社会群体，其内部差异十分明显。漫漫岁月中，分别属于不同谱系的血族群体交错杂居。伴随着尼罗河流域、幼发拉底-底格里斯河流域以及印度河流域等古代文明的影响，阿拉伯半岛南部沿海和北部沙漠边缘地带孕育着文明社会的雏形。公元前8世纪，米奈人和赛伯邑人曾经在今也门一带建立了各自的国家。公元前2世纪，希米叶尔人承袭米奈人和赛伯邑人的语言、文化与商业传统，控制着阿拉伯半岛南端。由于埃及重新开通尼罗河与红海之间的古代运河，埃及商船进入也门附近水域，开始威胁途经希贾兹的陆上贸易。自1世纪起，罗马商人穿越红海，直接贩运东方货物。红海成为连接地中海与印度洋的主要商路，阿拉伯半岛南部的传统香料贸易遭受重创，也门一带的经济生活趋于衰落。6世纪后期，阿拉伯半岛南部的许多部落相继离开家园，告别定居生活，迁往北方诸地。

（二）外族入侵

公元前6世纪初，阿拉伯人的一支奈伯特人出现在半岛北部沙漠边缘，占据皮特拉，据守希贾兹商路的北端。在过境贸易广泛发展的基础之上，奈伯特人逐渐崛起，成为一支重要政治力量。106年，罗马皇帝图拉真东征，奈伯特人的国家沦为罗马帝国的行省，皮特拉自此失见于文献。以后，帕尔米拉成为半岛北部新的政治中心。3世纪中叶，帕尔米拉与罗马帝国关系急剧恶化。时至272年，罗马帝国再度东征，帕尔米拉被夷为平地。

在此前后，南方伽萨尼部落和莱赫米部落迁徙至半岛北部，并逐渐发展为定居区域与游牧群体之间的重要政治存在和拜占庭帝国与波斯帝国之间的缓冲地带。伽萨尼人于4世纪改宗基督教，依附于拜占庭帝国，成为所谓"罗马阿拉伯人"。7世纪初，波斯军队在叙利亚攻城略地，伽萨尼人遭受重创，一蹶不振。莱赫米部落则于3世纪初迁至幼发拉底河西岸，依附于萨珊王朝，是为"波斯阿拉伯人"。后来，莱赫米人亦改奉基督教。602年，波斯皇帝剥夺了莱赫米人出任国王的权利。614年，将其置于波斯总督管制之下。公元以后，南方阿拉伯人的另外一支肯德部落离开家园，自哈达拉毛西部向北移动，进入纳季德高原。

二、查希里叶时代的发展变化

（一）查希里叶时代

"查希里叶"，在阿拉伯语中意为"无知"。《古兰经》中曾经四次提及查希里叶时代，特指缺乏真正信仰的时期，用以区别伊斯兰时代。广义上的查希里叶时代，泛指从人类的始祖阿丹（即亚当）至先知穆罕默德传布启示的历史阶段。狭义上的这一时代，即伊斯兰教诞生前的百余年间，而此时代的阿拉伯人，仅指生活在希贾兹和纳季德一带的北方阿拉伯人。

当时阿拉伯人处于原始社会的野蛮状态，血缘因素是维系社会成员的基本纽带，血缘群体决定社会成员的归属。阿拉伯人若出自同一祖先，或者自认为出自同一祖先，便会组成同一部落。每个部落包括若干氏族。氏族之下是结构松散的家庭。松散的婚姻关系是氏族部落制度的外在形式。当时男女之间的婚姻行为往往缺乏明确的限制，一名男子可以娶任意数量的女子为妻，若干男子同娶一女为妻的现象亦比比皆是。婚姻关系的松散状态和群婚的倾向，排斥着个体家庭的社会功能。

（二）社会动荡与变化

伊斯兰教诞生前夕的阿拉伯诗歌常常将查希里叶时代称作"阿拉伯人的日子"，这是阿拉伯历史上的英雄时代。连绵不断的相互劫掠，旷日持久的血族厮杀，构成这个时代十分突出的历史内容。它标志着阿拉伯社会内部矛盾冲突日趋尖锐，进而推动整个半岛社会向文明时代转变。

麦加位于希贾兹南部，地处也门至叙利亚的古代商路沿线。6、7 世纪之交的麦加处于原始社会的末期。古莱西人入主麦加以后，随着物质财富源源不断流入，剩余财富的增长和私有制财产关系的出现，古莱西部落内部的贫富分化不断加剧。深刻的社会分化超越了传统秩序所能容纳的范围，氏族部落制度走到了尽头，麦加步入文明时代的物质条件日臻成熟。

在前伊斯兰时代的阿拉伯半岛，原始宗教占据统治地位，泛神思想和自然崇拜颇为盛行。当时，敬奉安拉的宗教意识已经存在。然而，敬奉安拉并不排斥多神崇拜；安拉并没有被视作唯一的神灵，而仅仅在诸多的神灵中处于至高无上的地位。原始崇拜逐渐难以满足阿拉伯人宗教生活的需要，多神信仰开始出现衰落征兆，一神教思想初露端倪。

三、先知穆罕默德在麦加

（一）先知穆罕默德

7 世纪初，阿拉伯半岛经历了深刻的社会变革，告别了原始社会的野蛮状态，步入崭新的文明时代，而这场变革的领导者便是伊斯兰教的先知穆罕默德。他是古莱西人库赛伊的后裔，属于哈希姆氏族。20 岁时，他受雇于诺法勒氏族的富孀赫蒂彻，前往叙利亚经办商务。5 年后，他与赫蒂彻成婚，生活状况骤然好转。在40 岁前的几年中，先知穆罕默德常于禁月（即后来伊斯兰历 9 月，亦称来埋丹月）

期间到麦加以北的希拉山洞静居隐修。大约在 610 年的一个夜晚，安拉的启示开始降临。《古兰经》将其命名为"高贵的夜晚"，穆斯林则称其为"受权之夜"。从此，先知穆罕默德开始了传布启示的生涯。

610 年至 622 年间，先知穆罕默德首先在麦加以安拉的名义传布启示。在《古兰经》的 114 章经文中，有 80 余章属于麦加时期的内容。麦加时期的启示，首先是阐述独尊安拉的宗教信条，强调安拉是万物的本原和唯一真实的永恒存在，并且还包括灵魂复活、信奉天使、信奉先知、信奉经典和末日审判等，标志着伊斯兰教信仰体系的诞生。

安拉的启示赋予先知穆罕默德以劝化世人皈信真理的神圣使命。然而，他在麦加并无显赫的地位，人微言轻，处境极为艰难。最初，他只能采取秘密方式传布启示，皈依伊斯兰教者寥若晨星。大约在 612 年后，他开始公开以安拉的名义要求世人放弃原有的信仰和皈依伊斯兰教，皈依者日渐增多。古莱西部落上层的一些富商巨贾和权贵人物对先知传布启示予以抵制和反对。他们否认和攻击先知穆罕默德关于灵魂复活和末日审判的宗教宣传，拒绝承认其为安拉委派的使者。最初，他们抵制伊斯兰教的主要手段是言辞攻击，并伴以收买和利诱，偶尔也有暴力攻击。随着古莱西人的抵制日甚一日，先知穆罕默德及其追随者在麦加十分孤立。620 年，先知穆罕默德痛失妻子赫蒂彻和伯父阿布·塔里布。而哈希姆氏族新首领阿布·拉哈布拒绝保护先知穆罕默德，从而使其几乎身陷绝境。形势的骤变，令初兴的伊斯兰教面临夭折的危险。

（二）伊斯兰教的创立

在麦加传布启示的初期，先知穆罕默德似乎无意创立全新的宗教，而仅仅是恢复古代信仰，呼唤世人追寻远古的前辈所崇奉的真理，在某种意义上体现了古代阿拉伯人宗教思想的延续。然而这绝非麦加时期伊斯兰教的实质所在，先知穆罕默德传布的启示并非古代宗教的翻版，而是借助于以往宗教的某些形式，而服务于全新的社会需要。

伊斯兰教诞生于特定的历史环境之中，与麦加贸易的兴起和财产关系的剧烈变化密切相关，集中反映了古莱西人氏族部落制度趋于解体的社会现实。而对伊斯兰教的皈依与反对，明显体现了平民阶层与氏族权贵之间的矛盾冲突。先知穆罕默德在麦加传布的启示，不仅强调宗教意义的平等，而且倡导现实生活的平等，已经开始超越血缘群体的狭隘界限，蕴含着两种社会制度和财产观念的尖锐冲突，否定了原始公有制的财产关系，体现了古莱西人在由氏族部落社会向文明时代转变的过程中新旧思想意识的尖锐对立，包含着文明倾向与野蛮势力激烈抗争的历史内容。故而，伊斯兰教的诞生顺应了古莱西人以至整个阿拉伯半岛从原始社会向文明时代转变的历史趋势，无疑是一场隐蔽在宗教运动形式下的社会革命。

四、先知穆罕默德在麦地那

（一）"徙志"与先知的城市

622 年 9 月的一个夜晚，先知穆罕默德潜离麦加。在躲过古莱西人搜捕之后，终于在 4 天后到达叶斯里卜郊外的库巴。622 年 9 月 24 日，他正式进入叶斯里卜。从此，叶斯里卜改名为麦地那·纳比，意为"先知的城市"，简称麦地那。这就是伊斯兰教史上所谓的"徙志"。徙志是阿拉伯语"迁徙"一词的音译，又称"希吉拉"。

徙志是早期伊斯兰史的重大转折，标志着伊斯兰教麦加时期的结束和麦地那时期的开始。先知穆罕默德在故乡屡遭古莱西人的迫害，移居麦地那以后却成为备受景仰的领袖。伊斯兰教由此摆脱了濒临夭折的境地，文明的萌芽开始植根于麦地那绿洲的沃土之中。为了纪念神圣的徙志，伊斯兰国家的第二任哈里发欧默尔于 639 年颁布法令，将徙志之年作为伊斯兰教历的纪元，以阿拉伯传统历法的该年岁首（即公历 622 年 7 月 16 日）作为伊斯兰教历元年的开端。

（二）"麦地那宪章"

当时，先知穆罕默德所面临的首要任务，便是在绿洲的范围内缔造和平。为实现这一目标，他采用协议形式规范来自麦加的穆斯林（"迁士"）与麦地那的穆斯林（"辅士"）的关系、麦地那穆斯林相互之间的关系以及全体穆斯林与土著犹太人的关系。这些协议内容被称为"麦地那宪章"。根据宪章，来自麦加的"迁士"与奥斯部落和哈兹拉只部落的穆斯林以及"跟随他们的人、依附他们的人和与他们一同作战的人"共同组成统一的社会群体，名为"安拉的温麦"。这一共同体组织与查希里叶时代阿拉伯社会群体具有本质区别。在温麦中，先知穆罕默德具有绝对权威，温麦成员必须顺从安拉的意志而接受先知穆罕默德的仲裁。显然，温麦已包含了强制性的公共权力和超越血缘界限的地域联系，这构成伊斯兰国家的最初形态。因此，徙志是伊斯兰国家建立的起点。

徙志初期，新兴伊斯兰国家尚无稳定的岁入来源。来自麦加的迁士大都不擅务农，又无力经商，生活颇为拮据。许多迁士没有固定的住所，只好寄居在先知的房宅周围。甚至先知本人及其眷属也只能依靠他人的接济，境况十分贫寒。麦地那绿洲的生活资源和生存空间十分有限，难以长期供养众多的迁士。因此，开辟财源是新兴伊斯兰国家亟待解决的问题。在当时条件下，抢劫几乎是开辟财源的唯一途径。麦地那宪章明确规定，麦加的古莱西人是温麦的仇敌，禁止庇护古莱西人的生命财产。先知穆罕默德将"圣战"的矛头首先指向古莱西商队，来自麦加的迁士成为最初的"圣战者"。

（三）半岛统一

在经历了巴德尔之战、伍侯德之战之后，穆斯林武装获得丰富的经验。627 年，穆斯林利用壕沟化解了麦加联军的进攻。尔后，麦加人与叙利亚之间的贸易被迫中止，他们在阿拉伯半岛的威望丧失殆尽，并丧失了进攻麦地那的能力，穆斯林开始掌握进攻麦加的主动权。

628 年，古莱西人与先知穆罕默德订立侯德比耶和约，标志着麦加对于先知穆罕默德及其宗教的初步承认。629 年，先知穆罕默德进入麦加。3 天之后，返回麦地那。在此期间，许多古莱西人皈依伊斯兰教。630 年，先知再度来到克尔白神殿，命令穆斯林捣毁神殿内所有的供奉之物，仅保留玄石作为圣物。伊斯兰教终于在麦加取得了胜利。伊斯兰历纪元 9 年（即 630 年 4 月到 631 年 3 月），阿拉伯半岛的几乎所有部落纷纷派遣代表团（沃弗德）前往麦地那谒见先知穆罕默德，史称"代表团之年"。伊斯兰国家权威遍及半岛各地。632 年初，先知穆罕默德前往麦加主持朝觐仪式。这是自征服麦加以来先知穆罕默德首次朝觐克尔白，也是其生前的最后一次朝觐，史称辞朝。632 年 6 月 8 日，先知穆罕默德溘然长逝，葬于麦地那的先知寺内。

（四）早期伊斯兰国家

麦地那国家创立是伊斯兰教的政治思想和社会原则实践的结果。教俗合一的权力体制是新兴伊斯兰国家的实质所在，宗教信条的约束和宗教意义的顺从则是国家权力的原生形态。通过强调安拉至上和顺从使者的信条，伊斯兰教否定了原始民主制的传统，进而阐述了国家权力的政治理论。这首先表现为规定穆斯林必须履行的宗教义务，即通过礼拜的形式表达对安拉的敬畏。在宗教约束基础之上，伊斯兰国家发展了相应的世俗权力。税收制度的演变，是早期伊斯兰国家权力自宗教生活向世俗领域延伸的典型过程。国家税收范围由穆斯林向非穆斯林的扩展，而从天课的规定到人丁税的征纳则体现了国家税收制度的渐趋完善。麦地那时期，先知穆罕默德屡屡以安拉的名义颁布启示，保护私有制财产关系，否定原始公有制的物化形式，体现了新兴的伊斯兰文明倡导私有制财产关系的积极倾向。

温麦的建立，不仅提供了国家权力趋于成熟的政治基础，而且构成阿拉伯人实现社会聚合的重要外在形式。伴随着伊斯兰教的诞生和伊斯兰国家的建立，统一的阿拉伯民族悄然崛起，进而成为中东地区举足轻重的社会势力。伊斯兰文明兴起的过程，同时也是阿拉伯封建主义逐步形成的过程。如同其他的地区和民族一样，土地制度的演变构成阿拉伯封建主义形成过程的核心内容，土地的私有化则是阿拉伯封建主义得以形成的前提条件。

第二节　哈里发国家的政治秩序

一、麦地那哈里发国家

（一）哈里发共和时代

632 年，温麦权力的继承成为穆斯林关注的焦点。经过激烈争辩，阿布·伯克尔最后被拥戴为温麦的领袖，成为历史上第一位哈里发，阿拉伯历史从此进入了哈里发国家时代。哈里发是阿拉伯语"继承人"一词的音译。阿布·伯克尔出任之哈里发，特指"安拉的使者的继承人"。然而，阿布·伯克尔作为哈里发，只是继承先知穆罕默德的部分权力，即作为先知和传布启示以外的其余权力。哈里发的权力和地位来自他对于安拉的虔敬、对于伊斯兰事业的贡献和相应的威望。他的言行必须符合《古兰经》和"圣训"的规定。

即位之初，阿布·伯克尔面临的政治形势十分严峻。当时的阿拉伯半岛充斥着各种敌对势力，各地纷纷反叛。这就是伊斯兰史上著名的"里达"。"里达"一词在阿拉伯语中本义为背叛。阿布·伯克尔决意要同反叛者战斗到底。632 年底，他派哈立德·瓦里德率军征讨反叛者。经近一年苦战，里达风波被平息。这一胜利具有特殊的含义和特定的内容，它是哈里发国家对希贾兹以外诸多地区的初次征服，其实质在于通过战争的手段确立麦地那哈里发与各地诸部落之间广泛的贡税关系，迫使阿拉伯人接受国家权力的约束，从根本上摧毁了野蛮势力的基础，从而在整个半岛范围内实现了由原始社会迈向文明社会的深刻变革。同时，麦地那哈里发国家开始向半岛以外的区域扩张，往日挣扎于饥渴边缘的阿拉伯人以统治民族的姿态登上西亚北非历史的舞台。

（二）早期对外征战

628—640 年，哈里发国家多次举兵征伐。640 年，穆斯林完成对叙利亚的征服。646 年，阿慕尔·阿绥占领埃及。至 652 年，柏柏尔人生活的地区也被穆斯林攻克。642 年，穆斯林军队攻入波斯帝国首都泰西封。652 年，穆斯林攻占木鹿，阿姆河以西皆被纳入哈里发国家的版图。此时穆斯林在不同区域的扩张表现出明显的差异。叙利亚是征服的主要目标，也是整个战争的重心所在。而对尼罗河流域的征服则是叙利亚征服战争的延伸。对伊拉克的征服战争显现出部落迁徙的浓厚色彩。伊朗贵族顽强抵抗着穆斯林的进攻。而且，种族的差别加剧了伊朗高原的土著人口对于穆斯林征服者的敌视和反抗。此外，伊朗高原山脉纵横，地形复杂，其特有的自然条件削弱和限制着穆斯林征服者的攻势。因此，哈里发国家对伊朗的征服经历了极其艰难而漫长的过程。

（三）四大哈里发时代结束

温麦既是阿拉伯穆斯林的宗教公社和伊斯兰国家的初始形态，也是统治非穆斯林的政治工具。在温麦的形式下，信仰差异是确定社会地位和划分社会权利的基本准则，穆斯林与非穆斯林之间的对立构成社会矛盾的主要形式。伴随着广泛的军事扩张，温麦的政治区域不断扩大。不同区域之间的深刻差异，助长了行省势力的离心倾向。温麦的权力结构表现为明显的松散状态，集权政治微乎其微。特定的历史条件决定了麦地那哈里发国家的共和政体，但新兴的伊斯兰贵族统治乃是这一国家的实质。穆斯林财产占有状况的相对平等，是麦地那哈里发国家实行共和政体的物质基础。637 年，欧默尔开始实行年金的差额分配，改变了穆斯林之间的财产占有状况，穆斯林社会内部的贫富差距，蕴含着加剧穆斯林社会内部矛盾冲突直至分裂对抗的隐患，从而构成否定共和政体历史进程的重要开端。随着对外征战趋于停顿，阿拉伯人内部的对立倾向旋即展开。656 年，第三任哈里发奥斯曼被反叛的穆斯林刺杀，成为第一个死于穆斯林之手的哈里发。这反映出麦地那时代共和政体的深刻危机，标志着伊斯兰历史进程的重大转折。

奥斯曼死后，阿里出任新的哈里发。如同阿布·伯克尔一样，阿里在即位之初面临着严重的政治危机。然而，阿布·伯克尔所面临的政治危机主要来自半岛各地的非穆斯林势力，阿里所面临的政治危机则来自穆斯林内部的对抗，尤其是来自哈里发国家核心集团的权力争夺。661 年，阿里在库法附近遭到暗杀。与此同时，穆阿威叶在耶路撒冷被叙利亚的阿拉伯战士拥立为哈里发，继而定都大马士革。麦地那哈里发时代结束。此后，穆斯林内部的政治对抗得以暂时平息，阿拉伯国家恢复统一。

二、倭马亚王朝

（一）帝制的确立

穆阿威叶（661—680 年在位）出任哈里发，开始了倭马亚王朝的统治。当时，阿拉伯国家政权结构依然处于相对松散的状态。哈里发主要治理叙利亚一带，而将其他区域交给行省总督掌管。穆阿威叶废弃哈里发选举的传统原则，指定其子叶齐德为继承人，从而开创哈里发家族世袭的政治制度，阿拉伯国家政治制度由共和制向世袭君主制转变。

叶齐德（680—683 年在位）在位期间，伊拉克和希贾兹充斥着反对倭马亚家族的社会势力。684 年，新任哈里发麦尔旺·哈克木（684—685 年在位）初步稳定了倭马亚的统治，但分裂态势仍然严重。692 年，马立克（685—705 年在位）遣军进攻克希贾兹，重新统一帝国，标志着世袭君主制排斥和否定共和制之历史进程的最终完成。为防止地方权力过大，他强化行省权力分割原则。同时，叙利亚籍的阿拉伯战士开始演变为国家的常备军事力量，构成倭马亚王朝统治整个伊斯兰世界的重要工具。此外，他还推行了语言改革和币制改革，有力地推动了阿拉伯帝国集权政治的发展，也为伊斯兰世界各地的交往提供了必要的手段。

（二）新一轮对外征服

马立克在位期间，发动新一轮征服战争。韦里德（705—715 年在位）和苏莱曼（715—717 年在位）在位时，倭马亚王朝的军事扩张达到了顶峰。713 年，穆斯林军队已越过伊朗高原，势力及至中亚阿姆河、锡尔河乃至更南的印度河流域。而且，阿拉伯人自埃及向西推进，兵锋直抵伊比利亚半岛。732 年以后，穆斯林逐渐停止了在高卢的攻势。与西进同时，倭马亚王朝向北方拜占庭帝国也发动了猛烈的攻势。倭马亚王朝进入鼎盛的时期，大马士革的哈里发统治着西起大西洋沿岸、东至锡尔河流域和旁遮普的广大地区。然而，鼎盛背后却潜藏着衰落征兆，一个危险的政治势力正在崛起，这就是阿拔斯派。

阿拔斯派是先知叔父阿拔斯·阿卜杜勒·穆塔里布的后裔在倭马亚时代建立的政治宗派。借助于其与阿里家族之间的密切联系，阿拔斯家族介入穆斯林内部的政治角逐。后来，阿里家族的追随者趋于分裂，其中哈希姆派开始支持阿拔斯家族，成为其争权夺势的政治工具，旨在反对倭马亚王朝的阿拔斯派运动始露端倪。阿拔斯派运动兴起以后，坚持"权归先知家族"的政治原则。717—747 年，阿拔斯派运动的基本方式和内容是"达尔瓦"。所谓"达尔瓦"，即布道或传布真理。阿拔斯派通过这一方式指责倭马亚哈里发抛弃先知穆罕默德的教诲和背离伊斯兰教的准则，抨击倭马亚王朝的统治是罪恶的渊薮和内战的根源。因此，阿拔斯派的达尔瓦尽管表现为宗教范畴的神学宣传，却包含着深刻的现实内容。初始，其活动中心在库法。阿里派分裂后，阿拔斯人遭到排挤，于是重心向东转移到了呼罗珊。

倭马亚王朝沿袭麦地那哈里发时代的传统，遵循欧默尔的著名设想，奉行阿拉伯人与伊斯兰教合而为一的政治原则，歧视非阿拉伯血统的穆斯林。随着伊斯兰教的传播范围不断扩大，被征服地区的土著居民相继皈依伊斯兰教，进而涉足哈里发国家的政治生活。他们不肯长期屈居阿拉伯人之下，其不满情绪和反抗倾向日渐强烈。倭马亚王朝陷于无法克服的矛盾之中。743 年希沙姆死后，哈里发国家进入动荡时期。倭马亚家族相互倾轧，哈里发频繁更替，倭马亚王朝处于风雨飘摇之中。

739 年，阿里的曾孙栽德·阿里在库法领导什叶派发动起义，兵败身亡，其子叶赫亚亦被倭马亚王朝处死。栽德·阿里起义的失败，尤其是叶赫亚的遇难，在呼罗珊引起强烈的反应。747 年 6 月，阿布·穆斯林在呼罗珊发动起义，相继攻克了呼罗珊和伊拉克。749 年，起义者在库法宣誓拥戴新任伊玛目阿布·阿拔斯为哈里发，是为阿拔斯王朝的第一位哈里发。750 年，麦尔旺二世在埃及遭阿拔斯人追杀而死，倭马亚王朝灭亡。

三、阿拔斯王朝

（一）鼎盛时代

阿拔斯王朝建立以后，阿拉伯帝国政治重心逐渐东移，758—762 年，曼苏尔开始在巴格达营建新都，伊拉克取代叙利亚成为帝国中心。阿拔斯哈里发国家"从地中海的帝国转变为亚洲的帝国"。穆斯林社会与地中海世界的联系相对削弱，东方古老传统对阿拔斯王朝的统治产生了广泛影响。王朝建立之初，局势尚不稳定，哈里发的首要任务是铲除政治隐患和排斥异己势力。经过几代哈里发的努力，阿拔斯王朝克服了严峻的政治危机。755 年，曼苏尔除掉了阿布·穆斯林，一统天下，号令四方，阿拔斯王朝的基业得到巩固。

哈伦（786—809 年在位）是阿拔斯王朝最著名的统治者。他在位期间，哈里发国家进入鼎盛阶段。《天方夜谭》曾经生动地渲染了哈伦的文治武功和奇闻轶事，使这位盛世之君闻名遐迩，蜚声世界。800 年前后，在亚欧大陆文明世界，中国唐朝雄踞东方，查理曼在西方建立起庞大帝国，哈伦当政的阿拔斯王朝相比之下毫不逊色，三者可谓并驾齐驱，异彩纷呈。哈伦死后，其继承人艾敏和马蒙相互争权夺利，将国家拖入内战的泥潭，王朝统治秩序遭到严重破坏，伊斯兰世界西部的政治形势处于极度混乱的状态。819 年，马蒙入主巴格达，内战结束。

（二）混乱与分裂

阿拔斯王朝继承了倭马亚时代的历史遗产，建立起高度发达的哈里发集权政治。然而，伊斯兰教的信条制约着哈里发的行为，哈里发的集权统治往往只能局限在一定的范围。自 9 世纪中叶起，外籍势力兴起，地方政权相继割据自立，阿拔斯王朝集权统治日渐衰微，教俗合一的权力体制趋于废止。809—813 年哈伦之子艾敏与马蒙之间的战争，是阿拔斯王朝政治嬗变的重要分界线。来自伊斯兰世界边缘地带的外籍新军应运而生，突厥人以及亚美尼亚人、哈扎尔人、斯拉夫人、柏柏尔人开始登上政治舞台。936 年，哈里发拉迪（934—940 年在位）赐封瓦西兑守将穆罕默德·拉伊克"总艾米尔"的称号，赋予他兼领艾米尔的军事权力与维齐尔的行政权力。"总艾米尔"的设置，标志着哈里发国家教俗合一权力体制的结束。此后历任哈里发仅仅被视作伊斯兰世界的宗教领袖，其世俗权力丧失殆尽。

阿拔斯王朝疆域辽阔，国家政治生活受自然环境影响极大。由于距离的遥远，巴格达统治者对许多地区常感鞭长莫及。随着各地区的土著势力相继皈依伊斯兰教，进而涉足政治舞台，群雄逐鹿的多元政治格局趋于显见，"肥沃的新月地带"不再是哈里发国家的核心区域。穆斯林诸民族之间的对抗和伊斯兰教诸派别的差异，成为助长伊斯兰世界政治格局多元化和导致哈里发国家解体的深层社会基础。

随着政治重心明显东移，西部出现了诸多独立的政权，包括后倭马亚王朝（756—1031 年）、伊德利斯王朝（788—974 年）、鲁斯塔姆王朝（776—908 年）和阿格拉布王朝（800—909 年）。阿格拉布王朝的建立最终结束了阿拔斯王期在埃及以西的统治。在 7 世纪中叶至 9 世纪中叶的两百年间，埃及处于行省的地位。868 年起，埃及经历了土伦王朝（868—905 年）、伊赫希德王朝（935—969 年）、法蒂玛王朝（909—1171 年）、阿尤布王朝（1171—1250 年）和马木路克王朝的统治。

扎格罗斯山以东地区的分裂，以塔希尔王朝（820—873 年）的建立为开端。萨法尔王朝（867—900 年）崛起于伊朗高原东南部的西斯坦，加剧了东部分裂。此后，萨曼王朝（874—999 年）和伽兹尼王朝（962—1186 年）在东部称雄。933 年以后，白益家族在伊斯兰世界的腹地建立起自己的统治。在此期间，库尔德人和贝都因人也占有一席之地。11 世纪中叶，塞尔柱人入主西亚，荡平"肥沃的新月地带"和伊朗高原的割据势力，阿拔斯王朝进入塞尔柱苏丹国统治的时期。

自 9 世纪中叶起，伊斯兰世界群雄并立，阿拔斯王朝的辖地日渐缩小，外籍将领横行无忌，更使巴格达哈里发不得不将世俗权力拱手让与他人。白益王公统治期间，伊斯兰世界仿佛成为什叶派穆斯林的天下，巴格达哈里发仅有的宗教权威荡然无存。塞尔柱人入主西亚以后，并没有使巴格达哈里发摆脱窘困的境遇。阿拔斯王朝的根基已经坍塌，哈里发只能任人摆布，苟且偷生。1258 年，成吉思汗的孙子旭烈兀攻陷巴格达，末代哈里发穆斯台尔绥木（1242—1258 年在位）被装入袋中，马踏而死，阿拔斯王朝灭亡。

四、政治理论与政治运动

正统伊斯兰教在阿拉伯社会长期占据统治地位，以维护现存政治秩序合法地位的政治理论得到广泛的发展。伊斯兰的宗教思想与政治理论浑然一体；宗教思想构成政治理论的前提，政治理论则体现为宗教思想的延伸和补充。

（一）温麦原则和沙里亚学说

正统穆斯林政治理论的基本框架是温麦的原则和沙里亚的学说。伊斯兰教是国家的基础，温麦是伊斯兰国家的外在形式；国家起源于安拉的意志，安拉是温麦的主宰，是世人的君王，而沙里亚是安拉意志的体现和安拉规定的法度，是先于国家的秩序和尽善尽美的制度，芸芸众生只有遵循沙里亚的义务，绝无更改沙里亚的权力。既然捍卫沙里亚规定的神圣秩序是国家的目的所在，那么国家无疑是合理的，国家的存在也是不可或缺的。有关哈里发的学说为正统穆斯林政治理论的核心。温麦作为伊斯兰国家的外在形式，其顶端是兼有宗教权力和世俗权力的哈里发。伊玛目是哈里发的宗教称谓，信士的长官则是哈里发的世俗称谓。

倭马亚时代正统穆斯林的穆尔吉阿派崇尚前定的宗教倾向，主张延缓内部的权位争执，留待安拉裁决。该派强调顺从当政的哈里发，即使哈里发罪恶多端，惩罚的权力只属于安拉而不属于臣民，体现了维护倭马亚王朝合法统治地位的政治倾向。正统穆斯林内部的政治反对派是盖德里叶派。该派否认穆尔吉阿派的前定倾向，崇尚意志自由，强调哈里发必须对自己的行为负责，认为哈里发如果缺乏公正的行为，即应自行退位，或被臣民罢免。

阿拔斯王朝建立后，正统穆斯林学者极力推崇麦地那哈里发国家是伊斯兰历史上的黄金时代，谴责倭马亚王朝的统治，称颂阿拔斯王朝的功绩，进而阐述君权神授和君权至上的政治理论。正统穆斯林与哈瓦立及派、什叶派之间最关键的区别在于"谁是合法的哈里发"。正统穆斯林政治理论的另一重要内容，是哈里发的产生方式。查希兹认为，哈里发的产生方式有三：一是选举产生，如阿布·伯克尔；二是协商确定，如奥斯曼；三是产生于合法的暴力行为，如阿拔斯王朝。巴格达迪（？—1037年）认为，哈里发产生的最佳方式是穆斯林共同选举，哈里发的指定继承也是可以接受的方式。

（二）政治运动

这些政治理论不仅阐述了有关国家和哈里发的思想学说，而且规定了穆斯林的相应义务。穆斯林作为臣民不仅要顺从哈里发的意志，更要遵循沙里亚和安拉的法度。民众顺从哈里发的前提，是哈里发的言行符合沙里亚的原则。否则，民众应当放弃对于哈里发的顺从，罢免哈里发的统治权力，直至诉诸暴力手段。然而，穆斯林臣民终止顺从哈里发的义务，在这些理论中仅仅局限于笼统的阐述，缺乏明确的法律条文。同样，哈里发必须遵循经训和执行沙里亚，但是何谓违背经训和沙里亚，教法学家也未作具体的规定。因此，臣民终止顺从哈里发的义务，往往只是理论上的虚构和道义上的制约，现实意义微乎其微，而忠君思想则是正统穆斯林政治理论的实质所在。

在哈里发时代的阿拉伯社会，由于宗教权力与政治权力高度结合，政治理论不可避免地包含相应的宗教思想，政治群体往往表现为宗教集团，政治对抗大都采用教派运动的形式。换言之，教派运动皆有相应的政治基础、政治目的和政治手段。政治冲突是教派运动的根源所在，哈里发权位归属构成教派运动的核心内容。

第三节　哈里发国家的经济与社会

一、土地制度与赋税制度

（一）征服者与被征服者

632 年以降，伊斯兰国家进入大规模对外扩张阶段。而军事征服占领直接导致了地权性质的改变。麦地那哈里发国家根据伊斯兰教原则，沿袭阿拉伯传统和先知穆罕默德的先例，在被征服地区广泛实行国家土地所有制；根据欧默尔确定的原则，被征服者作为"迪米"构成依附于哈里发国家的直接生产者，穆斯林战士构成与被征服者截然对立的军事贵族集团。在此基础上，哈里发国家禁止穆斯林战士在阿拉伯半岛以外区域占有土地和从事农耕，所有被征服的土地皆以斐伊的形式成为全体穆斯林的共同财产。

这种国家土地所有制，并非"法律的虚构"，而是客观存在的经济现实。欧默尔规定：穆斯林战士不得将被征服者作为奴隶据为己有，亦不得随意侵吞他们的财产或通过其他形式加以奴役；安拉赐予的土地必须留给被征服者继续耕种，向他们征收贡税并由全体穆斯林共同享用。贡税关系的广泛确立，不仅体现了哈里发国家统治权在被征服地区的存在，而且构成了国家土地所有权"借以实现的经济形式"。哈里发国家在沿袭拜占庭帝国和波斯帝国原有农作方式的基础之上，通过贡税的形式，在全体穆斯林与被征服人口之间建立起封建性质的土地关系，体现了全体穆斯林对于被征服地区直接生产者的剩余劳动的集体占有。

（二）地产类型

倭马亚时代，地产大体分为两种类型。被征服地区的非穆斯林居民所拥有的地产，沿袭拜占庭帝国和萨珊波斯规定的税收标准，向哈里发国家缴纳全额的土地税，称为"全税地"。阿拉伯穆斯林在被征服地区所获取的土地，免缴全额的土地税，仅纳什一税，称为"什一税地"。阿拔斯王朝后期，集权政治日渐衰微，哈里发国家在诸多地区难以继续直接征税，遂改行包税制。

麦地那哈里发在扩张过程中，曾将征服的部分土地收归国家支配；这种地产被后世伊斯兰教法学家称作"萨瓦菲"。耕种者作为佃农直接向国家缴纳租税，国家则根据土地的面积和质量以及作物的种类和灌溉方式确定租税的标准。萨瓦菲的耕作者往往享有世袭租佃的权利，但严禁私自转让和买卖土地。阿拔斯王朝后期，国家财政拮据，遂不断出售国有土地，致使哈里发直接控制的国有土地呈逐渐减少的趋势。

　　阿拉伯封建地产的第二种形态是民间地产"穆勒克"，即私人自主地。穆勒克大都起源于被征服地区非穆斯林地主乡绅的原有地产，也有一部分来源于阿拉伯穆斯林在被征服地区获取的地产。阿拉伯穆斯林除接受国家赐封的土地外，还在被征服地区购置大量地产。亦有许多阿拉伯穆斯林在被征服地区垦荒造田，据为私产。

　　第三种形态是伊克塔。伊克塔的赐封，是阿拉伯穆斯林在被征服地区获取地产的主要途径。伊克塔的起点是萨瓦菲，其演进的终点是穆勒克，故而兼有王田与民间私田的双重性质，处于王田向私田的过渡状态。由农产品份额的赐封向租佃权利的赐封转变的过程，反映了伊克塔在国家土地所有制的形式下逐渐私有的变化趋势。伊克塔的私有倾向侵蚀着萨瓦菲的国有原则，为倭马亚时代穆斯林贵族地产与非穆斯林贵族地产的融合奠定了基础。

　　农民是乡村人口的主体，包括自耕农和佃农两种。前者拥有少量地产，承担国家赋役，虽终年劳作，尚难维持生计。后者租种他人土地，往往由地产主提供种子和耕畜，租额高达收成的五分之四、六分之五甚至七分之六。哈里发国家极力使农民固着于土地，以求保证稳定的赋税来源。另一方面，农民不堪重负而弃田出走，构成当时社会生活的突出现象。弃田现象在尼罗河流域最为严重。9世纪以后，许多自耕农因不堪重负，被迫将地产寄于贵族名下，求得庇护，是为"塔勒吉叶"，意为"保护地"。在萨曼王朝时期的法尔斯一带，塔勒吉叶相当普遍。

二、农业与工商业

（一）农业与水利

　　阿拉伯帝国农耕区域表现出截然相反的两种倾向：一方面，长期垦殖活动导致耕地面积的增加和农作区域的扩展。另一方面，农民弃田致使耕地荒芜，耕地牧场化的现象屡见不鲜。早在麦地那时代，伊斯兰国家便十分重视农业生产。倭马亚时代，行省势力的离心状态限制着哈里发的岁入，而荒地的垦殖构成国家财政的重要来源。阿拔斯王朝建立后，哈里发继续投入巨额财力改善农作环境，并且委派官吏专司水利事务和征收水利税。伊斯兰世界种植小麦和水稻具有悠久的历史传统，黍、稷和高粱也是重要粮食作物。园艺业占有重要的地位，果树栽培也十分普遍，经济作物的种植得到长足的发展。伊斯兰世界多数地区气候干燥，降雨稀少，且分布极不均匀。因此，作物生长严重依赖于水利灌溉。阿拔斯时代，诸多新作物被引进和推广，加之水利事业的发展，使播种期明显改变，轮作渐趋盛行，土地的利用率得到提高。

（二）手工业与商业

阿拉伯帝国最重要的手工业部门是纺织业。它是西亚传统的手工业部门，具有悠久的历史，主要产品包括地毯、挂毯、坐垫和门帘。随着棉花种植的推广和蚕丝加工技术的传入，棉纺织业和丝织业得到长足的发展。玻璃制造业是仅次于纺织业的手工业部门。而取得突出成就的行业是新兴的造纸业。伊斯兰世界的手工业分为官营和民营两类。前者主要包括兵器制造业、造船业、造纸业和各种奢侈品的生产行业，大都分布在中心城市。后者主要生产日常用品，规模虽小，但分布范围较广。

阿拉伯人具有崇尚贸易的悠久传统，商业贸易十分繁盛。首先是区域性的内陆贸易，其基本内容是日常消费品的流通。小手工业者往往自产自销，兼有工匠和商贩的双重身份。富商巨贾资产雄厚，主要经营大宗货物的长途贩运。在区域性内陆贸易中，农产品和纺织品的流通占据举足轻重的地位。其次是过境贸易。伊斯兰世界地处欧亚非大陆的相交区域，扼守自基督教欧洲至东方诸国和从地中海到印度洋的水陆通道，远程的过境贸易十分发达，其主要内容是奢侈品贩运。伊斯兰世界与东方诸国之间贸易交往的重要方式，是穿越陆路的递运性贸易。伊斯兰世界与非洲撒哈拉沙漠以南地区也有频繁的贸易往来。穆斯林商人从亚丁乘船向西航行，可至东非诸地。在北部地区，穆斯林与基督徒尽管长期处于战争状态，但贸易交往从未中断。小亚北部城市特拉比松是穆斯林商人与拜占庭商人之间的主要贸易中心，丝织品的交易十分活跃。伊斯兰世界与基辅罗斯之间也有广泛的贸易往来。

（三）城市发展

城市的广泛发展和城市生活的繁荣，是哈里发时代阿拉伯历史的重要特征。大规模的武力征服，则是阿拉伯世界城市化的起点，军事营地成为阿拉伯城市的重要起源。巴士拉、库法、弗斯塔特和凯鲁万等城市均曾为军队屯驻之地，后来发展为颇具规模并有完整政治和经济功能的城市。伊拉克的巴格达和萨马拉、叙利亚的拉姆拉、马格里布的菲斯、提阿雷特、希吉勒马萨、突尼斯等皆为重要城市，闻名遐迩，久负盛誉。教俗合一的封建统治在城市生活中占有极其重要的地位。聚礼清真寺是城市的核心建筑，象征着伊斯兰教的神圣地位。官衙位于聚礼清真寺的侧旁，体现宗教与政治的密切联系。另一方面，城市是阿拉伯社会统治中心，也是权力角逐的舞台。高官显贵和上层宗教学者无疑是城市的权力核心，操纵着城市的命运。城居意味着非农业的生活状态，交换活动是城市的经济基础，称作巴扎的市场是城市的经济中心，每个城市都有数量不等的市场。手工业者和商人则是城市居民的重要组成部分。人口构成的多元状态是城市区别于乡村的明显特征。商人和工匠为数甚多，是城市居民的主体，尤其大商人的社会地位和政治影响不可小觑。

三、阿拉伯人的迁徙与交往

（一）阿拉伯人的迁徙

阿拉伯人具有悠久的迁徙传统。伴随着帝国扩张，阿拉伯人经历了历史上规模最大的迁徙过程。这不仅改变了西亚北非地区原有的政治格局，而且改变了阿拉伯人的分布范围。在"圣战"的旗帜下，阿拉伯人如同潮水一般，涌入"肥沃的新月地带"和尼罗河流域，继而涌向遥远的呼罗珊和西班牙。阿拉伯人迁徙的首要目标，是伊拉克肥沃的平原地带。巴士拉和库法宛若幼发拉底河畔的两颗璀璨的明珠，吸引着纷至沓来的阿拉伯人。阿拉伯人的另一条迁徙路线，是沿希贾兹北行，再进入叙利亚和尼罗河流域。

阿拉伯人分布范围的扩展，不仅体现生存空间的移动，而且蕴含着生活方式的深刻变革。随着外在环境的改变，大批阿拉伯人逐渐放弃传统的游牧经济，开始接受定居生活，使征服者与被征服者之间的差距和障碍大为减弱，进而为广泛的社会交往提供了客观的基础。到倭马亚时代，交往方式逐渐由武力交往向和平交往转变，交往范围随之从军事、政治领域扩展到社会生活的诸多领域。倭马亚时代征服者与被征服者之间社会交往的主要倾向，是原居民在物质生活领域占据支配地位，阿拉伯人则将他们的语言和宗教赋予新的文明。诞生于阿拉伯荒原、最初只属于阿拉伯人的伊斯兰教，以迅猛之势走出半岛，开始成为超越民族界限的世界性宗教。而阿拉伯语在西亚北非地区的影响不断扩大，逐渐成为哈里发国家的通用语言，为伊斯兰世界各种群体的交往提供了条件。

（二）对立与融合

随着伊斯兰教的广泛发展，阿拉伯人垄断伊斯兰教的时代趋于结束，非阿拉伯血统的穆斯林阶层在倭马亚时代迅速兴起并且构成伊斯兰世界的重要社会势力。他们尽管受到阿拉伯穆斯林的排斥和歧视，但是在数量上表现出稳定增长的趋势，进而对倭马亚王朝统治产生了深刻的影响。倭马亚王朝禁止非阿拉伯血统的男子与阿拉伯妇女之间的婚姻，但是允许阿拉伯男子与非阿拉伯血统的妇女通婚，蓄奴和纳妾现象尤为盛行。广泛的异族婚配使阿拉伯人的数量急剧增加，也使阿拉伯人的概念逐渐发生变化，凡信奉伊斯兰教并操阿拉伯语者皆被视作阿拉伯人，征服者与被征服者的血统界限日趋淡化。

哈里发国家在阿拉伯半岛以外的区域兴建若干据点，称作"米绥尔"（复数音译为"阿姆撒尔"）。最初，米绥尔生活着几乎是清一色的阿拉伯人，具有浓厚的军事色彩，与被征服的土著居民处于隔绝的状态。久而久之，米绥尔的人口构成发生变化。非生产性人口的增长使消费集中，交换经济逐渐扩大。来自周围乡村甚至遥远地区的非阿拉伯人涌入米绥尔，为阿拉伯血统的消费者提供各种服务。米绥尔既是哈里发国家在被征服地区的统治中心，也是阿拉伯人告别游牧走向定居的桥梁，更是诸多民族交往和融合的辐射点。征服者的语言和宗教从米绥尔向四周扩展，被征服者的传统文化和生活方式同时改造着初入文明的征服者。广泛的社会交往削弱了征服者与被征服者之间的对立和差异，促进了各种文化传统的融合，进而为崭新的阿拉伯-伊斯兰文化的兴起奠定了基础。

四、哈里发国家的社会

倭马亚王朝建立之初，阿拉伯人仍保留着氏族部落的外在形式，社会矛盾往往表现为血族群体之间的对抗和仇杀，"阿萨比亚"（即部落宗派主义）是一突出的社会现象，对倭马亚王朝的统治影响甚大。虽然此时的阿萨比亚沿袭了查希里叶时代传统形式，但二者之间又有本质的区别。首先，哈里发国家作为超越血缘界限而凌驾于社会之上的统治权威，制约着部落之间的矛盾冲突。其次，在迁徙的过程中，阿拉伯人的血缘联系日渐松弛，地域联系不断增强，瓦解着部落冲突的社会基础，促成超越血缘界限的政治组合，社会对抗的表现形式随之改变。

（一）"麦瓦利"与"迪米"

"麦瓦利"，在阿拉伯语中意为被保护者。最初，麦瓦利指非部落民的社会成员，包括释放奴隶和接受氏族部落保护的外来者，其地位介于部落民与奴隶之间。他们不能被随意伤害或出售，但在婚姻和财产继承等方面却不能享有与部落民同等的权利。伊斯兰教兴起以后，麦瓦利的内涵发生变化。皈依伊斯兰教的异族人口成为麦瓦利的主体，出身奴隶的穆斯林在获得自由以后加入麦瓦利的行列。麦瓦利虽然成为穆斯林，但其社会地位相对较低。

8世纪中叶，阿拔斯王朝顺应伊斯兰世界社会结构日益变革的历史趋势，强调麦瓦利所享有的权利和地位，逐渐放弃歧视非阿拉伯人的统治政策，不再将麦瓦利视作等而下之的社会阶层。虽然阿拉伯人仍然是举足轻重的社会势力，但随着地域因素的增长和政治生活的发展，阿拉伯人残存的血亲观念和部落倾向大为减弱。广泛的社会交往和诸多共同利益的形成，密切了阿拉伯人之间的相互联系，从而使阿拉伯人跨入了统一民族的历史阶段。

"迪米"，在阿拉伯语中本义为契约，引申的意思是与阿拉伯征服者订立和平契约的顺民，即生活在伊斯兰世界中的非穆斯林。迪米保留原有宗教信仰，依旧操各自的传统语言。迪米与穆斯林同是哈里发国家的臣民，接受哈里发国家的保护。两者之间的差异在于，穆斯林必须履行天课义务，需服兵役；迪米必须缴纳人丁税，却免服兵役。迪米中的神职人员则免缴人丁税。

伊斯兰教诞生前，阿拉伯半岛有许多奴隶。伊斯兰教并没有废除奴隶制度，

《古兰经》承认奴隶的存在具有合法的地位。自由人与奴隶的相互关系，是伊斯兰世界社会结构的一个重要方面。被征服的非穆斯林居民，或改奉伊斯兰教，作为麦瓦利加入穆斯林的行列，或保留原来的信仰，以迪米的身份接受哈里发国家的保护，只有兵败被俘的异族官兵及其眷属沦为奴隶。伊斯兰世界，奴隶劳动在生产领域作用有限，非生产性活动成为蓄养奴隶的主要目的，家内奴隶数量繁多。

（二）婚姻与妇女

倭马亚时代的阿拉伯人保留着纯朴淡泊的习俗和浓厚的贝都因色彩。至阿拔斯时代，异族情调的生活方式风靡伊斯兰世界，与阿拉伯人的传统习俗交相辉映，展现出绚丽多姿的生活画卷。阿拔斯王朝建立之初，哈里发无暇顾及享乐，宫廷生活较为简朴。自从马赫迪即位以后，宫廷生活日渐奢华。伊斯兰教反对独身寡居，结婚被视作穆斯林的社会义务。麦地那时代和倭马亚时代，妇女往往有较多的自由，面纱的披戴并无严格的规定。倭马亚时代，穆斯林相互之间在服饰方面尚无明显的区别。至阿拔斯时代，服饰区别渐大，不同的职业群体和社会阶层均有各自的服饰，波斯传统的服饰风格尤为盛行。伊斯兰世界尊崇素色，妇女和奴仆常身着杂色服饰，男性身着杂色则被视为粗俗。贵族大多身着白色服饰，寡居的妇女也常以白色服饰作为标记，蓝色的服饰往往适用于哀悼亡者的场合。

（三）伊斯兰的节庆

穆斯林最重要的节日是开斋节、宰牲节和圣纪。开斋节时间是伊斯兰教历的10月1日，意在庆祝斋月的结束。宰牲节是伊斯兰教历的12月10日，以会礼和宰牲为主要内容。宰牲之日也是朝觐之日，穆斯林或前往麦加履行朝觐义务，或聚集在清真寺举行会礼。圣纪是先知穆罕默德诞辰纪念日，即伊斯兰教历的3月12日。圣纪的内容，主要是穆斯林在清真寺诵经祈祷，追忆先知穆罕默德的生平经历。阿拔斯时代，穆斯林的社会生活深受波斯传统习俗的影响，波斯人的元旦诺鲁兹节（即公历5月27日）在伊斯兰世界几乎成为普天同庆的节日。另外，宗教宽容的政策使伊斯兰世界的社会生活具有明显的世俗倾向。许多穆斯林在摒弃宗教内容的前提下，甚至同庆基督教的各种节日。

第四节　哈里发国家的宗教与文化

一、伊斯兰教的发展

（一）教派运动

古典伊斯兰世界经历了600余年的历史。此间，伊斯兰教自身发生了深刻的变化。古代东方的禁欲传统、佛教的转世轮回学说、基督教的救世主概念和希腊哲学的思辨倾向，对穆斯林的宗教生活产生了不同程度的影响，诸多的伊斯兰教流派相继出现。

哈瓦立及派是伊斯兰世界中最早出现的政治宗教派别，起源于麦地那时代末期哈里发国家的权位争夺。"哈瓦立及"是阿拉伯语"出走者"一词复数形式的音译，其单数形式称"哈列哲"。哈瓦立及作为教派的名称，特指出走到安拉的道路。该派崇尚朴素的民主与平等原则。由于缺乏完整的信仰基础和系统的宗教政治学说，该派内部分歧甚大，未能形成统一的社会群体，其成员分别隶属于不同的支派。包括思想偏激的阿扎里加派，较为温和的伊巴迪叶派、纳吉迪叶派和中庸的苏福里叶派。

什叶派是穆斯林内部另一重要的政治宗教派别。"什叶"一词在阿拉伯语中是"追随者"的意思；作为伊斯兰教的派别，特指阿里及其后裔的追随者。什叶派与正统穆斯林同样尊奉《古兰经》各项基本信条，不同之处主要在于什叶派崇尚伊玛目学说。这种学说包括两个主要内容：一为伊玛目的继承权和所谓的"遗嘱思想"；一为伊玛目隐遁说和所谓的"转世思想"。此外，还包括《古兰经》的隐义说、塔基亚原则。什叶派的显著特征，是强调伊玛目的神圣地位，崇拜所谓的圣徒及圣墓。什叶派并非浑然一体，而是派别纷立。其中，影响最大者是十二伊玛目派。其他主要派别包括栽德派、伊斯马仪派、卡尔马特派、德鲁兹派、尼扎里叶派和阿拉维派。

在伊斯兰世界，绝大多数的穆斯林尊奉正统伊斯兰教，统称逊奈或大众派，即逊尼派。"逊奈"是阿拉伯语"行为"一词的音译，特指"先知的道路"或"先知的传统"；"逊尼"意为"遵循逊奈者"。承认历任哈里发的合法地位，是逊尼派的基本政治原则。伊斯兰教最初并不存在派别的划分。哈瓦立及派和什叶派相继出现后，绝大多数的穆斯林依旧尊奉正统的伊斯兰教，自称"遵循逊奈者"，以示区别，逊尼派方由此形成。在与什叶派和哈瓦立及派长期对立的过程中，逊尼派穆斯林逐渐发展了自己的思想体系。形成了贾卜里叶派、盖德里叶派、穆尔太齐勒派和艾什尔里派。

"苏非"一词在阿拉伯语中意为"羊毛"。苏非主义倡导禁欲和苦行的生活，其追随者大都身着羊毛粗衣，以示质朴，故得此名。早期苏非主义具有朴素的禁欲倾向。阿拔斯时代，苏非主义在禁欲和苦行的基础上，吸引新柏拉图主义和印度瑜伽学派等外来思潮的某些内容，逐渐形成颇具神秘色彩的宗教思想，而追求凡人与安拉的合一，构成其神秘思想的基本准则。该派并非独立的政治宗教派别，只是表现为特定的信仰方式和生活原则。所谓的苏非派，泛指追求禁欲生活和神秘信仰的穆斯林，其中一些人尊奉什叶派伊斯兰教，而更多的人属于逊尼派伊斯兰教，其政治观点或与什叶派相同，或与逊尼派吻合。

（二）教法学派

作为安拉的启示，《古兰经》是规范穆斯林社会行为的基本准则，是阿拉伯人最早的成文法典和伊斯兰教法律制度的原型。但是，许多具体法律问题在《古兰经》和"圣训"中无明文可循，只能由各级法官或宗教学者裁决。于是，各种教法学派应运而生。倭马亚时代，形成了"圣训派"和"意志派"，集中体现了伊斯兰教早期法律思想的两种倾向。阿拔斯时代，伊斯兰教法律制度日臻完善，形成哈奈斐、马立克、沙斐仪和罕百里四大教法学派。哈奈斐学派积极倡导类比和公议的法律原则，颇具自由倾向和宽容色彩。马立克学派强调遵循"圣训"规定的法律原则，反对执法者依照个人意见进行司法裁决。沙斐仪学派兼重"圣训"条文和公议原则，中庸色彩浓厚。罕百里学派恪守《古兰经》的字面经文和"圣训"的法律条款，将其视作不谬的法学原则，认为理性判断和公议类比不足凭信，故又称"经典派"。

二、伊斯兰文化的社会土壤

（一）兼容并蓄

伊斯兰文化是信奉伊斯兰教的阿拉伯、波斯、突厥等民族共同创造的文化，由于阿拉伯语为其主要载体，所以常被称作阿拉伯文化。伊斯兰文化是一种兼容并蓄的复合文化，主要包括三个方面的文化因素：阿拉伯人固有的文化与伊斯兰教、西方的希腊文化与罗马文化、东方的波斯文化与印度文化。伊斯兰文化的演进，仿佛涓涓溪流汇成滔滔江河一般，长达数百年之久。阿拔斯时代无疑是伊斯兰文化的鼎盛时代，然而其源头却要追溯到7世纪初的阿拉伯半岛。

（二）圣门弟子

查希里叶时代阿拉伯人多是不识字的文盲。据白拉祖里记载，伊斯兰教诞生初期，麦加的古莱西部落中能书写者只有17人，麦地那的奥斯部落和哈兹拉只部落中能书写者只有11人。两座圣城尚且如此，其他地区能书写者更是凤毛麟角。先知穆罕默德和共和政体期间，麦地那和麦加成为伊斯兰世界的两大文化中心。学者主要是阿拉伯血统的圣门弟子，大都长于宗教学的研究。例如：欧默尔精通教法，被时人誉为"立法的栋梁"；其子阿卜杜拉致力于"圣训"的搜集和研究，可谓圣训学的奠基者；阿卜杜拉·阿拔斯深谙《古兰经》，是经注学的创始人，有"经典诠释的宗师"之美称；栽德·萨比特能够背诵全部《古兰经》，曾经受阿布·伯克尔和奥斯曼的委托，两次主持整理和汇集《古兰经》，在诵经学方面颇具权威。圣门弟子中阿拉伯人居多，使纯粹阿拉伯风格的文化在伊斯兰世界中占据主导地位。

（三）非阿拉伯风格的文化倾向

倭马亚时代，圣门弟子相继去世，再传弟子成为伊斯兰文化的主要代表，巴士拉和库法逐渐取代麦地那和麦加，成为新的文化中心。再传弟子中固然不乏阿拉伯人，但是异族血统的穆斯林日渐增多，其中一些学者在伊斯兰世界闻名遐迩，非阿拉伯风格的文化倾向在伊斯兰世界日趋显见。许多犹太人和基督徒改奉伊斯兰教以后，往往根据《圣经》中的传说诠释《古兰经》中的某些启示，从而形成"基督教式与以色列式"的经注学。许多穆斯林学者对希腊哲学颇有研究，试图借鉴希腊哲学的逻辑推导和理性思辨的原则论证伊斯兰教信仰，探讨诸如安拉的本体与其属性的关系、安拉前定与自由意志以及宇宙论、认识论等神学命题和哲学命题，进而形成穆斯林特有的宗教哲学体系，即教义学。另外，拉丁语和希腊语与阿拉伯语的法学术语颇多相似，体现了地中海古典世界的法学思想和法律概念对于伊斯兰教法的广泛影响；基督教中关于救世主的概念，则应是什叶派伊斯兰教之马赫迪思想的原型。

（四）大翻译运动

阿拉伯人的征服、哈里发国家的统治、民族关系和社会结构的变化、伊斯兰教的传播和阿拉伯语的流行，无疑构成伊斯兰文化演进的深层背景；阿拔斯王朝前期长达百年之久的翻译运动，则为伊斯兰世界"智力的觉醒"提供了直接的条件。历代哈里发大都奉行较为宽容的文化政策，积极倡导翻译非伊斯兰教的典籍文献。曼苏尔不仅以建造巴格达著称于世，而且酷爱学术，尤其对异族文化情有独钟，命人将波斯语的医学典籍、梵语的天文学典籍和希腊语的数学典籍译成阿拉伯语，首开阿拔斯时代百年翻译运动的先河。马蒙在位期间（813—833 年在位）是翻译运动的鼎盛阶段，巴格达、军迪沙浦尔、亚历山大里亚、豪兰、安条克、爱德萨和奈绥宾成为伊斯兰世界文献典籍的翻译中心。830 年，马蒙耗资 20 万第纳尔，建立综合性的学术机构，名为智慧宫，包括翻译局、图书馆和科学院，重金聘请穆斯林学者和非穆斯林学者从事翻译和著述。最负盛名的翻译家侯奈因·易司哈格（809—873），是阿拉伯血统的景教徒，精通希腊语，曾经将柏拉图的《理想国》、亚里士多德的《范畴篇》《物理学》和《伦理学》、盖伦和希波克拉底的全部医学著作以及《圣经·旧约》译成阿拉伯语。据说，马蒙依照其译著的重量，付以等量的黄金作为报酬。另一著名的翻译家萨比特·古赖（836—901），是豪兰的萨比教徒，以翻译数学和天文学典籍而著称，其子嗣三代数人皆在翻译领域颇有建树。广泛的翻译运动使内容丰富的其他文明的优秀文化逐渐植根于伊斯兰世界的沃土，也使穆斯林学者得以博采众长，而翻译过程本身往往包含着文化的创造。自 9 世纪中叶起，阿拔斯王朝趋于解体，伊斯兰文化却开始进入极度繁荣的黄金时代。

三、文化成就与历史地位

（一）诗歌与散文

阿拉伯人擅长诗歌，以其作为主要文学体裁。查希里叶时代，各个部落的诗人往往会聚在欧卡兹集市，举行赛诗会。倭马亚王朝，麦加人欧默尔·阿比·拉比亚（644—720）的诗作在形式上打破了古体诗的传统格局，被西方人称作"阿拉伯的奥维德"。阿拔斯王朝中期，最著名的诗人是穆泰纳比（915—968），其风格夸张，富于伊斯兰哲理，对后世影响甚大。阿布·阿拉·麦阿里（973—1057）因其长诗《鲁祖米亚特》（亦译《作茧集》）富有哲理性和思辨倾向，被誉为"诗人中的哲圣，哲人中的诗圣"。散文是阿拉伯文学的另一重要体裁形式。《古兰经》风格质朴，语言简洁，气势宏伟，堪称阿拉伯散文的典范佳作。脍炙人口的文学名著《一千零一夜》（即《天方夜谭》）构思奇妙，情节曲折，语言优美，塑造对象千姿百态，艺术手法挥洒豪放，加之神秘莫测的东方色彩，生动地展示了伊斯兰世界社会生活的斑斓画面。

（二）音乐与书法

阿拉伯音乐起源于贝都因人的游牧生活。倭马亚时代，在希贾兹的两座圣城，聚集了来自叙利亚和伊拉克的歌手。阿拔斯时代，穆斯林将音乐视作数学的分支，将希腊音乐著作译成阿拉伯语，进而发展了独特的音乐理论。伊斯兰教反对绘像，却无法杜绝穆斯林中的某些人欣赏和绘制各种动物的图像和人像的行为。倭马亚时代的著名建筑阿姆拉宫，就有许多出自非伊斯兰教徒之手的精美壁画。穆斯林崇尚书法，誊抄《古兰经》蔚然成风。他们不断汲取其他民族和宗教的绘画技巧，使书法艺术达到了炉火纯青的境界，创造了库法体、纳斯赫体和苏勒斯体等各种字体。

（三）清真寺建筑

清真寺是伊斯兰世界的标志，其建筑风格的演变过程则是阿拉伯人传统文化风格与被征服地区其他民族和宗教艺术时尚渐趋融会的缩影。初期清真寺的风格朴实无华。倭马亚时代，在其他民族和宗教艺术影响下，清真寺建筑风格发生变化。阿拔斯时代，建筑艺术日臻成熟。巴格达的绿圆顶宫、萨马拉的巴尔库瓦宫、科尔多瓦的阿萨哈拉宫以及萨马拉清真寺、科尔多瓦清真寺、卡拉维因清真寺、伊本·土伦清真寺、爱资哈尔清真寺皆堪称伊斯兰建筑艺术的瑰宝。

（四）杰出的历史编纂学

伊斯兰世界的历史学起源于圣训学的研究，最早研究历史的穆斯林皆为造诣极深的圣训学家，最初的历史著作仅仅追寻阿拉伯人的历史，考证"圣训"，如阿拉伯人的谱系、查希里叶时代的传说、先知穆罕默德的生平、历次圣战的始末。阿拔斯王朝，历史学逐渐成为独立的学科。然而，早期史学家的视野依然不出阿拉伯人的范围。如伊本·易司哈格（704—768）和伊本·希沙姆（？—834）所著《先知传》。白拉祖里（820—892）所著《各地的征服》一书，采用编年体的形式，记述阿拉伯人的征服进程，兼及当时的经济社会状况和各个省区的历史。自 9

世纪末期开始，史学家的视野逐渐扩展到其他穆斯林民族的历史，直至探寻伊斯兰世界周边各民族历史，历史著作编纂随之进入崭新阶段。泰伯里（839—923）的《历代先知与君王史》将当时穆斯林所知的世界视作一个整体，是伊斯兰世界的第一部规模宏大的通史巨著。麦斯欧迪（912—957）所著《黄金草原与珠玑宝藏》（亦译作《金牧场》），在伊斯兰世界首创纪事本末的编纂体例。伊本·阿西尔（1160—1234）所著《历史大全》中关于西班牙和马格里布的内容颇为珍贵，史料翔实可信，备受后人的推崇。伊本·赫勒敦（1332—1406）所著《历史大全》，着重分析自然环境与人类社会、游牧世界与定居社会、部落制度与国家秩序、物质生产与文化生活之相互之间的逻辑联系，强调历史进程的内在规律，在历史哲学方面独树一帜，被后人誉为"中世纪最伟大的历史学家"。

（五）自然知识与学术

自古以来，阿拉伯人便对天象颇感兴趣。阿拔斯王朝建立以后，印度、希腊的各种天文学典籍相继被译成阿拉伯文，穆斯林随之开始对天文学的研究。马蒙曾经命天文学家实地测量子午线一度的距离，据此推算地球的直径和周长的数值。花拉子密（780—850）编制的《花拉子密历表》，是伊斯兰世界的第一部天文历表。白塔尼（850—929）发现了地球的近日点运动。阿布·瓦法（940—998）将三角学的正切函数和余切函数应用于天象的观测，最早发现月球运行的"二均差"。比鲁尼（973—1048）论证了地球自转的理论和地球绕太阳公转的学说，并且对地球的经度和纬度加以精密的测量。在数学领域，穆斯林成就巨大。花拉子密所著《积分与方程的计算》一书，论证解一次方程和二次方程的基本方法以及求二次方根的计算公式，使代数学发展为数学的基本分支，被后人誉为"代数学之父"。阿布·瓦法确定三角学计算公式和三角函数表，从而使三角学开始脱离天文学，逐渐成为数学的分支。欧默尔·赫亚姆着重研究一次方程的解法和多次方程根的几何作图法，奠定了解析几何的重要基础。穆斯林还在哲学、化学、物理学、医学等方面对世界文明做出了卓越的贡献。如伊本·西那（即阿维森纳，980—1037）不仅在哲学领域颇负盛名，而且精通医学，所著《医典》一书广泛继承了古代世界的医学遗产，全面总结了穆斯林学者在医学实践过程中的丰硕成果，代表了古典伊斯兰世界医学领域的最高成就，后人将其誉为"医学之王"。

本 章 小 结

本章阐述了伊斯兰教产生与发展的历程，并从政治、经济、社会和文化诸方面展现了阿拉伯帝国盛衰兴亡的概貌。

穆罕默德面对阿拉伯社会严重的生存、社会和信仰危机，以新的宗教——伊斯兰教和《古兰经》丰富了人类精神生活的多样性，将原本只是东地中海地区诸文明边缘地带的一个缺乏活力的游牧社会带入了新的时代。在短短的几十年时间中，阿拉伯穆斯林在征服战争中建立一个庞大的阿拉伯帝国。阿拉伯军事征服永久地改变了世界面貌。阿拉伯人扩张速度之快，疆域之大，在世界历史上极为罕见，充分显示出游牧民族对农耕文明的强大冲击力。阿拉伯-伊斯兰文明对人类文明生活的增长和完善所做出的贡献也在增强，至今它对现代世界的影响仍无处不在。帝国建立后的几个世纪中，阿拉伯国家形成了伊斯兰世界特有的、政教合一的君主专制政体。阿拉伯社会结构更趋多元化和等级性。阿拉伯穆斯林将伊斯兰教大力向非洲、亚洲、欧洲等地传播，阻止了基督教向亚洲、非洲的进一步扩张，也改变了许多地区和民族的宗教信仰。阿拉伯人的商业贸易网络也不断向新的地域扩展。它立足自身文化传统，在吸收东西方文化的基础之上，创造了独特的阿拉伯-伊斯兰文化，是西方古典文明和现代文明之间的重要纽带。从规模巨大的城市和大学、艺术、科学、文学成就等方面的辉煌成就，到特征鲜明的宗教与哲学，阿拉伯-伊斯兰文明在人类历史发展进程中具有极为重要的地位和深刻的影响。被征服地区的古老文明也深刻影响了阿拉伯人，促使他们在社会发展水平、物质文明和精神生活方面都有巨大进步。阿拉伯帝国也促进了各地区、民族的融通与交流，为世界由分散和孤立的状态走向统一做出了卓越的贡献。虽然阿拉伯穆斯林所创立的这个庞大帝国已经湮灭，然而当今世界众多貌似难以理解的困惑或可在阿拉伯帝国时代的历史中找到答案。

思考题

1. 简述麦加时期伊斯兰教的社会性质。
2. 简述麦地那哈里发时代伊斯兰扩张的社会动因、基本进程和历史遗产。
3. 简述哈瓦立及派的由来、政治思想与宗教倾向。
4. 简述什叶派的起源、宗教政治思想与主要分支。
5. 简述苏非主义的宗教思想与宗教实践。
6. 综述阿拉伯-伊斯兰文化的主要成就与历史地位。

第十二章　拜占庭帝国（4—15世纪）

引　言

　　拜占庭，即中世纪的东罗马帝国。395年狄奥多西皇帝实行帝国分治，从此罗马帝国分为东西两部。随着蛮族入侵的大规模展开，西罗马帝国在476年灭亡，西部地中海世界的古典社会结构发生巨变并与蛮族文化融合，新的西欧文明格局正在形成。东罗马也经历了蜕变，但它在外族冲击的战火中顽强生存下来，因地理空间、历史文化传统、社会经济结构、统治阶级力量等诸多因素的影响，东罗马帝国的社会变革并不同于西部。拜占庭帝国历经13个王朝，最后于1453年被奥斯曼土耳其人灭亡。拜占庭帝国在存在的漫长时间里，大部分时期保持着相当高的政治、经济和文化生活水准。它控制着巴尔干半岛、西亚北部地区、地中海东部地区等庞大的国土。历代拜占庭君主都自视为罗马帝国的皇帝，维系着所谓"罗马的"皇统和法律政治体制，认为自己的统治在很多方面是前罗马帝国东部的直接延续。因此，事实上，"拜占庭"人从未自称为"拜占庭人"，而是一向以"罗马人"自称。"拜占庭"是后人提出的一个称谓。16世纪德意志的历史文献学者赫罗尼姆斯·沃尔夫第一次将"拜占庭"这一名称引进历史编纂学体系之中。17世纪之后，这一称谓逐渐被西欧历史学家广泛应用，用于中世纪希腊化的东罗马帝国。

　　虽然拜占庭的统治结构主要建立在罗马帝国后期皇帝遗留的传统之上，是罗马帝国政治的继承者，但也具有自己的地理范围和文化生活重心。拜占庭帝国起初只是庞大的罗马帝国的一个组成部分，随着罗马帝国的衰落，这种结构关系随之破碎，拜占庭自己存在下去，查士丁尼统治之后更是如此。它的疆域与罗马时代划定的东地中海地区不同，面积也小得多。而这主要是由于阿拉伯人、斯拉夫人等新的外部压力和军事扩张的结果。尽管承受着巨大冲击，拜占庭帝国依然保持长期繁荣，并发展出独具魅力的拜占庭文化。拜占庭文明也深刻影响了周边民族的文明发展历程。

第一节　拜占庭的历史分期和早期拜占庭帝国

一、拜占庭的历史分期
（一）罗马与拜占庭
拜占庭是罗马帝国的延续与变体，但是，从什么时候开始，罗马帝国真正地

"转化"为中世纪的拜占庭帝国，史学界一直看法不一。其中395年分治说，影响较大。然而，历史的实际情况并非如此，395年狄奥多西皇帝的去世，并没有决定东西方帝国完全分离的命运。即便在476年，所谓"西罗马帝国灭亡"之时，蛮族将领奥多克亚在其成功的宫廷政变之后，就主动向东方皇帝芝诺称臣。法兰克人的早期领袖克洛维，也因其获得了罗马贵族头衔而对君士坦丁堡皇帝感恩。800年查理大帝被罗马教皇冠以"罗马人的皇帝"的称号，标志着西方世界与东方的拜占庭帝国开始分庭抗礼。虽然，君士坦丁堡皇帝对查理曼的皇帝称谓予以抵制，但由于"破坏圣像运动"从内部削弱了东方帝国的实力，因而拜占庭的抵制是无力的，最终也不得不承认法兰克人之"罗马帝国"的合法性。事实上，此时的"罗马帝国"只成为地中海统一帝国的象征和符号，并不具备任何实质上的意义。

（二）历史分期

建新都于君士坦丁堡与公开接受基督教为帝国正统宗教，是拜占庭帝国开始演化的重要起点，故将君士坦丁统一地中海罗马帝国之时（324年）作为拜占庭帝国的上限。根据拜占庭各时期历史兴衰的特点，将此后拜占庭帝国的历史划分为三个主要历史时期：早期（324—565年，即从君士坦丁大帝统一至查士丁尼逝世），是古代拉丁化的罗马帝国向中世纪希腊化的拜占庭的过渡时期。中期（565—1081年，即从查士丁尼辞世至马其顿王朝结束），是中世纪拜占庭的发展和繁荣时期，也是在阿拉伯伊斯兰教产生之后，拜占庭帝国为维系自身生存的艰苦斗争时期。晚期（1081—1453年，从科穆宁王朝建立到君士坦丁堡陷落），即拜占庭在突厥人、其他草原民族和西方发动的十字军的冲击下步步走向衰落的时期。

二、君士坦丁堡的初建与基督教正统地位的确立

（一）君士坦丁堡

324年，即君士坦丁称帝之后，久经战乱的地中海世界复归统一，面对来自亚欧草原和多瑙河、黑海以北新兴民族的冲击，为了强化帝国边防，君士坦丁皇帝在当年希腊移民地、博斯普鲁斯海峡的希腊人殖民城市拜占庭（公元前660年建城）建立了新的首都，于330年带着主要的元老重臣和教会大员迁都于此城。但仍保留了罗马城作为"古都"的地位，而将新都命名为君士坦丁堡。从此，长期统一的罗马帝国，以两个首都为中心，逐渐形成了两种不同文化（拉丁文化和希腊文化）在一个帝国内共存共荣，又吸收、融合周边民族的文化因素，酿成新的文化特质的局面。

君士坦丁堡背靠巴尔干丘陵，以坚固城墙为保护屏障、依托临海险峻的礁石屹立于两海（黑海与马尔马拉海）一湾（金角湾）之间，与亚洲早期基督教重镇

卡尔西顿隔着博斯普鲁斯海峡相望。通过黑海和多瑙河出口，君士坦丁堡与欧洲世界与亚欧森林草原地区保持着密切联系。从欧洲穿越海峡，进入两河地区上游，君士坦丁堡又与亚洲的几条商路（特别是通往中国和印度的商路）沟通；马尔马拉海是黑海到爱琴海的唯一出口；意大利和希腊半岛之间，也早在罗马征服时期就有体系完备的军粮运送之路；埃及的粮食通过专业船队源源不断地供应罗马和君士坦丁堡。因此，恩格斯曾称君士坦丁堡是沟通东西方的金桥。凭借这座城池的天然战略优势，拜占庭帝国在其存续的 1000 多年内，多次化险为夷，顽强地生存下来。

（二）基督教获得合法地位

君士坦丁皇帝时期，基督教获得了在罗马帝国的合法地位。而真正使基督教走入罗马帝国统治集团上层的，是耶稣遇难后改宗基督教的犹太人保罗。他用基督教的语汇肯定了罗马统治集团之合法性："在上有权柄的，人人当顺服他。因为没有权柄不是出于上帝的。凡掌权的都是上帝所命的。所以抗拒掌权的，就是抗拒上帝的命；抗拒的必自取刑罚。"（《圣经·新约·罗马书》：13∶1）此后数百年间，基督教在罗马帝国境内广泛传播，成为除罗马正统国教之外最重要的宗教派别，此即君士坦丁后来承认基督教之合法地位的宗教背景。

纵观基督教发展历史，君士坦丁并非第一个对基督教采取包容态度的罗马皇帝。传统上，罗马人对于其他非本土宗教也不曾有过绝对的敌视态度，从罗马诸神与希腊神系的相近性、从罗马"世界"之星罗棋布的万神殿来看，罗马人并不排除那些他们认为"无害"的文化。正是罗马人一向对外来文化的包容态度，才使得基督教最后能在罗马帝国成功传播。而且，正由于罗马皇帝对基督教的包容态度，才出现了由一位罗马皇帝（君士坦丁）主持召集基督教主教会议（325年），并强令通过著名的《尼西亚信经》这一历史事件。该信经由后来的多次宗教会议不断完善，成为基督教宣示信仰的基础文本，为帝国晚期乃至中世纪基督教会和皇权之间长期共存、互相配合、互相支持且互相斗争的基本模式的形成，提供了例证。

皇帝朱利安（361—363 年在位）试图恢复罗马传统宗教的地位，却导致社会矛盾更加激化，自己也死于非命。392 年，狄奥多西皇帝正式确定基督教作为罗马帝国唯一宗教的地位，其他传统宗教和崇拜均被斥为"异教迷信"，从此退出罗马世界的政治舞台。但此后相当一段时间，在基督教会内部围绕着是否完全接受《尼西亚信经》中所强调的正统教义问题，出现了激烈的争论。数次基督教主教会议相继召开，一些新的教派（如阿利乌斯派、聂斯脱利派和一性派）脱离正统教会而分裂出去，激化了帝国统治当局与东地中海各统治区民众的矛盾，酿成了埃及、叙利亚和巴勒斯坦地区的分离倾向，也种下了统一的基督教会于 1054 年大分裂的种子。

三、罗马法的集成

（一）古罗马的法制传统

拜占庭是古代罗马帝国的延续，罗马法律制度与重视法制的传统是它从古代罗马继承下来的最宝贵遗产之一。罗马法的发展经历了漫长的历史阶段，从《十二铜表法》到后来的人民会议和元老院通过的法令、法规，乃至实行帝制后历代皇帝的敕令等，都构成罗马法的重要内容。法律界专业人士和法律教育界学者们对罗马法的解释和论述，也是罗马法学资源的重要组成部分。4 世纪以后，随着罗马帝国的基督教化，前基督教奴隶制时期的许多法律原则受到了基督教理念的挑战，但保罗所强调的"君权来自于上帝"的原则，仍然强调了罗马皇帝在立法活动中的神圣不可置疑的权力，这也是 6 世纪的著名皇帝查士丁尼（527—565 年在位）主持修订罗马法所要突出的主旨。

（二）查士丁尼与《民法大全》

查士丁尼出身低微，因其舅父查士丁行伍出身，战功赫赫，使他有机会进入君士坦丁堡统治阶层的核心集团并承袭皇统，成为晚期罗马帝国结束之时的标志性人物。他的政治理念是振兴君士坦丁之后日渐衰微的帝国，实现"一个帝国、一部法典、一个统一教会"的目标。在位期间，查士丁尼发动了对意大利东哥特王国、北非汪达尔王国、西班牙西哥特王国的战争，在临终之际使拜占庭国土重新伸展到直布罗陀海峡和西班牙半岛的地中海沿岸地区。他积极参与统一基督教会的活动，主持了第五次基督教全体主教会议，迫使罗马教皇违心地签署了著名的"三章案"决议。他公然动用军队，镇压了竞技党人的暴乱，挑战罗马共和传统的残余。他还取缔了罗马共和时期的政治遗存执政官制度，重新规定了纪年法，并关闭了历时数百年的古典文化教育的重要中心雅典学园。他修订并完善了一部罗马民法典，为罗马帝国的长期法制传统画了一个较为圆满的句号，并开创了拜占庭历代帝王以希腊文《新律》立法的基本模式。

528 年，查士丁尼下令以大法官特里波尼安为首，组成一个包含十位著名法学家的专门委员会，着手将古罗马历代皇帝的法令和敕令等汇编成集。他们校对各类文献，确立正统的原则，删除法典中不必要的重复和矛盾之处，加入合乎时代发展的内容，使之更为系统化。529 年 7 月，《查士丁尼法典》问世。534 年，此法典经修订颁发，成为传世版本。该法典共计 12 卷，4562 条。其中除皇帝所颁布的涉及法典编纂的敕令和法理概述、宗教法方面的导言外，有私法 7 卷，刑法 1 卷，政治理论和治国方略 3 卷。显然，私法（相对于公法而言，指的是规范私权关系、保护私人利益的法律，如民法、商法等）是该法典的主要部分，因此，恩格斯强调，这部法典是"以私有制为基础的法的最完备形式"①。

该专家委员会又整理选编历代罗马法学家的著述集成（《法学汇纂》），并为法律学校的学生编写了简易的法学教材（《法学阶梯》）。此后，查士丁尼开始以希腊语颁布《新律》，拉丁语作为罗马帝国的官方语言退出了历史舞台。查士丁尼所完成的不仅是一部罗马法的集成，而且是古罗马政治法律历史的一部集大成的总结性文献。

四、早期拜占庭的历史特点

（一）晚期古代文化传统

早期拜占庭阶段，历经四个主要王朝与一个中间期，是一个重要的历史过渡时期。从事古文献研究的学者更强调其古代文化的特性，称7世纪之前的拜占庭为"漫长的晚期古代"时期。此间，罗马帝国的框架依然存在，但在其躯壳内，已经发生了诸多质的变化。首先是君士坦丁堡作为坐落于希腊化文化中心的新建首都，代表了这一时期"罗马人"的希腊文化取向。从此，东地中海地区恢复了希腊文化的传统地位，一个希腊化的"罗马帝国"就在古罗马政治法律框架下诞生了。

（二）基督教的意识形态

在思想意识的层面，作为希伯来文化与希腊文化综合体的、信奉一神的基督教取代了罗马帝国和它治下的所有民族自古以来尊奉的多神教，并以罗马-拜占庭世界为平台，把这种一神宗教传播到了整个欧洲，孕育了"两希文化"的混血儿——当代西方基督教文化。同时，基督教会借着其国家正统宗教的地位，在历代统治者的支持下，在政治、经济上不断扩张，形成教权与皇权并存的二元权力体制。在拜占庭东方，虽然教权屈居次要地位的情况占主导，但教会也多少构成了对皇权的制约因素。

（三）经济社会生活的变化

曾经在古代地中海世界无可匹敌的奴隶制罗马帝国已经完成了它的历史使命，社会的经济生活也随之发生了巨大的变化。种种考古遗迹和文献资料证明，6世纪的罗马-拜占庭帝国已经是一个以隶农-小农经济为主体的农村化国家。当年以商品经济和大庄园经营为主的奴隶制生产方式已经退出历史舞台，查士丁尼《新律》中的很多条款都在致力于适应这种生产方式变化而进行调整。如所强调的被释奴隶将"自动"获得罗马公民权，将有权继承主人的财产；规定各种保护小土地所有主的政策，对于隶农之迁徙自由的种种限制等，无不反映出这一时期帝国经济生活的变化对于法制的影响。

———————

① 《马克思恩格斯文集》第9卷，人民出版社2009年版，第109页。

（四）文化和建筑艺术

这一时期又被誉为"拜占庭文化发展史上的第一个黄金时代"。其文献方面主要代表人物是史学家普洛柯比和法学家特里波尼安；其建筑艺术方面的典型代表是圣索菲亚（圣智）大教堂，虽然经历了上千年的战争、自然灾害的洗礼，该教堂至今仍屹立在伊斯坦布尔，是拜占庭东方建筑风格的经典之作。此外，查士丁尼时代还沿多瑙河与罗马的东方边境修筑了无数防御设施，它们在后来抵制外来者入侵方面起到了重要作用。

查士丁尼对北非、意大利和西班牙蛮族占领地的征服，虽然没能保持长久，但毕竟在阿拉伯人兴起之前维持了环地中海区域的罗马法制和基督教与古代文化的主导地位，这对于后来阿拉伯世界政治文化的发展和拜占庭及其周边地区自身的发展都是有特别意义的。

第二节　战火中的中期拜占庭（565—1081 年）

一、对外战争

（一）战火连绵的危难时代

拜占庭历史的中期，是希腊化的中世纪帝国在艰苦的环境中维持生存并发展成熟的时期。此间经历了 5 个大的王朝（希拉克略王朝，610—711 年；伊苏里亚王朝，717—802 年；阿莫里亚王朝，820—867 年；马其顿王朝，867—1056 年；杜卡斯王朝，1059—1081 年），3 个中间时期，历时 500 余年。

拜占庭最重要的对外事件是对东方邻国波斯人的胜利。但很快又陷于多方受敌之困境：在南方，是与阿拉伯人的长期对峙和制海权的争夺；在北方多瑙河流域，是斯拉夫-保加尔人的新入侵；在西方，自 800 年查理大帝与罗马教皇达成政治同盟之后，拜占庭不得不放弃其地中海统一帝国之皇帝的梦想，接受基督教世界三大势力（查理帝国、拜占庭帝国与罗马教皇国）博弈的新格局。

（二）与波斯战争

拜占庭波斯战争，是希腊波斯和罗马波斯长期战争的延续，也可称是亚欧农耕文明长期对抗的延续。其斗争的焦点是争夺两河流域平原与东西方商路，特别是通往东方的丝路的控制权。戴克里先时期，双方议定以底格里斯河为两国国界，但战事并没有完全就此终结。384 年以后，亚美尼亚地区基督教与波斯传统宗教琐罗亚斯德教之争，两大帝国议定的共同防御来自欧亚草原的白匈奴人协议中拜占庭应该提供的相应资金不能及时到位，对于高加索地区控制权的争端，经常导致两大帝国间的战争。

6 世纪后期，拜占庭与波斯又有几次大的交战，均以拜占庭纳贡停战为终结。602 年，多瑙河驻军百夫长福卡斯利用军队的不满情绪发动哗变，诛杀查士丁尼王朝的末代皇帝莫里斯，加冕称帝（602—610 年在位），拜占庭与波斯之间的战争又达到白热化的程度。

（三）与波斯战争的最后胜利

610 年，拜占庭非洲总督的舰队从迦太基进抵君士坦丁堡，向福卡斯进攻。于是群众起来杀死福卡斯，拥立北非总督之子希拉克略为皇帝，开始了希拉克略王朝的统治。而此时，波斯人攻势迅猛异常，其前锋已经到达爱琴海沿岸，直下耶路撒冷和埃及。波斯人攻入耶路撒冷，夺走了被基督教视为圣物的耶稣受难"真十字架"。这激发了拜占庭军民的宗教情结，君士坦丁堡牧首号召各地教会献出金银圣器，充作军费。622—627 年，希拉克略皇帝率军进行了三次对波斯战争，最后迫使波斯新王科巴德二世（628—629 年在位）与拜占庭停战议和，归还了基督教的各种圣物。虽然希拉克略亲赴耶路撒冷主持迎回"真十字架"的庆典，风光一时，而长期战争已使拜占庭和波斯两败俱伤。一支新的政治势力，在古代地中海文明世界的边缘地带阿拉伯半岛兴起，将拜占庭拖入了与阿拉伯战争之中，遂使地中海和整个亚欧非世界的命运发生巨变。

（四）与阿拉伯人战争

拜占庭人与新兴伊斯兰教势力的第一次冲突，发生于 629 年死海南端的摩尔台。634 年，又一支阿拉伯人军队在叶齐德率领下于死海南部洼地与拜占庭军队发生了一次遭遇战，拜占庭军队全军覆灭。之后的艾只那代因战役，使阿拉伯军队撞开了巴勒斯坦的门户，并继续向约旦河与大马士革进军。635 年 9 月，大马士革沦陷。636 年，雅穆克河一役拜占庭军的失败，又使叙利亚门户洞开。不到 10 年的时间，阿拉伯人已经占领了叙利亚大部，攻克了耶路撒冷，灭亡了波斯（641 年），最后攻入埃及，占领亚里山大城（647 年）。不久，占据了叙利亚的阿拉伯人又集结当地水手建立了一支海军，于 7 世纪末的几十年内持续不断地对拜占庭发动水陆两栖的季节性攻势，直到君士坦丁四世（668—685 年在位）时期，采用了来自叙利亚的化学家卡利尼库斯的重大发明，在水上使用"希腊火"拒敌，才遏止了阿拉伯人进攻的势头。

君士坦丁四世时期对阿拉伯人顽强抵抗，守住了君士坦丁堡这一东方基督教世界的重要门户。一方面，它保证了拜占庭的基本生存条件；另一方面，它确立了地中海两大文明，即基督教文明和伊斯兰教文明以小亚细亚、叙利亚的交界处为基本分界线的大致格局。这一格局直到突厥人兴起之后才发生了进一步变化。因此，君士坦丁堡被誉为"基督教世界的东方前哨"。同时，在当时东地中海地区不同民族、不同宗教和不同文化的交往、融合等方面，拜占庭也起到了相当的积极作用。

二、伊苏里亚王朝与马其顿王朝

717 年，利奥三世（717—741 年在位）创立伊苏里亚（即叙利亚）朝。该王朝的建立是阿拉伯战争压力下的产物。利奥三世原为亚美尼亚军区将军，叙利亚人，只是由于 9 世纪编年史家狄奥凡尼所犯的地理认知上的错误，才把他称为伊苏里亚人，但人们还是习惯性地沿袭以往的语境，将其所建立的王朝称为"伊苏里亚朝"。这一时期拜占庭所发生的重大事件为：一是在与阿拉伯战争中，拜占庭在一定程度上扭转了被动局势，转为同阿拉伯长期对峙；二是出现了延续一个世纪之久的"破坏圣像运动"；三是确立了军区制在帝国行政-军事体系中的重要地位，军农和佃农与军事地主、贵族地主之间的对立由此成为拜占庭社会发展的主要矛盾。

利奥三世出生于拜占庭与阿拉伯的边界地区，懂得阿拉伯语，也理解阿拉伯人的信仰。他认为，阿拉伯人对基督教两大错误（奉行三位一体教义和实行圣像崇拜）的批判是有道理的。因此在权力稳固后，利奥三世便发动了延续达一个世纪之久的破坏圣像运动。当然，这一运动的深层原因是拜占庭在被迫长期应付各方面战争，军人势力不断增长的前提下，有必要重新调整和分配国家的政治权力和土地资源，以提高军人贵族的地位。

8—9 世纪期间，拜占庭同阿拉伯-伊斯兰教国家的战争处于对峙阶段。此间，虽没有发生更多的具有重大决定性意义的战争，但双方争夺的战场从陆地伸展到爱琴海与地中海上，阿拉伯海盗也开始活跃。东西地中海之间的贸易往来虽然未曾完全中断，但也越来越成为颇具冒险性的事业。由于不同民族、地域和国家之间经商活动，需要对航海风险中的责任与权利加以确定，从而促进了《罗得海商法》的诞生，此乃后世国际海洋法的最早模本。

拜占庭与阿拉伯-伊斯兰世界的战争和对立，持续到马其顿王朝建立之后。10世纪以后，阿拉伯世界也趋于衰落，双方的冲突只限于边界地区，也时有和平交往和文化互动。直到奥斯曼人兴起之后，大规模战争才重新展开。

三、军区制与拓殖政策

（一）多瑙河以北的"新来者"

6 世纪早期，大批斯拉夫人开始进入拜占庭世界。529 年，北海和波罗的海一带的斯拉夫人进入巴尔干半岛西部，之后，多瑙河以北的斯拉夫人部族持续南下，攻占了伊利里亚，并且达到亚得里亚北部的达尔马提亚海岸。550 年，斯拉夫人军队在亚得里亚堡击败了拜占庭军队，威胁着君士坦丁堡的后翼。另外，来自阿尔泰地区的阿瓦尔人（应该是中国古籍中所称柔然人的一支），长期在罗斯草原地区活动的匈奴人余部也多次南下。及至 7 世纪，阿拉伯人与斯拉夫人遂形成了对拜占庭南北夹击的局面。到 7 世纪 30 年代左右，另外两支突厥血统的部族，保加尔人和卡扎尔人进入巴尔干半岛，更加深了拜占庭帝国多瑙河防线的危机。战争、"新来者"和自然灾害对生产的破坏，迫使帝国实行一系列稳定地方统治、组织农业生产的政策。实行军区制和推行民屯政策，便成为这一时期帝国维系生存的重要措施。

（二）军区制之初创

拜占庭军区制的前身是查士丁尼收复北非和意大利之后，由莫里斯皇帝时期始，在迦太基和拉文那建立的总督制。这种制度，一反当年戴克里先-君士坦丁改革后实行的严格军政分权的体制，将地方行省的管理权交予总督，以便于总督统一调配地方财税和军队资源，应对边境上随时可能发生的紧急情况。总督地位甚高，在地方军事和行政管理中握有"尚方宝剑"；若其回京述职，君士坦丁堡当以皇帝御用仪仗予以迎接。

对波斯战争结束后，为恢复边疆地区的生产，拜占庭帝国重新恢复罗马时期的军屯和民屯传统。首先，将分散于帝国各边界要塞之地和多瑙河岸的驻军划分为数个军团戍守区，由军团将军操纵当地最高的军事、行政、司法和税收权力，由他们选任文职官员管理非军事事务。其次，将各地无人耕作的土地按照罗马时代的传统，依军事编制逐级分给官兵，使其亦军亦农，在和平期间开发荒地，以自给自足的方式补充军队的基本给养。同时要求其在对敌作战时拿起武器，奔赴沙场。军区的将军和士兵有固定年俸，其战时装备并不完全依靠自己所种土地的产出。军区制的推行，重建了久经战乱的帝国边缘地区领土的统治秩序，保证了农业生产的恢复，培植了一个自由的、兼有军人-农民双重身份的小土地所有者阶层，保证了国家在极需对外用兵的特定时期，有一支可随时调动的强大军队，但同时也酿成地方军事贵族势力坐大，威胁皇权的后果。

（三）军区制的兴衰

从本质上说，军区制是依托于强大的中央集权之力，当经历长期对外战争、皇权衰弱、国家土地资源日趋减少之时，当地方上的大土地贵族日趋强大，吞并了军农的军役地产之时，军区制不可避免地瓦解了，一种将贵族、修道院领有土地与其对国家的义务捆绑起来的新制度，普洛尼亚制（亦称监领地制）出现了。有学者认为，这种体制比较接近于西欧的封建领地制，但对于它的具体操作方式和实际作用，尚有待于更深入的研究。

（四）"民屯"传统

除军屯之外，为了缓和边境地区的政治、宗教、民族矛盾，7—9 世纪的拜占庭皇帝们还经常实行强制性移民的"民屯"政策。希拉克略皇帝统治时期，就曾将喀尔巴阡山麓的塞尔维亚人和克罗地亚人移至亚得里亚海岸的达尔马提亚地区和伊利里亚地区，让其耕种当年罗马人和希腊居民所放弃的土地。另外一些"蛮族"群体，如哥特人、潘诺尼亚的赫琉来人、塞加西亚人、阿拉伯人、埃及人、波斯战俘、突厥血统的阿瓦尔人等，也被分别安置在巴尔干半岛的腹地。在被强制移民的拓殖者中，斯拉夫人占绝大多数。最大规模的移民发生于希拉克略王朝的末代皇帝查士丁尼二世（685—695 年，705—711 年在位）时期，在东马其顿地区和斯特莱蒙河谷一次性安置了斯拉夫人战俘 7 万之众，另将 8 万斯拉夫人迁徙到小亚细亚。到 762 年，迁至小亚细亚的斯拉夫人数量已达 20.2 万人之多。这些斯拉夫人被安置下来之后，很快接受了东正教和希腊人的语言文化，成为拜占庭农村劳动者的主力，并经常拿起武器，参与对阿拉伯人的战争。

查士丁尼二世皇帝还将叙利亚前线的边境居民——马尔代特人强行迁徙到巴尔干半岛的色雷斯、伯罗奔尼撒和伊庇鲁斯、塞萨利等地定居。伊苏里亚王朝时期，帝国将活跃于小亚细亚的摩尼教徒和保罗派、雅各派教徒强行迁徙到色雷斯和希腊半岛，以削弱小亚细亚地区在宗教方面对阿拉伯人的认同感，同时也利用这些移民之英勇善战的特性抵抗拜占庭北疆最具威慑力的保加利亚人。

还有一部分移民是由巴尔干半岛南下的自由迁徙者。他们的迁徙和定居也受益于帝国政策。746—747 年的大瘟疫曾经使首都君士坦丁堡的人口骤减，为了维系首都的繁荣，帝国从爱琴海诸岛和希腊腹地移民到首都周围。于是斯拉夫人乘虚而入，充实了希腊半岛上那些荒无人烟的"真空"地带，甚至深入到雅典近郊。他们改变了希腊的民族成分和语言成分，也在希腊半岛留下了诸多具有斯拉夫语言特点的地名。女皇伊琳娜（797—802 年在位）曾经派军镇压伯罗奔尼撒半岛、萨洛尼卡和希腊腹地的斯拉夫移民。君士坦丁七世（912—959 年在位）在其著作《论军区》中强调说，"当鼠疫在整个世界蔓延时，整个伯罗奔尼撒半岛变得斯拉夫化和野蛮化了。"[1]

（五）拓殖政策的意义

长期实行的军人和平民的迁徙活动，使得拜占庭能够在经常处于新兴阿拉伯人和斯拉夫人南北夹击的困境下发展生产、强化边境治理，有效地提高自己的综合国力，奠定了 10 世纪拜占庭历史上之"辉煌时期"的基础。同时，长期有效的移民政策，改变了帝国各处的民族成分和文化、法律传统，从而促进了东地中海区域具有不同历史和文化背景的民族在"拜占庭东方基督教文明"这个大环境下

---

[1] 君士坦丁七世：《论军区》（Constantine Porphilogenitus, De Thematibus），I. 贝克编，见《拜占庭历史资料大全》（I. Bekker, Corpus Scriptorum Historiae Byzantinae）波恩，1840 年，第 53—54 页。

逐渐融合。

四、中期历史发展特点

（一）军区制与"封建制"

这一时期拜占庭军区制和拓殖政策的普遍推行，养育了一个庞大的小土地所有者阶层（其中有军农，也有民屯性质的农业劳动者）。军区制是在中央皇权直接支配下的军事行政区划方式，与西方的封建制相比有其不同的特征。但是，拜占庭也同样经历了其他中世纪国家的发展历程，从小农经济为主的时代，逐渐过渡到以大地产经济垄断生产资料，小农经济瓦解、大批自由农沦为依附农的时期，这一过程，在马其顿王朝时代基本完成。当人们所普遍抱怨的"富者愈富，贫者愈贫"的局面成为社会发展的主流时，拜占庭这个延续千年的古老帝国也迅速走向了衰落和瓦解。这也是10 世纪以后拜占庭国家实力日衰、对外战争连年失利的重要原因。

（二）法律建树

中期拜占庭帝国，也是罗马法在拜占庭领土上逐渐希腊化的时期，伊苏里亚朝和马其顿朝早期的皇帝们，都致力于编写新的法典，尽管其主旨是将查士丁尼法典希腊化，但实质上却融进了许多随时代发展而形成的新的价值体系。伊苏里亚朝统治时期所制定的《法律选编》（或译《埃克洛加》），是综合罗马法与 6 世纪南迁的斯拉夫人习惯法，并使之希腊化的产物。该法在后来马其顿王朝立法时期被否定。马其顿朝的法典《帝国法典》（或译《巴西利卡》）在继承查士丁尼的罗马法、并使之希腊化方面也有重大意义。尽管这部法典的立法者极力诋毁《埃克洛加》，但保留了《埃克洛加》中涉及私法和刑法的不少重要原则。就立法与精神文化发展方面而言，马其顿时期也仅是对古代罗马法和古典希腊文化成果的整理和反思，很少有真正的创新。但在拜占庭世界的文明发展史中，它无疑起到了承前启后的重要作用。

（三）异端运动与斯拉夫人基督教化

马其顿王朝时期发生了对中世纪至早期近代整个西方历史有着深刻影响的事件：一是小亚细亚和巴尔干地区宗教异端运动（保罗派和鲍格米勒派）的发展影响了中世纪晚期的城市异端运动和宗教改革运动。二是罗斯君主在一次协同拜占庭攻击保加利亚人的战争之后，迎娶了拜占庭公主安娜（皇帝瓦西里二世之妹），接受了东派基督教（988 年），开始融入"基督教世界"。三是破坏圣像运动和马其顿朝之间的中间期发生的所谓"佛提乌分裂"事件，不断使东西方教会间的矛盾加剧，最后导致 1054 年东西方教会的大分裂。从此以罗马为中心的西方教会自称公教会（音译"加特力教会"或意译"天主教会"），以君士坦丁堡为中心的东方教会自称为正统教会（即东正教会）。

（四）军事权贵与皇室女性

8—11世纪间，来自各行省的军事权贵势力对皇权的觊觎甚至僭越已经成为历史发展的重要特点。尤其是马其顿王朝时期，宫中经常出现以"共治"身份参与政治、甚至掌管最高权力的地方权贵，而且他们是皇家近亲。如著名的军事将领罗曼努斯·雷卡平（919—944年在位），是皇帝君士坦丁七世的岳父；尼斯福鲁斯·福卡斯（963—969年在位）是孀居的皇后选择的新任丈夫。本来，当男嗣绝续时期，由皇室女性多次选择再嫁对象来确定国家统治者的情况在拜占庭时期一直存在，但由于《埃克洛加》给予了女性比以往更多的权利，伊苏里亚朝末期出现了拜占庭历史上唯一的女皇伊琳娜；而当马其顿王朝最后30年，以皇室女性决定下一任国家统治者的情况几乎成为常态。但皇室的血缘始终在其中起着重要的制约作用，一旦外戚的僭越可能达到取代"皇室正统"的程度，无论是谁，都会立即被首都民众和基督教会所弃绝。

（五）造型艺术的新发展

在建筑和造型艺术方面，经历了破坏圣像时期的长期动乱，拜占庭没有再出现像查士丁尼时代的圣索菲亚大教堂那样的代表性经典作品。破坏圣像运动之后，官方严格规定了东方教堂被允许出现的圣像的形制：教堂只能允许用镶嵌画、壁画、木版画或者各种材质的浮雕来装饰教堂、供奉神灵，却不允许再使用立体的雕像。另外一个值得注意的现象是，破坏圣像时期对圣像的一些破坏行为，唤起了民间世俗艺术的复生，教堂内部装饰中出现了更多色彩鲜艳的动植物图案和反映拜占庭人城乡生活的壁画或者镶嵌画，展示了拜占庭世俗艺术与宗教艺术并行发展的特点。

总体看来，中期拜占庭经历了希拉克略王朝的所谓"黑暗时期"，又很快进入了其中世纪政治经济和文化生活发展的所谓"黄金时代"，即伊苏里亚王朝和马其顿王朝时期的强盛。但马其顿时期的黄金时代只能是罗马-拜占庭世界往昔辉煌的余光重现，很难与君士坦丁或者查士丁尼时代相媲美。从领土范围上看，它已经从当年君士坦丁时期跨越亚欧非三洲的规模，缩小到只局限于多瑙河以南的巴尔干半岛、小亚细亚半岛和地中海上少数岛屿；从中央集权的程度来看，当年君士坦丁和查士丁尼刻意构建的以中央皇权为核心的官僚行政体系已经被以军区大将军为重心的地方管理体制所取代。

第三节　突厥人的兴起和拜占庭的衰落

一、拜占庭与突厥人的早期冲突

（一）突厥人

拜占庭帝国的晚期历史是从一支草原部族的入侵和拜占庭人的战败开始的。

11 世纪中期，一支来自亚洲草原的伊斯兰教化的游牧部族塞尔柱突厥人在其首领图格里尔·贝格率领下进入巴格达，控制了巴格达哈里发，迫使哈里发授予自己"苏丹"之称号。在阿拉伯语中，苏丹是"权威"的意思，是哈里发授予为其征战的军事领袖的最高称号。后来，改宗伊斯兰教的西突厥人各部，主要是塞尔柱人和奥斯曼人的最高首领，都领此尊号，成为伊斯兰世界的实际统治者，巴格达哈里发只保留了其宗教领袖的地位。

塞尔柱突厥人是西突厥的一支。隋唐时期，中国北方突厥人与中原政权有过较多的交往和冲突。凭借阿姆河边界与波斯人对峙的西突厥人国家，也曾同拜占庭有过良好的交往关系。拜占庭人甚至试图与突厥人联手控制草原丝路，扼制波斯人在丝绸贸易活动中的垄断地位。查士丁二世（565—578 年在位），曾经热情地接待过西突厥人的使团，并向其炫耀本国初建的丝织产业。

（二）突厥人与伊斯兰教

伊斯兰教的传道团（尤其是苏非人的传教团）向突厥人传道的时间约在 8 世纪早期。一开始，颇受抵制和排斥。但穆斯林商人在草原地区的贸易活动，很快吸引了这些草原部落、民族对于伊斯兰世界之文化和物质生活的向往。逻辑清楚、朴素无华的教义思想，其对天命与天堂地狱的理解和"穆斯林皆兄弟"，"安拉面前人人平等"等伊斯兰社会理念，在突厥人那里得到了共鸣。于是，伊斯兰教很快成为草原的突厥部族与中亚穆斯林居民之间相互认同和融合的重要纽带。尤其在穆斯林与拜占庭交界处特别活跃的突厥一支土库曼人，更是积极进取的"圣战斗士"（加齐）。他们以中亚的伊斯法罕为基地，不断蚕食拜占庭的亚美尼亚和小亚细亚的安纳托利亚。从此拜占庭近东边界再无宁日。

（三）曼西喀特战役与罗姆苏丹国

1068 年，杜卡斯王朝的皇帝罗曼努斯四世曾对突厥人进行了多次有效的反攻。但罗曼努斯四世在 1071 年幼发拉底河畔凡湖附近的要塞曼西喀特与突厥人的遭遇战中失利被俘。突厥人开始在小亚细亚不断深入，最后定居于此，建立了"罗姆苏丹国"。曼西喀特战役后，拜占庭又经历了 4 个王朝：科穆宁王朝（1081—1185 年）；安吉列王朝（1185—1204 年）；尼西亚的拉斯卡利斯王朝（1204—1261 年）；巴列奥洛格王朝（1261—1453 年）。在这一时期，拜占庭长期衰落的进程进入最后阶段。随着突厥人入主小亚细亚和叙利亚、巴勒斯坦，西方十字军对东方的殖民运动，拜占庭的危机愈来愈重，大土地贵族和元老权贵轮换执掌皇权，大片国土沦丧。

二、十字军与拉丁帝国

（一）拜占庭与十字军

从 11 世纪中期马其顿王朝灭亡之时起，拜占庭帝国就日趋走向衰落，在国家政治体制和经济生活方面，更出现了种种衰弱和僵化的现象。帝国军队不复振作，只能依赖雇佣军来应付国内外的重重矛盾和无休止的边界冲突。当突厥人在小亚细亚和叙利亚沿海迅速发展，直接威胁到耶路撒冷安全之时，皇帝阿列克修斯·科穆宁向曾来东方朝圣的佛兰德伯爵罗伯特写信求援。但令其大为震惊的是，他等来的不是一支自己所需要的雇佣军，而是一支在罗马教皇乌尔班二世号召下组织起来的独立远征军。

（二）"海外领地"

第一次十字军在东方建立了四个拉丁人的国家：即耶路撒冷王国、安条克公国、埃德萨伯国、特里波利伯国。一个新的名词——"海外领地"出现于当时的拉丁人语汇中。所谓"海外领地"，即自叙利亚到耶路撒冷沿海地区形成的西欧移民生活区。这一狭长地带自红海北岸沿地中海东部向北延伸，直到幼发拉底河上游，绵延 1000 余公里，其最狭窄的地区不足 15 公里。在来自西方的移民中，除了早期参战的骑士及其家人、仆从外，还有许多意大利商人和各行业劳动者，其数量达到几十万。他们依赖于来自地中海另一端的十字军税的支持，维系生计和战争。随着突厥人王朝——特别是埃及的阿尤布王朝对十字军的几次反击成功，罗马教皇不得不一而再、再而三地征调新的十字军来驰援西亚的"海外领地"。

（三）拉丁帝国

第四次十字军本以进攻埃及萨拉丁帝国为目标。然在种种外力因素的诱导下，改变了其进攻方向，在君士坦丁堡建立了"拉丁帝国"（1204 年），将西方拉丁人的海外殖民活动推向高潮。此后，在希腊半岛上的萨洛尼卡周围，在以雅典为中心的阿提卡半岛上，在伯罗奔尼撒半岛上以及沿亚得里亚海、爱奥尼亚海和爱琴海东行的商路沿线岛屿上，到处建立了十字军骑士和西欧移民的居住区。他们生活在希腊人中间，学习和理解希腊人的文化，并把西欧社会的政治经济制度和习俗传统，特别是西方封建领主制融进希腊人的生活中，肢解了统一的拜占庭帝国，使之分裂为众多的封建领地或割据一方的公国、王国等。但是，这些拉丁移民却未能如愿以偿地永久控制耶路撒冷圣城和沿海的"海外领地"。最终，拉丁移民和他们的保护者——圣殿骑士团和医院骑士团，还是被赶出了东地中海地区。

三、拜占庭的复国

（一）幸存的流亡国家

在诸多十字军建立的拉丁国家中，存在三块被隔离的希腊人领地——位于希腊半岛西北角的伊庇鲁斯王国（1204—1271 年），小亚细亚的尼西亚帝国（1204—1261 年），黑海南岸的特拉布松帝国（1204—1461 年）。三个王国的创立者都自称有着显赫的拜占庭皇族血统，例如尼西亚帝国的开国皇帝，就是安吉列家族阿列克修斯三世的女婿狄奥多勒·拉斯卡利斯。三个希腊王国都以赶走"拉丁人"，恢复当年拜占庭的辉煌为立国之本。其中，特拉布松帝国地处黑海南岸，远离小亚细亚及巴尔干半岛的政治动乱，对整体局势难以掌控；伊庇鲁斯王国接近君士坦丁堡，占有地利的优势，但在同巴尔干半岛上两个新兴国家保加利亚人和塞尔维亚人以及拉丁帝国皇帝的多方角逐中，势力被削弱；故而承担复国重任的只能是尼西亚了。

（二）尼西亚帝国

尼西亚帝国的皇帝狄奥多勒·拉斯卡利斯及其继承人都是优秀的政治家。他们克服了尼西亚国家早期的内部危机，又充分利用巴尔干半岛上各支势力之间的争斗，以静制动，巧妙地保存了自己的实力。特别是狄奥多勒不失时机地将自己复国大业的强有力支持者迈克尔·奥托雷阿努斯任命为君士坦丁堡（其实际驻地仍然是尼西亚）教区的牧首，并由牧首主持了自己登极称帝的加冕仪式（1208 年），从此具备了号令希腊世界的法定资格。借着尼西亚偏安一隅、却又轻易可达君士坦丁堡的特殊地理位置，拉斯卡利斯朝诸帝卧薪尝胆，鼓励生产，发展经济，搜罗治国人才，奖掖文化，其经济实力与日俱增，军队战斗力也不断增强，经济活动和城乡贸易也达到相当可观的程度。加之得到不甘心屈服于拉丁人统治的各界各地希腊臣民的支持，甚至得到伊庇鲁斯国家君主的臣服，光复帝国的时机已经成熟。

（三）拜占庭的复国

1261 年，将军迈克尔·巴列奥洛格（后称迈克尔八世），利用拉斯卡利斯家族第三代皇帝去世、继任皇帝年幼无力掌控局面的时机，一举篡夺了尼西亚帝国的皇权，最后完成了拉斯卡利斯家族的未竟之业，成功地将拉丁帝国的势力剪灭，建立了巴列奥洛格王朝。

四、君士坦丁堡的沦陷

（一）最后的王朝

巴列奥洛格王朝持续近 200 年，传 11 位皇帝，是拜占庭历史上维系时间最长的也是最后一个王朝，事实上，1261 年的所谓复国，恢复的并不是当年君士坦丁或者查士丁尼时期的帝国，也并未达到马其顿或者科穆宁时期的疆界，迈克尔八世收复的，充其量是一座濒临毁灭、人烟稀少的败落之城。帝国所能控制的领土范围只是小亚细亚西北角、色雷斯地区、马其顿地区大部、爱琴海北部的一些岛屿。在伯罗奔尼撒半岛上，通过置换方式，迈克尔与拉丁人阿凯亚公国的乔弗里·维拉杜安公爵达成了一笔交易，收回了半岛上的三个要塞。同时，伊庇鲁斯也臣服于迈克尔。而往昔为拜占庭提供强壮兵士和充足军粮的小亚细亚地区，此时几乎已经成为突厥人的根据地。

（二）末世帝国

政治上，旧的管理模式和法制传统在拉丁人统治时期已经被破坏殆尽，地方割据势力日益坐大。城乡对立日益严重，社会矛盾更加尖锐。由于拜占庭的复国主要依靠了热那亚人的舰船，为了报恩，拜占庭皇帝把君士坦丁堡和西亚重要贸易城市的海关关税特惠权赐予热那亚人，但威尼斯人不肯放弃拉丁帝国建立以来所获得的种种特权。意大利两大贸易城市展开激烈竞争。没有常备军而只依靠雇佣军作战的拜占庭，只好在两个城市之间一味退让，一步步地丧失了对西亚贸易的控制权，经济地位一落千丈，当年作为地中海硬通货的拜占庭金币索里达，让位于威尼斯人的都卡特。

由于国家领土日渐被突厥人和西方人所蚕食，帝国可耕地面积大大减少，为维持边境地区防务而赐予当地驻军免税封地的政策也被迫取消了。原来一度经营得相当不错的尼西亚地区也很快被突厥人占领。约当 13 世纪末 14 世纪初，小亚细亚成为突厥人的属地，完全突厥化了。

（三）与西方世界的对立

复国后的拜占庭，与被驱赶离去的拉丁帝国皇室后裔和基督教罗马教会结怨甚深。在复国后一个相当长的时期，不得不面对西方的挑战。与被废的拉丁皇帝鲍德温联姻的法国安茹家族的查理，借口为拉丁皇帝复仇，卷入了东方事务。最后，在西班牙阿拉贡王朝的彼得的帮助下，拜占庭人策划了著名的"西西里晚祷"事件，才把法国人赶出了意大利南部的西西里岛。

这一时期，拜占庭国家仍然面对多方外部强敌：在小亚细亚取代了塞尔柱人，成为小亚细亚主宰的是奥斯曼土耳其人；在巴尔干半岛，是咄咄逼人的保加利亚人和塞尔维亚人国家。然而，在此外部压力甚大的非常时期，拜占庭又发生了争夺皇位的内战，先是被称为"两安德罗尼卡之争"的祖孙争位；后来是权贵党与皇帝–太后党的"两约翰"之争，两场内争时断时续凡三十余年。争斗的双方，为壮大自己的势力不惜引狼入室，奥斯曼土耳其人乘势进入巴尔干地区，占领了亚得里亚堡，开始在拜占庭的后院部署攻占君士坦丁堡的大业。

土耳其人对拜占庭的最后进攻，因伊斯兰化的蒙古人帖木儿战胜土耳其人的一场决定性战役（即 1402 年安卡拉战役）而延迟。但颓势已定，任何明主或者精英也无力回天了。1453 年 5 月，由于驻守加拉泰的热那亚商人的背叛，土耳其人得以轻松地将舰船运至金角湾内，拜占庭的最后防线被攻破。皇帝君士坦丁十一世下落不明，据猜测他是在率领军民守卫城墙时以身殉国。

本 章 小 结

本章主要讲述了拜占庭帝国在 4—15 世纪期间盛衰兴亡的历程，着重分析了拜占庭政治、经济、社会和文化诸方面的主要特征及其深刻的历史影响。

拜占庭是横跨亚欧大陆的大国，曾与盛唐时期的中国和伊斯兰教巅峰时代的阿拉伯帝国形成鼎立之势。在西罗马亡于蛮族之手后，东罗马以特殊优越的战略地位、雄厚的经济基础和强有力的皇权专制体制，顽强抵住了来自黑海、巴尔干北方民族以及新兴的西亚穆斯林势力的进攻，成功发展起独具特色的东地中海基督教文明。拜占庭通过积极主动的外交策略和传教活动，不断扩大拜占庭文明的外延。中古时期，一个由拜占庭主导，俄罗斯、保加利亚等参与的东正教文明圈逐渐形成。

拜占庭文明，是古典希腊罗马文明与西亚文明以及 1 世纪产生的基督教观念和罗马法传统相结合的产物。希腊语逐渐成为官方语言和人们文化生活的媒介；东派基督教成为其精神支柱和价值取向；以拜占庭皇帝为核心，大军事贵族和土地贵族为基础的皇权官僚制度，是它的行政政治体系；罗马法，是它处理民事、宗教、民族、阶级矛盾的基本原则。拜占庭文化绚烂夺目，独树一帜，在史学、文学、艺术、神学等领域中都取得了诸多成就。

历时千年之久的拜占庭灭亡了。但它并没有灰飞烟灭，它的行为方式，它的宗教传统，它的战争方略，它的行政管理体系和法律建制，它的文化遗存和艺术珍品，甚至它的宫廷礼仪、外交模式等，皆作为珍贵历史财富，在其周边的国家和民族、部族之中，乃至在西方文明社会，留下深刻的烙印。人们研究拜占庭，不仅注意到它承袭自古代社会的文明遗产，更注重的是它对后世的影响；不仅关注它作为基督教欧洲的东方"前哨"，在抵制阿拉伯伊斯兰教入侵时代的重要作用，也审视它处于东西方交流的中介位置，如何在启蒙后来民族、传播先进文化、促进民族交流和融合方面所做出的积极贡献。

思考题

1. 如何认识拜占庭与古代罗马的关系？
2. 结合整个地中海世界的历史进程，评述拜占庭各个时期的历史特点。
3. 如何评价拜占庭与欧洲文明的关系？
4. 如何评价拜占庭与阿拉伯文明的关系？

第十三章　中世纪前期的西欧（5—14世纪）

引　言

"封建主义"是历史学家创造的概念，不同的史学流派对"封建主义"设定了不同的定义，概括起来主要有以下几种：（1）从法律制度、政治制度的角度讨论封建主义，强调的是封建主义在政治和法律方面的特征。这样的概念把"封君封臣关系"看作封建主义的核心内容，关注于采邑的分封，关注于以采邑分封作为联系纽带而建立起来的封君封臣之间的权利和义务。（2）从社会经济形态的角度讨论封建主义，强调封建主义在经济方面与社会方面的特征。这样的概念把土地所有者与劳动者之间的经济关系看作封建主义的核心内容，关注的焦点是以权力作为基础的经济关系。（3）既关注以采邑为联系纽带的封君封臣制度，也关注在领主制度中生存的农民，是一种宽泛而综合性的"封建主义"定义。

第一节　社会经济的恢复与发展

一、农业垦殖与耕种

（一）农业垦殖

中世纪前期的几百年间，欧洲的气候相对温暖，更加适合农作物的生长。人们砍伐森林，排干沼泽地中的积水，不仅使人类的定居向边际地带发展，而且使用于耕种的土地面积增加了。新的农业生产工具用于耕种，提高了农业生产的效率并且增加了农作物的产量。史学研究中把1000年前后农业生产的发展称为"农业技术革命"，认为这场革命促使人的平均寿命延长、人口数量增加。

中世纪的西欧是犁耕农业，使用铁犁和耕牛进行农业耕种。铁犁是最主要的农业生产工具，西欧各地因为土壤情况不同而采用不同型制的犁，发展起不同的犁耕技术和方法。

（二）农耕类型

马克垚撰写的《西欧封建经济形态研究》一书将中世纪西欧的犁耕农业分为两种类型。地中海周边的意大利、法国南部、西班牙属于南方农业区，土壤情况的特点是土质松散、水分易于蒸发。这样的土壤条件不需要深耕，可以使用轻型犁耕种。轻型犁在耕田时使用十字法，在地面上东西走向与南北走向十字交叉反复耕翻。轻型犁耕种时转换方向灵活，与轻型犁十字耕种法相匹配的是"方块田"。法国北部与英国属于北方农业区，土壤情况的特点是土质坚硬、黏结不透水。这样的土壤条件在耕种时需要把坚硬的土地深耕、翻转，因而使用重犁。重犁需要四牛共挽，每两牛并排成一组。重犁在耕种时不易转换方向，不可避免地在地头留下一段空地，因而最为经济的办法是使牛队耕作尽可能长的距离之后再转弯，由此而形成了与重犁耕种相匹配的"条田"。

采用重犁耕种需要更多的畜力，一家一户的小农没有足够的财力置备整套犁具和牲畜，需要几户小农联合起来凑成一个犁队，轮流为各家的土地耕种，由此而形成了共耕制度。

英国中世纪庄园的耕地大多划分成条田，无论是领主自营地、农奴份地、自由领有地、圣职躬耕田，都以条田的方式分散在各处，各自很少连成一片。各家各户的耕地互相交错，以犁沟作为分界。这是古老的农村公社习俗的遗存，农村公社依照平等的原则分配土地，考虑到土质的优劣、距离的远近、轮作的顺序等因素，每个家庭在各种土地上均得一份。封建庄园形成以后，领主虽然获取了土地的所有权，但是不能改变古老的耕作制度。

庄园土地实行轮耕制，每次耕作全部耕地的二分之一或三分之一，称为"二圃制"或"三圃制"。实行三圃制耕种，每年三分之二的地块可以获得收益，三分之一的地块处于休耕，因而三圃制对于土地的利用率高。从"二圃制"发展到"三圃制"，被认为是一场"农业技术革命"。在轮耕制度下，庄园的土地依照地形、距离等自然条件划分成几大块，哪一块春天耕种，哪一块秋天耕种，哪一块休耕，都约定俗成。各家各户的条田分散在各个大块之中，而土地的耕种是按照大块进行的。在同一大块土地上占有条田的农民同时耕种，同时收割。收割完毕的土地和休耕的土地作为公共牧场，各家都有权利在这块土地上放养牲畜，这种耕种方式称为"敞地制"。

二、城市的复兴

（一）城市再度兴起

西欧在罗马时代有城市存在，城市中发展起不同规模的经济活动。随着西罗马帝国灭亡和民族成分的变化，古典时代的城市衰落了。少数保留下来的城市主要是作为宗教中心或政治中心而存在，城市中的手工业、商业活动十分微弱。10—11世纪，在经历了民族迁徙带来的社会动荡之后，作为手工业、商业中心的城市在西欧再度兴起。

城市在兴起之初，其规模和类型大体可以分为三种：一是为地方市场需要而生产的手工业城市，生产品主要是日常生活用品。这类城市的规模一般比较小，主要与周围的乡村有经济往来。二是处于欧洲商业要道上的城市，既是手工业中心，也是商业中心。作为手工业中心，这类城市生产地方特色产品，诸如弗兰德尔生产的毛纺织品。三是从事国际贸易的商业城市，意大利的威尼斯、热那亚、佛罗伦萨等城市与西亚北非一带有着长期的商业往来，主要经营东西方之间的贸易。这类城市中也有手工业生产，佛罗伦萨的毛纺织业就相当著名。

（二）手工业与行会

城市手工业在兴起之初，生产的基本单位是手工业作坊，师傅、帮工、学徒是作坊中的劳动者。师傅通常也是作坊的所有者，称为"作坊主"。师傅与学徒是建立在个人之间的师徒关系，学徒从师期满，需要继续在师傅的作坊中充当一定时间的帮工。帮工积累了一定的生产经验与经济力量后，经由行会批准可以另立门户开设作坊，成为作坊主。

手工业作坊使用简单的工具，生产制作主要凭借体力和技巧。由于生产能力有限，在生产程序复杂的行业中，单一的手工业作坊只能完成其中的一道工序，难以完成生产的全过程。只有诸如采矿、冶金等特殊的行业，才拥有复杂的设备，生产规模也比较大。在 10—12 世纪时，自然经济仍然居于主导地位，社会对手工业产品的需求并不十分巨大。在手工业产品的生产能力和市场规模都十分有限的情况下，手工业作坊在大多数情况下也是商店，自产自销。

城市手工业者依照行业组成行会，作坊主是行会的行东。行会可以发挥多个方面的功能：一是对手工业作坊的生产活动加以规范和约束，行会规章针对劳动人数、劳动日长短、产品规格和价格、学徒期限、帮工工资等做出规定。二是举办公益事业，在行会成员中间发展互助。三是参与城市管理，借助于行会的组织系统实施选举、征税、建立城市武装。

行会存在的初期，对于保护城市手工业、传授手工业技术和经验、规范产品质量、推动城市建设，发挥了积极的作用。但是行会力求维持简单再生产，不能适应市场不断扩大的需要。14 世纪以后，社会经济的发展开始突破行会的限制。

三、商业与贸易活动

农业与手工业的发展，促进了欧洲各地经常性的商品交换，形成了地方集市与定期市集。

（一）地方集市

地方集市是手工业者与周围地区居民进行交换的场所，这种交换一般不需要专业商人充当媒介。地方集市在固定的日期开市，通常半日完成交易。在地方集市上交易的货物大多是农产品、畜产品、手工业品，也有长途贩运来的铜、铁、染料、木炭、蜡烛等参与交易。

受各地自然资源等因素的影响，手工业生产出现了地方特色产品。佛兰德尔和法国北部地区纺织业发达，生产优质毛纺织品。英国出产优质羊毛，最初是将羊毛作为原料输往佛兰德尔，自13世纪起英国也发展起毛纺织业。香槟与莱茵河地区出产麻布，西班牙出产美利奴羊，米兰和纽伦堡出产武器。法国境内还有盛产水果、葡萄酒的地区。地方特色产品的发展促进了各地之间的商品交换，对地区市场和国际市场的形成有重要影响。

（二）定期市集

定期市集经营区域性贸易或国际性贸易，是进行大宗商品交易的场所。定期市集开市交易的时间较长，因此间隔期也长，每年一次或每季度一次。西欧许多大型城市设有定期市集，其中最著名的是法国香槟市集。香槟市集轮流在香槟伯爵领地的四个城市（特鲁瓦、拉尼、普罗文、巴尔）举行，每个城市举行的日期约为一个半月，有的城市一年举办两次市集。香槟市集位于欧洲南北两大商业贸易区的交通要道，是中世纪欧洲的商业中心之一。香槟市集具有国际贸易市场的性质，意大利商人将东方的香料、丝绸、染料等长途贩运到香槟市集，再经由这里输往西欧各地。来自佛兰德尔的毛纺织品也在香槟市集上集散，其中有些由意大利商人转售给东方。

在香槟市集上流通着多种货币，众多的商业交易行为发生之前，需要辨别货币的种类、鉴定货币的成色。在市集上出现了以识别和兑换货币为业的人，称为"钱商"。钱商经营的是货币资本，除了兑换货币，还经营汇兑、借贷等类似银行的业务。有了汇兑业务，客户可以在某地交款后，凭借票据到另一地取回货币。汇兑业务的出现给商人带来便利，避免了长途运输贵金属货币的危险。钱商还经营借贷业务，或者接受存款并付给客户利息，或者发放贷款收取利息。

（三）两大商业贸易区

区域性贸易与国际性贸易的发展，推动着欧洲南北两大商业贸易区的形成。南部是地中海贸易区，主要从事沿袭自古典时代以来的东西方贸易，意大利城市商人是这一贸易区的主要经营者。来自东方的香料、丝绸、宝石、象牙、瓷器、染料等，经由地中海输往西欧各地。西欧出产的毛纺织品、金属制品等，经由地中海输往东方。北部是北海和波罗的海贸易区，商业活动以佛兰德尔地区的城市为中心，德意志北部、尼德兰、英国、斯堪的纳维亚各国、俄罗斯等参与这一区域的商业贸易。汉萨同盟经营北海、波罗的海贸易区的商业，在诺夫哥罗德、伦敦、布鲁日等城市设有商站。北方贸易区交换的商品主要是地方物产，而且大多是生活必需品，诸如：俄罗斯的毛皮、蜂蜡，北欧的木材，法国的粮食和酒，英国的羊毛，佛兰德尔的毛纺织品，北方沿海各地出产的鱼。在南北两大贸易区之间形成了两条商路：一条经由欧洲内陆的阿尔卑斯山、罗尼河、莱茵河、易北河；另一条经由欧洲外围的海路，从佛兰德尔的布鲁日到威尼斯有海船往来。

第二节 英国与法国封建社会

史学研究中一向把英国与法国视为封建主义的核心地区，这是多重因素造成的结果。首先，中世纪西欧的封建制度起源于高卢地区，这是法国的发源地。其次，封建制度在英国的充分发展开始于诺曼征服，来自诺曼底的征服者将法国的封建制度移植到英国，因而英国的封建制度与法国有着密切的关联。再次，封建主义在英国与法国以外欧洲其他地区的发展存在更大的差异。在意大利北方和西西里地区也存在封建制度，但是由于意大利中部和南部的自治城市高度发达，致使研究者忽略了封建制度在意大利的发展。关于西班牙半岛封建制度的研究也存在类似的情况，由于西班牙半岛在相当长的时期内处于穆斯林的统治之下，史学研究更为关注的是西哥特人与苏维汇人的再征服运动。德意志由于大量自主地的存在，妨碍了采邑分封在广大地区的广泛推行，研究者认为德意志的封建制度不具有典型意义。北部欧洲的斯堪的纳维亚半岛、弗里西亚、爱尔兰通常被研究者视为封建主义的空白地区。[①] 诸如此类的地方发展特色，造成历史学关注英国与法国的封建制度，对于欧洲其他地区的封建制度缺少足够的研究。

一、封建主义：社会群体与社会结构

（一）群体划分理论

社会结构的一个重要决定因素，是社会群体的划分。在中世纪的西欧社会，人首先不是作为个体而存在，而是作为群体而存在。判断一个人的社会价值，首先不是凭借个体的能力和素质，而是把作为个体的"人"划分类别，将个人归属于社会群体。

西欧中世纪前期社会结构相对简单，社会群体的划分也不复杂。盎格鲁-撒克逊时代的修道士艾尔弗里克（约 955—1020）把当时的社会划分为三个群体："劳作的人"，"祈祷的人"，"作战的人"。这样的划分着眼于不同群体承担的社会责任，以社会分工为尺度将人群划分成三个类别。"劳作的人"是"为我们提供生存所需之人"，"他们是为我们供应食物的农夫"。"祈祷的人"是"为我们求助上帝之人"，"作为上帝的仆人日夜不停地为我们祈祷，在精神上与不可见的敌人战

---

① ［法］马克·布洛赫：《封建社会》（下卷），李增洪、侯树栋、张绪山译，商务印书馆 2004 年版，第 703 页。

斗"。"作战的人"是"为我们护卫城镇及家园之人","作为尘世的武士与敌人战斗，使我们免受外敌的入侵"。艾尔弗里克认为，这样的三个群体相互合作，共同构成一个完整和谐的社会。[①]

这样的群体划分理论具有以下几个特点：第一，关注于不同社会群体承担的社会职责，从社会分工的角度构建理想社会，认为一个完整而和谐社会的运转依赖于不同社会群体之间相互提供为生存所必需的支援；第二，这一社会构建带有理想化的因素，未能深入社会结构的深层，进而发现三个社会群体之间的矛盾和冲突；第三，着眼于男性的社会职责，表明当时的女性身处社会结构之外，其职责与作用归属于家庭；第四，城市中的商人和手工业者未被纳入社会体系，表明城市经济在 11 世纪尚未强大到足以成为社会结构中不可缺少的因素。

（二）作战的人

封君封臣制度的核心因素是骑士与采邑。骑士以作战打仗为职业，骑马作战是骑士在中世纪的西欧社会享有的特权。在冷兵器的时代，骑马射箭、挥刀击剑凭借的是强健的体魄和高超的技巧，骑士是中世纪社会的军事精英。

装备和维持骑士的费用非常昂贵，需要有雄厚的财力作为支持。骑士的武装大体分为三类：一是护身，包括帽盔、锁子甲、护肩与护手；二是兵器，包括长矛、佩剑、盾牌、弓弩；三是战马。骑士对马匹有严重的依赖，行军的时候，马匹是坐骑与运输工具；作战的时候，马匹是战斗力。因为作战时马匹的体力消耗很大，一名骑士需要配备 2—3 匹马轮换。著名的贝叶挂毯在展示哈斯廷斯战役时，记录了中世纪早期诺曼骑士的装扮：身骑战马，头戴帽盔，身披锁子甲，双手至肘以及双膝以下罩有防护，左手持圆锥形盾牌，右手持长矛或剑。骑士还需要扈从和仆役跟随，这些人在平时为主人饲养马匹，照顾主人的日常生活，出征的时候为主人牵马、携带兵器，作战的时候为主人看守俘虏和战利品。骑士在战争中不仅有物质的损耗，而且有被敌方俘获的危险。骑士成为俘虏之后需要交纳赎金，以此换取全身而归。中世纪的战争也是一种商业行为，从俘虏身上获取赎金是战争的目的之一。

既然装备和维持一名骑士需要付出如此高昂的代价，就需要给予骑士报酬，作为作战消耗和维持家庭生存的财政支持，这是"采邑"存在的物质原因。在缺少货币和商品经济、没有税收体系的社会，通常以实物支付报酬，采邑是一种可行的办法。

史学研究中通常将采邑分封的起点设定为查理·马特实行的采邑改革。8 世

---

① Walter William Skeat ed. , *Aelfric's Lives of Saints*, *Volume II*, London：Kegan Paul, Trench, Trubner & co. , 1881.

纪，法兰克人在高卢西南迎战扩张至此地的阿拉伯人，骑兵在作战中具有非常重要的作用。当时正值墨洛温王朝的"懒王时期"①，宫相查理·马特实行采邑分封。采邑以"骑士领地"作为单位，一个骑士领地通常用以供应一个骑士及其家庭的生活所需和履行军事义务的花费。作为领受骑士领地的代价，受封者需要提供骑兵兵役和其他封建义务。

骑士受封需要举行庄严的仪式，称为"骑士册封礼"。通常情况下由封君册封自己的骑士，中世纪的英格兰奉行更加严格的规定，只有国王有资格和权力册封骑士。"骑士册封礼"上最重要的程序，是受封者将双手放在封君的手掌之中，表示臣服和忠诚。采邑分封标志着在封君与封臣之间形成了契约关系，双方之间联系的纽带是"采邑"与"忠诚"。在约 1000—约 1250 年，围绕"采邑"和"忠诚"形成了一系列的法律原则，称为"封建法"。封建法的形成，使封君与封臣双方之间的权利和义务进一步明确化并且规范化。

这样的契约关系是双向的。受封者得到了采邑，得到了封君承诺的保护。分封者则要求从受封者那里得到"忠诚"，最基本的"忠诚"是提供以骑兵兵役为主要方式的军事支持。封君还要求受封者提供其他支持：出席封君法庭，协助封君实行司法审判；遇有重大决策的时刻，为封君提供建议和咨询；在比武大会等场合，列入封君的仪仗之中，不仅是为了显示封君的力量，也是为了表达对于封君的依赖和忠诚。在中世纪的英国，作为最高封君的国王有权要求封臣在遇到以下三种情形时提供协助金：国王被敌方俘获需要交纳赎金；国王的长子受封为骑士；国王的长女第一次出嫁。每逢国王要求封臣交纳这三项协助金，封臣应当无条件交纳（《大宪章》第 12、15 款）。

采邑分封制度包含有一定的离心倾向，一旦将采邑分封给封臣，也存在失控的危险。封君为了保持对于封臣持有采邑的控制，要求实现封君的某些特权：第一，采邑分封实行及身而止的原则，如果封臣的后代希望继承采邑，需要向封君交纳继承金。第二，采邑继承人未达到成年时，封君可以作为采邑的监护人，也可以安排其他监护人。第三，如果领有采邑的封臣家族灭绝了，封君可以收回"无主继承地"。第四，封君可以为采邑继承人安排婚姻。当采邑的继承人是女性时，这样的婚姻安排不仅是挑选一位男人代替女性封臣履行军事义务，也有可能使这个男人在未来获得采邑的持有权。

---

① "懒王时期"大约从 639 年持续到 751 年，751 年墨洛温王朝最终被加洛林王朝取代。中国学者把"懒王"的出现归因于统治阶级与教会的关系，主教们在政治上疏远王室导致墨洛温王朝后期的国王因缺少干练的统治人才而孱弱无能，并进而丧失实际的统治权，被地方贵族嘲讽为"懒王"（杨共乐、彭小瑜主编：《世界史·古代卷》，高等教育出版社 2006 年版，第 253 页）。

封建主义经历了缓慢的形成过程，采邑的分封也呈现出错综复杂的发展趋势。每一个得到几个或几十个骑士领地的人，都有可能实行再分封，把附着于采邑上的封建义务转移给受封者履行。由此从最高封君到最底层的骑士之间，形成了若干层层分封、层层依附的关系。

依照从上至下逐层授予的顺序，历史学家构建了一种呈现金字塔结构的分封与依附关系。位于金字塔结构顶层的，是作为最高封君的国王。国王把土地分成两部分：一部分用以维持自己及其家族的生活，另一部分作为采邑分封给他人。获得国王分封的人称为"直属封臣"，从国王手中领有几个甚至几十个骑士领地，向国王提供骑兵兵役等封建义务。直属封臣也可以将获得的采邑一分为二：一部分留作自用，另一部分分封给自己的一个或多个封臣。与此同时，国王的直属封臣也把这部分采邑承担的封建义务转移给下一级封臣。在层层分封的最底层，应当是一个骑士领地。领受一个骑士领地的人，提供一份骑兵兵役和其他封建义务。

（三）祈祷的人

"祈祷的人"是教职人士，掌管着涉及人类灵魂的事务。教会的组织系统将教职人士划分为"居于俗界的教士"与"居于僧界的修士"两部分。位居这两部分教职之上的，是教皇及其教廷。1215 年第四次拉特兰宗教会议以后，宗教会议成为拉丁基督教会的象征，由教皇与枢机主教团组成的教廷作为教会常设执行机构的地位更加明确，向拉丁基督教会行使广泛的权力。

"居于俗界的教士"是承担着教区管理之责的教职人士。教区教职在中世纪形成了自上而下的权力体系。最高一级的教区划分是"大主教区"，因为在地理范围上沿用了罗马帝国"行省"的区划，因而也称为"教省"。大主教区之下是"主教区"，一个大主教区统领几个或几十个主教区。中世纪教会组织建制的特点是行政、司法不分，教区管理机构也是司法审判机构，主教对于教区的管理往往借助于教会法庭的司法审判行为实现。堂区是教会的基层管理单位，以一座教堂为中心，由居住在周围一定区域内的基督徒组成。

"居于僧界的修士"是依照修道规章规范日常生活的修道士。中世纪的修道理想可以概括为"简朴的生活，虔诚的信仰"。修道士自成一统，尽量远离尘世以避免受到尘世的污染。本尼狄克（约 480—547）制定的《本尼狄克修道条例》，成为拉丁基督教会普遍遵循的修道生活规范。修道条例要求修道者在矢志于修道生活时，立下贫穷、贞洁、服从三项誓言，还要求修道者从事体力劳动。修道生活的重要内容是"上帝日课"，修道士每天几次聚集在礼拜堂集体吟诵经文。

教会持有的地产大致分成两类——"宗教性地产"与"世俗性地产"，正是这两种类型的地产将教会与"祈祷的人"植入了封建主义的社会结构之中，成为封建社会的重要组成部分。

宗教性地产出自于基督徒的捐赠，其表现方式为"圣职躬耕田"，用于维系教堂建筑、礼拜用品和维系教职人士的生存需要。英格兰的诺曼王朝（1066—1154年）与安茹王朝（1154—1399年）是教会地产的繁荣时期，不仅主教区划在这一时期形成，还有大量的修道院在得到土地等财产的捐赠之后得以设立。

依照中世纪的法律传统，当俗界把地产捐赠给教会以后，有权利要求教会提供相应的宗教服务，诸如为捐赠者或捐赠者后代的灵魂祈祷；如果教会不能提供相应的宗教服务，地产捐赠人或者后代有权利收回捐赠的地产。这样的法律传统显然是为了保障教会地产用于为宗教信仰服务，但是其中也体现了封君封臣观念的延伸——地产捐赠人与接受地产的教会之间在本质上形成了一种附加有权利和义务的土地授受关系。与采邑分封的不同之处仅仅在于，采邑是以提供军事支持作为封授的前提条件，而宗教性地产是以提供宗教服务作为前提条件。诸如此类的法律规定也表明：教会持有的宗教性地产在相当大的程度上受捐赠方控制，在教会地产的背后是世俗社会的强大力量。

世俗性地产在本质上是封建性质的采邑，接受者通常是主教、修道院长之类的高级教职。这些人以个人身份接受世俗性地产，与封授者结成封君封臣关系，也需要履行封臣义务。教职身份的封臣受到教会法律的约束，不能携带武装为封君作战，但是有义务为出征的军队提供装备。正级神品的教职人士不得缔结婚姻因而不可能产生合法婚生的子女，造成世俗性地产不可能在教士本人的家族之内世代持有，只能由教职的继任者持有。世俗性地产的封授者也可以像对待世俗封臣那样，对教会封臣行使诸多封君权力：在主教、修道院长等职位空缺时，对世俗性地产实行监护，不仅享有地产的收入而且参与安排新的继任者；当教会封臣犯有过失时，有权力收回世俗性地产。

中世纪的基督教会，处于教皇权与王权的双重统治之下。尤其是那些接受了世俗性地产的高级教职，在僧俗两界扮演不同的角色，一身兼具双重身份、承担双重职责：一方面在教职界担任主教、修道院长，另一方面在俗界作为拥有地产的贵族；既服务于教皇，也服务于国王。处于双重体制下的教会经常处于两难境地：一旦教皇与国王发生冲突，教会必须在向教皇尽义务与向国王效忠之间做出抉择。每当这种时刻来临，教职人士中无论是支持教皇的，还是效忠国王的，抑或是在教皇与国王之间充当调解人的，都大有人在。这种局面不仅极易造成教会的分裂，而且常常使王权的统治与国家的统一陷入危机。

（四）劳作的人

"劳作的人"是从事个体劳动的农民。马克思主义历史学注重对于农民以及其他劳动者的生活状态展开研究，为的是阐述劳动者在历史发展中的作用和影响，借此说明社会形态更替的内在动力。20世纪兴起的经济社会史也关注和研究农民群体的生活，因为农民承担着为社会提供物质基础的责任，对农民群体的关注有助于揭示社会生活与经济生活的运行和发展状况。

持有土地的领主在经济上处于强势地位，可以规定耕种土地的代价和条件，借此而压迫剥削劳动者。农民因为不持有土地资源而处于劣势，没有能力以社会认可的方式保护自身的利益，只能依从领主制定的规则进入社会的生产系统。"祈祷的人"与"作战的人"是持有土地的领主，"劳作的人"是土地上的耕种者，因而讨论领主与农民的关系，对于社会群体划分中的三种人都有涉及。

农民的身份和地位在很大程度上取决于耕种土地的等级和性质。耕种奴役性土地的人，具有农奴的身份；耕种自由领有地的人，是自由身份的依附农民。[①] 法兰克王国在 8 世纪末发布的《庄园敕令》提到两种农业人口——农奴和自由人。英格兰在诺曼征服以后编制的《末日审判书》记载了多种农业人口——维兰、边地农、索克曼。维兰和边地农是农奴，两者的区别在于耕种的份地大小不同；索克曼是生活在庄园中的自由农民。

中世纪农奴的身份地位具有相当的模糊性，依稀可以辨认出两种类型的农奴：一是在人身上依附于领主的世袭农奴，即使不再依靠其领主生存，该领主依然享有对他的权力；二是依附于土地的农奴，不享有迁徙自由，倘若领主将土地转让他人，在这块土地上耕种的农奴也随之转移给他人。[②]

10—11 世纪是农奴制扩张时期，这一时期发生的"封建革命"，以暴力的方式确定了领主与农民之间的关系。随着时间的推移，封建革命建立的关系成为约定俗成的新秩序。国王也以政治的力量对这种新秩序给予支持，为的是扩张国王的权力并且为社会制定标准和规则。然而农奴制并非普遍的存在，中世纪的农民并非都是农奴。甚至可以认为，在中世纪的大部分时期，大多数农民都不是农奴。

史学研究中常常把领主与农民的关系置于庄园体系之中加以研究，把庄园视为领主制度的基层单位。庄园的耕地通常分成两部分：一部分是领主自营地，另一部分是农民耕种的份地。份地的耕种者或者是农奴，或者是自由农民。庄园中还有公共使用的林地、草地、池塘等，这是古代农村公社的遗俗。领主与农民的关系，主要体现在领主自营地与农民份地的经营方式。农奴从领主那里接受份地，以自身的劳动力耕种。作为领种份地的代价，农奴需要向领主交纳劳役地租、实物地租，履行各种人身义务。劳役地租更加鲜明地体现了农奴的身份和地位。依照中世纪西欧的传统，农奴每个星期为领主服劳役三天，这是农奴交纳的劳役地租。劳役地租的方式有多种：或者在领主自营地上

---

① 马克垚：《西欧封建经济形态研究》，人民出版社 2001 年版，第 215 页。

② ［英］R. N. 斯旺森：《不列颠与欧洲中世纪晚期历史大观》，首都师范大学出版社 2011 年版，第 37—38 页。

耕种，或者为领主服杂役。

农奴承担的人身义务包括交纳人头税、结婚税、继承税。农奴不能随意离开领主，如果农奴私自离开庄园，领主有权力追捕。但是在某些特定的条件下，领主允许农奴出入庄园，前提条件是交纳"人头税"。实际上，领主并不担心农奴在短时间内离开庄园，领主极力避免的是农奴一去不归并且改变身份。农奴的身份世袭，或者通过母系继承，或者通过父系继承。如果是隶属于不同领主的农奴结婚，这一婚姻有可能改变未来子女的继承关系，作为一种补偿，需要向受到损失的领主交纳结婚税。在理论上，农奴不享有财产权，农奴的一切归领主所有或者被领主占有。但是农奴有家庭子女，为了保证领主的劳动力再生产，需要农奴的子女继承财产。农奴的子女继承财产时需要交纳继承税，通常是一头最好的牲畜或一件最好的物品。在法兰克社会，继承税称为"死手捐"。

以上是从"私法"的角度考察农奴的身份和地位，从"公法"的角度考察，农奴的身份地位还有以下一些特征：第一，由于农奴的人身依附于领主，涉及农奴的事务由领主设立的庄园法庭而不是国王法庭审理，农奴也无权控告他的领主。英格兰国王亨利二世（1154—1189 年在位）曾经颁布法令：自由人可以越过庄园法庭直接向国王法庭申诉，由国王法庭指定 12 人组成的陪审团展开司法调查。[①]依照这项法令，自由人的权益受到国王法庭的保护，非自由人则处于庄园法庭的管辖之下，从而使"农奴"的身份具有了国王法律的定义。第二，农奴没有武装的权利，不能作为军人出征作战。第三，农奴不能在教会里担任教职，不能成为教士。

自由农民是自由领有地的耕种者，但是中世纪的自由农民大多生活在庄园之中，庄园制度下的自由农民在身份与地位上已经不同于农村公社制度下的自由农民。首先，庄园制度下的自由农民不是小块土地所有者，不是"耕者有其田"的自耕农，其地位类似于一种租佃农。自由农民在庄园中耕种的土地属于租佃性质，除了交纳实物地租，也需要向领主承担一定的劳役地租，只不过劳役地租的数量通常比农奴少。其次，自由农民不承担与人身不自由相关的封建义务，无须向封建主交纳人头税、结婚税、继承税等。自由农民保有人身自由，在租佃土地的期限结束之后，或者是在转让了耕地的租佃权以后，可以离开庄园自由迁徙。最后，庄园制度下的自由农民接受庄园法庭管理，在一定程度上依附于领主的权力。自从亨利二世颁布了涉及自由人司法审判的法令之后，自由农民也处于国王法庭的管理之下。

---

① David C. Douglas and George W. Greenaway eds., *English Historical Documents 1042 - 1189*, London：Eyre Methuen, 1981, p. 445.

（五）封建社会中的城市

城市兴起之初，手工业和商业活动十分微弱，因而产生于 10—11 世纪的社会群体划分理论忽略了城市和城市居民的存在。随着城市的发展和繁荣，封建经济发展进入了一个新阶段，社会群体的划分也多样化了，手工业者和商人成为具有独立的经济和社会地位的群体。产生于英国 14 世纪的诗歌作品《农夫皮尔斯的梦境》，描述了当时英格兰社会中贵族、市民、农奴等不同社会群体的生活境况，尤其是历数了当时存在的众多手工业种类。①

史学研究在讨论封建主义的时候，经常把城市排除在封建主义的社会结构之外，把城市视为封建化海洋中的孤岛，甚至把城市视为封建主义的瓦解力量。但是，城市与封建主义并非总是相互隔离、相互对抗，两者之间逐渐形成了双向渗透和相互作用的关系。

封建主义的领主制可以延伸到城市。城市兴起于封建主义的体系之中，需要从封建主手中获取政治权力。西欧各地城市获取的政治权力，大体可以界定为"自治权力"与"自由权力"。获得"自治权力"的城市有权利设立管理机构实行自治，在法国称为"公社"。英国有相当多的城市兴起于国王的领地之上，由于英国王权拥有强大的力量，城市大多不享有自治权，只是享有某些自由权力，诸如城市居民的人身自由，城市居民进行工商业活动的自由。自由权力的颁发权掌握在领主手中，领主在权衡自身的利益之后决定是否向城市颁发自由权力以及颁发何种自由权力。对于城市而言，自由权力的获取很不稳定，存在着得而复失的危险。威斯敏斯特城市兴起于修道院的领地之上，在中世纪从未获得过自由权力，始终处于庄园法庭的司法管辖之下。在这样的城市里，领主制得到相对完整的保留，领主可以像管理庄园那样管理城市的手工业者和商人。

城市的影响力也扩展至封建主义的结构之中。手工业行会与商人公会垄断着城市经济的准入权，限制或者禁止乡村农民进入城市从事手工业与商业。借助于超经济强制的手段，城市将乡村的资源转化为自身的优势，进而在经济上控制乡村。城市经济还对封建主义起到瓦解作用，最突出的表现莫过于引发"地租折算"。随着商品货币经济的发展，社会经济越来越多地以货币的方式运作，庄园经济中发生了大规模的地租折算。领主要求农民将实物地租、劳役地租折算成货币支付，然后用货币雇佣劳动者耕种庄园的直领地。14 世纪 30 年代，人口数量达到峰值，领主权力也处于鼎盛时期。人口众多导致工资低廉，领主雇佣劳动者支付的费用比农民用货币支付的劳役地租少很多，因而可以获取更多的利益。地租折

---

① Roberta Anderson and Dominic Aidan Bellenger, *Medieval Worlds: A Sourcebook*, London: Routledge, 2003, pp. 7-8.

算使得生活在庄园中的农奴有机会用货币代替劳役，对于领主的人身依附关系松弛了，意味着农奴制度开始走向衰落。

二、贵族政治与等级君主制

封建主义是中世纪西欧的核心价值，封君封臣制度是中世纪西欧政治权力形成的出发点。封君封臣制度下的王权以私权力而非公权力作为权力基础，王国政治在很大程度上是国王的政治。

（一）贵族政治

在封君封臣制度下，政治权力的最初形态是贵族政治。国王依靠贵族实行统治，共同组成王国的"政治体"。贵族政治的主体成员是国王以及国王的直属封臣，亦即"作战的人"与"祈祷的人"当中直接从国王领受采邑的人。

在本质上，国王与封臣是一种封建契约关系，双方之间互相履行权利和义务。即使是作为最高封君的国王，也必须接受契约关系的约束。封君封臣之间契约关系的运作和协调，一方面依靠传统力量的约定俗成，另一方面依靠双方之间的"商议"。每逢遇有重大事务，作为最高封君的国王需要召集直属封臣商议，一方面是为了听取封臣的意见，更重要的是为了得到封臣的支持和忠诚。封臣有义务向封君提供支持，其中包括为封君提供咨询，协助封君法庭对同级贵族之间的纠纷实行裁决。

国王与直属封臣在一起"商议"的组织机构，在中世纪的英国称为"大会议"。大会议由国王召集和主持，国王的直属封臣是大会议的成员。《英国封建社会研究》一书指出：并非国王的直属封臣都出席大会议；诺曼征服以后，国王的直接封臣大约有500人，其中170人是大封建主，可是出席大会议的人从来没有超过75个，一般是50人左右。[①] 大会议不是常设机构，通常遇有重大事务，国王才召集直属封臣出席大会议。一般情况下，大会议每年召集三次，分别在圣诞节、复活节、五旬节（复活节之后50天）期间召集。

封君与封臣之间需要商议的事务很多，诸如：国王与教皇或其他王国之间发生了争执，需要商议对策；国王针对某些重大事务发布法令，需要听取封臣的意见；国王面临重大的司法事务，需要与封臣商议如何审理。然而，封君与封臣之间最需要商议的一件事是税收。作为最高封君的国王，有权力在三种情况下要求封臣提供"协助金"：国王的长子受封为骑士，国王的长女第一次出嫁，国王被俘需要赎身。每逢国王要求封臣交纳这三项协助金时，封臣应当无条件交纳，封君要求的数额也应当"合理"。征收这三项协助金的合理性在于，国王作为最高封君

---

① 马克垚：《英国封建社会研究》，北京大学出版社2005年版，第76—77页。

向封臣分封了采邑，有权力要求封臣在国王需要的时候提供协助。封臣交纳这三项协助金的合理性在于，领受了采邑之后理应对封君个人和家族事务给予帮助。这三项协助金是涉及国王个人利益和私权的税收，除此之外还有涉及共同体利益和安全的情况，需要动员全体封臣的力量，诸如为了迎战外敌而征集战争费用。每逢这种时刻，需要召集大会议商议是否应当征税。只有在取得封臣的同意之后，国王才能在三项协助金之外征收其他税款。为了在税收问题上使封君遵守这样的"商议"的原则，1215 年发布的《大宪章》做出了相应的规定（第 12 款）。

法国的贵族政治经历了不同的发展道路。查理帝国分裂之后，法兰克王权逐渐走向衰微。在 980 年至 1030 年期间，加洛林王朝与后加洛林王朝处于崩溃的边缘之中。在政治混乱的过程中，权力转移到了地方诸侯手中，形成了诸侯割据与封建混战的局面。加洛林王朝奉行的采邑分封原则——"我的封臣的封臣不是我的封臣"，不仅造成了普遍的离心力量，而且形成了自下而上层层挑战的分封结构。随着王权的衰落，权力落入了众多封建诸侯手中，而诸侯也需要面对下一层封臣的离心力量与挑战。一系列连锁反应的结果是权力的支离破碎和诸侯割据力量的形成。在加佩王朝初期，国王形同众多诸侯之中的一个诸侯，甚至不是一个强大的诸侯。

封建割据的最主要特征，是领地的持有权与统治权合二为一，私权与公权相结合。凡是经过国王"特恩权"敕封的领地，封建主可以行使政治统治权力，代表国王维持"和平与公义"，在领地内实行独立或半独立的统治。由此而造成的后果是，国王的权力被领主分割，封建贵族成为各个地方的实际统治者。在这一时期法国的政治地图上，充斥着大大小小的公爵领地、侯爵领地、伯爵领地，呈现出政治上四分五裂的局面。

在普遍的封建割据局面之下，国王的统治并没有完全消失，最终得以存留下来。加佩王朝的国王通过婚姻继承与武力征服等手段，扩展了王室的领地。国王还致力于制度的创建，扩大国王法庭对于封臣的司法审判权限和能力，最终强化了国王作为最高封君的地位，并且在 12 世纪重新建立起在法国的统治。

（二）等级君主制

等级君主制也称为"议会君主制"，是君主借助于等级会议实行统治的一种政体形式。等级会议在英格兰称为"议会"，在法国称为"三级会议"。等级会议在本质上依然是君臣双方在一起商议的场合，只是人员的构成有所扩大：在国王与僧俗两界的直属封臣之外，添加了其他社会阶层——英格兰添加了骑士与城市市民的代表，法国添加了第三等级的代表。

一些历史教科书提到，英国议会起源于历史上的一个非常时期。反叛贵族首领西门·德·孟福尔在 1265 年召开"扩大的"大会议，被认为是英国议会的"雏形"。国王爱德华一世（1272—1307 年在位）在 1295 年召集的议会被称为"模范议会"，是议会在英格兰的正式开始。随着英国宪政史研究的深入，研究者提出了关于议会起源的新解释。

"议会"的名称并不是在贵族反叛期间也不是在 1295 年出现的，而是在此之前的 13 世纪 30 年代就开始使用了。《剑桥新编中世纪史》指出："在 13 世纪 30 年代和 40 年代，'议会'这一名称首次用来记述国王与王国之内的大人物之间的会议"①。1258 年制定的《牛津条例》要求每年召集三次议会，② 尽管这项规定在以后并没有得到执行，但是申明了贵族们要求定期召集议会的期望。

召集骑士出席议会并非从 1265 年开始，当国王约翰（1199—1216 年在位）在 1213 年面临僧俗贵族的挑战和法兰西国王的威胁时，曾经召集骑士商讨国事。③ 在国王亨利三世（1216—1272 年在位）长达 50 多年的漫长统治时期，曾经在 1226 年召集骑士讨论对《大宪章》的解释，在 1254 年召集骑士讨论批准税收问题。西门·德·孟福尔执政期间，也多次召集骑士议事。召集市民出席议会从 1265 年扩大的大会议开始，在中世纪的贵族政治出现了危机的时候，反叛贵族需要得到城市力量的支持。英国宪政史学家梅特兰认为，召集骑士和市民"商议"，标志着贵族会议向等级会议的转变。④

虽然"议会"一词的出现可以追溯到 13 世纪 30 年代，但是议会组织的形成却是在 1295 年。其中，西门在 1265 年被击败以后的一段时期，是英国议会形成的重要时期。在此前相当长的时期内，骑士与市民的代表出席议会没有形成定制。1294 年以后，爱德华一世的征税要求越来越频繁，因而越来越多地召集骑士与市民出席议会。从 1295 年开始，骑士、市民的代表成为议会的固定成员。伴随着这一变化，传召骑士与市民出席议会的国王令状从 1295 年起也形成了固定的格式。

在中世纪的英国，议会成员的构成依照等级划分。国王的直属封臣出席议会，带有封臣奉召出席封君法庭的性质，与过去出席"大会议"的性质相同。封臣以个人身份出席议会，国王单独向每一位重要的封臣发出召集议会的令状。骑士与市民分别以郡和城市代表的身份出席议会，以国王令状的方式集体召集，国王的传召令发给各地郡守和城守。

最初，各主教区的教士代表也出席议会，并且从 1295 年起成为议会的固定成

① David Abulafia, *The New Cambridge Medieval History*, *Volume V*, Cambridge：Cambridge University Press，1999，p. 337.

② Harry Rothwell ed.，*English Historical Documents 1189-1327*，London：Routledge 1975，p. 364.

③ J. A. Giles（translated），*Roger of Wendover's Flowers of History*，*Volume II*，London：H. G. Bohn，1849，p. 261；William Stubbs，*The Constitutional History of England*，*Volume I*，Oxford：Clarendon Press，1903，pp. 637-638.

④ F. W. Maitland，*The Constitutional History of England：A Course of Lectures Delivered*，Cambridge：Cambridge University Press，1919，p. 16.

员。从 1340 年起，教会税收分别由坎特伯雷与约克两个教省的教职会议而不是由议会批准。从此以后教士代表已无必要出席议会，在 1332 年以后的议会记录上不再提及教士代表。到爱德华三世（1327—1377 年在位）统治时期，国王也不再传召教士代表出席议会。

14 世纪中期，议会形成"贵族院"（上院）与"平民院"（下院）。出席议会的贵族称为"议会贵族"，没有贵族头衔的骑士与市民代表是平民院的成员。在封建等级观念支配之下，贵族院占据着更加重要的地位。作为国王的直属封臣，贵族院有权最终决定是否同意国王的征税要求。上院也是最高法庭，执掌最高司法权，不仅审理同等级贵族的叛逆罪和重罪，也审理来自其他法庭的上诉案。

将没有贵族头衔的骑士纳入平民院，是发生在 14 世纪的一个重要变化。骑士原本属于"作战的人"，持有骑士领地。12 世纪时，亨利二世（1154—1189 年在位）开始向骑士征收"盾牌金"。这一举措改变了骑士作为"作战的人"的社会角色与发展道路：交纳了盾牌金之后便无须亲身为国王服军役，可以放弃战争职业，转向对领地实行商业性经营，骑士变成了乡绅。在 14 世纪的议会中，"作战的人"已分属两个等级，拥有贵族头衔的骑士位列上院，不拥有贵族头衔的骑士位列下院，与市民划为一个社会等级。

法国召开等级会议的时间比英格兰略晚。在强化王权的过程中，国王菲利四世（1285—1314 年在位）宣布向法国教会征税。这个决定挑战了教会享有的独立性，因而引发了与教皇卜尼法斯八世的冲突。为了在冲突之中赢得臣民的支持，菲利四世于 1302 年召集等级会议。奉召出席这次等级会议的包括僧俗两界的大贵族和享有特权的城市代表。等级会议并非在 1302 年突然出现，而是经历了历史的发展过程。在菲利三世（1270—1285 年在位）统治时期，存在着由贵族与教会代表出席的会议。在会议期间，两个等级分别议事，代表各自的等级向国王提供咨询。一部分城市的代表也曾经在国王的传召之下，多次出席这样的等级会议。

1302 年以后，征收税款成为国王召集三级会议的主要动因。随着等级会议的召开，三个等级的划分也逐渐形成固定的模式：第一等级是教会贵族，是"祈祷的人"之中享有国王封地的教职身份贵族；第二等级是世俗贵族，是"作战的人"当中的国王直属封臣；第三等级是平民，既包括城市中的市民，也包括"祈祷的人"当中不享有封地的教士、"作战的人"当中不享有贵族头衔的骑士。通常情况下，第一等级与第二等级中只有主教、大修道院长与世俗身份的大贵族有资格出席等级会议，由国王直接发送传召令。在第三等级中，只是享有特权的城市有资格选派代表出席等级会议，城市的代表并非仅限于市民，也包括作为平民的教士与骑士。

西欧中世纪的政府是封建政府，带有强烈的个人色彩。国王统领涉及"和平与公义"的一切事务，诸如司法审判、发布法令、军事指挥、财政税收，诸多权力都掌握在国王手中。加之中世纪前期国王的统治能力比较弱小，政府的管理体系也比较简单。在这样的政治环境之下，等级会议行使众多职能，处理的事务范围很广泛，其中包括：审理重要的司法案件；批准税收；制定和发布法律；讨论涉及国王和臣民共同利益的战争与外交事务。

研究者将中世纪英国议会的结构特点概括为"国王在议会中"[1]。这样的概念把国王与议会视为一体，议会是国王的议会，是国王政府机构的组成部分。首先，议会表达的主要是国王的权力。没有国王的权力，议会不能召集，也不能行使权力。其次，议会的主要职能是执行国王的意志以及以国王为代表的统治阶级的意志。多数情况下，两者之间具有相同的利益取向。即使双方之间出现利益冲突，王权总是强大的，出席议会的贵族和代表只是在极少的情况下有能力促使王权做出让步。

等级会议的形成使中世纪英国、法国的政权组织形式发生了变化，国王依靠直属封臣实行统治的"贵族政治"发展成为国王依靠等级会议实行统治的"等级君主制"，王权的统治基础扩大了。等级会议为社会的统治阶层提供了申诉和商议的场合，对于"利益共同体"的形成有积极的促进作用。

等级会议形成之后，虽然平民有机会参与国家政治，但是"劳作的人"依然处于社会政治结构之外。在政治上处于无权地位的农民，只能采取"非法"或者暴力的行动提出自身的诉求，诸如 1358 年发生在法国的札克雷起义与 1381 年发生在英国的瓦特·泰勒起义。

第三节　神圣罗马帝国

加洛林帝国存在不到 50 年就分裂了，帝国三分实际上是对王室领地的瓜分，而王室领地是维系帝国的基础。在查理曼的儿子虔诚者路易统治时期，就已经把王室领地分给了查理曼的三个孙子。这样做的原因，是采邑分封实行的"及身而止"原则：封君与封臣任何一方死亡，都必须与继承人重新缔结分封关系。为了保住已经持有的领地，帝国内的大贵族要求国王提前把领地分给他的继承人，以便尽早与新的封君缔结分封关系。帝国三分不是依照王室领地的面积大小，而是依照王室领地收入的多少。843 年缔结的《凡尔登条约》与 870 年缔结的《墨尔森条约》，最终确认了将王室领地分成三部分，其中莱茵河以东的东法兰克和洛林地

---

① F. W. Maitland, *The Constitutional History of England: A Course of Lectures Delivered*, Cambridge: Cambridge University Press, 1919, p. 20; G. R. Elton, *England under the Tudors*, London: Methuen, 1978, pp. 168, 165.

区的一部分，由日耳曼路易持有。这一地区在以后发展成为德意志，是神圣罗马帝国的核心地带。

一、奥托一世与神圣罗马帝国的创立

查理帝国分裂以后，加洛林王朝在东部地区的最后一位国王在 911 年去世，法兰克公爵与萨克森公爵先后由贵族选立为国王。奥托一世是萨克森公爵的儿子，他之所以成为国王，一方面经过贵族的选立，另一方面也有凭借家族实力世袭继承的因素。

奥托一世 936 年在亚琛举行第一次加冕礼，是为德意志国王。奥托一世（936—973 年在位）依靠教会实行统治，以此对抗德意志的割据势力。在当时的东法兰克，存在着巴伐利亚、士瓦本、法兰克尼亚、洛林四个割地自雄的部落公爵。奥托一世之前，这些部落公爵只是在名义上承认国王的最高封君地位，实际上并不接受国王统辖。

962 年，奥托第二次举行加冕礼。教皇约翰十二世在罗马城为他加冕，授予他"皇帝"称号，由此开创了"神圣罗马帝国"之始。教皇为奥托加冕，实际上是双方之间的一次互利互惠行动。60 年代意大利发生政治动乱，教皇国面临着被武力侵占的危险。教皇约翰十二世邀请奥托前往教皇国给予武力支援，在加冕礼之后双方签署了一项协议。继查理曼之后，奥托承认教皇国的独立地位并且成为教皇国的保护人。奥托一世开创的"神圣罗马帝国"，一直存在到拿破仑时代的1806 年。

二、"帝国"之名与"帝国"之实

自从西罗马帝国灭亡之后，中世纪的西欧普遍存在的是"王国"。在 800 年，查理曼在罗马由教皇加冕从而创建了中世纪的第一个"帝国"，称为"加洛林帝国"或"查理帝国"。这是一个普世性的"帝国"概念，是对古代罗马"世界君主"概念的模仿。然而在中世纪，帝权远不如王权重要：帝国的概念是一个空泛的名义，王权才是统治的核心内容。

奥托一世创建"神圣罗马帝国"，在很大程度上是为了彰显王权统治的强大。在以后的几个世纪里，帝国的统治几乎完全让位于王国。只要经过贵族选举成为"德意志国王"，就顺理成章成为"皇帝"，甚至不必等到由教皇加冕。"神圣罗马帝国"不是一个地理概念，没有明确的版图和边界。在名义上，德意志、意大利、奥地利、波希米亚等地区处于同一位皇帝的统治之下；在实际上，皇帝权力的行使仅局限在德意志地区。所谓的"神圣罗马帝国"，其统治者在本质上是"德意志国王"，甚至是一个缺少足够强大的力量建立起有效统治的国王。

中世纪的德意志堪称诸侯的天下，"皇帝"在诸侯之上享有十分有限的权力。加洛林时代之后，德意志形成了几个强大的公爵领地。这些公爵领地并非封建领地，而是享有所有权的"自主地"。持有自主地的公爵保持着相当大的独立性，可以向自己的封臣分封采邑。由于大量自主地的存在，国王只能把世袭继承的王室领地或兼并的土地作为采邑分封，用以获得封臣的武力支持。

第四节   天主教会与教皇权力

日耳曼民族大迁徙颠覆了西罗马帝国，但是帝国境内的基督教会和教会保持的拉丁文化存留下来了。在西罗马帝国灭亡、西欧世界陷入政治混乱与文化衰落的时期里，教会作为一种政治力量与文化力量，继续发展壮大并且融入新的社会之中。日耳曼民族大迁徙也对基督教会造成冲击，大量日耳曼人涌入西欧并且定居在西罗马帝国的废墟之上，阻断了各地基督教会之间的联系。教会面临着重建并且完善组织系统和向日耳曼人传播基督教的使命。

一、西欧社会的基督教化

日耳曼人最初接触基督教，是在罗马帝国东部。当日耳曼人进入帝国西部的时候，有些部落首领已经是基督徒了。他们被基督教阿利乌斯教派的传教士说服，接受了阿利乌斯教派。在关于耶稣基督本质的问题上，阿利乌斯教派坚持认为，耶稣基督虽然具有神性，但是其地位低于圣父。4 世纪时，阿利乌斯教派的存在对教会的统一构成威胁，最终被宗教会议判定为宗教异端。

《法兰克人史》记载：496 年，法兰克国王克洛维（481—511 年在位）率领3000 亲兵以"圣父、圣子、圣灵"的名义接受了洗礼。[1] 这表明，克洛维接受的是基督教"三位一体"正统教派。这在日耳曼人国家之中是第一个，由此而奠定了法兰克统治者与教皇之间良好的关系，互相之间经常采取互惠互利的行动。

生活在不列颠岛的克尔特人在罗马时代经历过基督教的传播，不列颠基督教会出席了 314 年在阿尔召开的宗教会议，是当时基督教世界的组成部分。日耳曼人的迁徙一度中断了基督教在不列颠的发展，由于盎格鲁－撒克逊人以征服者自居，来自爱尔兰基督教会的传教活动遇到了阻力。596 年，教皇格里高利一世派遣奥古斯丁布道团到达不列颠岛，建立了坎特伯雷主教区。在以后的

---

① ［法兰克］格雷戈里：《法兰克人史》，寿纪瑜、戚国淦译，商务印书馆 1981 年版，第86—87 页。

一百年间，奥古斯丁的后继者与爱尔兰布道团共同努力，最终促使盎格鲁-撒克逊人的国王陆续接受了基督教。大约到 700 年时，几乎整个不列颠岛的日耳曼居民都基督教化了。

在北非和意大利，东罗马皇帝查士丁尼一世用军事行动剪灭了阿利乌斯教派，将这些地区置于君士坦丁堡或拉文那总督区的统治之下。589 年，定居在西班牙半岛的西哥特人放弃了阿利乌斯派。伦巴德人在查士丁尼去世之后占领了意大利北部和中部的大部分地区，在罗马教会的影响之下于 671 年接受了基督教三位一体教派。

在德意志的传教活动最初由盎格鲁-撒克逊人承担，传教士与教皇保持着密切的联系。大规模的传教活动从 7 世纪晚期开始，主要目标是尼德兰地区和中部、南部德意志。传教行动得到了法兰克统治者的支持，使基督教东传到易北河流域。查理大帝的军事征服活动，不仅将法兰克人的统治延伸到萨克森地区，而且强迫撒克逊人接受了基督教。

基督教正统教派在日耳曼人中间的传播，意味着统一的教会组织在西欧确立。此前的西罗马帝国统治地区成为基督教的世界，对于中世纪西欧基督教文化的发展有重要意义。

二、教皇国的形成

东罗马帝国在 6 世纪远征意大利半岛的日耳曼人王国，以后又在意大利建立了拉文那总督区，控制着意大利半岛从拉文那经过罗马再到那不勒斯的一个狭长地带。伦巴德人从北方进入意大利半岛以后，以罗马主教为首的意大利教会作为东罗马皇帝的臣民，与拉文那总督合作，共同抵抗伦巴德人。由于东罗马帝国日渐衰落，不能给拉文那总督区提供足够的支持，罗马主教担当起与伦巴德人周旋的责任。

751 年，拉文那总督区最终被伦巴德人攻陷。罗马教会不仅失去了与东罗马帝国的联系，也面临着伦巴德人的威胁。教皇斯蒂芬二世向法兰克王国求助，当时正值墨洛温王朝的懒王时期，国王不理朝政而宫相掌握实权。教皇承诺帮助宫相矮子丕平获取法兰克王位，以此换取法兰克军队的武力支援。754 年与 756 年，矮子丕平两次率领军队进入意大利，在击败了伦巴德人之后将此前属于拉文那总督区的土地赠送给教皇，此一事件在历史上称为"丕平献土"，是为教皇国之始。781 年，法兰克国王查理曼发布法令，确定了教皇在教皇国作为世俗君主的地位。

丕平也如愿以偿，取代墨洛温王朝末代国王希尔德里克三世（743—751 年在位），成为法兰克国王丕平三世，此为加洛林王朝之始。752 年，美因兹大主教卜尼法斯在斯瓦松为丕平加冕。754 年，教皇斯蒂芬二世前往巴黎，在圣德尼教堂为丕平再次加冕，授予他"罗马人贵族"称号。这是教皇第一次为世俗君主加冕。

三、教皇权力的由来与东方、西方教会大分裂

罗马帝国时代存在着五个传教中心：罗马、君士坦丁堡、安条克、亚历山大里亚、耶路撒冷。在日耳曼民族大迁徙的混乱之中，罗马主教成为西部教会的首领，专属"教皇"的称谓。

教皇作为罗马主教，被认为是使徒彼得的继承者。教皇权力的神学基础是《马太福音》中耶稣基督的一段言论："你是彼得，我要把教会建立在这座岩石上①；地狱的大门不能胜过它。我把天国的钥匙交予你，凡是你在地上捆绑的，也将在天国捆绑；凡是你在地上释放的，也将在天国释放"。教宗卜尼法斯八世（1294—1303 年在位）在 1302 年发布的《至一至圣通谕》，阐述了教皇权威的重要性："只有一个大公教会，亦即使徒的教会，在这个教会之外既没有拯救，也没有对于罪恶的赦免"。通谕又说："这个唯一的教会，只有一个身体与一个头脑……那就是基督，圣徒彼得与彼得的继承人是基督的代理"。这样的阐述在教皇权威与灵魂救赎之间建立起一个关系链条：服从教皇就是服从了彼得，服从了彼得就是服从了耶稣基督，服从了耶稣基督就有希望使灵魂得救。

东方、西方教会大分裂既有政治原因，也有文化传统的原因。395 年罗马帝国形成东、西分治，早期基督教会的五个传教中心也分别组成了东、西两个分支，东部逐渐形成"正教会"，意即保有正统教义的正宗教会；西部逐渐形成"公教""加特力教""天主教会"。东方教会保持着希腊文化的传统，西方教会传承着拉丁文化的传统。

自从基督教在罗马帝国获得合法地位之后，在几个世纪的历史时期内，东方、西方教会之间保持着联系，教会最高权力掌握在拜占庭皇帝手中。可以表明这一点的最为突出的例证，是早期基督教的第一次至第七次宗教会议。② 这七次宗教会议的共同特点是：第一，会议由帝国皇帝召集、各地主教出席。罗马教皇以宗主教的身份代表西方教会出席会议，或者委派代表出席。第二，东、西方教会都派出代表出席会议，会议通过的决议对东方、西方教会都具有约束力，因而这七次宗教会议的决议内容是构成东正教与天主教的共同之处之一。

787 年的第二次尼西亚会议以后，东方、西方教会之间的关系更加趋向紧张，西

---

① 彼得的全名是 Simon Peterrock，含有岩石的意思。另一种解释认为，Peter 就包含有岩石的意思。

② 这七次宗教会议是：325 年的第一次尼西亚会议；381 年的第一次君士坦丁堡会议；431 年的以弗所会议；451 年的卡尔西顿会议；553 年的第二次君士坦丁堡会议；680—681 年的第三次君士坦丁堡会议；787 年的第二次尼西亚会议。

方教会不再出席帝国皇帝召集的宗教会议。罗马教皇虽然宣称有责任召集泛基督教世界的宗教会议，但是在实际上，只有西方教会的主教出席教皇召集的宗教会议。8 世纪之后，东方、西方教会各自独立发展，相互之间很少往来。1054 年，罗马教皇与君士坦丁堡牧首互相开除对方的教籍，最终导致东方、西方教会正式分裂。

15 世纪时，东方、西方教会曾经做出和解的努力。1438—1439 年，教皇尤金四世在意大利召集斐拉拉-佛罗伦萨宗教会议，东方、西方教会均有代表出席，甚至东方教会的代表人数超过了西方教会的代表人数。1439 年，会议通过了关于东方、西方教会和解并且联合的决议：东正教会承认教皇是"基督在尘世的代表"，承认教皇在基督教会内的首席地位。由于这样的定义遭到君士坦丁堡教会的反对，东方、西方教会最终未能实现和解与联合。

四、教皇权力的伸张与圣职授职权之争

在封建主义的社会框架之内，如何保持教会的独立性并且排除教会对世俗力量的依附，是在普遍的封建化形势之下，教会面临的一个重要问题。

按照教会法的规定，主教级别的教士职位空缺时，先由教士团成员推举出人选，然后由教皇正式任命。教士团体享有的这项权力，称为"教会的自由"。但是教会的这项权力日益受到世俗势力的干预，这种情况在神圣罗马帝国表现得尤为突出。为了制约德意志各地强大的诸侯割据力量，奥托一世开创了依靠教会实行统治的传统。这样的统治方略造成的后果是：一方面，德意志主教作为皇帝的封臣而持有采邑；另一方面，皇帝作为封君自认为有权力选择他的封臣，因此而掌握着德意志主教的选任权。在这样的局面之下，教皇的主教任命权形同虚设。

10—11 世纪，教会兴起格里高利改革，旨在强化教会的独立性。1059 年在罗马召开的宗教会议规定，教皇由枢机主教团选举产生。为了防止在选举中产生多个教皇人选进而造成教廷分裂，1179 年的第三次拉特兰宗教会议对教皇选举做出补充规定：教皇由枢机主教团三分之二多数票选举产生；如果一次投票未能达到票数要求，枢机主教团再次投票，直至选出一位获得三分之二多数票的教皇人选，教皇选举才能生效。在确立了教皇选举制度之后，格里高利改革致力于纠正"买卖圣职"问题，试图恢复教会在主教选任权问题上的自由权力。

1075 年，教皇格里高利七世发布教令，宣称罗马教会由上帝缔造，教皇享有唯一的普世权力。1075 年在拉特兰召开的宗教会议规定：唯有教皇有权力任免主教，并且为主教安排教区。神圣罗马帝国皇帝亨利四世（1056—1106 年在位）向格里高利发出信件，表示不承认格里高利作为教皇的地位，要求选举新教皇。1076年，格里高利七世宣布开除亨利四世教籍并且废黜他作为德意志国王的王位。德意志一部分贵族和诸侯支持教皇的决定，希望借助于限制国王对于主教的选任权

力来限制王权。当时德意志贵族发生叛乱，处于压力之下的亨利四世被迫妥协。1077 年，亨利四世长途跋涉，前往意大利北部的卡诺莎城堡，请求驻跸在此的教皇给予赦免。这是一次悔罪苦行之旅，亨利四世身穿麻衣、赤足站在卡诺莎城堡之外的雪地上向教皇请求，最终得以恢复教籍。亨利四世恢复了实力之后，在1081 年举兵围攻罗马城，试图以新教皇取代格里高利七世。格里高利虽然被定居在南部意大利的诺曼人营救出罗马，最终却客死他乡。旷日持久的圣职授职权之争在德意志引发了将近 50 年的内乱，皇帝的权威被极大地削弱了。

1122 年教皇卡利克斯特二世与皇帝亨利五世签订的《沃姆斯协定》是一个妥协方案：在德意志主教的圣职授职礼上，象征着世俗权力的"矛枪"由国王或国王代表授予，象征着宗教权力的"指环"与"权杖"由教皇或教皇代表授予。《沃姆斯协定》只是从法律上平息了这一次圣职授职权之争，中世纪二元权力体系之下的教俗之争并没有就此完全结束。

五、十字军东侵

十字军东征开始于 1096 年，是以宗教为旗帜向西亚和北非一带发动的军事殖民远征。所谓"宗教旗帜"，是指东侵者以"收复耶路撒冷圣地"为口号，以"十字架"作为标志。东侵的组织者是天主教会，参加者有骑士、商人、农民等不同社会群体。

耶路撒冷留有大量耶稣和耶稣门徒的遗迹，是基督教最为著名的宗教圣地。从公元前后开始，耶路撒冷处于罗马帝国的统治之下。随着帝国分成东、西两部分，耶路撒冷归属东罗马帝国。7 世纪阿拉伯帝国兴起之后，在扩张的进程中占领了耶路撒冷。东罗马帝国为了收复失地，在 969 年占领了叙利亚，这是前往耶路撒冷的必经之路。11 世纪，游牧民族塞尔柱突厥人从中亚兴起，在迁徙的过程中接受了伊斯兰教。11 世纪末十字军东侵开始的时候，耶路撒冷处于塞尔柱突厥人的控制之下。

西亚一带的战乱，影响了基督徒的朝圣活动。东罗马帝国请求罗马教廷帮助收复失地，得到了天主教会的响应。1095 年在克勒芒召开的宗教会议上，教皇乌尔班二世发表演说，[①] 宣称圣地落在了"异教徒"手中，号召基督徒前往东方"收复圣地"。

第一次东侵开始于 1096 年冬天，西欧的骑士、农民组成了几支十字军队伍。第一次东侵占领了耶路撒冷，并且在叙利亚、巴勒斯坦一带建立了四个十字军国家：埃德萨伯国、安条克公国、耶路撒冷王国、特里波利伯国。其中的耶路撒冷王国在名义上是其他十字军国家的宗主，然而难以行使实际的权力。

---

① 现存的"克勒芒演说词"，经过当时在场听讲演人的记录以及其他不在场的人辗转传抄，其内容可能包含有记录人和传抄者的理解和概括。

第二次十字军东侵发生在 1147 年至 1148 年，由法国国王路易七世与神圣罗马帝国皇帝康拉德三世率领，但是并未取得任何实质性成果。阿拉伯人萨拉丁在埃及建立伊斯兰教国家，并且在 1187 年占领了耶路撒冷城，从而引起第三次十字军东侵。第三次东侵发生在 1189 年至 1193 年，神圣罗马帝国皇帝腓特烈一世（"红胡子"腓特烈）、英国国王理查一世、法国国王菲利二世率领军队参加。这次东侵并未攻克耶路撒冷，理查一世在返程经过神圣罗马帝国时被俘获，最终以巨额赎金赎身。

第四次十字军东侵发生在 1201 年至 1204 年，由教皇英诺森三世直接发起，向威尼斯商人租借了运输船只。这次东侵的目标并非攻打"异教徒"，也并非"收复圣地"，而是攻陷了同属于基督教世界的东罗马帝国的都城君士坦丁堡，建立了"拉丁帝国"。

西欧在此后还发动过几次东侵，其中第五、六、七次的目标是攻打埃及，第八次的目标是攻打突尼斯，但是都遭到了失败。1261 年十字军国家"拉丁帝国"被拜占庭灭亡，1291 年十字军在西亚的最后一个据点阿克被埃及占领，这两个事件可以分别视为十字军东侵终结的标志。

十字军东侵不仅是一场宗教战争，也是政治行动与经济行动。大量西欧人口受到吸引参与十字军东侵，是为了实现各自在精神上和物质上的追求。人们听信了教皇的承诺，把参与东侵视为朝拜圣地、救赎灵魂的行动。寻找土地资源与财富，也是东侵参与者的重要目标。骑士希望在东方开辟新的领地，农民希望在东方得到耕种的土地。东侵行动最主要的受益者是意大利商人，尤其是威尼斯商人。东侵以后，威尼斯商人在地中海东部重要的港口和市场上建立了商站，在很大程度上控制了地中海地区的商业贸易。

十字军东侵促使西欧的基督教信仰与骑士精神相结合，兴起了医院骑士团、圣殿骑士团、条顿骑士团等几个亦修士亦骑士的团体。这些骑士修道团体从事医疗救护、护卫圣地的事业，逐渐成为强大的宗教力量。13 世纪以后，条顿骑士团将活动的重心从东方的圣地转移到北方的波罗的海地区，开展军事移民行动。

十字军东侵一方面在西亚和北非地区造成了巨大的破坏，大量人口被屠杀，土地被占领，财富被洗劫；另一方面也促进了东西方文化的交流，大量东方物产引进西欧，丰富了欧洲人的生活。

本 章 小 结

本章主要讲述中世纪前期西欧社会发展的基本特征，介绍了西欧经济的发展状况，英、法、神圣罗马帝国封建主义的发展特征和基督教会的演变。

西欧中世纪前期历史发展的特点是普遍的封建化与普遍的基督教化，从而形成了中世纪西欧的两个核心价值：在社会制度与社会结构方面呈现出封建主义，在思想观念或文化形态方面呈现出基督教信仰。

普遍的封建化造成的后果是，封建主义不仅成为土地制度，也演变成为军事制度、税收制度，并且在此基础之上形成并发展了政治制度。本章讲述的封建主义基本上是一个静止的概念，是选取某一时间节点与空间节点、试图用"封建主义"构建出一个社会模式，并且以这一模式作为标准对西欧中世纪的社会做出全面解读。然而，这样的构建并非一个万全之策，具有严重的局限性。实际的情形远比模式复杂，越是深入细节就越是能够表现出这一点。弗雷德里克·梅特兰曾经指出："在阐述封建主义体系的时候，我们必须充分地认识到，法兰西的封建主义完全不同于英格兰的封建主义，13 世纪的封建主义也很不同于 11 世纪的封建主义"①。西欧中世纪是一个复杂的、动态的社会，封建主义的运行随着时间和地域的不同而有所发展变化，在学习本章内容时应当对这一点有清醒的认识。

普遍的基督教化造成的后果是，基督教信仰成为唯一正统的思想观念与文化形态，并且在相当大的程度上规范着人们的日常生活。基督教信仰并非凭空存在，在中世纪西欧各地形成的教会组织成为信仰的载体与支持力量。与两个核心价值密切相关的，是存在于中世纪西欧的两种社会力量：以教皇权为中心的教会力量，以王权为中心的封建主义力量。两种力量在同一个社会中运作，如何协调两者之间的关系，是当时人面临的一个重要问题。

思考题

1. 简述普遍的封建化为西欧社会带来的影响。
2. 简述普遍的基督教化为西欧社会带来的影响。
3. 综述普遍的封建化与普遍的基督教化，在同一个社会之中的相互影响。

▶ 拓展阅读

马克垚《西欧封建城市初论》

---

① F. W. Maitland, *The Constitutional History of England: A Course of Lectures Delivered*, Cambridge: Cambridge University Press, 1919, p. 143.

第十四章　东欧、北欧诸国（6—12世纪）

引　言

从地理空间维度上看，古代希腊、罗马文明主要活跃在欧洲南部，以地中海为中心的地区。所谓"东欧"，是指波罗的海以东的东欧北部地区，即东罗马（拜占庭）帝国以北的各族和国家；所谓"北欧"，实际上是指西欧北部地区，即法、德各国以北地区，主要是丹麦、挪威、瑞典和芬兰等民族和国家。

在中世纪开始时，欧洲偏北（北纬50度以北）地区各族均未走出原始的野蛮状态。东欧居住的主要是古斯拉夫人和少数非斯拉夫人。古斯拉夫人是印欧人种的一支，原住地在喀尔巴阡山以北普里皮亚季河（第聂伯河右岸支流）上游沼泽地带。这一支印欧人从1世纪开始向外迁徙，形成东、西、南三支斯拉夫人。从历史和文化方面进行考察，中世纪东斯拉夫人建立了古罗斯国（基辅罗斯），为后来的俄罗斯民族、白俄罗斯民族、乌克兰民族的共同祖先。西斯拉夫人建立了波兰和捷克两个国家。南斯拉夫人建立了保加利亚、塞尔维亚等国。

处于欧洲整个北部地区的各族，无论东部的斯拉夫人还是西部的诺曼人，这一时期基本处于由野蛮向文明过渡时期，形成"军事民主制"，这是由原始氏族社会向国家过渡的社会组织形式。恩格斯说："其所以称为'军事'，是因为战争以及进行战争的组织现在已经成为民族生活的正常功能。……他们是野蛮人：掠夺在他们看来比用劳动获取更容易甚至更光荣。"[①] 因此，北欧西部的诺曼人被西罗马帝国财富所吸引，不断南下掠夺西欧诸国，被称为"海盗"（维京人）；北欧东部的瓦兰人（瓦良格人，主要指瑞典人）被东罗马（拜占庭）帝国财富所吸引，不断沿"大水路"南下掠夺拜占庭帝国，如掠夺不成则进行贸易。9—10世纪，东、西斯拉夫人逐渐建立封建土地所有制，实现封建化。日耳曼人、斯拉夫人、诺曼人通过冲撞与融合共同开启了构建中古欧洲文明的新历程。

第一节　东斯拉夫人与基辅罗斯

一、东斯拉夫人的早期社会

（一）东斯拉夫人

东斯拉夫人广泛分布于第聂伯河、伏尔加河上游、北德维纳河和伊尔门湖等

---

① 《马克思恩格斯文集》第4卷，人民出版社2009年版，第183页。

广阔土地上。据古罗斯第一部编年史《往年纪事》的记载，东斯拉夫人共有 30 多个部落，其中以基辅为中心的波良人（波里安人）和以诺夫哥罗德为中心的斯洛文人最为先进。拜占庭历史学家普罗科普在《哥特战记》中曾提到，6 世纪的东斯拉夫人仍处于原始社会氏族民主制阶段。他说：安特人（即东斯拉夫人）"不是由一人统治的，历来就过着民主生活，因而与其幸福攸关的一切事情，不论好坏，都要提交人民讨论。"但是此时为了防御入侵的敌人，东斯拉夫人也可以组织本地区各部落联合作战。据拜占庭的历史家梅南德尔说，安特人一个著名领袖美扎米尔，联合了相当大一部分安特人，因而使阿瓦尔人感到恐惧。但这个时期的部落联合还不是经常性的组织，往往在战争时期临时组织起来，战争结束就自行解体。

　　7、8 世纪的东斯拉夫人以部落、氏族、"大家族"公社为单位定居下来。每个部落和氏族都占有一块土地，各部落和氏族之间还有许多空地、森林、草地等附属土地。彼此占有的土地没有明确的界限。各家族在氏族范围内占有自己的一块土地。氏族划分为若干村落，每个村落由一两个院落组成，一个院落相当于一个大家族。大家族之间虽有某些社会联系和经济联系，但总的说来都是独立的经济单位。东斯拉夫人的经济，各地区不完全相同，住在森林草原地区的，主要经济部门是耕作农业和畜牧业，另外也从事打猎和采集野蜂蜜；住在北部森林和湖泊地区的，多半以渔猎采集为主，间或开垦林间空地，兼营农作。

　　（二）社会分化

　　到 9 世纪时，随着社会生产力的发展，东斯拉夫人的社会组织也发生了很大变化。为了扩大开荒，就必须砍伐森林，铲除树根，焚烧耕地，劳动量有所增加，单靠一个家族的劳动力无法完成，必须吸收外人参加。为了完成这项巨大的经济任务，他们同住在一个家庭院落里，工作完成以后也可以散伙。这就破坏了靠血缘联系的家族的基础，开始以地域和经济联系作为团结家族的纽带。原来的氏族公社日趋瓦解，新的地域公社（农村公社）代之而起。这种地域公社，斯拉夫语称为"维尔福"（原意为绳子），因为农村公社形成以后，需要用绳子丈量可耕种的土地，在大家族公社之间进行分配。维尔福的成员实行连环保制度，如果某成员犯了杀人罪或某几种盗窃罪，其他成员则在一定情况下负有连带的责任。关于东斯拉夫人的维尔福公社，马克思写道："俄国公社里的一切，包括最细微之处，都同古日耳曼公社完全一样。此外，在俄国人的公社里还可以看到：第一，公社的管理机构的性质不是民主制的，而是家长制的；第二，向国家交税采用连环保的办法等等。"[1]

　　东斯拉夫人早在 6 世纪时就已经出现了奴隶的萌芽。拜占庭作家摩里斯说，俘

---

[1]　《马克思恩格斯文集》第 10 卷，人民出版社 2009 年版，第 298 页。

虏在安特人那里虽然也暂时地变成奴隶，但不像在其他国家那样是一辈子当奴隶，而是经过一定时期以后，俘虏或者可用赎金的办法获得自由，或者作为自由人和"朋友"居住在这块土地上。8、9世纪时，东斯拉夫人的氏族制度日趋解体，原始奴隶制有所发展，但是它始终没有越过"家长制奴隶制"的范围。战俘奴隶通常被卖为家庭奴仆或富人的妻妾。在斯拉夫人与哈札尔人、瓦兰人的贸易中，奴隶往往被当做商品出卖。

农村公社内部的两极分化，必然出现富者与贫者、高贵者与卑贱者。氏族长老和部落酋长利用职权获得较多较好的土地，占有大量的战利品和俘虏奴隶，因而变成富裕的贵族。部落中心地区的一些城市是部落酋长的所在地，后来这些酋长变为城市的统治者（如德列夫里安部落的马尔、维亚提契部落的贺达塔等）。他们依靠军事贵族和土地贵族的支持，俨然成为地方的小王公。但在一些城市中，市民的社会组织"维彻"对于城市管理、土地分配和对外联系等都握有很大的权力。

二、古罗斯建国

（一）基辅罗斯

古代罗斯国家起源于瓦兰人的征服。据《往年纪事》记载，9世纪中叶（862年），瓦兰人留里克三兄弟来到斯拉夫人居住的地方，长兄留里克坐镇诺夫哥罗德，二哥西涅乌斯坐镇别洛奥泽罗区，三弟特鲁沃坐镇伊兹鲍尔斯克。两年后其弟相继去世，全部权力归留里克一人掌管。[①] 879年留里克逝世，他的亲属奥列格在留里克之子伊戈尔冲龄时期作为摄政王继续统治诺夫哥罗德。奥列格南下第聂伯河，征服斯摩棱斯克，于882年占据基辅城，建立起留里克王朝统治的基辅大公国。马克思指出：俄罗斯的首都，留里克定于诺夫哥罗德，奥列格迁至基辅。[②] 古罗斯国家以基辅为中心，逐渐征服邻近的德列夫里安人、塞维里安人和拉迪米奇人等斯拉夫人部落，迫使他们纳贡臣服。北方一些非斯拉夫人部落也相继臣服于基辅罗斯。基辅罗斯逐渐成为一个庞大的包括多民族的早期封建国家。

靠武力征服建立的国家必然靠武力来维持。早在860年，瓦兰人的船队曾进攻过拜占庭帝国首都君士坦丁堡。奥列格于907年率水陆两路大军进攻君士坦丁堡，并于911年把一个屈辱条约强加于拜占庭帝国，罗斯商人获得了免缴贸易税的权利。912年奥列格死后（一说奥列格死于922年），留里克之子伊戈尔继位。他继承奥列格的征战事业，并于941年和944年两次进攻君士坦丁堡。第一次败于著名

[①] ［俄］拉夫连季编：《往年纪事》，朱寰、胡敦伟译，商务印书馆2011年版，第14、15页。
[②] 《马克思恩格斯全集》第44卷，人民出版社1982年版，第308页。

的"希腊火"，第二次未到达君士坦丁堡便与拜占庭言和，并缔结新条约，详细规定了拜占庭与罗斯的贸易关系。伊戈尔的儿子斯维亚托斯拉夫统治时期（964—972 年）击败了伏尔加河流域的保加尔王国和哈扎尔汗国，继而征服北高加索，打通了通往东方的道路。967 年他又应拜占庭皇帝之请，打败了多瑙河下游的保加利亚王国，并把首都迁至佩雷亚斯拉夫。这时基辅罗斯的实力达到极盛时期。拜占庭帝国因害怕罗斯实力坐大，又贿赂佩彻涅格人以重兵围攻基辅，迫使斯维亚托斯拉夫迅速班师回返，在击退佩彻涅格人之后重返保加利亚。971 年，拜占庭皇帝约翰一世·齐米西斯（969—976 年在位）将斯维亚托斯拉夫逐出保加利亚，粉碎了罗斯人占领保加利亚的企图。回师途中，斯维亚托斯拉夫惨遭佩彻涅格人的埋伏而身亡。留里克王公们从此不再进攻拜占庭帝国，专心致志于古罗斯的统治。

留里克王朝初期经济活动的一个重要领域就是国内外贸易。对罗斯人来说，贸易和征战是相辅相成的。他们既是商人，又是劫掠者，劫掠是贸易的源泉，贸易是劫掠的补充。罗斯人用于贸易的商品，除劫掠来的物品之外，再就是被征服居民缴纳的贡物。

索取贡物是推动基辅王公出兵征战的重要原因之一。每年冬初，大公带领亲兵到所属居民中作"索贡巡行"，挨家挨户向人民征收毛皮、蜂蜜、蜂蜡等贡物。缴纳贡物是被征服居民对统治阶级的依附形式，征收贡物是罗斯王公统治权力的体现。大公及其亲兵队要在外地巡索一个冬季。索贡队所到之处，连征带掠，肆无忌惮，不仅抢劫财物，甚至掠夺人口，因而在索贡队到来时，居民往往四散逃亡。征收和分配贡物是维系罗斯王公与其亲兵队之间关系的手段。西欧一些国家维系主从关系靠的是采邑分封，而古罗斯靠的则是贡物。马克思曾经指出：基辅罗斯王公与其亲兵队的关系，是没有采邑的臣属关系或者只是纳贡的采邑，因此，那些渴望休息的首领们被亲兵队所迫而不得不继续前进。[①]

（二）接受基督教

东斯拉夫人原来信奉多神教，崇拜自然力，受万物有灵论的支配。罗斯建国后，王公们和亲兵队为了征战和贸易，与拜占庭接触较多，有些王公和亲兵先后皈依希腊正教。据编年史记载，860 年远征君士坦丁堡的罗斯人中就有人改宗了"纯真的基督教"（希腊正教）。伊戈尔统治时期（912—945 年）信仰正教派基督教的人增多了。女大公奥尔加于 957 年接受了基督教的洗礼。987 年，拜占庭帝国爆发福加斯暴动，保加利亚人也威胁帝国的安全，皇帝瓦西里二世（976—1025 年在位）请求基辅大公弗拉基米尔（980—1015 年在位）帮助镇压暴动。弗拉基米尔出兵的条件是两国结盟，王室联姻，希望公主安娜嫁与罗斯大公。弗拉基米尔出

---

① 《马克思恩格斯全集》第 44 卷，人民出版社 1982 年版，第 308 页。

兵镇压小亚暴动,并于 988 年宣布基督正教为国教。他回国后大兴土木,修建教堂。罗斯教会从 1037 年起隶属于君士坦丁堡牧首。此后 200 年间,几乎所有的大主教和主教都由希腊人充任。13 世纪以后,罗斯人才逐渐掌握了宗教权力。

基督正教的传入符合罗斯新兴封建主阶级的利益,加强了大公政权的统治,促进了封建制度的形成和发展,密切了罗斯与欧洲各国,特别是与拜占庭帝国的联系,使古罗斯在政治、经济、军事、文化各方面都受到拜占庭帝国的影响。

(三) 封建关系开始确立

古罗斯国家在东斯拉夫人原始公社制解体的基础上,靠武力征服而建立起松弛的军事政治联合体,因而保存了浓厚的公社制和奴隶制的成分,土地被认为是公社的公共财产。古罗斯农村公社里的自由农民称为"斯美尔德",是古罗斯的主要农业居民。9、10 世纪时,停止定期分配耕地,公社成员对耕地的使用权可以继承,久而久之则形成土地私有。11、12 世纪,罗斯的封建关系有了较迅速的发展,王公贵族占有世袭领地已成普遍现象,从而缩减了村社农民斯美尔德使用的土地。另外,随王公征战的亲兵也得到土地封赐。随着封建土地所有制的形成,阶级关系发生了很大变化。11、12 世纪的斯美尔德不完全等同于原始社会的自由农民。随着私有制和国家的出现,他们有了一小块私有地和少量家具,变成个体小生产者。他们必须向封建国家缴纳贡赋、捐税或罚金,有时还要为封建王公服徭役或军役。这种斯美尔德实际上是国家的依附农民。古罗斯的依附农民还有两类人数较多的阶层:扎库比和里亚多维奇。扎库比是由于债务而沦为依附地位的农民;里亚多维奇是由于封建契约而沦为依附农民。

斯美尔德小农土地占有制与封建主大土地所有制同时并存,并且封建主土地的扩大,主要是靠损害小农的利益而得到补充。这就是 11—12 世纪基辅罗斯封建化过程的主要线索。但是基辅罗斯统治时期封建化的过程远没有完成,封建关系仅仅开始确立。

(四) 古罗斯文化

在东斯拉夫人文化的基础上,古罗斯人接受瓦兰人文化和拜占庭文化影响,最终形成具有独特民族风格的古罗斯文化。早在 9 世纪中叶(863 年),君士坦丁堡牧首应大摩拉维亚王公之请,派出懂斯拉夫语的希腊传教士西里尔和美多德兄弟到大摩拉维亚传教。西里尔以希腊文字母为范本,增加了斯拉夫语所独有、希腊语所缺少的发音符号,创造出适合斯拉夫语言的文字体系,这就是"西里尔字母表"。9 世纪前半期,罗斯人已有文字,据斯摩棱斯克附近考古发现,那时生产的陶器上已经带有文字。9 世纪中叶,东斯拉夫人的南部地区有相当发达的文字。10 世纪罗斯和希腊签订的条约就是用罗斯文和希腊文两种文字写成的。

10 世纪基督教(东正教)逐渐在罗斯传开。来自保加利亚的圣书、祈祷书等手抄本也开始出现。10世纪末弗拉基米尔大公接受基督教，并定基督教为罗斯国教。这种举措一方面使政权神圣化，成为统治阶级奴役人民的工具；另一方面传教、读经活动在客观上有利于罗斯文字的完善和书面文学的发展。11世纪基辅总主教伊拉里昂著有《教规和神恩讲话》，兼有说教和议论的性质，试图说明罗斯在基督教世界中的地位。弗拉基米尔·摩诺马赫的《训子篇》亦是古罗斯文学的瑰宝。

古罗斯的文学和史学互相渗透、互相依存。12世纪初在基辅彼彻拉洞窟修道院，由涅斯托尔修士编成的《往年纪事》，是关于罗斯历史和社会生活的百科全书，将古罗斯的历史与东欧斯拉夫人的历史联结起来，具有很高的史料价值。12世纪完成的《伊戈尔远征记》描写1185年北诺夫哥罗德公伊戈尔·斯维亚托斯拉维奇，率领罗斯军队远征波洛伏齐人的经过，歌颂伊戈尔公及其军队的英勇战斗精神，但由于封建割据时期政治上的分裂，以致远征最终遭到失败。这是一部充满罗斯爱国主义思想的伟大史诗。

11—12世纪编成的《罗斯法典》，是罗斯国家的政治、经济和社会生活在法律制度上的反映。它是古罗斯第一部系统的成文法典，反映了罗斯封建关系的形成，其目的是保护封建所有制，巩固封建制度。《罗斯法典》是研究古罗斯历史和社会经济、阶级关系最有价值的史料。

古罗斯的建筑艺术也是在拜占庭的影响下发展起来的。10世纪以前多为结构复杂的木制建筑物，10—11世纪才兴建第一批砖石结构的建筑物。基辅最早的教堂是弗拉基米尔时代兴建的什一教堂，可惜在蒙古军队进攻基辅时被毁。雅罗斯拉夫时代修建了宏伟壮丽、结构精致的圣索菲亚大教堂和彼彻拉洞窟修道院。

另外，在诺夫哥罗德出土了11—13世纪的桦树皮文献，内容涉及私人信件、账目、遗嘱、商业契约等，是研究当时城市居民日常生活的重要文献。

第二节　西斯拉夫人

一、早期波兰国家

（一）原始公社制的解体和波兰的建国

西斯拉夫人的一支波兰人自古以来就居住在东欧平原的西部、波罗的海与喀尔巴阡山之间，西界奥得河和尼斯河，东到布格河和维普日河之间的密林地带。此地区土质肥沃，物产丰饶，是一个"天府之国"。

古波兰人居住地区的地形，沃野千里，河流纵横，缺乏天然屏障，最易遭受外族的侵袭，经常受到德意志人入侵的威胁。据罗马古籍记载，波兰人在6世纪以前仍处于原始社会氏族公社制阶段，6—10 世纪是原始社会开始解体和阶级社会逐渐产生的过渡形态时期，即由部落和部落联盟过渡到国家的关键时期。波兰人在原始社会末期军事民主制阶段，军事首长和侍从兵的组织异常强大，经常南征北战，既从事对外掠夺，又防御外族入侵。波兰考古学研究证明，原始社会末期农业基础较好，广泛种植的农作物是黍、小麦、燕麦、大麦、黑麦、亚麻和大麻。果树和蔬菜的栽培也相当普遍。畜牧业和饲养家禽在波兰农民经济中占重要地位。

波兰国家的建立经历了长期而复杂的过程。9 世纪中叶以前，波兰人各部落开始形成地区性的联合，阶级划分开始形成，阶级矛盾和阶级斗争已经出现。9 世纪中叶以后，以某个城市为中心把周围地区联合起来，出现了"部落联盟"或"部落公国"。约在 9 世纪中叶开始形成两个区域性联合体：南部小波兰建成维斯拉公国，北部大波兰建成波兰公国。后来维斯拉公国于 9 世纪 70 年代被捷克的大摩拉维亚公国所征服，于是大波兰就成为建立古波兰国家的唯一中心。10 世纪下半期，大波兰公国结束了各地首领之间的混战，建立相对统一的古波兰国家，它的第一代王公是普雅斯特王朝的梅什科一世（960—992 年在位）。

966 年，梅什科一世从捷克接受了西方基督教，这对于波兰封建制度的形成、加强与西欧各国的联系、促进波兰文化的发展等方面都产生了深远的影响。梅什科一世统治的末年，波兰公国的领土已经扩及西里西亚、玛佐舍夫、波莫瑞和维斯拉人地区，只有克拉科夫地区除外。梅什科一世临死之前，把国家分给几个儿子，立即引起内讧，直到 995 年斗争才结束，长子勇者波列斯拉夫取胜，继承王位。勇者波列斯拉夫统治时期（992—1025 年）完成了波兰国土的统一。

（二）10—11 世纪之交波兰的社会制度和国家制度

10 世纪和 11 世纪初，波兰封建化的过程取得明显的进展。本来在原始公社制解体的过程中自然产生了一些家长奴隶制的因素，将战俘当做奴隶使用，贫困化的公社成员或无力还债的人员"自愿"卖身为奴者，也都被固着在土地上，转化为农奴或依附农民。构成新兴波兰国的主要居民是农村公社的自由农民，他们向王公缴纳贡赋，维持国家机器和王公卫队，同时还必须负担各种徭役：长途运输、修建工事、建筑桥梁、维修道路等。

波兰王公划分全国土地并把人民分封给僧俗贵族和文武官员。新兴的封建贵族在封地内肆意侵占公社土地，强占自由农民份地，攫为己有，从而产生了有条件的封建土地占有制，条件就是受封者为王公服军役或为宫廷服务。普雅斯特王朝最初几代王公曾封赏给教会大量土地，因而教会也成为封建大土地所有者。

波兰社会的封建化伴随着残酷的阶级斗争。村社的自由农民顽强抵抗教俗大封建主强占土地和进行人身奴役。封建主利用村社实行连环保制度，以防止农民的反抗。教会不仅向属下农民征收地租，还向全体农民征收什一税。反封建的农民往往恢复原始的宗教信仰，对抗封建教会的剥削和压迫，摧毁基督教会是人民群众反封建斗争的一种形式。苛刻的赋税和繁重的徭役，再加上教会什一税的沉重负担，一直压得波兰的劳动农民喘不过气来。

古波兰的国家政权是捍卫大地主阶级利益的暴力机关，是封建贵族阶级镇压依附农民的工具。波兰的行政管理机关设中央和地方两级：中央机关设有宰相、军机大臣、财政大臣、领地大臣和法官等官职；王公在地方的代表是镇守使，他代表王公管理地方，集地方军政大权于一身，维持当地治安和财政，替王公征收贡赋和捐税，摊派各种徭役，并管理王公在当地的庄园。但是波兰各地的行政管理体制不尽相同。有些地方仍然由当地公爵进行统治，他们承认王公的最高权力，向他缴纳贡物，战时为他服军役。教会机关在某种程度上起着国家管理机关的作用。

古波兰的王公卫队是国家的重要支柱。梅什科一世时卫队人数将近三千，勇者波列斯拉夫时达到四五千人。除卫队以外还有封建民兵。尽管波兰有强大的军队，但政权并不巩固。因为各地区之间很少经济联系，并且随着封建关系的发展，离心倾向愈来愈强。不仅地方公侯要摆脱中央控制，而且地方贵族也有分离的意图。中央与地方的冲突到波列斯拉夫一世统治末年显露出来。

（三）1037—1038 年的农民起义

11 世纪初期以来，波兰的阶级矛盾相当尖锐，被剥削被奴役的农民反抗封建主阶级的斗争，在 1037 年转化为大规模农民起义。1034 年王公梅什科二世死后，地方大贵族的势力抬头，波兰出现分裂割据的趋势。统治阶级内部各集团之间的斗争，削弱了国家政权的力量，客观上有利于农民阶级反抗封建主的斗争。于是在大波兰和小波兰掀起轰轰烈烈反封建的农民起义。1037 年，"被遗忘者"波列斯拉夫（梅什科二世的长子）之死成为起义的信号。参加起义的主力是农民，也有奴隶和被释放奴隶参加。起义的矛头主要对准教会和地方封建主，许多主教、神甫和封建主被刀剑杀死，或被石头砸死。起义具有明显的反封建和反教会的性质。起义声势浩大，震撼了全国。"被遗忘者"波列斯拉夫的弟弟卡西米尔一世继承王位，但继位不久就逃往德意志。在席卷波兰的强大农民起义面前，教俗封建主联合起来镇压农民起义，并向神圣罗马帝国皇帝亨利三世求援。1038 年年末帝国皇帝派军队护送卡西米尔一世回波兰执政，并协助波兰王公和教俗封建主残酷地镇压了波兰农民大起义。

1037—1038 年波兰农民起义虽然失败了，但是它在波兰的历史上具有重大的进步意义，它开创了波兰人民反封建革命斗争的传统，同时给教俗封建贵族以毁灭性的打击，使奴隶制残余完全被消灭。

（四）封建割据的加强

卡西米尔一世（1034—1058 年在位）依靠德意志骑士队伍的支持，恢复了波兰王位。古波兰旧有的领土和制度基本上得到恢复，因此他得到了"复兴者"的尊号。但是卡西米尔去世后，波兰集中统一的王权基本结束，开始向封建分裂割据的社会状态过渡。

歪嘴波列斯拉夫三世（1102—1138 年在位）统治初年收复了勇者波列斯拉夫死后所失去的波莫瑞（波美拉尼亚），一度恢复了波兰国家的统一。整个国土都处于国王的统治之下。1138 年，歪嘴波列斯拉夫死时的遗嘱中决定把波兰分给他的四个儿子。长子弗拉迪斯拉夫二世分得西里西亚，次子梅什科分得大波兰的大部分（包括波兹南在内）和库雅维亚的一部分，三子卷发者波列斯拉夫分得马索维亚，四子正义的卡西米尔分得桑多米尔和卢布林地区。遗嘱中规定了长者继承的原则，即由族中的长者继承最高政权和大公的称号。继承大公职位的人另得专属大公的封邑，其中包括克拉科夫、塞拉奇和伦奇查地区、库雅维亚的一部分（包括鲁雪瓦茨在内）和大波兰的一部分（包括卡里斯和格涅兹诺）。大公的首都在克拉科夫。各封侯原则上受大公统辖，但是各封侯都要摆脱克拉科夫大公而独立。1146 年波兰爆发了内战，弗拉迪斯拉夫二世逃到国外。封建混战的结果是兄弟四人轮流担任克拉科夫大公，但波兰却四分五裂，不再是统一国家。

（五）10—12 世纪波兰文化

波兰在 966 年接受西方基督教之后，它的文字和文学都在罗马教会的影响下发展起来。但早期的神学书籍和文学资料全用拉丁文书写，波兰人的文化教育亦为教会所垄断。寺院和教会属下所设立的学校全部教授拉丁文，研究宗教神学。古代波兰的文献作品都是僧侣用拉丁文书写的，其中保存了不少统治阶级的文化资料。关于波兰大公王朝的许多英雄史诗的神话传说就属于这一类。12 世纪初年流传下来的历史著作《嘎鲁·阿诺尼姆编年史》，详细记述了波兰封建主阶级各集团之间的政治斗争。虽然这部编年史的作者姓名和所属民族都不清楚，但可以看出，作者是一位神职人员，他与歪嘴波列斯拉夫的宫廷有着密切联系。很明显，这部编年史是根据波列斯拉夫的命令编成的，全书共分三卷，第一卷简要叙述了波兰的历史，重点放在勇者波列斯拉夫时期；后两卷是这部书的主要部分，主要叙述歪嘴波列斯拉夫的生平和战绩，一直写到 1113 年。这部编年史的主要思想是主张保持波兰国家的统一，保持强大的王公政权，认为如果国家分崩离析就会招致外来侵略的威胁。

二、早期捷克国家

（一）捷克地区的早期国家

捷克位于欧洲中部，由波希米亚、摩拉维亚和斯洛伐克三部分组成。捷克人属于西斯拉夫人的一支。6 世纪末 7 世纪初，多瑙河中游的阿瓦尔人不断入侵捷克，遭到捷克人的顽强抵抗。在反抗外来侵略的斗争中，捷克境内各部落逐渐联合起来，在 7 世纪前半期形成以萨莫大公为首的部落联盟（623 年），历史上称为萨莫公国。这个公国是西斯拉夫人最早的国家，在当时是比较强大的，不仅击败了阿瓦尔人的入侵，还击退了法兰克人的进攻。萨莫公国与法兰克王国有频繁的商业往来。可是，这个公国并不巩固，仅存在了 35 年（623—658 年）。658 年萨莫大公逝世后，公国便解体了。

9 世纪初，西斯拉夫人的历史中又出现了另一个大国，即在多瑙河中游和拉巴河（易北河）上游建立的大摩拉维亚国家（830—906 年）。第一任大公是莫伊米尔（830—846 年在位），首都为维列格勒（在摩拉瓦河上游地区）。其版图包括捷克、摩拉维亚、斯洛伐克、鲁日查、奥波德利等部落的土地。这个国家的产生一方面是捷克人生产力发展的必然结果，走出原始的野蛮状态、进入阶级社会而建立国家；另一方面也是为了抵御德意志封建贵族不断入侵的需要。进入大摩拉维亚国家的德意志教俗封建势力，极力剥削和奴役西斯拉夫人，干涉其国家的内政，处心积虑阻碍它的巩固。他们推翻了莫伊米尔王公的统治，但又不得不承认莫伊米尔的侄子继承王位，就是大摩拉维亚第二任王公罗斯提斯拉夫（846—870 年在位）。在罗斯提斯拉夫统治时期，封建经济和政治都有所发展。在靠近德意志的边境地区建筑许多堡垒，以防止德意志人的扩张。为了对抗西方教俗封建主在大摩拉维亚的专横跋扈，于 862 年请求拜占庭东正教会派出懂斯拉夫语的传教士到大摩拉维亚传教。863 年，拜占庭教会派出一个传教团，由西里尔、美多德兄弟领导，到大摩拉维亚传教。他们根据希腊文字母创制斯拉夫文字母表，并把《圣经》译成斯拉夫文，用斯拉夫语传教、做礼拜，使广大群众容易理解和接受。这个传教团在一些地区协助培养斯拉夫人教士，促进大摩拉维亚建立斯拉夫人的独立教会，以摆脱德意志教会的控制。

870 年，罗斯提斯拉夫大公被其侄子斯维亚托波克发动政变而推翻。德意志封建主开始支持政变者，后来又将其逮捕并送往德意志。德意志人伯爵直接掌管大摩拉维亚政权，残酷掠夺斯拉夫农民，迫害拜占庭传教士，美多德被捕下狱（西里尔于 869 年逝世），受到严刑拷打。871 年，斯拉沃米尔神甫领导斯拉夫人起义，打击德意志封建主。德意志统治者派斯维亚托波克率军镇压，但他倒戈与德意志人作战，同起义队伍一起赶走德意志侵略者，重新恢复大摩拉维亚政权，救出美多德。由于德意志教士反对，885 年美多德死后，拜占庭的传教团被赶出大摩拉维亚。因此以德意志教士取代拜占庭教士的地位，控制整个大摩拉维亚教会。到 9 世纪末，大摩拉维亚统治者内讧，国势渐衰，为外部侵略者造成可乘之机。906 年匈牙利人攻灭了大摩拉维亚国家后，并吞了其南部的斯洛伐克、潘诺尼亚等大部分领土；但其北部的捷克（波希米亚）公爵坚持反对外来侵略者匈牙利贵族的斗争，同时参与大摩拉维亚北部地区诸公侯为争夺权力的内部斗争。从 973 年起，捷克地区布拉格公爵波列斯拉夫二世（967—999 年在位）建立布拉格主教区，将大量土地赏赐给天主教会。在教会的支持下，波列斯拉夫二世于 996 年终于统一原先属于大摩拉维亚的北部地区，建立起普舍美斯王朝统治下的捷克独立国家（996—1306 年）。

（二）封建制度的确立及其经济发展

捷克的封建化过程早在大摩拉维亚统治时期已经开始，到了普舍美斯王朝兴起之后，封建关系发展迅速。国王波列斯拉夫一世（935—967 年在位）消灭了氏族部落贵族，并将土地封赐给亲兵作为采邑。这样，受封的亲兵获得大量土地成为封建贵族。这时，教会也得到大批土地赏赐或强占农民的土地，成为大土地所有者。

10 世纪是捷克封建化过程的关键时期，封建制度最终确立。封建贵族肆无忌惮地侵占公社和农民的土地。大批农民失去土地，不得不租种封建贵族的土地，从而失去自由，变成封建主的农奴或依附农民。考古学家根据奢侈豪华的王公贵族的墓葬和破弊简陋的平民墓葬，说明捷克国家在封建制度下两个阶级的尖锐对立。在贵族庄园里，特别是公侯庄园里仍保存奴隶制的残余，继续使用一定数量的奴隶劳动。一些外来居民（非捷克本族人），作为"隶农"租种庄园份地，并缴纳一部分收成。自由农民失去土地越来越多，逐渐转化为依附农民阶级。到 12 世纪，捷克封建化的过程基本完成。大部分农民沦为农奴，他们要向封建主交纳地租、服劳役，还要担负国家的赋税。封建主分为两个阶层，教俗大贵族构成上层称为"潘"，中小贵族构成下层称为"骑士"。

10—11 世纪捷克的封建经济得到迅速的发展。农业技术有所改进，铁犁的普遍使用使耕地面积不断扩大。手工业也迅速发展起来。11—12 世纪采矿技术进步较快，银、铅、铁、锡等金属矿业的开采相当普遍，尤其是白银产量在当时欧洲居第一位。矿业和手工业的发展使捷克出现许多手工业和商业中心，如布拉格、比尔森等城市。捷克与欧洲各国的商业贸易也迅速发展起来。布拉格最为富庶，成为欧洲国际贸易中心。据一位阿拉伯作家的记述，捷克生产的农业和手工业产品，如谷物、毛皮、马匹、蜂蜜、木材、白银、铅等通过布拉格输出国外，诸如阿拉伯国家、古罗斯和西欧诸国。外国商人多集中在布拉格与捷克人进行商业贸易。

第三节　北欧诺曼人

一、古诺曼人

所谓诺曼人，意即北方日耳曼人，是指居住在斯堪的纳维亚半岛（挪威、瑞典）和日德兰半岛（丹麦）上的日耳曼人。古诺曼人是斯堪的纳维亚最早的居民，前现代的斯堪的纳维亚历史，分为史前与中世纪两个阶段。史前阶段，国际学术界至今沿用丹麦著名考古学家汤姆森于 1836 年出版的《斯堪的纳维亚古物指南》中提出的斯堪的纳维亚史前三分期法。按人类生产工具的发展，划分为石器、铜器、铁器三个前后相续的时代。公元前 4000 年左右，石器时代由旧石器晚期、中石器时代向新石器时代过渡，农业与畜牧业被引入斯堪的纳维亚。大约公元前 1800 年，斯堪的纳维亚进入铜器时代。在此之前，铜器已经被引入斯堪的纳维亚。进入铜器时代后，斯堪的纳维亚人制造铜器的工艺达到了很高的水平。公元前 500 年左右，斯堪的纳维亚开始进入铁器时代。

（一）石器和铜器时代

史前时期，随着欧洲大陆北部冰盖的消退，斯堪的纳维亚最早的居民由南欧、东南欧、东欧迁徙而来。考古学证据表明，旧石器时代后期，来自欧洲大陆北部的狩猎者追逐驯鹿群，他们的足迹遍布斯堪的纳维亚南部，即今天的丹麦、挪威南部、瑞典南部。旧石器时代文化类型最早出现于欧洲大陆北部低地区域，即今天德国北部的汉堡和阿伦斯堡地区，长长的火石制成的石刀尖，是这种文化最典型的实物形态。

公元前 8300 至前 6000 年的前北极期与北极期，气候变暖，海平面升高，森林遍布从前的苔原，斯堪的纳维亚南部居民改变了生存方式，从依托内陆资源向依靠海洋资源转变。这从中石器时代早期的马格尔莫斯文化中得到反映，在其定居点遗址中发掘出新的石器种类，石斧最为常见，并伴有大量的细石器，石刃研磨成几何形状，置于木质、骨质或鹿角制成的棍杆边沿，这是当时欧洲大陆普遍的器制。

通过与欧洲大陆持续不断的交流联系，斯堪的纳维亚的狩猎者学会了种植小麦、大麦和饲养家畜。迄今为止的考古学证据显示，埃尔特堡文化最先在斯堪的纳维亚采用这些生产方式，由此斯堪的纳维亚进入新石器时代。其中奶牛的饲养具有突出的作用。最近的考古学研究表明，最早一批奶牛在欧洲中部饲养，欧洲人在 7500 年前就开始饮用牛奶。斯堪的纳维亚人喝牛奶，弥补了食品匮乏，提高了人类在环境恶劣的北欧生存与繁衍的能力。斯堪的纳维亚早期新石器时代从丹麦扩展到瑞典南部、中部和挪威东南部。新石器时代瑞典南部不仅经济形态发生变化，而且社会、文化和技术都发生了变化，出现了功能化劳动分工的社会组织形态——大的村落与农业生产聚落。

与欧洲大陆邻近的斯堪的纳维亚地区已经开始采用新石器时代生产方式，但瑞典南部沿海地区、瑞典中部、丹麦群岛和挪威南部，仍像过去那样，主要利用海洋资源。自第四季冰川结束以来，由于气候条件适宜，种植业被引入斯堪的纳维亚。新石器时代，夏季漫长而温暖，冬季短暂而湿润。石器时代结束时，气候条件开始恶化，但斯堪的纳维亚的垦殖者持续不断地开拓人迹罕至的北部地区。这些人群可能受到了南部日益增长的人口压力，寻找包括新技术与资源在内的更具弹性的食物生产体系。

从新石器时代早期开始，通过与欧洲大陆持续而活跃的交流联系，铜器被引入斯堪的纳维亚，绝大多数是东南欧式样的板斧、匕首等。稳定鲜明的铜器与青铜器时代，始于公元前 2300 年的欧洲大陆中部与西部。这一时期，斯堪的纳维亚北部则是石器文化占主导。大约在公元前 1800 年，斯堪的纳维亚南部进入铜器时代，从欧洲大陆进口的青铜器被当地的作坊作为铸造同类器物的样品。基本经济形态是农业、畜牧业，沿海地区则是以捕鱼和海豹为主。

（二）铁器时代

按照汤姆森的三分期法，铁器时代细分为三期：公元前 500—前 1 年为前罗马或克尔特铁器时代；公元 1—400 年为罗马铁器时代；400—800 年为日耳曼铁器时代。

铁器时代的斯堪的纳维亚是渔猎与农耕两种文化传统的汇聚地，北部是渔猎文化，南部是农耕文化。整个铁器时代总的发展趋势，是南部农耕文化不断向北部扩展。从罗马帝国开始，中经法兰克王国墨洛温王朝、加洛林王朝，斯堪的纳维亚逐渐与欧洲大陆相隔离，成为大陆的外围地区。铁器时代的经济政治发展，为斯堪的纳维亚不同的语言与族性奠定了基础。随着时间的流逝，斯堪的纳维亚南部好战的日耳曼小王廷的语言与文化，在斯堪的纳维亚北部逐渐居霸权地位，他们时常压迫当地的萨米人，偶尔也与之合作。

在斯堪的纳维亚南部，铁器带来了全新的生产技术与生产方式。铁矿石资源丰富，铁器生产增长迅猛，标志着斯堪的纳维亚南部早期铁器时代的到来。斯堪的纳维亚北部的金属时代则呈现另外的状态，芬马克地区发现了大量这一时期的遗址，大多数是小居舍或茅草屋，很显然是渔猎者的夏季居所。

476 年西罗马帝国崩溃后，日耳曼部落在欧洲南部、西部建立了许多小王国，其中最为显赫的是狄奥多里克在意大利建立的东哥特王国、法兰西南部和西班牙的西哥特王国、克洛维的法兰克王国。日耳曼王族通过神话、部落历史传说和公共社会价值观，以口耳相传的传奇与诗歌的形式，以书写和物质文化的表达方式，来证明自己权力的合法性。根据哥特人、伦巴德人和盎格鲁-撒克逊人的传说，许多日耳曼部落根源于斯堪的纳维亚，他们是迁徙到欧洲大陆和英格兰的。日耳曼王族把自己的祖先追溯到前基督教时代的王朝和神祇。

500 年左右，瑞典诺尔兰的酋邦和小王国达到了势力鼎盛时期，到了 7 世纪就已经风光不再了。大约 700 年，丹麦国王在日德兰的里伯和海德比、西福尔的考帕格和梅拉伦湖的波尔卡岛建立贸易中心，物品交换网络囊括整个欧洲北部，物品交换种类繁复。这为使用金银币作为支付手段的市场经济播下了种子，并为维京时代打下了基础，同时也为进一步开发利用斯堪的纳维亚北部内地和波罗的海地区的资源提供了条件。到了 8 世纪后期，斯堪的纳维亚酋邦、小王国与欧洲大陆和不列颠岛上的基督教王国，经济政治社会文化发展水平差距很大，斯堪的纳维亚南部王国受到法兰克人推进的经济、军事威胁。斯堪的纳维亚人没有坐以待毙，而是主动出击，以海盗袭扰的方式，把欧洲大陆席卷进"维京时代"，重塑自己，也重塑了欧洲。

二、诺曼人扩张

在 7—8 世纪时，诺曼人原始公社制社会开始解体，逐渐向私有制和阶级社会过渡。在其社会制度变革时期，诺曼人社会内部形成了"军事民主制"社会组织。恩格斯说：这种社会组织"是因为战争以及进行战争的组织现在已经成为民族生活的正常功能。邻人的财富刺激了各民族的贪欲，在这些民族那里，获取财富已成为最重要生活目的之一。他们是野蛮人：掠夺在他们看来比用劳动获取更容易甚至更光荣"[1]。在诺曼人进入阶级社会以后，其封建君主和贵族势力为了增加私有财产也还继续热衷于在欧洲各地掠夺财富和侵占领土。

诺曼人中的丹麦人和挪威人在 8 世纪末至 11 世纪曾多次大规模进攻和劫掠欧洲各地，给各国人民造成严重的灾难。所以欧洲人把他们称为"维京人"，意为"北欧海盗"，把他们疯狂入侵西欧的三个多世纪称为"维京时代"。维京人进入西欧基督教世界的方式都是乘自造的尖底无甲板木船，每船载 40—60 人，用帆或桨行驶，吃水很浅，速度很快。他们乘船不断袭击西欧的沿海地区，或从河流的入海口处溯流而上，深入内陆，进攻修道院，掠夺城市和乡村。他们使用刀剑、长矛和斧头作为武器，疯狂抢劫金银财宝，搜刮粮秣，掳掠人口，勒索赎金，或卖为奴隶，到处杀人如麻。维京人给西欧各国造成严重的灾难。

7 世纪末西北欧的贸易开始勃兴，西欧各国和各族之间交往增加，产品交换，互通有无。西欧的贸易中心逐渐增多。北欧诺曼人南下，最初也有要进行贸易的成分。北欧特别是波罗的海地区的产品，在西欧有很高的附加值，如毛皮，特别受到西欧人的欢迎。最初有些诺曼人南下是为了贸易，到了西欧受当地物质财富的诱惑，便开始哄抢起来。

据《盎格鲁-撒克逊编年史》记载，789（787）年，维京人首先在英格兰登陆。这次侵扰只是开头的前哨战，接下来才掀开了"维京时代"的历史帷幕。794

---

[1] 《马克思恩格斯文集》第 4 卷，人民出版社 2009 年版，第 183 页。

年，维京人大肆侵扰诺森伯利亚，抢劫唐穆森埃格弗里思的修道院，战败后又于795 年连续袭击了英格兰西部建有修道院的不设防岛屿，如斯凯岛、赫布里底群岛的艾奥那和爱尔兰东北海岸外的离岛——拉斯林。

799 年，西欧史籍记载了维京人对欧洲大陆的第一次袭扰，其目标仍是修道院。维京人登陆法兰西，洗劫了卢瓦河口的离岛——努瓦尔穆捷岛上的圣菲利伯特修道院。800 年，查理曼在建立自己的"罗马帝国"的同时，在塞纳河入海口的北岸构筑防御工事，抵御出没于高卢海上的维京人。在 810 年前，这条海岸防御工事没有遭到攻击。但是，这并不意味着维京人的威胁已经不存在了。实际上维京人掀起的风暴就要席卷西欧。在 9 世纪 30 年代以前，大部分由挪威人构成的维京人，只是袭扰不列颠和西欧大陆的沿海地区和离岛。因为他们尚无法攻破英格兰人和法兰克人构筑的防御堡垒。830 年以后，情势发生骤变。维京人利用西欧基督教世界统治者间发生纷争和混乱之机，使自己由外来的袭扰者变成封建纷争的参与者。维京人已成为西欧基督教世界挥之不去的"梦魇"。从 834 年起，维京人连续四年袭掠莱茵河畔的多尔斯塔。835 年，维京人洗劫了谢佩岛。836 年，维京人登陆萨默塞特北海岸，打败了西萨克森军队。同年，维京人又深入爱尔兰内地，洗劫多座教堂。

查理曼帝国内乱为维京人突破法兰克国家的防御建筑提供了历史契机。维京人参与帝国内部之中。843 年，虔诚者路易的儿子们内战结束，帝国一分为三。维京人通过实战，发现西法兰克的通航河流沿岸的修道院、城郭易于攻取，并于845 年围攻巴黎。法兰克君主为了免遭洗劫，首先使用了所谓"丹麦金"收买维京人。在早期的游掠过程中，维京人就开始袭击城市，绑架人质，收取赎金。从9 世纪中叶以后，维京人不再把绑架个人作为勒索赎金的主要手段，而是通过攻击或围困城市或教堂，将其所在的整个地区作为勒索赎金的单位，这就是所谓"丹麦金区"。维京人舰队大多以西法兰克的主要河流入海口为基地，侵扰附近地区。即使溯流而上，也不能离海口太远。因此，近海性是维京人舰队袭扰欧洲大陆的特质。从 862 年起，西法兰克国王秃头查理（843—877 年在位）系统地建立王国防御工事，阻止维京舰队驶入该国。同时他还全面推行城镇、修道院的堡垒化。至于河流下游和沿海地区，国王鞭长莫及，只能任由维京人蹂躏。

877 年，秃头查理去世，孱弱的结舌者路易二世（877—879 年在位）即位。但未料到两年后他就撒手人寰。西法兰克随即陷入王位纷争。维京联军乘机登上欧洲大陆，纵横驰骋，人财物虏获甚丰。但在此期间维京人也惨遭败绩。到 10世纪上半叶，处于西法兰克的维京人终于有所斩获。911 年，西法兰克国王傻瓜查理三世（898—922 年在位）在沙特尔与罗洛率领的维京人军队作战失败，签订《埃普特河畔圣克莱尔条约》，把鲁昂等纽斯特里亚部分地区划归罗洛，此即后来的诺曼底公国。921 年，另一支维京人获准定居在南特比邻地区，法王无力赶走他们，索性允许他们定居下来，扼守卢瓦尔河入海口处，封堵其他维京人沿河进入腹地。

欧洲大陆的大西洋沿岸，都是维京人舰队袭扰的目标，南端的伊比利亚半岛也不例外。844 年，一支由 54 艘船只组成的维京人舰队，袭扰了塞维利亚和里斯本。由于地理位置便利，不列颠及其临近岛屿成为维京人偏好的造访地。838 年，维京人支持不列颠人反抗西撒克逊统治的斗争。844 年，维京人打败了叛军，杀掉了僭位者，帮助遭到废除的诺森伯里亚恢复王位。865 年，一支维京联合舰队在英格兰登陆。从此，他们由季节性的袭扰者，变为长期存在的侵入者。840—841 年，维京人在爱尔兰过冬，洗劫了所到之处，抢劫财物，贩卖俘获人口。与此同时，主要来自挪威的维京人定居在冰岛，并于 9 世纪下半叶大举移民冰岛。10 世纪中叶，冰岛大部分适合人类居住的土地都被瓜分完毕。

诺曼人的东支是瑞典人。瑞典人与东欧各民族的关系比较密切。东斯拉夫人把入侵东欧的诺曼人称为"瓦兰人"，东斯拉夫语意为"商人"。瓦兰人商队从东欧的各族人民那里掠夺来和收买来的各种物资，用船装载沿第聂伯河顺流而下，直到拜占庭帝国的首埠君士坦丁堡进行贸易。因此这些掠夺东欧的斯堪的纳维亚人被称为商人。根据俄国编年史《当代记事》中的传说，瓦兰人军事首领留里克在诺夫哥罗德公国内讧时，应内讧中一方的邀请，带了瓦兰人队伍前来助战，并于 862 年占领了诺夫哥罗德，瓦兰人自己当上了王公。879 年留里克死，其亲属奥列格即王位。他把留里克王朝各族全班人马带走，沿着第聂伯河南下，于 882 年占领基辅，建立了所谓的"基辅罗斯"。早期留里克王公们，就是指奥列格及其继承人伊戈尔、斯维雅托斯拉夫和弗拉基米尔等罗斯大公，都是瓦兰人，都执行掠夺东欧的政策。马克思在《十八世纪外交史内幕》中指出："我们看到，奥列格率领八万八千人进攻拜占廷，把他的盾牌钉在那个首都的城门上以示胜利，并把一个屈辱性的条约强加于没落帝国；伊戈尔迫使它纳贡；斯维亚托斯拉夫吹嘘说，'希腊人供给我黄金、贵重织物、大米、水果和葡萄酒；匈牙利人提供牛羊和马匹；从俄罗斯则取得蜂蜜、蜂蜡、皮毛和人丁'；弗拉基米尔征服克里木和利沃尼亚……早期柳里克王公们的政策跟现代俄国的政策是根本不同的。它不折不扣是席卷欧洲的日耳曼蛮族的政策，现代各民族的历史只是在这场洪水退去之后方才开始。"[①] 按照马克思主义历史观点，只有诺曼人扩张的洪水退去之后，欧洲各民

[①]《马克思恩格斯全集》第 44 卷，人民出版社 1982 年版，第 307 页。这句话中部分译名与全书不同，拜占廷即拜占庭，克里木即克里米亚，柳里克即留里克。为忠实于原文，未改动这些不同的译名，特此说明。

族各国家的历史才能得到正常的发展。

本 章 小 结

本章主要是讲述中世纪早期东欧和北欧诸国的历史。东欧部分主要阐述东斯拉夫人和西斯拉夫人早期国家形成和演进的历史过程。重点在于将斯拉夫国家的建立与封建化的展开结合起来以呈现其封建化的不同特征。北欧部分则阐述诺曼人（北支日耳曼人）早期国家发展的历史轨迹。

在中世纪早期，这三支族群的社会发展较为接近，基本上都处于原始社会末期逐渐向阶级社会和国家过渡的阶段。6—10 世纪，东欧和北欧诸族大体上都处于逐步进入阶级社会并建立各自早期国家时期。在诸王国建立过程中，各民族之间的交往、冲突和融合使欧洲获得了新生，其经济和社会结构也因而发生了变革。首先，在上述地区确立了封建制生产方式，建立了大土地所有制与以农民家庭为基本单位的小生产相结合的封建生产方式。就封建制度的性质而言，它从本质上并没有改变人对人的依附关系。然而，从这些地区不同国家的封建制度确立的过程来看，其又呈现出不同的形态和结构。其次，在文化方面，基督教在中世纪实现新生，演化出日耳曼-拉丁系的西方基督教文化和拜占庭-斯拉夫系的东正教文化两大系统。

在这一过程中，斯拉夫人、诺曼人的文明化进程受到其他先进文明的深刻影响。东斯拉夫人的社会和国家，在经济、政治、宗教、文化等方面，广泛受到东罗马（拜占庭）的影响，而西斯拉夫人的社会和国家则深受西欧诸国的影响。尤其是随着东斯拉夫人王国内部整合的加强以及经济和社会的发展，拜占庭东正教文明区域正式形成并相继融入欧洲，东欧地区文化和政治构成的许多基本特征开始出现。在人口压力和欧洲财富的吸引下，北欧诺曼人南下，不断侵扰欧洲领土。维京人以海盗活动的方式闯入西欧，并以自己的方式参与欧洲中世纪历史的塑造。拉丁基督教文明的中心也由欧洲大陆北部的法兰克地区继续向北欧和中欧扩展。

思考题

1. 简述基辅罗斯建国的过程。
2. 简述基辅罗斯国家封建化的特点。
3. 试述古波兰国家建国的过程。
4. 试述斯拉夫文字产生的历史背景。
5. 试述北欧诺曼人南下的历史原因和影响。

第十五章　蒙古帝国（13—14 世纪）

引　言

　　位于亚洲东部偏北的戈壁大漠南北的高原地带，素为众多游牧部落、民族的繁衍生息之地。该地属于大陆性温带草原气候，季节变化差异明显，草原地区水草丰美，是良好的牧场。自春秋时期始，匈奴、鲜卑、突厥、回纥等民族先后崛起，构成古代游牧世界的东翼，与相邻的中原农耕地区有着密切的经济、文化往来和政治、军事的频繁冲突与交往。11 世纪末，此前侵入农耕地区的游牧民族逐渐放弃了自身的习俗转而接受农耕世界的文明生活方式之时，欧亚大陆东北端的广袤草原上的游牧民族又在开始酝酿新一轮的大规模入侵。游牧民族对农耕世界的最后一次大冲击的主要发动者即是蒙古人。

　　蒙古民族在很多方面集中体现出游牧民族文化的特点。蒙古社会的基本单位是部落，每个部落又分为若干氏族。在面临外敌威胁或准备劫掠、侵扰其他游牧部落时，氏族和部落常常结成庞大的同盟，部落、氏族的强大与否，同盟的持续时间长短取决于领导者的能力。蒙古人生活具有极强流动性，不时侵扰中原，但部落内部的不和、分裂以及与邻近各族部落尤其是与突厥各部的长期竞争，消耗了蒙古人扩张的巨大潜力。13 世纪左右，蒙古民族在成吉思汗的领导下统一并冲出高原，掀起一股强劲的扩张浪潮。在短短时间内，成吉思汗及其继承者的军队将这些影响蒙古扩张的各种障碍一一清除。很快，这股扩张浪潮便通过南下和西征将亚欧农耕世界搅得周天寒彻，一片昏暗，造成中古时代亚欧大陆政治、文化和人文地理上的巨变。几十年内，蒙古和它的同盟者建立起一个从中国东海经伊斯兰教世界腹地、俄罗斯直至匈牙利的横跨亚欧的庞大帝国。它不仅极大地影响了蒙古民族的历史进程，也在人类文明演进的轨迹上留下了深深的印痕。从中古世界的基本格局和农耕、游牧两大世界的关系的角度，对蒙古国家对外扩张和它对亚欧大陆在民族融合、文化交往等方面的历史作用、意义进行认知、评估也就成为本章学习的重要内容。

第一节　大漠草原的统一

（一）早期社会状况

8、9 世纪之交，原来游牧于贝加尔湖东南和黑龙江上游额尔古纳河一带的蒙古诸部，开始向西迁徙，进入斡难河、怯鲁连河和土拉河上游地带，随之占据了东起贝加尔湖、西至额尔齐斯河、南达万里长城、北抵西伯利亚的广阔高原地区。10—12世纪，蒙古诸部与南方的辽、金政权往来甚密，接受先进物质文化的影响，铁器使用逐渐普及，生产力获得较快发展，私有制度开始出现。以往那种传统的氏族集体游牧方式"古列延"，渐渐让位于一家一户的游牧方式"阿寅勒"，社会阶级分化加剧，氏族社会逐步瓦解。各个部落首领"汗"和贵族"那颜"在大肆攫取社会财富的同时，还豢养亲兵勇士"那可儿"为其效命，以此作为维系权威、攻伐征战的武装力量。各部落为争夺牧场、牲畜和奴隶，相互拼杀，弱肉强食。12世纪下半叶，蒙古诸部在残酷角逐之后，逐渐形成孛儿只斤和札只剌两大部落，彼此虎视眈眈，力图吞灭对方。与此同时，整个高原自东向西，塔塔儿（鞑靼）、蒙古、克烈、乃蛮四大集团和北方的蔑儿乞集团五雄并存。为争夺支配蒙古高原的最高权力，五大部落集团展开激烈厮杀。在这一时代背景下，成吉思汗阔步登上了历史舞台。

（二）成吉思汗

成吉思汗（1162—1227），出生于蒙古孛儿只斤部落，原名铁木真。其父也速该原为该部酋长，在与塔塔儿部争雄时，被对方毒杀，部众离散。铁木真时年9岁，随母亡命，食野果、野菜，为避仇人追杀，历经千辛万苦。严酷生活使铁木真性情刚强，意志坚定。他不仅精于骑射，勇敢无比，而且肯于动脑，多谋善断，逐步成为强有力的草原英雄。及长，他又寄身于克烈部王罕麾下，聚集其父残部，以图东山再起。不久，同蒙古札只剌部札木合联手，击败蔑儿乞部落集团的侵袭，取得首次重大胜利，势力渐趋壮大。1189年，铁木真聚部众自立为汗，并对传统的部落体制进行改革，羽翼渐丰，势力日强。因争夺部众，铁木真与札木合之间渐生仇隙，最后刀兵相向。双方先后两度决战，铁木真先败后胜，基本控制了整个蒙古部落集团。不久，他又消灭高原东部塔塔儿部，报仇雪耻。后又乘势吞并了高原北部的蔑儿乞部，将整个高原的东北地区握入自己掌中。蒙古部落的崛起壮大，引起克烈部的极大惊恐。1203年，克烈部王罕为尽早剪除铁木真这一隐患，突发重兵，铁木真仓促应战而败。但克烈部王罕沽名钓誉，允铁木真求和。不料铁木真乘王罕欢宴之际，突袭得手，彻底击溃克烈部主力，王罕率残部流亡，为乃蛮部所灭。这一胜利使铁木真统一高原的进程向前迈进了一大步。昔日五雄并存之势转为蒙古与乃蛮部两强对峙的格局。乃蛮部太阳汗深知双方迟早不免一战，于是网罗铁木真的宿敌札木合及克烈、蔑儿乞等部残余，策划进攻蒙古。铁木真也洞察时局，积极整军备战。1204年，双方大军会战纳忽山，铁木真点篝火，布疑兵，逼乃蛮军退守山上。而后，铁木真又亲率大军冲杀，大破乃蛮军阵，太阳汗死于军中，札木合被擒杀，太阳汗之子屈出律侥幸逃生。至此，经数十年浴血奋战。铁木真终将大漠高原统一于蒙古的大纛之下。

（三）创建国家

1206 年，高原各部贵族齐集斡难河畔，推举铁木真为全蒙古高原大汗，号"成吉思汗"（意为强大无比的或海洋般的大汗）。统一的蒙古国家取代了以往各部落相互仇视、彼此攻战的混乱局面。蒙古国家的版图南抵阴山脚下、北达贝加尔湖、东起大兴安岭、西至阿尔泰山。成吉思汗称霸伊始便着手改革，消除落后的部落体系，建立新的政治、军事、社会组织，以巩固新兴政权的统治。

成吉思汗首先打破古老的血缘关系，摈弃传统的部落、氏族单位，对所有臣民进行户口登记，将其按照十户、百户、千户的结构纳入军政、军民合一的组织框架中。以往的部落贵族皆以百户长、千户长的身份充任国家官吏。成吉思汗把全国的土地和人户分封给诸子、诸弟等宗室成员。大汗权力高于一切，是整个蒙古统治阶级的最高代表；皇室宗亲构成的"黄金贵族"和各级那颜贵族组成统治阶级；而分属各级人户制度下的广大牧民，则固定在指定的区域之内。"上马则准备战斗，下马则屯聚牧养"是所有成年男子所必须承担的社会职责。一旦有战事，便携带武器、马匹和粮秣，在各级长官率领下出征作战，据说其总数可达 70 万之众。在全民皆兵的基础上，成吉思汗还握有一支精锐之师——怯薛军。它是由万名壮勇的贵族子弟组成的近卫军，平素司拱卫汗帐之职，战时则担中军护驾之任，往往是成吉思汗在战争最关键时刻投入战场以决定胜负的生力军。同时，这支精锐勇猛之师亦是大汗震慑地方割据势力的重要力量。怯薛卫士职守明确，制度严密，享有种种特权，绝对效忠大汗，成为蒙古军事专制统治的中坚。

成吉思汗还强化国家司法机构，设置了断事官——札鲁忽赤。初始，断事官只负责审理民事、刑事诉讼案件，后则发展为兼管人户、财赋的重任。成吉思汗还对传统的蒙古习惯法进行整理，数次召集大会，颁布"扎撒"（意为军令、法度），并将各类"扎撒"和大汗的"训言"用畏兀儿[①]文字记录下来，编成《扎撒大典》，形成一套成文法典。1204 年，蒙古击败乃蛮部落时，俘获了掌印官畏兀儿人塔塔统阿，大汗令其以畏兀儿字母拼写蒙语，创制出蒙古文字，又令蒙古诸王及贵族子弟皆学习之。蒙古文字的创立和运用，为高原诸部间的联合提供了文化上的凝聚力，统一的蒙古民族开始形成。

成吉思汗创建的国家机构、军政制度、成文法规、民族文字使蒙古社会的发展进程明显加速。这个由诸多游牧部落组成的年轻国家充满了勃勃生机，祖辈留下的牧场虽很宽阔，但已无法满足新兴军事封建政权的需求。在成吉思汗的统率

---

① 畏兀儿：元明两代对"回鹘"一词的异译，今译"维吾尔"。

之下，蒙古铁骑很快便驰出草原，如暴风骤雨般冲向世界。

第二节　征服与扩张

一、迅猛的扩张征服

从 1209 年始，成吉思汗及其子孙连续对周边地区和国家进行了长达半个多世纪的扩张侵略，成为人类历史上游牧世界对农耕世界最猛烈也是最后一次大规模的冲击，最终建立起一个亘古未有的庞大帝国。从时间上看，蒙古铁骑的扩张主要分为前后两大阶段：前期为 1209—1227 年，由成吉思汗本人亲自统率；后期为 1230—1279 年，由成吉思汗诸子孙分别指挥。从扩张方向上看，蒙古军队进攻方向主要有二：一是向南，攻打西夏、金、南宋、朝鲜等东亚国家；二是向西，进攻中亚花剌子模、西亚阿拔斯王朝的阿拉伯帝国和东欧平原诸国。

（一）伐金雪耻

长期以来，蒙古诸部皆被中国北方的女真人国家金国所统治，地位十分卑辱。内部统一战争完成之后，蒙古人便立即着手准备伐金战争。深谋远虑的成吉思汗在伐金战争开始前，决定首先进攻相对弱小的党项人的夏政权，目的在于剪除金国的右翼保障。经连续三次攻夏战役，蒙古人直逼夏国都中兴（今宁夏银川）城下，迫其纳贡求和。1211 年，伐金战争正式开始。蒙军绕过金军重兵防守的西京大同、中都北京，转袭河北、山东、河南诸地，逼迫金朝迁都汴京（今河南开封）。1214 年，蒙军大掠汴京近畿之地，兵锋所至，烧杀劫掠，黄河以北尽入蒙人之手。1216 年，成吉思汗意识到一时尚难以彻底灭金，于是率主力退回草原，令大将木华黎留在华北作长期经略。伐金之战，虽未实现灭金目的，但蒙军从这次大规模远距离作战中获益甚多，掠得无数牲畜马匹、大量的人口和财富，积累起雄厚的物质基础，更为重要的是从汉人处学会了制造、利用火器等先进技能，增强了蒙军作战的威力。

（二）第一次西征

1218 年，成吉思汗遣勇将哲别率精骑两万，一举击破宿敌乃蛮部太阳汗之子屈出律所控制的西域契丹国家西辽，杀死屈出律。从此，蒙古国家与中亚新兴大国花剌子模开始相峙。花剌子模原为塞尔柱突厥人的一个行省，后独立称国。13 世纪初，据有北界阿姆河上游、南临波斯湾、东起印度河、西抵两河流域的广大地区，一时称盛。1219 年，花剌子模讹答剌（在今哈萨克斯坦锡尔河右岸阿雷斯河口附近）守将劫杀蒙古商队和使臣，致使两国关系骤然交恶，成吉思汗乘机起兵，兴师问罪。他亲率大军 20 万，分成四路，攻入花剌子模。花剌子模民风彪悍，又有雄兵 40 万，但在战略上犯了分兵驻地守城的错误，无法集中御敌，在不到一年的时间里，先后失去讹答剌、布哈拉和撒马尔罕等重镇，蒙军赢得了战略优势。花剌子模国王穆罕默德全然失去昔日英勇，夺路西逃，死于里海一个小岛上。王子扎兰丁率众抵抗，虽有数次小胜，但终不敌蒙军，最后被迫单骑涉阿姆河，亡命天涯，不知所终。1220 年花剌子模王国灭亡。

蒙古铁骑乘胜进击，越高加索山进入顿河流域的草原地带。1223 年 5 月，蒙军一部在卡尔卡河畔与波洛伏齐人和俄罗斯人的联军会战，大胜。而后蒙军长驱直入，攻掠俄罗斯各地，入克里米亚，溯伏尔加河而上，途中为保加尔人所败，年末，东归蒙古高原。

（三）攻灭夏、金

首次西征之后，成吉思汗又将进攻目标转向南方的金国。此次仍以翦除西夏为前奏。1225 年秋起兵，次年攻入西夏，连破州县，年底攻至西夏国都城下，困城半年之久。是地，成吉思汗射猎坠马，身负重伤，1227 年 7 月 12 日不治而亡。生前令嘱秘不发表。三天后，夏主出城投降被杀，西夏国灭亡。

1229 年秋，在克鲁伦河畔的忽里勒台大会上，蒙古诸王公贵族遵成吉思汗遗愿，推举其第三子窝阔台为大汗（1229—1241 年在位），并决定继续奉行成吉思汗生前既定的扩张方针，完成其未竟霸业。会议决定兵分三路，征服金国、俄罗斯和波斯。1230 年，窝阔台汗与其幼弟拖雷指挥大军侵入金国。蒙军左路进逼济南，右路由拖雷所率入陕南，沿汉水下，直趋汴京。两路大军完成对洛阳和汴京的合围。1233 年，金哀宗弃汴京，奔归德（今河南商丘），再走蔡州（今河南汝阳），蒙军克金都后，与南宋相约，合兵攻金。1234 年，金哀宗自杀，蔡州城陷，金朝灭亡。

（四）第二次西征

1235 年，窝阔台汗决定派蒙古诸王的长子西征俄罗斯。成吉思汗长子术赤的长子拔都为帅，窝阔台长子贵由、拖雷长子蒙哥等王子从之。1236 年，蒙军进入钦察草原，扫荡波洛伏齐人，继而冲入俄罗斯平原，连败俄罗斯诸王公，先后攻陷梁赞、莫斯科、弗拉基米尔、车尔尼戈夫等地。1240 年，蒙军攻占古城基辅，蹂躏了俄罗斯大部分地区。1241 年，拔都兵分两路，南北挥戈。南路主力由拔都统领越喀尔巴阡山，攻入匈牙利，击败匈牙利国王贝拉四世的抵抗，焚毁布达、佩斯等重镇，然后直逼奥地利国都维也纳城下。北路蒙军攻入波兰，先夺克拉科夫，再入西里西亚。4 月，在里格尼茨会战中，痛歼西里西亚公亨利组织的波兰、德意志和条顿骑士团联军 3 万余人，击杀亨利。蒙古大军在东欧势如破竹般的攻势，使罗马教廷和西欧诸国陷入极大的恐慌之中。正当拔都将南北两路兵马合为一体，准备新的攻势时，窝阔台汗病故。拔都闻讯，依从惯例，停止军事行动，并率军经塞尔维亚、保加利亚到南俄平原。1243 年，拔都以伏尔加河下游的萨莱为中心，建立钦察汗国，亦称金帐汗国。

1241—1251 年，蒙古扩张的态势处于间歇期。蒙古统治阶级的精力主要集中在汗位争夺上。窝阔台汗死后五年，才由其子贵由承继大汗之位。不料贵由短命早殇，仅居汗位两年。蒙古诸王又陷入新一轮争斗旋涡之中，术赤-拖雷系与窝阔台-察哈台（成吉思汗次子）系展开数年的激烈角逐。最后，拖雷的长子蒙哥在其兄弟忽必烈、旭烈兀、阿里不哥和术赤长子拔都的支持下，登上大汗之位。上台伊始，他便残酷镇压反对派王公，改革政权体制，巩固大汗的权威。

（五）金雕射弯月——第三次西征

1253 年，蒙古的扩张战火重新燃起。旭烈兀奉蒙哥大汗之命率大军踏上西征之路。1255 年抵撒马尔罕，1256 年渡阿姆河，平定伊斯兰教伊斯马恩派阿萨辛人的木剌夷国（"木剌夷"一词，阿拉伯语意为"迷途之人"）。1258 年，旭烈兀涉底格里斯河，向衰弱不堪的阿拉伯阿拔斯王朝国都巴格达发起进攻。末代哈里发穆斯台尔绥木出城投降，被以毛毯包裹，置于途中，为蒙军纵马踏毙。历时 500 余年的阿拉伯帝国至此灭亡。历史名城巴格达惨遭洗劫，无数财富被掠，数十万平民死于蒙古武士的弯刀之下。1260 年，蒙军又陷大马士革，直抵地中海东岸。旭烈兀留下五千兵马驻守叙利亚，自己率主力东归。不久，驻叙利亚蒙军为埃及马木路克王朝所歼。

（六）攻灭南宋

就在蒙军西征之际，蒙哥大汗遣其弟忽必烈南下攻宋。忽必烈经川西攻入云南，1253 年灭大理国。1257 年，又进兵安南，迫其统治者投降。此时，蒙哥以为向南宋发动总攻的时机已经成熟，留其幼弟阿里不哥监国，自己亲率大军于 1258 年初南下。他令忽必烈攻鄂州（今湖北武汉武昌区），兀良合台攻潭州（今湖南长沙），自己则率军出六盘山进攻四川。各地宋军接连败降，但合州（今重庆合川区）守将王坚顽强抵抗，坚守孤城数月。蒙哥大汗亲赴阵前指挥，为矢石所伤，不久死去，蒙军败退。正在鄂州前线的忽必烈闻讯后，恐阿里不哥争夺汗位，于是忙许南宋和议，轻骑北上，于 1260 年在开平自即大汗位。此后他与阿里不哥血战数年。1264 年，阿里不哥兵败投降。忽必烈待大汗权位稳固后，继续进兵南宋，经多年鏖战，克襄阳、樊城（今湖北襄阳）。蒙军顺江而下，势如破竹，占南宋大部河山。1276 年，攻陷宋都临安。此后，虽有文天祥、张世杰、陆秀夫等继续抵抗，但已无力回天，1279 年，南宋王朝终于灭亡。

在亚洲东部，蒙古扩张战争还波及朝鲜、日本、缅甸、中南半岛和爪哇等广大国家和地区。这些战争有的取胜，如降服朝鲜高丽王朝，迫其称臣纳贡；有的战果不大，只取得暂时性的臣服纳贡，如缅甸、爪哇；有的则彻底失败，如两度进攻日本、三次入侵越南，皆损兵折将，无功而返。

二、元朝及四大汗国

（一）中原大地上的蒙元帝国

1260 年忽必烈继承大汗之位。1264 年，击败与其相争的阿里不哥夺得帝国最高统治权。1271 年，定国号大元。随即从和林迁都大都（今北京），1279 年，攻灭南宋，统一中国。元朝是蒙古及各汗国的王朝，在名义上与各汗国保持着宗藩关系，但实际上相互关系日渐松弛。

元朝是中国历史上的一个重要时期，它继汉、唐之后，重开中国大一统的局面，并基本以唐宋以来的政治体制作为立国的基础。以皇帝（大汗）为核心，中书省、枢密院、御史台为中枢的中央朝廷，通过行中书省（简称行省）、路、府、州、县等地方机构，对全国进行严酷的集权统治。特别是行省地方政区的开创，为后代诸王朝所延续。此外，元朝在中央设主管西藏军政事务的宣政院，在地方置云南行省和管辖澎湖与台湾的澎湖巡检司等行政举措，对于加强边疆和海疆地区与中央的联系，促进它们与内地的往来，巩固多民族国家的统一都有着极为重要的意义。

随着国家经济、政治中心的南移，元朝蒙古统治者逐步放弃游牧经济，"以农桑为要务"，将农本经济作为立国基础。蒙古贵族通过赐田、购田等途径，大肆兼并土地，转化为地主，从而使唐宋时代发展起来的地主制经济结构得以继续。但元代中国各类奴隶、奴婢的人数剧增，达近千万，几占全国人口的六分之一，这种历史倒退严重阻碍了社会发展，并对日后的中国历史产生了不良影响。元朝的社会经济逐步从破败、停滞状态中恢复过来，但其整体发展水平并无很大提高。元朝的商业与都市相当繁荣，然这并非商品生产发展和社会分工的产物，而是因蒙古统治者追求奢靡生活而导致消费扩大的结果。江南虽有一些都市发展起一定规模的海外贸易，也多以奢侈品贸易为主，且大多掌握在官府和蒙古、色目人手中，故其社会意义相当有限。

（二）残暴野蛮的统治与帝国覆亡

元朝统治集团虽在一定程度上继承吸收了中原地区的政治、文化传统，但又顽固地保留着自身的许多落后因素。蒙古人一直奉行民族歧视压迫的国策，将全国人众分为四等：一蒙古人，二色目人（即西域、中亚诸民族），三汉人（契丹、女真和北方汉人），四南人（南宋子民）。四种人等在政治、经济、文化、军事、法律等方面所享有的权利和社会地位各不相同。蒙古人把持着文武官职，凌驾于众人之上；色目人仰仗蒙古人宠信，经商理财，成为朝廷敛财的工具；汉人、南人地位低下，备受凌辱和歧视。从而使整个社会诸种矛盾中的民族矛盾表现得尤为激烈。特别是承平日久，统治集团奢侈享乐，贪污腐败，敛财之风日甚一日，致使朝廷"岁入之数，不支半岁"，国库空虚，财政枯竭。为弥补亏空，滥发纸币，更使物价飞涨，经济紊乱。统治集团内部因争夺帝位，内讧频仍，国无宁日。1351 年，黄河中下游爆发大规模人民起义，及至 1368 年，以汉族为主的各族人民终于推翻了统治不足百年的蒙元帝国。

（三）钦察草原上的金帐汗国

成吉思汗生前曾将所征服的咸海、里海以北广袤的钦察草原赐给长子术赤为封地。1235 年，术赤长子拔都西征俄罗斯和东欧，辖地广大，东起叶尼塞河，西至多瑙河下游，南抵高加索，北接俄罗斯。1243 年西征结束，拔都以伏尔加河下游的萨莱为都，建钦察汗国。因大汗帐色金黄，俄罗斯人又称其为金帐汗国。拔都后来又将咸海东北之地分封给斡鲁朵，称白帐汗国；将咸海以北，西至乌拉尔河之地封给昔班，称蓝帐汗国，二者皆以金帐汗为宗主。

金帐汗国疆土大体由两部分组成，一为钦察草原等游牧地区，一为俄罗斯等农耕地区。蒙古人因地制宜进行统治，游牧地区由蒙古人进行直接控制，为汗国重心所在。而俄罗斯地区则保留其原有诸王公的封建政权，然诸王公须向汗称臣纳贡，接受册封。自 13 世纪末始，蒙古人又从全罗斯诸王公中，择选最驯服者，封为"弗拉基米尔及全罗斯大公"，受封者凭金帐汗的宠信，有权负责征缴全罗斯各地贡赋，统一上交金帐汗。俄罗斯诸王公们为争夺大公称号，相互角逐，残酷斗争，或告密于金帐汗以消灭对手，或直接兵戎相见。蒙古人则利用此策，坐享其成，实现对俄罗斯的控制。

自建国至 14 世纪中叶的百余年间，是金帐汗国国势极盛时代。蒙古贵族逐渐与钦察草原各游牧部族的贵族合流，改操突厥语，转皈伊斯兰教，不断与相邻的伊儿汗国争夺阿塞拜疆等地，经常以大军征讨不驯服的俄罗斯王公。1341 年，乌兹别克汗死后，国内矛盾激化，内讧不已。尤其是在日渐强大的莫斯科公国和中亚新兴的帖木儿帝国的打击下，国势日趋衰落。15 世纪时，金帐汗国分裂成喀山、克里米亚、阿斯特拉罕、西伯利亚等汗国。

（四）天山脚下的察合台汗国

此系成吉思汗次子察合台的封地。初领有西辽旧地，包括天山南北及阿姆河、锡尔河之间的土地，都城阿力麻里（今新疆霍城西）。1310 年，又合并了窝阔台汗国的大部封土，国势达于极盛，其疆域东起吐鲁番，西及阿姆河，北到塔尔巴哈台山，南达兴都库什山。蒙古军事贵族与当地突厥游牧贵族共同构成统治阶级，竭力维护游牧封建制的宗法关系。蒙古人的突厥化现象比较普遍。14 世纪中期，汗国分为东、西两部。东察合台汗国领有窝阔台汗国旧地，以新疆西部的疏附为都，后进一步分裂。16 世纪先后被重新并入中原王朝。西察合台汗国领有河中之地，以撒马尔罕为都城，1370 年被帖木儿夺占。

帖木儿（1336—1405）为西察合汗国突厥化蒙古贵族后裔，曾任地方总督，多谋善断，颇具军事才能，后官至汗国大臣。1370 年，他推翻汗国，自立为苏丹。他以成吉思汗霸业的继承人自诩，依靠中亚各地游牧封建主，组成强大军事武装，东征西讨，南北转战。1388 年攻灭伊儿汗国，吞并整个波斯和阿富汗；1393 年，南侵印度，攻陷德里；1402 年，入侵小亚细亚，击败奥斯曼帝国主力，生擒土耳其苏丹巴耶塞特，建起一个东起印度河，西至小亚细亚，北濒黑海，南达波斯湾的庞大帝国。1405 年，帖木儿又集结大军，准备东侵中国，不料病死军中。其后帝国分裂势力大炽，人民起义不断，国势骤衰，终被北方游牧部族所灭。

（五）巴尔喀什湖畔的窝阔台汗国

原为成吉思汗第三子窝阔台的封地，领有额尔齐斯河上游和巴尔喀什湖以东地区，都城叶密里（在今新疆额敏东）。1229 年窝阔台即大汗之位，将封地赐给其长子贵由。1246 年，贵由承继大汗之位，但两年后便病故。大汗之位由窝阔台系转至拖雷系。1251 年，新任大汗蒙哥对窝阔台系诸王进行镇压，除处死、谪迁部分王公外，又将窝阔台汗国国土分授诸王子孙，以弱其势。忽必烈汗继位之后，奉行汉化政策，引起以窝阔台嫡孙海都为首的诸王公不满。海都先后数度起兵作乱，屡胜元军，为元朝一大威胁。1301 年，海都率 40 余位反叛王公联兵进犯元朝，欲取而代之，但在和林为元军所败，不久海都病亡。1310 年，其子察八儿为察合台汗国所败，窝阔台汗国亡。

（六）雄霸西亚的伊儿汗国

该国为拖雷第三子旭烈兀远征西亚所建的汗国。1264 年，忽必烈正式册封旭烈兀为伊儿汗。其国东起阿姆河，西至地中海，北抵高加索，南达印度洋，首都为大不里士。

伊儿汗国前期，由于诸汗征战频仍，民不聊生，蒙古与突厥贵族联合专政，固守落后的游牧生产方式，对城市和定居农民施行压榨政策，致使全国经济凋敝，人烟稀少，土地荒芜，民众反抗不断，社会秩序动荡不宁。

1295 年，合赞汗继位后，为挽救危局，缓和社会矛盾，放弃传统政策，全国实行伊斯兰化改革，以争取众多穆斯林贵族的支持，巩固封建统治秩序。他率军队放弃了原有的宗教信仰，改皈伊斯兰教，并将其定为国教；大力推行阿拉伯传统的军事封土制，将农民严格固着在土地上，凡领有封土者都服役纳租；规定税率，严惩滥征者；统一币制和度量衡，制定工商税则；鼓励垦荒，兴修道路，裁减驿站，核定兵额，禁止贪污；奖掖文化，倡导学术。因此到 14 世纪初，伊儿汗国社会经济得到较大恢复，封建统治一度加强，伊斯兰文化也有相当发展，在合赞汗的宫廷中，聚集着不少文人学者。他的宠臣宰相拉施特哀丁所编著的历史名著《史集》流传至今。

1304 年，合赞汗去世。此后不久，伊儿汗国内外局势日趋严峻。内有诸王争位，权臣争势，内讧迭起；外有埃及马木路克王朝和钦察汗国不断侵掠，国运日蹙，陷于分裂。1388 年，终被中亚新兴的帖木儿帝国所灭。

三、蒙古狂飙的冲击及影响

自一统大漠南北，创建国家以来，成吉思汗及其子孙不断征战，狂暴的蒙古旋风在亚欧大陆激荡数十载，蒙古大军金戈铁马纵横驰骋，雄睨四方，威风八面，终于建起一个东起朝鲜半岛、西至波兰、北到北冰洋、南临太平洋和波斯湾的空前庞大的蒙古帝国。

（一）煌煌战功的成因

蒙古帝国取得如此辉煌战功的原因是多重的。刚刚走出氏族部落社会的蒙古人，热衷于掠夺战争的习性尚未改变，打垮敌人，"乘其骏马，掠其妻子，占其土地"仍是蒙古社会得以生存扩展的重要机制和动力。而统一建国后，蒙古诸部都已成为成吉思汗"黄金家族"及勋臣权贵的财产，不再是掠夺对象，这势必使他们将富庶的邻国作为掠夺目标。新兴国家的建立使蒙古社会获得勃勃生机，国势正盛，并在军政、军民合一的基础上组建起庞大军队，其士兵骁勇强悍，坚忍不拔，惯于吃苦，再加平素无薪俸供给，唯视掠夺为生计，故而不畏生死，争先恐后，勇往直前，使蒙古能长期保持强劲的扩张势头。蒙古军队既把游牧民族所特有的来如闪电、去如流星、机动灵活、连续作战等军事特长发挥到了极致，又从中原等农耕社会学会使用和制造火器、攻城器械等先进的军事技术，使之具有极为强大的进攻与摧毁能力。此外，成吉思汗、拔都、旭烈兀和忽必烈等三代军事统帅，皆为长于战略筹划，精于战术运用，善于用兵的杰出军事家，也是一个不可忽视的因素。更为关键的是，13 世纪亚欧诸国的内部局势为蒙古的扩张提供了极为有利的国际环境。这些王朝国家虽拥有发达农耕经济、先进文化和相当的军事实力，但在政治上，这些国家或昏君在位，奸臣当道；或党同伐异，内讧不已；或国势已衰，分裂瓦解，几乎没有一个国家能够阻止蒙古帝国的扩张锋芒，于是蒙古帝国扩张在短期内便势成燎原，绵延达数十年之久。

（二）蒙古狂飙对农耕世界的冲击

作为游牧世界对农耕世界最后也是最为激烈的一次冲击，蒙古帝国的征掠改变了亚欧大陆文明世界的发展格局。农耕、游牧两种文明，两大世界之间的交往融合，在野蛮残暴征服运动推动下，规模更加广大，内容更加深刻。包括蒙古在内的人类历史进程由此而受到巨大影响。在蒙古铁蹄的践踏下，被征服地区的生产力遭到大规模破坏，无数民众被杀戮，诸多古老文明遭摧残、灭绝，经济衰退，长期不得恢复。

蒙古帝国的征略在相当大的程度上改变了亚欧大陆的政治格局和文明分布状况，它将原来相互隔绝的文明地区，用军事征服的方式一度联结为一个整体，并促成了特殊的人口流徙。大批的蒙古人、汉人、突厥人西迁到中亚、西亚、东欧等地；又有大批中亚人、西亚人、钦察人和俄罗斯人东来，彼此糅杂，形成一些新的民族。有些民族却因政权灭亡，人口流散而永远地消失了。还有些则因这场征服战争而获得了新的发展契机，如蒙古贵族的一部突厥化，使突厥人在整个中亚、西亚地区逐渐占据优势，从而为后世奥斯曼土耳其帝国的崛起奠定了基础。

蒙古帝国的征服与以往游牧民族对农耕世界的冲击有所不同，它不是采取民族大迁徙的形式，而是以蒙古高原本部为基地向外扩展疆土，因而蒙古统治者十分重视疏理、连接被征服地区的通道，以确立有效的统治。凿石理道，砍木搭桥，使许多不通轮蹄之处，车马喧闹；并使因汉帝国和罗马帝国崩坍而中断千年之久的丝绸之路重新恢复，有所扩展延伸。相对便利、有序、安全的交通，把当时东西方贸易带入一个前所未有的繁荣时代。各条陆路商道上驼铃声声，商旅不绝；便捷的海道上，巨艟大船，往来不断。各国使臣、僧侣、旅行家的交往也相当频繁，各地之间的政治、文化联系十分密切。东亚中国的印刷术、火药、罗盘针、天文历法、医药和工程技艺传至西亚，再流至欧洲；阿拉伯、拜占庭乃至西欧、北非的文化成就也传至中国。13 世纪是大旅行家迭出不穷的时代，其著名者有意大利商人马可·波罗、教士鄂多里克和马利诺里、法国教士卢卜鲁克、摩洛哥的伊本·巴图塔（又译伊本·白图泰）和中国的汪大渊、周达观等人。作为东西方文化交流的使者，这些人梯山蹈海，历经千辛万苦而获得的见识和著述，增进了各族人民之间的了解，拓展了那一时代人类的视野。宗教的广泛传播是蒙古帝国时代又一独特的历史文化现象。蒙古人所信奉的萨满教，为一原始宗教，远不能与拥有系统宗教理论和完整组织形式的佛教、伊斯兰教和基督教相比。为达到"因其俗而乘其人"的统治目的，蒙古统治阶级对帝国境内的各种宗教持极为宽容的政策；各教之间不分高下，一律平等，自由传播，从而使三大世界宗教获得了十分有利的生存环境。此外，中国传统的道教、青藏地区的佛教与苯教的结合物——藏传佛教等地区性宗教也获得了长足发展。

（三）蒙古征服之后的世界

蒙古征服运动对中古诸文明的影响主要停留在军事和政治的层面上，虽然它将许多相距甚远往来甚少的国家和地区置于同一大汗政权控制之下，并对不少域外的国家和地区，如西欧基督教国家、北非马木路克王朝和孤悬海外的日本幕府将军政权构成巨大的威胁，但这种大帝国仅仅是松散的军事行政联合体。帝国境内各个地区、民族的社会结构复杂多样，经济发展水平相差悬殊，历史文化传统迥然各异，刚刚跨入文明门槛的蒙古贵族集团既无法克服自身种种弊端，更不具备对整个帝国进行经济、文化重新整合的能力，因而偌大帝国必然昙花一现。在诸种复杂历史因素制约下，蒙古征服者渐渐地屈服于各种传统势力，失去了征服初期的勃勃生机。几乎就在蒙古人刚刚步入辉煌的同时，其帝国就已开始了衰亡的历程。1259 年，蒙哥大汗故去，帝国有效统一局面即已告终。此后的帝国分裂为由忽必烈汗亲领的东方中国元朝和由诸王封地发展而来的钦察汗国、察合台汗国、窝阔台汗国和伊儿汗国等四大汗国。它们均按照不同的道路，独立地发展下去，整个亚欧大陆又重新回到诸多区域相对孤立、分散、隔绝的状态中。

本 章 小 结

本章主要讲述了 13 世纪前后，蒙古社会的变迁、成吉思汗创建国家、蒙古帝国的扩张和元朝与四大汗国的基本历史脉络。

13 世纪初蒙古军队从草原冲出并四处扩张，标志着游牧民族以令人震惊的方式返回世界历史舞台的中心。蒙古人的侵略结束或打断了许多王朝的统治，同时也扩展了世界各国的联系。这种联系也越来越多地被视为这一时期的主要特征。成吉思汗及其继任者让蒙古人及其周边游牧民族汇聚成当时世界强大的战争机器，以惊人的速度建立起横跨亚欧的大帝国。蒙古征服及其产生的汗国是从公元前后开始的游牧民族大迁徙以来对农耕世界不断增强的主导地位的最大挑战。蒙古人作为改变世界格局的力量出现在历史进程之中，成为旧文明格局的破坏者和颠覆者，为了追求物质财富、权势而对诸多人类古老而发达的农耕文明中心进行了野蛮的破坏，许多政权、民族、人口在此种巨大冲击下或永久消失或停滞不前、长期无法恢复。包括蒙古人在内的人类历史发展进程由此受到巨大影响。蒙古人同样是亚欧文明新格局的建设者与推动者。在野蛮残酷的征服运动推动下，人类文明与农耕、游牧两大世界间的交往融合，规模更加广大，内容更加深刻。蒙古人征服的重要结果之一即是促进了东西交通与文化交流。蒙古统治者恢复和扩展了古代亚欧大陆交通。蒙古统治者的广袤国土为东半球的各文明之间的交流搭建了桥梁。在蒙古境内穿行的商旅和使节将各种发明、食物、观念、技术等广泛传播，成为东西方交流的媒介和使者。火药、印刷术等技术、器物永久改变了西欧人的历史发展进程，也有效改变了游牧世界和农耕世界的力量对比。可以说，蒙古人为全球范围内的文明交流做出了卓越贡献，以一种野蛮的方式，将自身影响扩展到亚欧大陆的广泛地区，并强化了世界体系的建构，各种族、各地区、各国家之间相对闭塞的历史逐步发展成为密切联系为一体的世界史。因此，既要对蒙古扩张所具有的世界意义予以充分认识，又要对其局限性加以客观准确的辨析。

思考题

1. 简述成吉思汗在蒙古国家形成过程中的作用。
2. 简述蒙古迅猛征服扩张成功的原因。
3. 简述元朝在中国历史演变中的地位。
4. 简述四大汗国的基本状况。
5. 综述蒙古扩张征服在世界历史中的地位与影响。

第十六章　亚洲社会的演进（14—16世纪）

引　言

　　亚洲是人类文明的故乡，也是中古文明前期最为发达的地区。13世纪前后，东亚中国文明渐渐向其中古后期阶段过渡，随后，朝鲜、日本、西亚和南亚各国也陆续进入中古社会后期。在后期的演进过程中，亚洲各国社会无论是政治制度、经济体制，还是文化传统都较以往有明显的差异。但这些差异并非各国社会的性质有何变异，而是社会结构更趋稳固。14世纪前后，朱明王朝、德里苏丹国等分别对中国、南亚等地社会秩序进行重建，从而使亚洲各国制度更加完备，国力更加强大，并继续保持在世界上的领先地位。在中国，蒙古人结束了对中国大陆诸国并立的局面，并大量汲取中原政治文化，但由于民族歧视政策，全国民族矛盾尖锐，阶级压迫严重。在一场巨大的农民起义后，朱明王朝恢复了汉族的统治和国家的重新统一，中华文明进入了一个新的辉煌时代。朱明王朝对经济和政治秩序进行整顿，恢复了科举考试制度，加强对社会文化的控制并强化中央集权官僚政治，使之成为当时世界上最有组织和效率的管理体系，拥有人数最多、受教育程度最高的精英阶层。明朝商品经济大为发展，最初的几十年一度还支持海外扩张。李氏朝鲜进一步强化中央集权国家对社会的全面控制。然而，贵族官僚势力的逐渐坐大，朝鲜统治集团党争尖锐，而日本的入侵使朝鲜被迫发起卫国战争。日本的政治分裂，地方之间的争斗依然严重，丰臣秀吉逐渐打败各地豪强，重整国家秩序并发动了对外侵略战争。印度北部社会伊斯兰教在这一时期快速发展，建立起德里苏丹国进行统治，伊斯兰教与印度教的宗教对立与碰撞让南亚社会发展更趋复杂。中亚帖木儿帝国的崛起一度造成了蒙古帝国中兴的假象，不断对外扩张。然而，亚洲各国社会发展的一个更为显著特点是制度完备，国家机器强大，这种完备和强大也导致其本身丧失了对新社会因素的包容性，进而阻碍了亚洲诸国社会发展历史进程。

第一节　中古社会后期的中国

　　自宋以后，中国古代社会结构和政治体制进一步变革，以地主制经济为核心的农业小生产、以皇权专制为依托的官僚政治、以程朱理学为基调的儒家文化都进入了成熟而完备的阶段，并以制度化的方式固定下来。这一时期中国社会整体发展水平虽有提高，居当时世界的前列，但其内在的变革激情和活力却日趋减弱。

一、朱明王朝

（一）社会经济的重建

蒙元王朝虽结束了中国大陆诸国并立的局面，并大量汲取中原的政治文化，但由于奉行民族歧视政策，民族矛盾尖锐，阶级压迫酷烈。1351年，终于爆发全国性农民起义。韩山童、刘福通首先率治河民夫在黄河中下游发难。各地民众起而应之，掀起一场反元的狂波巨澜。在以红巾军为主力的义军武装的猛烈攻击下，元朝政权土崩瓦解。1368年，义军首领朱元璋建立了新的国家政权——朱明王朝（1368—1644年）。朱元璋及明朝前期诸帝为了巩固自己的统治，汲取前朝亡国教训，对宋元统治制度进行了大幅度的刷新调整。

在社会经济方面，最先着手整顿土地所有制以及农民与地主的关系，采取种种措施积极恢复和发展以农业为主的社会经济，以稳定王朝统治之根基。第一，着力恢复受元末农民起义冲击的地主土地所有制，"使富者得以保其富"，并大肆封赏勋戚。同时推行"粮长制"，恢复地主在乡村社会的政治特权。第二，明王朝也给予小自耕农以一定扶植，并使佃农处境有所改善，如奖励垦殖，减低税赋，禁止蓄养奴婢和私刑凌辱佃户等。通过这些措施休养民力，缓和地主与农民两大阶级间的紧张关系。第三，通过全国性的户籍、田亩调查，编制出"赋役黄册"和"鱼鳞图册"，以保障朝廷财政收入的稳定。第四，明王朝虽对工商业仍进行有力的控制，但对工商业者的奴役和勒索大为减轻。将工匠分为轮班匠和住坐匠，既保证官府作坊的正常经营，又给手工业者经营私业的自由。同时，大幅度降低商业税率，发行"大明宝钞"，以制止元末纸币严重贬值的势头，刺激商业繁荣。随着这些政策措施的施行，明朝社会经济迅速从元末破败的境况中恢复过来，出现了"宇内富庶，赋入盈羡"的局面。1393年，全国垦田面积较元末增加了4倍，大型水利工程也多有兴建，为明朝中叶的经济振兴奠定了坚实基础，更为明朝皇权专制主义制度的确立提供了经济保障。

（二）政治秩序的调整

朱明王朝统治者们在恢复发展社会经济的同时，还将其主要精力投注到政治权力体制的调整上，其目的就是大力强化皇权专制，从而将秦汉隋唐以来的中央集权统治推向巅峰。

建朝之初，明王朝的行政体制基本上仿效元朝，在中央设中书省，由左、右丞相总理朝政。另设大都督府掌军事，御史台负责监察事务。地方上则设行中书省，置平章政事及左、右丞，总管全省军政。1376年，朱元璋首先变革地方行政机构，废行中书省，在全国陆续设立十三个承宣布政使司（俗称"省"），置左、右布政使司各一人，分掌一省民政、财政。另设提刑按察使司掌刑法，指挥使司掌军队。三者合称"三司"，互不统属，分别直属于中央有关部门。省之下，又设府（直隶州）、县（州）两级地方行政机构。

1380 年，朱元璋开始了打击相权、强化君权的中央体制改革。他先以"擅权植党"的罪名，处死中书省左丞相胡惟庸，并宣布废除中书省，不准再立丞相。将相权分于吏、户、礼、兵、刑、工六部，各部尚书直接执行君命。1382 年，朱元璋遴选一些官品较低的文人任殿阁大学士，充当顾问，协助皇帝批阅奏章，起草批答。明成祖朱棣使内阁成为定制，允其成员参与机要，明朝中后期还从内阁大学士中委任"内阁首辅"。但内阁与中书省有所不同，它既不是法定的最高行政机构，又无僚属，且阁臣官品往往较各部尚书还低，权力大小完全取决于皇帝的宠信程度。朱元璋对官僚队伍管束极严，凡贪官污吏一经查出，严惩不贷。1382 年，改御史台为都察院，"主纠察内外百司之官"，其长官都御史纠劾百官，地位显赫，为朝臣所惧。地方上也依行政区划，置十三道监察御史。明朝还建立御史巡按地方之制，名为巡按御史，他们代天巡狩，权力极大，大事奏裁，小事立断。

军事体制改革是明朝统治者最为关注之事。朱元璋在重要地方设卫，次要地方设所，建立起卫所制度。全国军队均编入卫所之中，所有卫所皆统属于中央大都督府。1380 年，朱元璋在废中书省和丞相制的同时，也废除了军权过分集中的大都督府。改称前、后、中、左、右五军都督府，分管各地卫所军队。但五军都督府只掌军籍、军政，无调兵之权；兵部掌任免、升迁和军队训练，但不统兵。每逢战争，由皇帝亲点专人任总兵官，统率卫所军队出征。战毕，总兵官奉还将印，军队各归卫所。

朱元璋还颁布《大明律》和其他严苛刑律，以极重刑罚维持专制统治。执掌刑法的除刑部、都察院外，还有大理寺，三者合称"三法司"，彼此制约，使司法权也集中于皇帝一人。明朝律法虽严，但历代君王仍恐自己的控制还有疏漏，又特设各类专门机构，作为皇帝的心腹耳目。1382 年，朱元璋设"锦衣卫"专门负责侦察、缉捕、审讯"盗贼奸宄"。1420 年，朱棣又设"东厂"，由亲信太监统领，"缉访谋逆、妖言、大奸恶"。锦衣卫侦察一切官民，东厂则侦察一切官民和锦衣卫。厂、卫直接对皇帝负责，不必经过司法机关，便可任意捕人、施刑，直至杀害。厂卫的建立使明朝君主专制达到极点。

明朝皇权专制的另一特点是，把对社会文化的控制也纳入专制体制之中，大力推行文化专制政策。明朝教育体系在中央有国子学（亦称国子监），学生为监生，多为官僚地主子弟；地方有府学、县学。主修内容为宋儒注疏的"四书五经"

及《大明律》《大诰》等。1370 年，明朝正式建立科举取士制度，规定以经书的文句为题，文章格式为八股文，立意须以程朱理学的注疏为依据，号为代圣人立言。这种制度将广大知识分子的思想禁锢在孔孟之道和程朱理学的框架之中。屡兴文字狱则是明初文化专制的又一极端表现形式。

二、社会发展变革

（一）社会生产

明中叶以后，中国社会经济发展水平达到了一个新的历史高度。农业耕作、栽培和水利灌溉技术不断改进。主要作物稻谷的产量大为增加。甘薯、玉米、花生、向日葵等新作物也由菲律宾和美洲传入。棉、麻、桑等经济作物的种植也有发展，尤其是棉花已推广到江北广大地区，获得了"地无南北皆宜之，人无贫富皆赖之"的重要地位。以棉、丝为原料的纺织业发展迅速，新技术不断出现，新产品"巧变百出，花样日新"。制瓷业也十分兴旺，江西景德镇在洪武年间有官窑 20 座，到宣德时代增至 58 座。其产品由于采用新工艺，数量增加，质量提高，远销国外，深受欢迎。冶铁、制瓷、丝织等行业分工细密，生产率大为提高。

在社会生产提高的前提下，明朝中叶在张居正主持下进行了赋税改革，推行"一条鞭法"，将田赋、徭役和各项杂税统合为一体，分摊到户，折银交纳。这一重大改革，极大地刺激了明朝商品经济的发展，使当时社会经济出现某种新的气象。首先，农民为以白银纳税，手工业者为以白银代役，使大量农工产品注入市场，增加了社会经济中商品交换的数量。其次，家庭副业在农民经济生活中的重要性增强，小农与市场关系日益密切。家庭经济中主要劳动力的配置有所变化，许多男子开始从事以往仅由妇女从事的家庭手工业，男耕女织的传统社会分工模式在一些地区出现松动，甚至一些农民放弃农耕主业，出外谋生，经营工商业。再次，粮食和经济作物生产、原料与手工业生产的地域分工日渐明显。湖广以粮为主，山东、河南一些地区则以棉为主；苏杭纺织生产所需要的生丝，多从湖州运至；松江一带发达的棉织业仰赖山东、河南的棉花，结果使粮谷、经济作物和手工业产品都成为商品，促进了各地间的产品交流，形成一定规模的商品市场。最后，商业资本与城市经济大为活跃。明中叶以后，不仅出现了许多豪商巨贾，而且也形成了资财相当雄厚的地域性商业资本集团，著名的有徽商、晋商、闽商、粤商等。此时的城市经济也相当兴盛繁荣。北京、南京两都为全国城市之首，也是当时世界上最大的都市，百业荟萃，店铺林立。汉口、汉阳"五方杂处，商贾辐辏"。苏州、杭州、湖州、嘉兴、松江等，成为江南最富庶的城市。江南地区众多市镇的兴起是明朝城市发展的又一表现，这些市镇处于大中城市与农村墟集之间，沟通城乡交流，同时又大都具有较明显的专业性特征，如松江地区市镇多以棉纺织业为主，著名的有朱泾镇、枫泾镇等；而杭、嘉、湖三府市镇的蚕桑丝织最为兴盛，著名的有双林镇、南浔镇、乌青镇、菱湖镇等；苏州的盛泽镇、震泽镇更是以织绸业名闻天下。

随着商品经济的发展，明朝的一些手工业中开始出现资本主义生产关系的萌芽。浙江嘉兴的榨油业，广东韶州、惠州的冶铁业，佛山的铁器铸造业，江西景德镇的制瓷业中都有早期资本主义生产关系的萌芽。最为典型的是苏、松地区的丝、棉纺织业。苏州"东北半城皆居机户"，随着生产与市场联系日益密切，这些以织绢为生的机户发生明显分化现象。富裕的机户不断积累资财，有的已拥有数十张织机；而一些贫苦机户和其他劳动者，则丧失了生产资料，只能靠出卖自己的劳动力为生。结果出现"大户一日之机不织则束手，小户一日不就人织则腹枵"的现象，形成"机户出资，机工出力"的雇佣劳动关系。松江（今上海松江区）自万历以来以尤墩暑袜生产著称，"合郡男妇，皆以做袜为生，从店中给筹取值"。袜店商人直接支配生产，从商业资本家转化为手工工坊资本家，而众多向店中"给筹取值"的"男妇"，则成了雇佣工人。

但明朝中叶出现的这些工坊手工业资本主义生产关系萌芽，只产生在某些地区的个别行业中，十分幼弱稀疏。它们不仅无力冲击当时还占支配地位的封建经济，而且其自身难保，有如漂泊在小生产汪洋大海中的片舟孤帆，随时都面临着沉没覆亡的厄运。

（二）海外贸易

早在唐朝，中国的海上贸易活动就日渐活跃起来，唐朝曾在广州设市舶使，主理海外贸易。随着国内经济重心的不断南移，到宋朝时，中国在西太平洋海上贸易中已占主导地位。为加强对日益扩大的海上贸易的管理，宋朝不仅把前朝主管官吏市舶使扩大为主管机构市舶司，而且还把市舶司的设置从广州一地，扩大到杭州、明州（今浙江宁波）、泉州和密州（在今山东胶州）等港口，并在秀州（今浙江嘉兴）、温州和江阴等地设市舶务。宋朝的海外贸易收入相当可观，南宋初年收入最多的泉州市舶司每年可得 200 万贯左右，约占南宋每年财政总收入的5%。足见当时中国海上贸易的繁荣。

明朝海外贸易较之宋朝又有很大发展，并在当时全世界的海洋贸易中占有重要地位，随着亚欧大陆东西两端经济发达地区新经济因素的出现和科学技术的进步使远洋航行成为可能，世界海洋贸易出现了新的变化。15、16 世纪郑和下西洋、哥伦布航抵美洲、麦哲伦环球航行成为世界海上贸易大发展的信号。此后，传统的世界四大贸易区，即北德城市控制的北海、波罗的海贸易区，意大利商人控制的地中海贸易区，阿拉伯、印度商人控制的印度洋贸易区和中国商人控制的西太平洋贸易区，迅速地转化为跨洲越洋的三大贸易区，即西欧与美洲间的大西洋贸易区、欧洲经好望角到印度的印度洋贸易区、亚洲与美洲间的太平洋贸易区。中国明朝在太平洋贸易中扮演着十分重要的角色。

明朝初年，中国的海上贸易以传统的朝贡贸易为主，虽然取得郑和七下西洋并远航至东非的伟大业绩，但其驱动力主要是政治性的，而不是经济性的。郑和之后，明朝屡申海禁，严控民间商人私自对外贸易。但商人们仍不断冲破种种阻挠，不断发展起海上贸易。特别是隆庆元年（1567），明朝暂弛海禁，民间海外贸易获得更大发展。浙、闽、粤沿海的商人纷纷出海，"富家以财，贫家以躯，输中华之产，驰异域之邦，易其万物"，其航帆遍及日本和东南亚各地，并在马来半岛、爪哇岛、苏门答腊岛、摩鹿加（马鲁古群岛）、婆罗洲（加里曼丹岛）等地形成永久性的华商聚居地。

16、17 世纪，中国手工业生产在世界上仍具有较大技术优势，其产品物美价廉，闻名世界，为诸国商人所企求。无论是品种多样、色泽艳丽、图案精巧、印染工艺高超的丝织品，细软精美宜于穿用的棉织品，还是瓷器、漆器、屏风、伞、扇等其他手工制品都是国际贸易中抢手畅销的商品。16 世纪时，欧洲商人大量订购中国瓷器，销往母邦。瓷器由贵族豪门专用，逐渐扩及普通人家，极大地提高了欧洲人社会生活的情趣和品位。中国货物大量行销世界各地，而欧洲诸国并无足以和这些货物相等值的商品运销中国。只好以贵金属，尤其是白银作为支付手段，致使西欧白银大量流入中国。当时主要的贸易路线是，中国商品先输往菲律宾，然后再转输拉丁美洲，而西班牙人则把在拉美劫掠的大量白银，由菲律宾输入中国。据统计，经这一途径流入中国的白银，为拉丁美洲白银总输出量的 1/3 左右。从隆庆改元开海禁到明末期间（1567—1643 年），经菲律宾流入中国的白银达 4000 多万两，相当于中国原有白银总量的 1/6，如果再加上日本和欧洲流入中国的白银，其数量就会更多。而中国恰好是在明朝中叶，开始把白银作为主要价格尺度、支付手段和流通手段的，但仍感白银不足。

由于明王朝的短视，屡申海禁，闭关锁国，逼使许多外贸商人只得冒险走私，结帮合伙，形成武装走私集团，以私人武装保护和发展海上贸易。这些走私集团"大群数千人，小群数百人"，其中最强者是 16 世纪 50 年代雄踞东海的王直集团。王直以中国浙江沥港和日本平户为根据地，拥众十余万，大小船只无数，自号"徽王"，控制着江浙通往日本、南洋的海上交通，就连日本九州一带的海盗商人也都听从他的管辖。

明朝海上贸易的发展虽然成绩斐然，却未能突破各种藩篱的束缚。这既有农本经济强大、盘根错节、不易冲破的缘故，也有明王朝动用国家机器，以种种强暴手段绞杀海上贸易的原因。因此，明朝海上贸易中途夭折，未能起到像西欧那样推动社会变革的作用也就不足为怪了。

第二节 李氏朝鲜的建立

朝鲜高丽王朝末年，武将击败文官，专擅朝政，杀戮政敌，废立国君，传统秩序遭到严重破坏，社会状况一片混乱。蒙元入侵，高丽朝廷不思抗战，一味求和，甘为傀儡。1280年，蒙古统治者在开城设征东行省，派达鲁花赤监督高丽国政。人民不堪忍受元朝统治和外族盘剥，英勇抗争，高丽王朝内忧外患，处于岌岌可危的境况之中。

14世纪中叶，中国爆发红巾军反元大起义。1368年，朱元璋攻入北京，建立朱明王朝，元朝残余势力撤往和林，史称"北元"。大陆政局变动，为朝鲜半岛的社会发展提供了新的历史契机，然而把持着高丽王朝大权的恭愍王、辛禑王和宰相崔莹等保守派，仍奉行对内维护世臣大族权益，对外继续依附北元与明朝抗衡的迂腐国策。1387年，明太祖朱元璋欲乘胜遣派大军统一铁岭地区，高丽辛禑王和崔莹不顾郑道传、赵浚和李成桂等青年官僚改革派的反对，竟遣兵与明朝对抗。1388年，时任高丽右都统使的李成桂在率军进至鸭绿江威分岛时，断然抗命停兵，回师京都，废黜辛禑王，放逐崔莹，相继立辛昌王和恭让王，并将大权握在自己手中。1392年，李成桂进而自立为王，迁都汉城（今首尔），改国号为朝鲜，史称"李氏朝鲜"。

一、统治秩序重建

（一）社会经济改革

李氏朝鲜政权建成之后，重新确定朝鲜的内外方略，开创了一个崭新的社会局面。对外，李成桂与大陆朱明王朝修好，保持长期的和睦关系。这既消除了数百年以来沉重的北方压力，又极大地促进了朝中两国在政治、经济、文化诸方面的友好往来。大陆文化又一次被大规模地引入半岛地区，这极大地促进了李氏朝鲜的政权稳固、国力增强和社会发展。

对内，李成桂大胆改革，刷新政治，建构起中央集权国家对社会全面有效的控制。在执政之初，李成桂针对前朝地产兼并等弊政，率先进行田制改革。1390年，焚公私田产旧籍于市街，大火数日不绝。接着在大规模重新丈量全国土地的基础上，于1391年宣布实行"科田法"，对当时全国共计79万多结的土地进行重新分配。将京畿一带的部分田产按"科"（即等级）授给文武百官，第一科授田150结，第十八科授田10结；在地方置军田，以养军士；对于"闲良官吏"（即地方绅士）则各授田 50 结或 10 结。科田和军田为私田，准予世袭转让；其余土地为公田，由国家直接征收租税。科田法的实施奠定了李朝经济的基础结构，限制了土地兼并与横征暴敛。有利于社会秩序的稳固，便于中央监控地方。

1413 年，李朝统治者们为把劳动者牢牢地束缚在土地上，实行了"号牌法"。规定全国 10 岁以上的男子均须佩带一定规格的牌子，上书姓名、居所、身高等特征，以象牙、鹿角、木头等不同质地表明不同的等级身份。同时严格实行"五家作统法"，五户为一邻保，以保证完纳国家的税赋徭役。李朝政权还实行奴婢辨正，把众多高丽王朝末期沦为奴婢之人改为良民，同时把寺院等处的私奴婢改为由国家控制的公奴婢，这样国家可以掌握众多的劳动力和兵源。

（二）政治军事整顿

私兵制是造成高丽王朝末年朝纲不振、秩序紊乱的主要原因。李成桂对此深有体会，因而建国后第二年，他便下令废除私兵，建立由中央政府掌管的统一兵制。并且进一步发扬高丽王朝尊文抑武的政策，严格限制武将权限，甚至将军中许多要职交由文官担任。对于中央、地方的官僚统治体系也进行大幅度改革；中央设议事府，下置六曹、三司，分掌军事、政务、司法和财税等事务，辅佐君王；地方除京畿外，分为七道，道下设州、府、郡、县，盖由中央派员统理。李氏朝鲜政制建设的特点一是繁复，各系统相互牵掣；二是集权中央，特别是君王拥有至高无上的权力与地位，不受法律束缚，使朝鲜封建集权体制达于顶点。15 世纪中叶，李朝编写《经国大典》，共分吏、户、礼、兵、刑、工六典，对中央、地方的行政和财政、军事、教育等法律制度都作了详细规定，奠定了李朝数百年统治的法制基础。

（三）经济文化发展

随着政权的稳定，与邻邦关系的改善，李氏朝鲜前期的社会经济文化空前繁荣。15 世纪中叶，李朝田亩数量较之高丽王朝末年翻了一番，达 170 多万结。而且由于轮作法取代落后的休耕法和先进的水稻插秧法的普及，李朝农作物的产量大幅度提高。手工业也有相当发展。其中尤以纺织、造纸、印刷等行业最为显著，但多为官府所控制。商业发展也较快，除了御用官商外，民间私商也相当活跃。地方定期市集逐渐出现。

李朝前期，朝鲜文化取得的最大成就是 1444 年名为"训民正音"的朝鲜民族文字的创制。这是一种由 28 个字母组成的拼音文字。它的形成结束了朝鲜只有语言而无文字的历史，但汉字在朝鲜政府公文、国史著述、文人作品中仍长期通用。早在 13 世纪，铜活字印刷已在朝鲜出现。15 世纪时又出现了铅铸活字。15 世纪中叶，郑麟趾等编成《高丽史》《高丽史节要》等史学著作，为研究高丽王朝的历史提供了重要资料，同时也开始编纂《李朝实录》。此外，朝鲜的医学、绘画、地理学等也有相当高的成就。

二、朋党之争与壬辰卫国战争

（一）朋党之争

李朝盛世仅维持了不足百年。15 世纪后期，由于贵族官僚利用权势不断扩大私田，土地买卖日益风行，科田法千疮百孔，李氏朝鲜的统治根基开始动摇。经济集团内部因争权夺势矛盾激化，形成两大对立派别：一是在朝的世袭官僚贵族，史称"勋旧派"；一是书院出身、科举进第的文武两班子弟，史称"士林派"。1498 年，燕山君即位后不满士林派诽谤朝政，勋旧派又乘机唆使，于是大杀士林派儒生，酿成士祸。从此党争不绝，绵延数百载。16 世纪后期，士林派渐受宠信，入朝主政，开始对勋旧派施加报复，剿杀敌党，株连不休。得势的士林派不久便分成东人、西人两党，再裂为南、北、老、少四派，相互间倾轧排挤，争斗激烈，屡屡政变，国家危难。

（二）"壬辰卫国战争"

1592 年（壬辰年），正当李氏朝鲜党争内讧、武备松弛之际，日本 18 万大军悍然入侵。日军长驱直入，两个月内便连克汉城、平壤。朝鲜国王出奔义州。全国上下一片腥风血雨，半壁江山尽入日寇之手。面对外敌入侵，英勇的朝鲜军民奋起抗战，史称"壬辰卫国战争"。在人民支持下，海军将领李舜臣率龟船舰队，痛击日本海军。邻邦中国也应李氏朝鲜之请，遣精兵4 万援朝抗日。日军不敌中朝联军，败退半岛南端，被迫议和。1597 年，日军再次北犯，中朝军队并肩联手，再败凶敌，李氏朝鲜终于在 1598 年赢得卫国战争的最后胜利。

第三节　战国时期日本的再统一

一、战国争雄

（一）战国大名

1467 年开始的应仁之乱彻底扰乱了国家秩序，室町幕府失却了统辖全国的能力，参加战乱的各国大封建主守护大名，继续混战。参加战乱的守护因"下克上"频发而失去领国甚至性命。所谓"下克上"，狭义指身处下位者通过暴力凌驾于上位者之上，甚至直接取而代之；如细川氏家臣三好长庆夺取细川家督之位，旋又被自己家臣松永久秀所杀。斯波氏的领国越前、尾张、远江分别为家臣朝仓氏、织田氏、甲斐氏所夺等。广义的"下克上"则指农民"土一揆"（即农民暴动、起义）抵抗甚至威胁幕府、领主、大名的权威。如 1485 年的"山城一揆"，当地农民将守护驱除，即为典型的"下克上"。

由于家臣叛乱，过去由幕府委派的守护完全失却了昔日威风。而战国大名则同幕府完全没有隶属委任关系，他们在"下克上"风潮中"自发"地成长，完全无视过去庄园制下的土地所有关系，按照自己意志构建起一元化的"分国"（地方）统领体制。其中特别著名的有：关东的北条氏，北陆的上杉氏，甲信的武田氏，东海的今川氏、德川氏、织田氏、丰臣氏、斋藤氏，越前的朝仓氏，近江的浅井氏，中国地方的大内氏和毛利氏，四国地方的长宗我部氏等。

战国大名的分国体制，有其鲜明特色。首先整顿家臣团的内部秩序，据其出身、经历分为"一族众"（血缘）、"谱代"（当地出身）和"外样"（后加入者）等类别。其次，大名向高级家臣颁赐土地，组成直臣团以强化军事战斗力。并将家臣分成若干组别，任命有力且可信任的家臣为首领。再次，编制赏罚严格的法律文书——"家法"，用以规制属下行为。大名所颁田地（"知行地"）不可买卖、分割、继承；女子不可领有土地及其他财产；严禁武士纠纷，械斗；个人犯法一族连坐，不交租税一村连坐。最后，规定武士必须集中居住，促进了都市（城下町）的发展。此外，各地大名为增加实力，大力发展采矿业、商业（乐市乐座）和交通业。

这一时期日本社会的国家秩序异常混乱，而地方统治却井然有序，区域经济、文化乃至政治、军事都得到整顿、强化。然而，地域与地域（国与国）之间，战争甚至吞并的危险始终存在。日本社会由此进入了战国时代。

（二）基督教的传入

1543年，原打算去宁波的葡萄牙人乘用的船只，漂流到了种子岛。种子岛岛主时尧从葡萄牙人那里得到一支火绳枪。传说一名叫八板金兵卫的铁匠，将女儿献给葡萄牙人船长，从船长那里得到了火绳枪的制法。以此为契机，葡萄牙船只每年都会造访九州各港。1549年，耶稣会传教士沙勿略来到鹿儿岛。基督教传教士的活动与开展中介贸易是分不开的。葡萄牙人从果阿经澳门到日本，再从日本转澳门回果阿的航行，一般需要三年时间。而传教士则在日本担任中继者，联络卖主和买主，从中获利，以为布教经费。其中走私贸易，为传教士和教会带来巨额利润。

为了获取火器和掌控海上走私贸易，一批日本封建领主对基督教传教活动予以支持。1560年，将军足利义辉允许布教；1569年，织田信长允许布教。堺的领主小西隆佐和小西行长父子，高槻城主高山右近都先后成为"切支丹大名"（即所谓信奉基督教的大名）。他们向耶稣会传教士进献土地，并对其布教计划和行动予以保护。初期的基督教布教活动取得了相当大的成功。织田信长对布教活动大力支持，于1576年在京都建"南蛮寺"，供教会落脚。丰臣秀吉对布教活动一直反感，1587 年颁布法令，驱逐外国传教士。然而，由于以传教士为中介的贸易对领主阶层来说十分必要，所以丰臣秀吉禁教政策一时尚未达到严厉禁止的程度。

二、丰臣秀吉与日本再统一

（一）织田信长

织田信长原为尾张守护斯波氏的家臣，性格好勇斗狠，行为不拘一格，追求新鲜事物，为战国诸雄中第一个将西式步枪用于战场的大名。1560 年的"桶狭间会战"中击败今川义元之后，势力急速增长。不久，又降服美浓大名斋藤氏，进入岐阜。1568 年入京都，废将军足利义尊，立足利义昭。1570 年他与德川家康联合，击败近江的浅井氏和越前的朝仓氏，接着又镇压"一向宗"起义。1573 年，足利义昭试图反抗被织田信长驱出京都，其统一事业的基石得以确定。他在安土筑起宏大的安土城，向全国各诸侯宣布了统一的决心。向东消灭了武田氏，压迫北条氏屈服；向北打败上杉氏；向西进攻毛利氏，前后击败降服了 28 个战国大名。击败武田信赖的"长篠会战"，是灵活地运用新武器铁炮的典型战例。1582 年，部将明智光秀发动政变，织田信长在本能寺被迫自杀。

（二）丰臣秀吉

丰臣秀吉出身尾张农家，追随织田信长后备受赏识，接续织田信长的遗业，继续进行统一大业。正在主持对毛利氏军事行动的丰臣秀吉得知织田信长遇害之后，急与毛利氏媾和，回军京都，在山崎之战中杀死明智光秀。1583 年消灭柴田胜家，并使德川家康归顺，丰臣秀吉确立了织田信长后继者的地位。1585 年就任关白。1586 年就任太政大臣，获姓丰臣。1587 年征服岛津氏，1590 年在小田原会战中平定北条氏，实现了日本全国统一。

基于对战国混乱的深刻体认反思，丰臣秀吉采取了一系列统治措施。第一，大力推行检地。1582 年到 1594 年十余年间，在全国各地实行检地，史称"太阁检地"。其目的是让被战乱驱散的农民回到土地之上，以使国家得以向领受份地的农民收取年贡和赋役。其原则和实施方法是：一地一作人，将土地授给农民耕种；确定丈量单位、田地等级，测定单位面积的一般收获量，再以租税率决定年贡额；彻底废除庄园制，将庄园制下重叠的领有关系划一，使回归土地耕种的农民直接面对土地的领有者。

第二，严厉推行身份制度和兵农分离政策。1588 年 7 月，丰臣发布"刀狩令"。以建造供百姓永世瞻仰的京都方广寺的大佛需用铁钉为由，将民间一切武器收缴上来。其目的不仅在于防止民间暴动，还在于实现兵农分离。1590 年，丰臣政权又发布身份统制令。禁止武士变身町人或农民；禁止农民弃耕从事商贾活动。士、农、工、商身份制的轮廓已大致划清。

第三，强化统治秩序。1588年，丰臣在京都的聚乐第迎候天皇，并要求诸大名在天皇面前向自己宣誓忠诚。他给予德川家康、浅野长政等有势力大名以"五大老"的地位，委以政策顾问之任。对于天下诸大名，丰臣采取了强压和怀柔两种手法驾驭。丰臣秀吉承认织田信长和其他战国大名采取的乐市乐座制，以鼓励自由贸易，推动商业手工业的发展。1587年颁布"伴天连追放令"，限制传教士的活动。

在一系列政策的推动下，日本社会的阶级构造发生了巨大的变化。农民被固着在土地上和村落内，专事农事的同时成为国家租税财政之源；商人和手工业者开始向城下町集居，并逐渐成为专门为武士阶级提供生活服务的町人；而武士则集中居住在城下町，成为日本军事组织和政权的专门承担者。

（三）入侵朝鲜

结束百年战乱，重建统治秩序的成功，使丰臣秀吉成为占据日本政治舞台巅峰的一代枭雄。然而，他很快便将目光投向海外，悍然发动侵朝战争。1592年4月，18万日本大军登陆朝鲜半岛；5月，占领汉城；6月又攻陷平壤；短短三个月内日军便占领了朝鲜大片土地。连战连捷令丰臣秀吉得意忘形，进而谋划对中国的进攻，意欲乘舰渡海，"留居宁波府"，再占北京，继而进兵天竺（印度）。不料，中朝两国联合作战，屡败日军。丰臣秀吉被迫下令议和。1596年，他撕毁协议，重开战端。1597年，他派遣14万日军再度入侵朝鲜，结果又被中朝联军沉重打击，特别是鸣梁海战役、露梁海战役中，日军两度惨败，失去制海权。战事失利，将帅互疑，士卒厌战，国内统治秩序出现紊乱，使丰臣秀吉忧愤成疾，不治而亡。侵朝战争失败、丰臣秀吉病亡，使日本封建统治再度面临新的危机。

第四节 德里苏丹国

12世纪中叶后，伊斯兰教势力逐渐向南亚次大陆进行新的渗透和扩展。13世纪初，伊斯兰教政权德里苏丹国基本控制了北部印度地区，外来的伊斯兰教与土著的印度教在新的历史条件下碰撞和对峙，使南亚文明的内容、特征更趋复杂化，印度封建社会从此步入一个新的重要历史阶段。

一、德里苏丹国的建立

早在8世纪初年，阿拉伯帝国倭马亚王朝的扩张浪潮就曾波及南亚西北端地区。8—10世纪，信德及旁遮普南部一带就已被阿拉伯人所统治，先后出现了木尔坦和曼苏拉两个小王国。但10世纪中叶之前，伊斯兰教政权势力始终限于次大陆西北一隅，未对印度的政治、经济、文化产生明显的影响。

（一）德里苏丹国

962 年，在今阿富汗东部兴起由信奉伊斯兰教的突厥人建立的加兹尼王朝（962—1186 年）。999—1030 年，狂热的伊斯兰教君主马默德在位。他率军对印度连续进行了 17 次大规模的军事入侵。屡屡击败印度拉其普特王公们的抵抗。1009 年，马默德攻占曲女城，把这座历史名城洗劫一空，夷为平地。1025 年，他又粉碎印度王公的顽强抵御，攻占了印度教圣地索姆那特的湿婆神庙。然后用 4 万头骆驼把藏在该庙的大批财宝运回加兹尼。加兹尼王朝的军事征伐打开了中亚通往印度次大陆的门户。但马默德的远征以掠夺财富为主要目的，并未谋取在印度建立直接的统治。加兹尼王朝在马默德死后急剧衰落，为阿富汗西部新兴的伊斯兰古尔王国所灭。古尔王国奉行与加兹尼王朝同样的侵掠国策，继续对印度发动侵略战争。1190 年，古尔苏丹穆罕默德率军攻入印度腹地，在今德里附近与印度王公展开塔劳因会战，失利。1192 年，穆罕默德为雪耻亲率 12 万大军与印度王公再度在塔劳因进行会战，结果大胜印军，进而攻克德里。接着古尔大军又连陷比哈尔、孟加拉等地。至此，德干高原以北地区皆入古尔王国之手。1206 年，穆罕默德遇刺身亡，身后无嗣，王国四分五裂。古尔驻德里总督库特布·乌丁·艾贝克自立为苏丹，从此开始了北印度的德里苏丹国的统治。

（二）政治军事制度

德里苏丹国是印度历史上第一个较为稳固的伊斯兰教政权。它延续了 320 年之久，先后经历了奴隶王朝（1206—1290 年），卡尔基王朝（1290—1320 年），图格拉王朝（1320—1414 年），赛义德王朝（1414—1451 年）和罗第王朝（1451—1526 年）五个王朝。德里苏丹国以征服战争的方式逐步把南亚次大陆大部分地区纳入伊斯兰教政权的统治之下。奴隶王朝的苏丹伊杜米斯（1211—1236 年在位）先后敉平旁遮普和孟加拉的王公贵族反叛，征服了温德亚山北麓的瓜廖尔和马尔瓦地区，被史家称为德里苏丹国的奠基人。另一位苏丹马茂德（1265—1287 年在位）严厉惩处了桀骜不驯、专横跋扈的"四十人贵族集团"，加强了苏丹权威，强化了伊斯兰教律法。卡尔基王朝的苏丹阿拉乌丁（1296—1316 年在位）继续奉行高压政策，慑服贵族，实行改革，增加国家直接控制的土地，剪除割据势力，并遣大将卡富尔四次远征南印度，依次征服了雅达瓦耶、曷萨拉和潘地亚诸印度教王国，从而使德干高原成为德里苏丹国的辖地。至此，德里苏丹国的疆域东起孟加拉，西至印度河，北抵克什米尔，南达高韦里河。

自古以来，不断有北方游牧民族通过西北山口侵入南亚次大陆。这些野蛮入侵者在不长的时期内便都与次大陆原有居民融合。古老的印度文明体系依旧占据着主导地位，缓慢前行。然而这一次入侵者却是高举伊斯兰教旗帜，由有共同信仰的突厥人和阿富汗人组成。他们的到来不仅改变了次大陆民族的成分，而且还造成了印度古代文明的巨变。伊斯兰教统治者为了维护自己的政治统治和既得利益，凭借强大的军事力量建立了具有浓厚伊斯兰教色彩的封建制度。德里苏丹国改变了印度传统的政权形式，采用政教合一的伊斯兰神权政体，作为全国最高统治者的苏丹集君权、教权于一身，由信奉伊斯兰教的突厥人、阿富汗人和波斯人组成的军事贵族阶层是苏丹政权的社会基础和拱卫力量。德里苏丹的中央政权由税收、司法、军事、驿政和文秘等若干部门组成，各部长官由苏丹任命，一改印度传统的官僚世袭制度。负责税收的维齐尔，因其掌管着国家财政命脉，权力较大，往往节制其他各部，渐渐成为首相，在国家政治生活中占有举足轻重的地位。地方划分为中央直辖行省和土邦两类。各行省长官称"瓦利"，直接隶属于德里苏丹，拥有地方上的军事、行政大权。省下为"舍克""巴尔加"两级行政区，最基层的行政单位是村社。土邦由臣服于苏丹的印度教王公统治，他们在承认德里苏丹宗主权和缴纳贡赋的前提下，在各自邦内拥有广泛权力，处于半独立状态。规模庞大的常备军是德里苏丹国的支柱，全军分为骑兵、步兵和象军，并已开始装备较原始的火器。军队兵源主要来自突厥人、阿富汗人、波斯人和蒙古人，归降臣服的拉其普特王公和印度教教徒只为德里苏丹提供辅助兵源。

（三）土地国有制度

印度的土地制度在德里苏丹国时期发生了较大变化。凭借征服战争所获得的大量地产，德里苏丹国实行土地国有的制度。在名义上，苏丹拥有全国的土地，是最高的土地所有者。国有土地的占有形式有三类：一是由苏丹直接支配的土地，称"哈斯"；二是国家赐给伊斯兰教职人员的土地，称"伊纳姆"，赐给清真寺的土地，称"瓦克夫"；三是苏丹以服军役为条件分封给穆斯林武士的土地，称"伊克塔"。后一类分封最初只是为了税收，而非实际的土地分封，且只限于受封者本人终身享用，但后来穆斯林军事贵族不断扩大对其所占封地的权力，"伊克塔"便逐渐演变成封建的世袭领地。除上述三类国有土地外，此时印度尚有许多土地为印度教土邦王公世袭相传和私有，这类土地的所有者称"柴明达尔"。

二、社会文化结构的更新

（一）社会对立冲突

德里苏丹的建立与发展，对南亚次大陆古老文明产生了前所未有的冲击，使其整体框架得到重大调整。以苏丹为代表的穆斯林征服者们，在印度不仅确立了政治统治，也在很大程度上摧毁了印度原有居民的传统信仰体系和文化观念。德里苏丹国建立之初，曾对印度教进行了残酷镇压，并以各种手段迫使广大印度教教徒改信伊斯兰教，但未能奏效。此后，历代苏丹仍奉行严厉的宗教歧视政策，经济上，严令印度教教徒交纳比穆斯林高得多的土地税，并交纳作为"异教徒"耻辱标志的人头税；政治上，任何印度教教徒不得出任高级文武官职；一些具有宗教狂倾向的苏丹甚至颁布苛令，禁止印度教教徒理发，不允许在朱木拿河洗浴，不得举行宴会等。虽然在一神信仰的伊斯兰教与多神崇拜的印度教之间存在着诸多差异，但德里苏丹国时期尖锐的宗教对立，主要是由伊斯兰教政权各种残暴的歧视迫害政策所造成的。

（二）二元文化结构

印度传统的文化、信仰虽然没有像以往那样同化新来的穆斯林征服者，但伊斯兰国家政权也无力消灭印度人的传统信仰，因而在南亚次大陆上形成了伊斯兰教与印度教并存和对峙的二元文化结构。从地理分布区域上看，统治阶级所尊奉的伊斯兰教主要流行于旁遮普、信德、克什米尔和孟加拉等北方地区，而中部和南部地区则是印度教教徒占绝对多数。从人种结构上看，当时的穆斯林由三部分人组成：一是8—10世纪迁入印度西北和西部沿海地区的阿拉伯人后裔；二是11、12世纪侵入印度的突厥穆斯林及其后裔；三是改宗的被征服者。在第三部分人中，下层普通民众和不可接触者——贱民占绝大多数。这些人之所以接受伊斯兰教，主要是为了免交苛重的人头税，摆脱高级种姓对他们的歧视。旁遮普和孟加拉原是贱民人口较多的地区，因而伊斯兰化的程度也较深。但实际上，这些新改宗的穆斯林依旧无法取得与原穆斯林完全相同的社会地位，反而在伊斯兰教中形成了一个新的种姓，即所谓穆斯林种姓，其内部仍有高下之分。

伊斯兰教与印度教的长期共存、对峙和相互影响，使双方都发生了某些变化。德里苏丹国上层穆斯林中所普遍流传的是非正统的苏非派，该派形成初期就不满阿拉伯统治者，传入南亚后，又受印度教的影响，因而漠视正统伊斯兰教派的繁缛仪式，强调内心修炼，以达到神人一体的境界。而在印度教内部也出现了一场时间长、范围广、影响大的新派运动——虔诚派运动（也称巴克提教派运动）。12世纪，虔诚派运动初发于南印度地区，最早的代表人物是罗摩罗迦。13世纪之后，该教派扩至北部，罗摩难陀（1360—1450）成为主要代表。他认为"梵天"是宇宙万物的主宰，主张所有虔诚信仰"梵天"之人，不论身世贵贱，地位高低皆可获得解脱。该派的另一位代表人物是喀比尔（1440—1518）。他的生母是婆罗门种姓的印度教徒，而养父则是穆斯林，喀比尔极力反对印度教的种姓制度，力主把印度教和伊斯兰教合二为一。他认为，生民之初，既无突厥人也无印度人，没有种族也无种姓，人类是"安拉和罗摩的孩子"；"宗教和神的不同只在于它的名字"，正如"同样的黄金作成了首饰就有了不同的名字一样"；实际上"印度教徒与穆斯林拥有共同的上帝"，因而忘却争吵，虔诚地信奉神是印度所有人的唯一解脱之路。他的这些说法得到许多印度教教徒和穆斯林的拥护，在群众中颇有影响，反映了广大民众对印度教种姓制度的痛恨，也表达了人们对德里苏丹伊斯兰政权不宽容政策的强烈反感。它企图调解伊斯兰教与印度教之间的对立，创立出一种新宗教。但最终无法弥合两大宗教的隔阂与对立。

（三）国家政权衰败

14世纪中叶后，德里苏丹国已开始盛极而衰。穆斯林贵族和印度教王公的反叛接连不断，民族矛盾与斗争愈演愈烈，地方分裂割据势力乘机作乱。14世纪末，帖木儿帝国的军队冲入印度，先在德里以北击垮德里苏丹图格拉王朝的抵抗，进而将德里城洗劫一空，德里苏丹国的中央统治区域急剧缩减，苏丹政令不出德里周围。15世纪后，北部穆斯林贵族和印度教王公拥兵自重，仅在形式上尊奉德里苏丹为君主；南部德干高原则形成了伊斯兰教巴曼苏丹国和印度教维查耶耶加尔王国两大政权并立的局面，相互间杀伐不已。南亚次大陆的混乱与割据又一次为北方民族的扩张和征服敞开了大门，莫卧儿帝国的大旗已隐约可见。

第五节　突厥人的西迁和帖木儿帝国

一、突厥人及其西迁

（一）突厥人的由来

突厥人的早期历史，有很大一部分相当含糊。从人种学的角度考察，突厥人应该属于阿尔泰人种的一支，与匈奴人、蒙古人和后来的女真人有比较近的亲缘关系。在中国史籍中，对这些游牧民族的记载早于公元前2000年就开始了。而直到隋唐时期，中国史料对闯入西方历史中的西突厥人的记载才有了比较明晰的线索。

据中国史籍记载，5世纪之前，突厥族居于准噶尔盆地之北，叶尼塞河上游，后迁至高昌的北山（今新疆中部的博格多山）。5世纪中叶，柔然人征服突厥，使其为柔然人锻铁，称之为"锻奴"。552年，突厥首领阿史那土门率领部众反叛，取得独立，自称伊利可汗，建立突厥汗国。该突厥汗国的东部以额尔浑为中心，由土门统辖，拥可汗称号；西部由其兄弟室点密（562—576年在位，拥叶护称号）统领，后人称之为西突厥。560年前后，西突厥与波斯联盟，消灭了西部的白匈奴人（中国称嚈哒人）部族，将其领土瓜分，以阿姆河为界，确立了突厥人与波斯人之间的边界线，从此控制了丝绸之路的中段。拜占庭史料中，也特别提到突厥人汗国作为东西方丝绸贸易中介国的重要地位。在6世纪时，中国、拜占庭都与这支突厥人有过较好的交往。突厥人在中国分裂战乱的南北朝时期（420—589年），经常能获得中原的丝帛原料和产品。拜占庭也能够经常通过突厥人获得东方的丝绸产品。659 年，西突厥汗国被唐高宗所灭，但突厥民族仍然长期生活于咸海和锡尔河之北、里海和伏尔加河以东、额尔齐斯河之西南的广袤草原上，保持着自己的种族特征和生活习俗。他们逐水草而居，在广袤的草原上放牧着骆驼、马和羊，一些定居者还在沙漠绿洲中种植谷物，在集市进行实物交易，以牲畜、林产（兽皮）和俘虏与南方和西方边界地区居住的穆斯林换取所需货物。并且开始了缓慢的伊斯兰化的进程。

（二）伊斯兰化

突厥人最早与伊斯兰教的接触约开始于 8 世纪早期（705—715 年）。当时为了使河中地区的臣民不受草原突厥人的骚扰，巴格达哈里发向当地派出了总督，并在阿姆河、泽拉夫善河和锡尔河沿线修筑长城和防御设施，同时，还向突厥人生活区派出传教团。但初期的传教受到了突厥人的抵制。后来，花剌子模和粟特的穆斯林商人们通过其边境上的贸易活动，使突厥人了解了伊斯兰教的生活方式和宗教活动，穆斯林发达的物质文明吸引着草原上的突厥游牧民，使他们开始接受伊斯兰教。

突厥人之所以接受伊斯兰教，而没有接受已在草原上广为流传的佛教、祆教和摩尼教，有很多值得注意的因素。首先，突厥人与伊斯兰教化之前的贝都因人曾经处于大体相似的社会生活环境之中，他们逐水草而居，恶劣的生活环境和不安定的部落游牧生活养成了这些部族尚武好战的习性，部族与宗族的血缘联系也相当密切。伊斯兰教打破了传统的宗族势力，以安拉的至高无上为旗帜，使贝都因人完成了从氏族社会向早期国家的演变，这对于分散无序的突厥人部落无疑是个很好的样板。其次，突厥人与贝都因人在接受伊斯兰教之前所处的文化宗教氛围也有相似性。他们都处于蛮荒时代的多神崇拜阶段。而原始形态下的多神教崇拜是以人—神的互利为前提的，其信仰者侧重于各类神灵所能给予的现实利益，而并非"虚无"的天堂。伊斯兰教也有类似的观念，如穆罕默德所说，"信安拉，也拴住你的骆驼"，昭示了宗教信仰与实际生活中的个人利益并无矛盾之处。而祆教、摩尼教、佛教、基督教等宗教，无不侧重于宣传天堂的美好或来世的报应，这似乎并不能打动突厥人。再次，伊斯兰教是游牧民族的宗教。它没有佛教和基督教那么多的繁文缛节、豪华的陈设、众多的塑像和雕像，适合游牧民族简单朴素的生活方式。这也是游牧民族多选择伊斯兰教的原因。

无论如何，突厥人显然更容易接受产生于游牧民族中间的朴素无华、逻辑形式清楚的伊斯兰教义思想，乐于接受有着强烈进取色彩的"圣战"观念和在"安拉面前人人平等"的宗教原则，这是突厥人与穆斯林生活方式在草原地区和文明社会的边缘地区长期交往、碰撞的必然结果，伊斯兰教于是成了这两个民族之间相互联系和认同的重要纽带。

（三）塞尔柱突厥国家

11 世纪出现于拜占庭东方边境上的伊斯兰教化的塞尔柱突厥人，属于西突厥乌古兹族的一支，因其部族的始祖名叫塞尔柱，故而得名。这支突厥人接受伊斯兰教之后，于 11 世纪早期渡过锡尔河向南发展。他们以"圣战"为荣，积极参与拜占庭与阿拉伯人之间的战争，在阿拉伯人军队中充当雇佣军人，后来发展成一支独立的军事力量。1055 年，这支突厥人队伍在其军事首领突格里尔·贝格率领下进入巴格达，控制了巴格达哈里发，迫使哈里发赐予自己"苏丹"称号，成为伊斯兰教世界的实际统治者，巴格达哈里发只以宗教领袖的身份存在。突厥人继承了正宗伊斯兰文化的传统模式，建立了以军人为支柱、以伊斯兰征税方式为基础的社会组织模式。从此，伊斯兰教化的突厥人向濒临衰亡的伊斯兰教世界注入了一股新的生命力，这股力量必然要强化伊斯兰教的对外影响，并掀起伊斯兰教向巴尔干和印度-东南亚发展的新高潮。

另外，在穆斯林与基督教帝国拜占庭统治区的交界处，还有一些顽固维持其游牧传统的土库曼人。他们不喜欢伊斯兰教的征税方式和正统伊斯兰教派的种种清规戒律，更乐于追随和传播先知穆罕默德的教诲，喜欢在边界地区自由地、不受任何拘束地从事掠夺和小规模的骚扰活动。巴格达政府也乐于让这股不安分势力去骚扰拜占庭边界，并冠之以"加齐"（圣战者）称号。

为了阻止突厥人在西亚不断进取的态势，1068 年，拜占庭在其新任皇帝、军事贵族出身的罗曼努斯四世·狄奥吉尼斯率领下，组织了对突厥人的反攻。为保护这些"圣战者"，塞尔柱人苏丹阿尔普·阿尔斯兰（1063—1072 年在位）率军进入安纳托利亚，于 1071 年 8 月，在幼发拉底河畔凡湖附近的城市曼西喀特城外与拜占庭军相遇。不善于打阵地战、军队数量又处于劣势的突厥人本来取胜无望。但他们很快倚仗其灵活善战的轻骑兵和精于远程射击的马弓手，化被动为主动。反之，以复杂的多民族雇佣军为主体的拜占庭军队，却因信息传递不准、战前侦察失误、后卫军人临阵脱逃等不利因素，全线溃败。皇帝在战场上被俘，按照突厥人的要求签订了屈辱的纳贡赎身和约。这场战斗的失败对于拜占庭和突厥人都有决定性的意义。拜占庭属小亚细亚从此向突厥人敞开了大门；突厥人开始全面地持续不断地迁徙并定居于这块土地上。安纳托利亚突厥化和伊斯兰化的漫长过程也开始了。

突格里尔·贝格（1037—1063 年在位）、阿尔普·阿尔斯兰和马立克沙（1072—1092 年在位）这三代苏丹统治时期，是突厥人帝国势力在西亚获得极大发展的兴旺时期，他们使得"穆斯林军队已凋零的光华又重新辉耀起来"。于是，"从中亚来的一个新民族，现在把自己的血液注入伊斯兰教争夺世界霸权的斗争中去。这些野蛮的异教徒，把脚踏在先知的教徒的脖子上，同时又信奉了被征服者的宗教，而变成伊斯兰教热心的拥护者。"①

二、帖木儿帝国

（一）帝国兴亡

帖木儿帝国（1370—1507 年）是伊斯兰教化的蒙古人帖木儿建立的中亚帝国。先后定都撒马尔罕和赫拉特（又译哈烈、黑拉特）。鼎盛时期其疆域包括自今日格鲁吉亚、伊朗、阿富汗等一直延伸到印度北部。

帖木儿，蒙古语意为"铁"，亦称跛子帖木儿，因其在征战时受过伤，右腿有残疾而得此绰号。他出生于当时的西察合台汗国，即现今的乌兹别克斯坦。于1370 年打败了西察合台汗国的大汗忽辛（又译侯赛因），夺得了其梦想已久的王座。从此自称是成吉思汗的后裔，以号令天下，并开始实践其称雄中亚的野心。

从1380 年开始，帖木儿帝国积极向周边世界扩张，1388 年征服花剌子模；1389—1395 年，多次进攻钦察汗国，毁其首都萨莱、伯克尔等城市，统治亚美尼亚和南高加索，且征服了伊儿汗国，夺取阿富汗；1398 年南侵印度，夺取图格鲁克王朝首都德里，屠杀战俘约 10 万人。接下来，又于1400 年进攻叙利亚，焚毁了当地名城大马士革。1402 年在小亚细亚的安卡拉大败奥斯曼土耳其人苏丹巴耶塞特，大大挫伤了土耳其人崛起的势头，使处于穷途末路上的拜占庭帝国得以苟延残喘。

帖木儿还想继承蒙古帝国在中原的遗产，试图在平定中亚、西亚和南亚后，与中国新兴的明帝国抗衡。1404 年 11 月帖木儿挥军东进，时明朱棣夺取帝位不久，内部反对者相当多。这对于帖木儿似乎是个不错的时机，但1405 年 2 月 18 日帖木儿在行军途中病亡，大军未与明军发生大规模交战即停止了东征。

帖木儿死后，他的后裔为争夺王位进行了激烈的争斗，其宿敌奥斯曼土耳其人、贾拉尔人和土库曼人纷纷开始了收复失地的战争。不久后，据波斯西部的帖木儿后裔被土库曼的黑羊王朝所灭，其领土落入黑羊王朝（据有亚美尼亚和阿塞拜疆）和白羊王朝（据有迪亚巴克尔和阿塞拜疆）手中。但其第四子沙哈鲁保持了对河中、阿富汗斯坦和伊朗东部的控制。其后世孙历经内争和外患，于1507 年被成吉思汗的后人乌兹别克汗所灭。

（二）社会制度与经济文化

帖木儿帝国以伊斯兰教逊尼派为正统。以各地的伊斯兰教法官主持司法和宗教事务。在首都赫拉特设有教法监督官，称"穆赫塔希布"，监督穆斯林执行教规。伊斯兰教职人员有很高的社会地位，一些著名宗教学者被聘为国师、大臣、

---

① ［美］希提：《阿拉伯通史》（上册），马坚译，商务印书馆 1979 年版，第 568 页。

参议，辅佐苏丹施政。帖木儿帝国实行分封制，宗教界人士赛义德（即圣裔）、谢赫（即长老）、欧莱玛（即学者）等被赐予土地和其他宗教权益。在各封地内劳作的是普通劳动者。

帖木儿帝国实行两级行政管理，中央政府在苏丹主持下设大臣会议，地方各省设长官 3 人，分管军事、民事及税收与无主产业。军队以 40 个突厥部落为基础构成。其司法制度比较严谨，宗教、刑事、民事和行政诉讼各有法官分别专理。土地实行分封制，统治家族成员、军事将领、埃米尔及各地统治者都领有份地。帝国重视国内外的商业贸易和农业发展。为繁荣贸易，在印度、伊朗东部开辟了陆上的新商道，以往的丝路更加畅通。在首都撒马尔罕和大不里士，东西方各国商旅汇聚，商栈鳞次栉比，城市繁荣，民众富庶。同时，为发展农业，帝国也修建了大型灌溉工程，农村"田地膏腴，人民繁庶""五谷蕃殖，食物丰饶"。曾一度毁于战火的城市多得到修复和扩建，以移民充实城区人口，并在边关要道建立新的集镇，将撒马尔罕和赫拉特扩建成最繁华的政治、经济、宗教和学术文化中心。

在文化方面，帖木儿帝国在其盛世幅员辽阔，成为民族融合的摇篮。在沙哈鲁及其后人兀鲁伯统治时期，积极保护和赞助学术文化。苏丹在各地兴建清真寺和宗教大学，兴办文化事业。其中以赫拉特加米大清真寺、侯赛因·拜哈拉经学院、郭瓦夏古学府、撒马尔罕和布哈拉的伊斯兰大学最为著名。同时，在著名大都市汇集了许多东、西方的学者，诗人，工匠，在文学、诗歌、绘画、建筑、史学、天文学、语言学等方面都有建树。著名的诗人哈菲兹、贾米、纳瓦伊等人的作品在伊斯兰文化史上占有重要地位，且驰名世界。在绘画方面，帖木儿时期的民间艺人将波斯微型画发展到极致，形成了各具独特风格的赫拉特派和撒马尔罕派。在建筑上，将波斯、阿拉伯同突厥建筑风格融为一体，呈现出突厥民族特色。所建造的加米大清真寺、古尔·埃米尔陵墓及宫殿、宗教大学、天文台等，展示了伊斯兰教建筑风格的完美、华丽的特色。在天文学上，帖木儿的孙子兀鲁伯在撒马尔罕建造的天文台和编制的《兀鲁伯天文表》，是 16 世纪以前著名的天文台和精确度最高的天文表。在史学上，哈菲兹·拉卜鲁编定的《历史精华》记述了沙哈鲁与中国明王朝通使的详细经过。阿卜杜·拉扎克撰定的《沙哈鲁史》记述了帝国许多重大历史事件，具有重要的史料价值。此外，在波斯语言文学的影响下，帖木儿帝国形成了独具特色的突厥语言和文化。

本 章 小 结

14 世纪之后，亚洲诸国分别进入中古时代的后期阶段。本章分别对朱明王朝、李氏朝鲜、织田－丰臣时代的日本、印度德里苏丹国、突厥西迁和帖木儿帝国等亚洲主要国家的社会发展状况和成就加以介绍，并对这一时期各个国家地区在社会、政治、经济等领域凸显出来的特征和与以往的差异稍加辨析。需要注意的是，在学习过程中应对这一时期亚洲诸文明在当时世界文明发展大势中的地位做出客观而准确，符合历史真实状态的评价。

14—16 世纪的世界正处于一个重要的转变时期。蒙古人的扩张改变了亚洲诸多文明中心的发展进程。蒙古人沉重打击了阿拉伯哈里发政权，也带来了亚洲和东欧的分裂。阿拉伯力量的衰落，造成原本由阿拉伯人支撑的国际商贸联系网络逐渐崩毁而出现了一些新的机会。蒙古人短暂地担负起这一重任，然而蒙古人的衰落再一次提出了国际商贸联系网络的支配力量问题。很快，诸多国际势力开始追逐这一新的国际角色，这其中也包括中国的朱明王朝，中国在明初出现了大规模的由国家支持的向南亚以及更远地区进行贸易探险的活动。毫无疑问，中国短暂地抓住了国际贸易中的新机遇。如果能够继续下去，世界历史的进程将会发生巨大改变。然而，朱明王朝有意识地退出了主要国际竞争的决策，回复到中华文明由来已久的传统政策上去，即将王朝本身以及与之相关的各种内部力量的发展作为中心。从文明特征角度来看，中华文明还在继续着宗教、哲学、艺术与国家政治的与上古一脉相承的传统，并在继续着内聚发展运动。古代中国政策的转变无意间为某种意义上说是次等的文明寻求新的国际地位的努力扫清了道路。西欧最终成为最有实力的国际竞争者，逐渐开始在 15 世纪后扮演这一角色。朝鲜则与中国类似。日本则开始偏离传统的发展轨迹，并开始向亚洲展现其庞大的扩张征服计划。此外，值得注意的是，来自西方社会的扩张触角和挑战已经出现在亚洲主要文明的边缘地区，并将对亚洲的历史进程带来深刻的影响。

思考题

1. 简述李氏朝鲜早期的统治政策。
2. 简述战国时代在日本历史中的地位。
3. 简述织田信长、丰臣秀吉在日本历史中的影响。
4. 简述突厥西迁的历史影响。
5. 简析突厥人接受伊斯兰教的原因。

第十七章　俄罗斯和中欧封建社会的发展（12—15世纪）

引　言

在中世纪后半期，古罗斯地方大贵族的势力大为增强，中央封建政权逐渐弱化，出现了公国林立、封建割据的局面，外族入侵的威胁日趋严重。近两个世纪的相互征伐中，出现了盛极一时的强大公国。13世纪初，蒙古人的入侵中断了俄罗斯国家的统一与整合进程。从13世纪中叶起，黑海和里海北部广大地区被蒙古人占领，建立钦察汗国。莫斯科大公国兴起之后，驱逐蒙古势力，实现了国家的统一，进而演变成俄罗斯帝国。蒙古征服与东正教一同成为塑造俄罗斯文明的重要因素。

波罗的海南岸的波兰王国，11世纪前半期封建关系得到迅速发展，贵族阶级（军事贵族、世俗贵族和僧侣贵族）占有大量土地，依附农民失去土地和自由，社会阶级矛盾益趋激化，引起了大规模的农民战争。12世纪以后波兰进入封建割据时期。12世纪中叶，波兰遭到了神圣罗马帝国的入侵。兄弟阋墙，国家分裂，外族入侵，德意志人大批移入波兰。外来力量入侵增强了波兰人的凝聚力，成为波兰实现国家统一的契机，14世纪中叶波兰逐渐实现国家统一。统一的国家为经济进一步发展创造了条件，在原有农业文明的基础上，逐渐出现了商业文明的繁荣。同一时期，立陶宛也成为东欧强国。波立两国为了共同对付敌对势力，遂组建"波兰-立陶宛君合国"，共同保护两国封建主阶级的利益。

捷克王国在906年大摩拉维亚国家灭亡后，经历将近一个世纪的斗争和发展，于10世纪末年形成以波希米亚为中心、以布拉格为首都的独立国家。文化上，长期受到德意志的影响。12、13世纪，大量的德意志移民进入捷克垦殖。捷克国内阶级矛盾与民族矛盾交织。14世纪后期捷克人神父约翰·胡司宣传新的宗教思想，15世纪初被教皇和教会逮捕，并处以火刑，从而激起了从1419年开始，持续了15年的大规模捷克农民战争——胡司战争。这也是捷克民族国家兴起的开端。

第一节　莫斯科公国的兴起

一、分裂割据与外族入侵

（一）封建公国的割据

1054年雅罗斯拉夫死后，古罗斯国家基本解体。雅罗斯拉夫的三个儿子名义上共同执政，实际上各行其是，国家处于内忧外患之中。僧俗封建贵族和富商决定打破大公的继承制度，直接邀请佩雷亚斯拉夫公爵弗拉基米尔·摩诺马赫（1113—1125 年在位）来统治基辅。摩诺马赫推行恢复罗斯国家统一的政策，但是无法改变封建经济发展所造成的割据状态。他死后，国家分裂为许多公国，真正进入俄国历史上的封建割据时期。西部地区形成了立陶宛大公国和波兰的一部分，后来在波罗的海东岸又建立几个国家；中部和东部地区为斯拉夫人各公国所占据。马克思曾经指出："正如查理曼的帝国是现代法兰西、德意志和意大利奠基的先导一样，柳（留）里克王公们的帝国也是波兰、立陶宛、波罗的海国家、土耳其和俄国本身奠基的先导。"①

当时比较大的公国有十几个，其中以东北部的罗斯托夫-苏兹达尔最为强盛。12 世纪 30 年代，罗斯托夫-苏兹达尔公国脱离基辅而独立，当时的统治者是弗拉基米尔·摩诺马赫的末子长手尤利（1125—1157 年在位）。他出兵占领基辅，在 1154—1157 年任基辅大公，力图把整个罗斯统一在自己的政权之下。尤利去世后，基辅市民很快又恢复独立。尤利的儿子安德列继位后（1157—1174 年在位），首先打击罗斯托夫-苏兹达尔境内不肯驯服的大地主，继而征服临近的诸侯，派兵进攻诺夫哥罗德，但是没有得逞。1169 年，安德列联合其他诸侯将基辅洗劫一空，从此基辅完全衰落。安德列把罗斯国都迁到克里亚兹马河上的弗拉基米尔（因而罗斯托夫又称弗拉基米尔公国），自称全罗斯大公。安德列死后，他的弟弟弗塞沃洛德三世（1176—1212 年在位）继承大公权位。他制服梁赞公爵，把势力伸展到车尔尼戈夫、斯摩棱斯克和诺夫哥罗德等地。弗拉基米尔-苏兹达尔公爵俨然成为北方的最高统治者。

诺夫哥罗德在 12 世纪中叶脱离基辅而独立。它处于东欧与西欧、南方与北方交通的必经之路，是欧洲各国与罗斯贸易的中心，也是当时欧洲最大的手工业和商业中心之一。诺夫哥罗德管辖着从芬兰湾到乌拉尔山，几乎包括整个北方地区，森林和水源丰富，盛产毛皮和鱼类。诺夫哥罗德的大贵族和大主教拥有强大的经济实力，他们竭力限制大公的权力，由教俗大贵族组成"维彻"（议会）掌握实权。1136 年，弗塞沃洛德·穆斯提斯拉维奇（弗拉基米尔·摩诺马赫之孙）在位时，诺夫哥罗德爆发了农民和城市贫民大起义。在这次起义之后，建立了由大封建主统治的贵族共和国，大贵族控制的"维彻"掌握最高权力。马克思指出：诺夫哥罗德是一个斯拉夫国家，它的传统、政策和倾向都表现出纯粹的斯拉夫的影响。

（二）蒙古的征服及其统治

1237 年冬，蒙古军队在拔都统率下侵入俄罗斯东北部，首先攻陷梁赞，随后

---

① 《马克思恩格斯全集》第 44 卷，人民出版社 1982 年版，第 307—308 页。

夺取莫斯科和弗拉基米尔及其附近的公国，仅用一个多月的时间就征服了俄罗斯的东北部。1239 年年初蒙古军队开始转向南方。1240 年秋，拔都兵临基辅城下，12 月 6 日攻陷基辅。到 1241 年春，蒙古人征服了大部分俄罗斯国土。从 1243 年起，拔都以伏尔加河为中心，建立起金帐汗国，首都设在伏尔加河下游的萨莱。

最初，金帐汗国在名义上隶属于蒙古大汗，实际上是一个完全独立的封建国家。金帐汗利用当地的封建王公统治所征服的广大地区，并竭力挑拨俄罗斯王公之间的矛盾，铲除一些不大忠顺的有势力的王公。13 世纪 50 年代，蒙古统治者决定加强对俄罗斯的控制，把在其他地区建立的统治制度扩及俄罗斯。1257 年，大汗派出官员到俄罗斯进行户口调查，登记造册，作为征收贡赋、征集军队、摊派徭役的基础。金帐汗国把古罗斯的各种课税方式都继承下来，俄罗斯劳动人民承担着沉重的赋税负担，如无力缴纳，本人或妻子儿女就要沦为奴隶。与此同时，教会封建主享有免税的权利。

蒙古征贡使在俄罗斯建立了八思哈军事政治组织，即由蒙古军官统领的十户长、百户长、千户长和万户长组织。这种特殊的军事政治组织必须服从八思哈的指挥。其中一部分人员从当地居民中选用，但其主要官职由蒙古人充任。这个组织的主要职责是监督所在公国的完纳贡赋情况和监视社会政治生活，使它永远效忠于蒙古统治者。八思哈组织遍布各地，是金帐汗国统治的主要支柱。

1257 年，当蒙古统治者在诺夫哥罗德进行户口调查并推行八思哈制度时，遭到当地平民的激烈反抗。大公亚历山大残酷地镇压了诺夫哥罗德的反蒙运动。可是反抗斗争经年不断，直到 1259 年才平息。1259—1262 年，在罗斯托夫－苏兹达尔、弗拉基米尔、雅罗斯拉夫尔等地也爆发了反抗蒙古人统治的斗争。13 世纪末，金帐汗国被迫把征收贡税的任务委托给俄罗斯王公代为执行，14 世纪初废除了八思哈制度。

二、莫斯科公国

（一）莫斯科公国的兴起

莫斯科是在罗斯托夫－苏兹达尔公国的领地上兴起的。莫斯科所在的地方原为公爵的一块地产，据说是安德列公爵的父亲长手尤利从大贵族库赤卡那里夺来的。因它靠近车尔尼戈夫公国，1147 年尤利在这里与车尔尼戈夫公爵会见，编年史上记载了这件事，首次提到莫斯科的名字，因而这一年就被说成是莫斯科奠基之年。

蒙古侵略者征服罗斯以后，通过任免弗拉基米尔大公来铲除反对者，扶植亲蒙古的傀儡。册封有名无实的弗拉基米尔大公是统治俄罗斯的一种最重要的手段。蒙古统治者使大公的权位具有很大诱惑力，大公的权力与土地直接连在一起，取得大公册封的同时也就得到弗拉基米尔、佩雷亚斯拉夫、科斯特罗马等城，以后又包括下诺夫哥罗德和戈罗杰茨。

13 世纪 80—90 年代，俄罗斯东北部比较强大的公国罗斯托夫与特维尔之间为争夺大公权位而进行残酷斗争。金帐汗和蒙古贵族故意在俄罗斯王公之间挑拨离间，制造不和，使他们互相摧残，彼此攻讦，竞相效忠大汗。莫斯科就是在俄罗斯王公们的激烈斗争中登上政治舞台的。莫斯科最初支持特维尔反对罗斯托夫，并在特维尔的联盟里不断加强自己的实力。到 13 世纪末，莫斯科大公达尼尔·亚历山大德罗维奇（1276—1303 年在位）已经成为同盟中的"长者"。他去世后，莫斯科的尤利·达尼洛维奇和特维尔的米哈伊尔·雅罗斯拉维奇二公开始为大公领地而争执起来。金帐汗有意偏袒特维尔，防止莫斯科势力坐大。他册封特维尔公爵米哈伊尔·雅罗斯拉维奇为"弗拉基米尔及全罗斯大公"。

1312 年，支持特维尔的脱脱汗去世，乌兹别克汗继位（1312—1341 年在位）。乌兹别克汗竭力削弱特维尔的势力，莫斯科成为他制服特维尔的助手。乌兹别克汗把妹妹康察卡公主下嫁尤利，又把一支蒙古军队交给他指挥。尤利·达尼洛维奇在蒙古军队的簇拥之下返回莫斯科。莫斯科大公与特维尔大公互争雄长。1325 年，米哈伊尔的儿子德米特里·米哈伊洛维奇杀死了尤利。乌兹别克汗下令把凶手处决（1326 年），但是将大公的尊号册封给米哈伊尔的另一个儿子亚历山大（1326—1327 年在位），有意煽起罗斯王公之间的纠纷，从中坐收渔利。

尤利死后，由其弟伊凡·达尼洛维奇（1325—1340 年在位）来继承大公权位。伊凡的绰号为"卡里达"（钱袋），表明他不仅用刀剑，而且用"金钱"为自己开路：对弱者用刀剑，对强者用"钱袋"。1327 年，驻特维尔的蒙古军队专横暴虐，激起了特维尔人民的起义。起义群众杀死了蒙军指挥官和许多官兵。伊凡·卡里达认为有机可乘，主动请命，残酷地镇压了特维尔人民起义。特维尔大公亚历山大逃到普斯科夫。此后，伊凡·卡里达又派兵镇压了诺夫哥罗德发生的贫民起义。金帐汗鉴于伊凡·卡里达无限热诚地维护蒙古贵族的利益，执行大汗的诏令不遗余力，遂把大公的封号送给了他，作为对他的奖赏。伊凡·卡里达用特维尔与诺夫哥罗德人民的鲜血获得权位。从 1328 年起，大公的权位基本上都掌握在莫斯科王公的手里。

（二）摆脱蒙古统治的斗争

伊凡·卡里达奠定了莫斯科强盛的基础，不仅在经济和政治方面积蓄了统一全罗斯的力量，而且在意识形态方面也建立起强大的精神支柱。1309 年，大主教彼得把教会的驻节地从基辅迁到弗拉基米尔。在莫斯科与特维尔争夺大公权力的斗争中，他支持莫斯科的政策。不久他又接受莫斯科大公的贿赂把教会驻节地迁到莫斯科。莫斯科首先成为宗教首都，后来才变成帝国首都，教权与王权紧紧结合在一起。

在伊凡·卡里达的儿子们统治时期，首先镇压了莫斯科大贵族的反叛，继续加强大公的权位。在西方，他们与立陶宛大公国展开长期的激烈斗争。金帐汗害怕立陶宛过分强大，因而支持莫斯科反对立陶宛的斗争。莫斯科大公国借机吞并了莫斯科河的支流普罗特瓦河流域和尤里耶夫公国。从 14 世纪 40 年代起，在东北方兴起一个苏兹达尔-尼什哥罗德公国，成为伏尔加河中游一支强大的政治力量，堪与莫斯科大公国相匹敌。金帐汗怕它与弗拉基米尔、诺夫哥罗德和立陶宛大公国结成联盟，因而支持莫斯科打败了苏兹达尔-尼什哥罗德公国。同时莫斯科大公政权积极干预梁赞公国的内政及其与普隆斯克公国的斗争，竭力削弱梁赞公国的力量。所以在 14 世纪中叶以前，金帐汗国一直充当着莫斯科大公国扩张和集权的工具。1357 年，扎尼别汗横死后，金帐汗国陷入分裂和混乱的局面。金帐汗们虽然已经担心莫斯科大公政权的强大，开始与其敌手接近，但是汗国内部分裂，已无力遏制莫斯科大公国进一步发展。

到 14 世纪中叶，莫斯科已经奠定了全俄罗斯统一的基础，其他封建国家和领地在不同程度上、以不同形式隶属于莫斯科。莫斯科大公领导了摆脱蒙古统治的斗争。伊凡·卡里达之孙德米特里·伊凡诺维奇（1359—1389 年在位）制服了苏兹达尔-尼什哥罗德公国，随后又打败了特维尔与立陶宛联盟。1375 年莫斯科与特维尔缔结和约，规定特维尔不再谋求大公的封号，承认莫斯科大公是"兄长"，特维尔在与莫斯科争夺东北罗斯大公统治权的斗争中完全失败。

1374 年，下诺夫哥罗德爆发人民起义，杀死将近 1500 名蒙古官兵。莫斯科大公在群众起义浪潮推动下，于 14 世纪 70 年代末开始进攻金帐汗国的领地。1377 年，莫斯科军和一部分下层诸侯的军队开始进攻伏尔加河的蒙古人领地。城破之后，蒙古王公不得不向莫斯科"赔款"，并且接受大公赐予的"印记"，从而在某种程度上承认了莫斯科的统治权。1378 年，马麦汗派遣蒙古王公别吉奇进攻莫斯科，德米特里率军迎战，8 月 11 日两军会战于沃查河，蒙古骑兵遭到惨败。沃查河之役表明莫斯科大公国已发展成能够摆脱金帐汗国的政治力量，双方决战势不可免。

1380 年 8 月底，德米特里率军通过草原向顿河移动。9 月 7 日渡过顿河进入地势有利的库里科沃平原。经过一天的厮杀，蒙古人被击溃，俄罗斯人取得了重大胜利。库里科沃战役的领导者和组织者莫斯科大公德米特里获得了"顿斯科伊"（即"顿河英雄"）的尊号。马麦汗在库里科沃失败后就被白帐汗脱脱迷失击败，逃到克里米亚后被杀死。但是库里科沃的胜利果实未能巩固，1382 年脱脱迷失汗卷土重来，德米特里猝不及防，遭到失败，被迫纳贡。

（三）俄罗斯封建文化

在建筑方面，12 世纪建成的弗拉基米尔的"金门"和其他白石建筑，都非常质朴壮观。在诺夫哥罗德，过去的巨大教堂等建筑物已经不见了，代之而起的是造型完美、外观朴素的新教堂，教堂内部有壁画点缀。12 世纪末年建成的涅列基查救世主大教堂是世界驰名的古代文化遗存，可惜在第二次世界大战期间被德国法西斯破坏无遗。12 世纪中叶落成的普斯科夫米罗日修道院也是古代俄罗斯建筑艺术的代表作。

在造型艺术方面仍保留民间创作的特点。诺夫哥罗德索菲亚大教堂和其他教堂、修道院的壁画，色彩鲜艳浓郁。众多教堂的墙上、柱上、拱门上和圆顶上都有出色的壁画，即使取材于《圣经》的圣母像也画得平易近人。这些与民间艺术传统有直接关系。圣母升天大教堂和德米特里耶维奇大教堂有壁画残迹存留，索伦斯克大教堂的圣像代表了弗拉基米尔独创的艺术风格。民间艺术创作生动形象。12 世纪普斯科夫一份手稿的页边画着一个正在休息的农民，身边放着一把铲子，上面写道："庄稼人，干活吧！"再现了当时的民间生活。

封建割据时期的文学创作有两种不同的风格。一种是宗教文学，以基辅彼彻拉洞窟修道院的《圣僧传》为代表，它反映了教俗封建贵族的思想感情，字里行间透露出基督教僧侣的说教。另一种是反映社会斗争生活的文学，以《伊戈尔远征记》为代表。它利用民间创作素材歌颂强大的公爵政权，向往国家的统一，表现出强烈的爱国主义思想，是 12 世纪俄罗斯最重要的文化遗产。

14—15 世纪俄罗斯国家的大部分领土处于金帐汗国的统治之下。莫斯科公国巧妙地利用蒙古汗的帮助逐步吞并其他公国，从而形成中央集权的封建国家。这种情况在文学作品中均有所反映。俄罗斯民歌创作的"七大勇士"参加卡尔卡河战役的故事、关于勇士叶夫帕提·科洛弗拉特保卫梁赞免受拔都大军蹂躏的故事、1327 年特维尔反抗蒙古人征贡而举行起义的故事等，都是以描写反抗蒙古人统治的斗争为主题的。特别在 1380 年库里科沃战役打败马麦汗之后，它更是俄罗斯人文学创作的主要题材。梁赞神甫索福尼所著《与马麦汗大血战的故事》和长诗《顿河对岸之战》就是其中的典型代表。《俄罗斯君主德米特里·伊凡诺维奇的生平和观念》，极力歌颂强大的大公政权。这些作品都有它们的时代特点。

14—15 世纪的绘画艺术形成了俄罗斯画派，安德烈·卢布廖夫是该画派的杰出代表。他的杰作是谢尔盖耶夫三一修道院圣像，特别是圣像"三位一体"和"基督墓旁的圣妇"。莫斯科成为中央集权国家的首都以后，克里姆林宫在 15 世纪后半期进行重建。在弗拉基米尔-苏兹达尔和诺夫哥罗德修建的大教堂，立足于俄罗斯民族艺术的基础之上，同时广泛吸收了古典和意大利艺术的风格。

在天文学方面，编年史上出现了关于彗星和日食的记载。俄罗斯旅行家撰写的各国游记表现出对地理知识的重视，特维尔商人阿法纳西·尼基丁的印度游记是其中的杰出代表。

第二节　波兰与立陶宛

一、外族入侵和波兰统一国家的形成

（一）德意志封建主东侵与移民

1146 年波兰内战后，国家陷入名副其实的封建割据时期。国家的分裂，政府的软弱，使外族乘虚而入。12 世纪中叶至 14 世纪中叶，德意志人大批移入波兰。1157 年，德意志封建主阿尔布列希特占领波兰边境上的战略要地布兰尼保尔。神圣罗马帝国红胡子腓特烈一世也在 1157 年进攻波兰。稍后在 60—70 年代，德意志封建主完全占领了拉巴河（易北河）和波罗的海沿岸斯拉夫人的土地，在那里建立了勃兰登堡侯国，以此作为向东扩张的据点。12 世纪后半期，西波莫瑞（西波美拉尼亚）受到德意志和丹麦两方面的威胁。1181 年西波莫瑞公爵向帝国皇帝红胡子腓特烈一世俯首称臣，从此西波莫瑞纳入德意志的版图，长期与波兰分离。1226 年，马佐维亚公爵康拉德采取引狼入室的政策，利用条顿骑士团对付他们的宿敌普鲁士人，并把包括托伦在内的赫姆诺地区封给骑士团。这种眼光短浅的政策给波兰国家造成严重的后患。

12、13 世纪波兰社会和经济方面发生的变化，使封建主在农业经营方面得到很大收益。为了扩大地产增加劳动力，教俗封建贵族竭力吸收国内移民，并从德意志引进国外移民。德意志移民居住的农村采用德意志法制加以管理，村庄由世袭的村长领导，由居民代表进行审判。波兰国家规定德意志移民必须向封建主缴纳租赋，并服徭役。而德意志封建贵族则利用德意志的"马格德堡城市法"来改造波兰城市。

随着交换规模的扩大和商品货币经济的发展，在城堡和寺院附近建立起较大的集市广场，本地和外地商人定期到这里交换商品，促进了波兰城市的发展。城市中德意志移民增加最快的也是西部地区，西里西亚的许多城市中德意志移民占据大多数。有些德意志移民在农村地区或新开垦地区建立起新的城市。德意志移民使波兰与德意志交界的西部地区两个民族混居杂处。城市居民以德意志人为主，斯拉夫人在农村占优势，但也不断受到势力渐强的德意志人的排挤。

（二）波兰国家的统一

13 世纪至 14 世纪初，波兰各地区之间经济联系日益加强，为国家统一创造了条件。德意志封建主东进政策带来的威胁加速了波兰国家统一的进程。

波兰社会各阶级和阶层对待国家统一的态度也不尽相同。大封建主执掌地方经济、政治和军事大权，能够独立镇压直接生产者的反抗，不需要建立强大的中央政权，因而大封建贵族成为国家统一的主要障碍。中小封建主则需要依靠统一的封建国家来保障他们对农民的剥削，限制大贵族的专横。封建骑士为争夺土地和地租经常与大封建主发生冲突，因而成为王权的支柱。波兰天主教教士，因受德意志教士的排挤，所以也支持波兰的统一。但是波兰的大城市与其他国家的城市不同，在国家统一过程中并未起到积极作用。如克拉科夫、弗罗茨瓦夫、波兹南等大城市，掌握实权的德意志城市贵族阻挠波兰国家的统一。

波兰的统一是 13 世纪末年由布列斯特库雅维亚公爵弗拉迪斯拉夫·罗凯提克开始的。弗拉迪斯拉夫·罗凯提克首先必须对付的一个劲敌是觊觎波兰领土的捷克国王瓦茨拉夫二世。捷克国王吞并波兰的野心得到波兰境内德意志城市贵族的支持。1297年经过短期斗争之后，罗凯提克拒不承认小波兰隶属捷克。1300 年，大波兰的骑士们拥戴瓦茨拉夫二世为波兰君主，罗凯提克几乎完全丧失成为波兰国王的可能，并被驱逐到国外。但罗凯提克并不死心，试图利用邻国的援助夺取波兰王位。当时在欧洲形成了反对波兰国王瓦茨拉夫二世的强大联盟，其中包括教皇卜尼法斯八世、神圣罗马帝国阿尔布列特和匈牙利国王查理·罗伯特。罗凯提克与瓦茨拉夫二世的敌人谈判，1304 年他在匈牙利军队的护送下返回波兰，占领维斯拉河上游的维斯利查城。1305 年瓦茨拉夫二世去世，翌年他的儿子瓦茨拉夫三世被杀。

此后，罗凯提克完全占领了克拉科夫地区，当地骑士和德意志人城市贵族也不得不支持罗凯提克。罗凯提克政权的处境相当困难，国内有封建大贵族的反对，国外有捷克新王朝（卢森堡王朝）、德意志勃兰登堡边地侯和条顿骑士团的威胁。1311—1312 年，罗凯提克镇压了由克拉科夫市长阿尔伯特领导的德意志贵族的叛乱，1314 年又平息了以波兹南为首的大波兰地区许多城市贵族的反抗，进而控制了大波兰地区，得到当地骑士和波兰居民的支持。罗凯提克统一大小波兰之后，改组了地方政权，抵抗住外部的压力和干涉，于 1320 年加冕为波兰国王，从而标志着波兰封建割据时期的终结，基本实现了国家的统一。1333 年罗凯提克死后，他的儿子卡西米尔三世（1333—1370 年在位）继承王位，对内继续执行他父亲的政策，进一步统一波兰国家；在对外政策上力图缓和与捷克、条顿骑士团的矛盾，达成一定的妥协。

二、波兰封建关系的发展和卢布林合并

（一）封建关系的发展

14 世纪，波兰的自由农民几乎完全绝迹。波兰农民的主要封建义务是向封建主缴纳地租，向教会缴纳什一税，这两种租税用实物缴纳或货币支付均可。在小波兰，地租主要采取货币形式，什一税则具有实物的性质。在大波兰，情形正好相反。国家还以所谓"赠礼"的名义向农民征收实物，其中包括家禽、小牲畜、

农产品等。为了庆祝重大节日，农民每年必须向封建主进贡两三次。个别落后地区还部分地保留了劳役租的制度。

封建剥削的加强常常引起农民的反抗，农民反抗封建剥削最主要的形式是逃亡。到 14 世纪中叶，逃亡农民的数量越来越多。城市下层居民的反封建斗争多披着宗教外衣，采取"异端"的形式。14 世纪在波兰广为流行的异端是华尔多派，他们猛烈抨击天主教会高级教士奢华堕落的生活，要求建立财产平等的制度。骚动引起教俗封建主的嫉恨和恐慌，遭到波兰封建主的残酷镇压。14 世纪中叶，另一异端教派——鞭笞派又重新兴盛起来，领导者是"圣徒"格雷戈里，他们准备与教俗封建主做斗争。15 世纪捷克的胡司运动，在波兰农民和城市下层居民中引起广泛反响。

14 世纪至 15 世纪前期波兰的城市也发生很大变化。手工业生产有了进一步分工，在一些大城市里出现了各种行业的手工业者，地区性的生产分工也开始出现。行会内部已出现分化，行业大权为匠师独揽，由他们选举行会会长，任命其他管理人员，帮工与学徒则处于封建依附地位。1392 年，克拉科夫的一批帮工拒绝做工，抗议行会师傅的压迫，这是波兰历史上第一次工人罢工，拒绝工作的帮工被克拉科夫当局逐出城外。

国内外贸易不断发展扩大。随着工农业的发展，城乡交流也加强了。定期集市在国内贸易方面起了重要作用。克拉科夫、波兹南、弗罗茨拉夫、格但斯克和托伦等城的商业十分活跃，出现了富裕商人的组织同业公会。波兰又是东欧与西欧陆路贸易必经之地，因而过境贸易比较发达。

（二）立陶宛的兴起

立陶宛人原住在涅曼河流域，属于波罗的人的一支。6 世纪至 9 世纪，立陶宛的氏族公社渐趋解体，部落联盟代之而起，但尚未形成统一的国家组织。10 世纪至 11 世纪，立陶宛不断受到基辅大公的侵扰，并在与之较量过程中不断发展壮大。13 世纪，立陶宛生产力有了较大发展，产品剩余增多，社会上出现了阶级分化，最终促使国家产生。13 世纪中叶，立陶宛形成早期封建国家，第一任大公是明多夫格（1230—1264 年在位）。立陶宛公国通过和平联姻的方式扩大地盘，顺利将西南罗斯并入领土，并采取温和的统治方式。立陶宛公国在与德意志圣剑骑士团（后称立沃尼亚骑士团）、罗斯国家的斗争中发展起来，至 14 世纪中叶，已经成为东欧强国。

（三）波兰和立陶宛联合

1370 年卡西米尔三世死后，波兰的普雅斯特王朝绝嗣。根据协议，波兰王位转入匈牙利国王路易（1370—1382 年在位）手中。1374 年，路易授予贵族"科息茨特权"，承认贵族采邑世袭，有权选举国王，免除贡赋，任命贵族担任地方官职。路易死后，其女雅德维佳被拥立为波兰国王。这时莫斯科公国在东方兴起，立陶宛和莫斯科两国不时地发生政治和领土冲突；两个德意志骑士团（立沃尼亚骑士团和条顿骑士团）在西方日趋接近，极力要夺取立陶宛的领土，特别是日穆德地区，以便使他们连成一片。因此波兰大封建主极力主张波兰与立陶宛联合。

1385 年波兰权贵与立陶宛国王亚盖洛在立陶宛境内的克列沃缔结协定。其中规定，雅德维佳将嫁给亚盖洛，由亚盖洛担任波兰国王，改称弗拉迪斯拉夫二世（1386—1434 年在位）；亚盖洛改奉罗马天主教，并在立陶宛大公国国内予以推行。波兰和立陶宛联合以后，向占据波兰领土的条顿骑士团进兵。1410 年 7 月，在哥伦瓦德附近波兰-立陶宛联军彻底击败了条顿骑士团。从此以后，条顿骑士团开始走向衰落。1466 年托伦条约规定，波兰得到东波莫瑞和格但斯克（但泽）、马林堡、托伦等城市，重新获得波罗的海出海口。条顿骑士团继续保有东普鲁士，但承认波兰国王为宗主。

（四）农奴制的形成

15、16 世纪波兰的手工业和商业有了进一步发展。很多城市在采矿、冶金业方面出现了类似手工工场的企业组织。国内外贸易也有很大发展。波兰不仅在陆路交通方面连接东西欧有利于国际贸易，而且在海路方面由于收复波罗的海的出海口，使波兰与西欧、北欧诸国的贸易往来更加频繁。

15 世纪末从西欧直航印度和美洲的新航路开通以后，世界贸易进入一个新时代。西欧开始殖民地掠夺，发展工场手工业，国内的农产品和粮食生产无法满足需要，因此西欧商人从东欧各国（俄国、波兰等）市场上大量采购农产品，特别是粮食，从而抬高了东欧市场上的粮价，驱使波兰大小贵族和教俗封建主为了榨取更多的剩余产品以出售牟利，不断侵占农民土地，扩大封建庄园，强制农民劳动，实行劳役地租。东欧出现了"农奴制的再版"，波兰农民陷入再度农奴化的过程，失地农民占农民总数的 75% 以上。赋役负担十分苛重，从每周大约 4 天，发展到 16 世纪末竟达 6 天。剥削之甚，可见一斑。

1496 年彼得罗科夫条例规定，封建主可以无限期地追捕逃亡农奴，农奴制获得国家法律的认可。16 世纪颁布的历次法令几乎都限制农民离开土地；逃亡农奴被追回后，连同其家属和全部财产一起交还原主。1573 年华沙国会竟然宣布，领主可任意决定地租的数额、审判农奴、决定农奴的宗教信仰。领主如杀死农奴，只须交付少量偿金。

（五）议会君主制

波兰中世纪政治制度发展的重要特点是，削弱大贵族的权力，限制王权，加强小贵族的权力，忽视市民的权利，加紧压迫农民。波兰国王为了对付大贵族，竭力依靠小贵族的支持，并与小贵族结成联盟。1433 年，弗拉迪斯拉夫二世颁布克拉科夫特许状，追认并扩大"科息茨特权"。1454 年，他的儿子卡西米尔四世（1447—1492 年在位）颁布"涅夏瓦条例"，保障小贵族广泛的政治权利，限制和削弱王权。

15世纪末，波兰组成全国议会，分为上下两院：上院由教俗大贵族的代表组成，下院由各地区小议会推选的小贵族代表组成。任何法案不经下院小贵族代表一致同意不得通过。这种议会君主制构成波兰王权旁落、小贵族横行、政治混乱的根源。1496年，国王约翰·阿尔伯特（1492—1501年在位）颁布的"彼得罗科夫条例"，更加深了波兰已经开始形成的混乱状态。

波兰的议会君主制与西欧各国不同，实际上是对王权横加限制的贵族代议制。国王由国会选举产生，选举国王成为大小贵族扩大权力逼迫国王屈服的手段。波兰的王权微不足道，既没有常备军，没有对外宣战、媾和的权力，又没有固定税收。国王空有其名，实际上只是国会的召集人。国王必须每两年召集一次国会，开会后6个星期内不得解散。国王没有行政决定权，一切重大政策都是由16个元老组成的御前会议决定。国王没有权力任命官吏，只能在贵族提出的三名候选人中任择其一。国王无权逮捕贵族或没收他们的财产。1652年，国会实行"自由否决权"制，即国会决议必须一致通过，任何一个贵族代表都可对国会决议单独行使否决权。这种制度常常使国家政权陷于瘫痪。

（六）波兰文化

封建割据时期，人民期望消灭封建割据、实现国家统一，这种思想在文化发展中也有所体现。《温秦特·卡德鲁别克编年史》的作者卡德鲁别克竭力赞美波兰过去的统一，歌颂强大的统一的国家政权。古波兰的教育主要掌握在教会手里，所学内容是拉丁文和神学。波兰第一部文学作品《圣徒行传》即用拉丁文书写。13世纪后半期在宗教会议的决议中提到使用波兰语进行教学的问题。大约从13世纪流传下来的宗教赞歌《神歌》是最早用波兰文撰写的古典作品。12—13世纪，哥特式教堂建筑也开始在波兰盛行。克拉科夫的三一教堂和桑多米尔的圣雅各教堂都是早期哥特式建筑的杰作。

15、16世纪，人文主义和宗教改革思想开始在波兰传播。约翰·德鲁高什所写的《波兰史》（12卷），是15世纪杰出的史学著作。尼古拉·哥白尼是波兰杰出的天文学家。他的《天体运行论》具体论证了太阳中心说，推翻了在当时占统治地位的地球中心说，是文艺复兴时期自然科学发展的伟大成就。

第三节 捷 克

一、德意志人移民和民族矛盾激化

（一）德意志人的移民

德意志封建主早就觊觎捷克的土地和矿藏，11—12世纪，他们利用捷克贵族的内讧干涉捷克内政。当时，捷克王公弗拉提斯拉夫为争夺政权而需要德意志君主承认其权力，而德意志封建主远征意大利需要捷克贵族的支持，双方各有所需。1085 年，神圣罗马帝国皇帝亨利四世授予弗拉提斯拉夫以国王的称号，这一称号到 1158 年成为世袭。

12—13 世纪德意志人开始向捷克大规模移民，首先移入的是教士。这些教士不仅把持了教会要职，还占有捷克一半左右的耕地。他们获得大量土地之后，为了巩固和扩大势力，从德意志招徕大批骑士，并把捷克农民居住的村庄赠给他们，使捷克农民遭受德意志人的奴役和压榨。

（二）社会结构变迁

捷克国王为了增加国库收入，极力发展城市和矿山。国王准许大量德意志人和手工业者进入捷克城市，并允许他们自治，享有各种法律特权。德意志人可以开采矿山，由此侵占农民的大量土地，无地的农民只好充当矿工。结果，在捷克形成了一个由德意志教俗封建主、城市贵族和矿主组成的特殊社会集团。德意志移民的另一个后果是捷克贵族德意志化，捷克贵族在服饰上、生活上全盘德意志化，在语言上也模仿德意志人。甚至连捷克国王瓦茨拉夫一世也只讲德语。这样，捷克大封建主和德意志贵族集团相互勾结，共同统治。而农民、城市平民和矿工则身受民族和阶级的双重压迫。德意志移民倚仗权势肆意横行霸道，也侵害了捷克中、小封建主和富裕市民阶层的利益，使这些捷克中产阶级也对德意志贵族的特权地位不满。德意志的移民加深了捷克社会的民族矛盾和阶级矛盾。但另一方面，也有不少德意志农民和手工业者进入捷克，为捷克经济发展做出贡献。

二、经济发展和国内外矛盾加剧

（一）经济发展与查理一世统治

14 世纪，捷克经济发展空前高涨，其中采矿业最为发达。锡矿、铁矿的开采都有很大的发展，冶炼技术不断改进，生铁产量不断提高，城乡必需的工业品如斧头、镰刀、铁犁的生产规模也随之扩大。银矿产量大幅增长，年产量达到 10 万马克。① 从 14 世纪起，捷克开始制造火器，枪炮行销国外。随着商品经济的繁荣，城市也发展起来了。到 14 世纪末，捷克拥有近百个城市。

经济的发展促进了王权的加强，捷克国王从矿业和其他方面获得大量收益，成为当时欧洲的最富有者。这样，捷克在神圣罗马帝国的地位明显提高。1347 年，捷克国王卢森堡王朝的查理一世（1346—1378 年在位）当选为神圣罗马帝国皇帝。他在捷克继续推行奖励商业和发展城市的政策，保护布拉格城市特权和国内集市。

---

① 马克是欧洲古代货币计量单位，一般相当于 200 余克银。

同时，还豁免了一部分手工业者的赋税。

随着生产力发展和商品经济的增长，教会和世俗封建主都需要货币。这样，货币地租开始流行，到15世纪中叶已经占据优势地位。货币地租的推广促进了捷克农民的阶级分化，绝大多数农民因交不起地租而日趋贫困，只有极少数较富裕的农民地位上升。商品货币的发展使大批骑士入不敷出，被迫出卖自己的领地。

随着经济的增长，城市内部的斗争也日趋尖锐。城市居民的成分比较复杂，德意志移殖来的教士、商人和捷克贵族构成城市的统治阶级。德意志贵族操纵捷克的经济命脉，独揽城市大权，专横跋扈。小店主和手工业主构成社会的中产阶级，他们对城市贵族的专横深感不满，但是，同时又害怕人民的反抗运动会侵害他们的利益。城市平民是社会的最下层，他们大多数是不久前从农村迁入城市的农民或农奴。这些人经常从事繁重的手工业生产，生活毫无保障，有时甚至靠乞讨度日。平民被剥夺了一切政治权利，所受压迫最深，因而坚决反对城市贵族和中产阶级。

（二）教会压榨加剧

14世纪捷克的阶级斗争是错综复杂的。捷克教会是最大的封建剥削者，拥有大量土地，对人民征收沉重的什一税。而教会上层又几乎都是德意志移民，因此人民把斗争的锋芒首先指向教会。这样，社会内部的阶级斗争便带有明显的对外来民族斗争的性质。在这场阶级斗争中，教俗封建主站在一起，对人民的反抗进行血腥的镇压；中产阶级态度比较暧昧，他们既要限制城市贵族的财富和特权，又对人民的反抗运动抱有恐惧的心理。14世纪后期，查理一世奉行与教皇联盟的政策，教皇通过教会大肆进行搜刮，把捷克作为教廷收入的主要源泉，以此弥补因百年战争在英法所遭受的税收损失。教皇这种大肆搜刮行径引起捷克人民的强烈不满，人民极其痛恨掌握生产资料的德意志教士和捷克大贵族，民族斗争和阶级斗争日趋白热化，大规模反教会斗争在捷克如火如荼地开展起来。

三、胡司宗教改革运动和胡司战争

（一）胡司及其改革思想

德意志教士的横征暴敛在捷克引起了各阶层的强烈不满，人们反抗教会的斗争越来越激烈。在斗争中，由捷克教士组成的革新派用捷克语布道，揭露教会的罪恶：贪财、腐化、不学无术。到15世纪初，反教会运动更加激烈，领导人是捷克卓越的改革家、爱国者约翰·胡司（1369—1415）。胡司出身于贫苦家庭，毕业于布拉格文学院，担任过布拉格大学的讲师，而后又进神学院学习。神学院是中世纪最高级的大学教育机构。胡司毕业后继续从事教育工作，1402年任布拉格大学校长。

胡司生活的时代正是捷克社会阶级矛盾和民族矛盾尖锐的时代。胡司看到了教会的腐朽，因此，他在传教中猛烈抨击教会，用通俗的捷克语传教，告诉人们教会占有大量土地是一切罪恶的根源。要想去掉高级教士的贪欲只有一个方法，即没收教会的财产。胡司说："群狗为争骨头而咬起来，把骨头拿走，狗便走开了。"胡司的传教活动起初得到宫廷的保护。1409 年，捷克国王瓦茨拉夫颁布一项法令，取消外国人在布拉格大学的特权，把德意志人从大学里驱逐出去，胡司和其他教师收回管理布拉格大学的权利。胡司在传教过程中无情地批判德意志教士养尊处优的特权，要求对教会进行根本性改革，神职人员必须服从国家管理。胡司的传教得到农民、手工业者、城市贫民和中产阶级的支持。

胡司的声誉引起德意志贵族的仇恨。1412 年，教皇约翰二十三世为了与那不勒斯王国进行战争，派代表到捷克兜售赎罪券，遭到人民的反对。群众举行反教会游行，两名大学生伪装为娼妓，扮演教皇进行游行表演，逗得群众哄堂大笑。这一行动充满对教皇的嘲讽。捷克当局镇压了群众的游行，并处决了两名大学生。这一倒行逆施激起捷克人民群众的极大不满。胡司说，教皇不是基督的代表而是犹大，教皇约翰二十三世行使的是恶魔赋予的权力。最初支持胡司的国王看到运动再发展下去于己不利，于是下令革除胡司的教职。胡司被迫离开布拉格转入南部农村。胡司在农村用当地方言做祈祷，并把《圣经》译成捷克文，还撰写了许多抨击教会的论文。胡司在传教过程中斥责农奴制，反对贵族在法庭上欺压农民，因而受到广大农民的爱戴。他的主张集中地反映了捷克人民的爱国民族主义情绪和下层人民反对封建压迫的要求。

（二）胡司战争爆发

德意志教士、贵族和罗马教廷对胡司在农村的传教活动怒不可遏。1414 年，胡司被召参加在康斯坦茨举行的宗教会议。胡司虽然已经被开除教籍，但他决定出席这次大会，试图在大会上进行申诉。但是大会拒绝听取胡司的申诉，并将他逮捕。1415 年 7 月 6 日，胡司在康斯坦茨广场上以异端罪名被处以火刑。处死胡司事件激起了捷克人民的极大愤怒，布拉格广场举行多次集会抗议教皇和皇帝的暴行。布拉格的市民开始驱逐德意志教士，并不顾康斯坦茨会议的禁令，实行俗人在圣餐礼上领圣杯的宗教仪式。农村的零散暴动越来越频繁，乡村的教士号召农民拒绝向教会交纳什一税，提出了消灭一切领主的口号，城乡反对教会的斗争越来越激烈，终于在 1419 年爆发了大规模的农民起义——胡司战争。

（三）塔波尔派和圣杯派

胡司战争的根源是封建社会的阶级矛盾和民族矛盾激化，战争具有反抗外族压迫的民族斗争的性质。参加这次战争的社会阶层很广泛，基本群众是农民、手工业者、矿工和城市贫民，这些人构成起义军的主力，是运动的左翼。捷克各地的农民纷纷携带家属来到塔波尔城，并将个人财物放在街道上供大家共同使用。他们的原则是："在塔波尔派中没有我的，也没有你的，而是全体平均占有，谁也无权占有任何个人东西。"这是原始共产主义的尝试，反映了农民的平均主义思想。塔波尔派没有一个统一的纲领，但是大多数人主张消除等级特权，废黜国王，取消封建捐税和农奴义务，没收地主的土地，建立一个由人民管理的共和国。毕卡特派是塔波尔派中更加激进的派别，他们要求完全废除私有财产，否认正宗教会的教义和组织，主张建立没有等级的自由公社。

当胡司战争爆发时，捷克的中产阶级、小贵族和富裕农民也参加到运动中来，他们不满意城市贵族的专横，一心想赶走德意志城市贵族，以便取而代之。他们在战争中始终动摇不定，构成运动的右翼。

1419 年 7 月 30 日，在教士约翰·哲里夫的领导下，布拉格市民爆发起义，他们捣毁了寺院、教堂和贵族的住宅，并攻占市政厅，掌握了城市政权。1420 年，中上层的胡司党人拟定了布拉格四条款，主张捷克独立，没收教会财产，用捷克语祈祷，传教自由，禁止外国人担任官职和占有土地，俗人也可在圣餐礼上领受圣杯，用新的胡司派教会代替正宗教会。这派被称为"圣杯派"，他们的中心设在布拉格。圣杯派的经济状况和阶级地位决定了他们的政治态度，他们害怕农民群众的激烈行动，主张用温和的手段达到政治目的。

（四）殊死英勇抗争

胡司战争爆发后，神圣罗马帝国皇帝西吉斯孟组建了一个反动阵营，其中包括捷克和德意志的大封建主、高级僧侣和城市贵族。从 1420 年至 1431 年，罗马教皇和帝国皇帝先后组织了 5 次所谓征讨胡司党人的十字军远征。起义军在杰出的统帅约翰·杰式卡（1378—1424）率领下，充分发挥了人民群众的创造精神，采用新的大车战的方法，经常出其不意地打击敌人。塔波尔派和圣杯派联合对抗德意志十字军，取得了第一次反侵略战争的胜利。杰式卡率领起义军打败前三次十字军的进攻（1420 年、1421 年、1422 年），双目失明后还继续指挥作战，不幸于1424 年牺牲。杰式卡死后，由大普罗可普和小普罗可普统率塔波尔军，于 1427 年和 1431 年击退了第四次和第五次十字军的进攻。打败十字军入侵后，塔波尔军把战争推向德意志境内，甚至达到波罗的海沿岸。

（五）胡司战争的历史意义

在民族矛盾大于阶级矛盾时，塔波尔派和圣杯派能够联合抗敌，当外部威胁解除时，两派随即分裂。当十字军第三次进攻被打败之后，代表中产阶级和贵族利益的圣杯派从本阶级私利出发，决定结束战争。德意志封建主和高级僧侣也希望与圣杯派妥协，从内部瓦解胡司运动，达到消灭塔波尔军的目的。1433 年，在巴塞尔宗教会议上，圣杯派和德意志教俗封建主签订了布拉格协定，和德意志统治者勾结起来共同进攻塔波尔派，圣杯派和塔波尔派的联合完全破裂。圣杯派在本阶级的利益获得满足之后，成为农民战争的镇压者。1434 年 5 月，圣杯派和塔波尔派在里旁发生激战，由于叛徒的出卖，塔波尔军的统帅大普罗可普和小普罗可普阵亡，全军壮烈牺牲。圣杯派残酷屠杀了 1 万多名俘虏，烧死茅舍中的妇女、儿童和老人。捷克农民战争至此惨遭失败，但是起义军的根据地塔波尔城却一直坚持斗争到 1452 年。

胡司战争虽然失败了，但是影响深远。这次农民战争给德意志侵略势力以严重的打击，保证了捷克在一定时期内的政治独立，大大促进了捷克民族语言和民族文化的发展。胡司战争的影响超出捷克国境，塔波尔派的思想传播到邻近各国，促进了这些国家反封建斗争的发展，16 世纪德意志的宗教改革和农民战争就受到胡司运动的影响。

本 章 小 结

本章着重讲述中世纪后期东欧诸国社会历史所发生的重大变化。12—15 世纪，东欧诸国基本上都处于封建割据时期，共同遭遇外族入侵的威胁和外族统治的苦难。

罗斯建国之后，经历了两百多年的发展，仍然处于公国林立的状态，一直未能实现国家的统一。在诺夫哥罗德等公国实现俄罗斯国家统一与整合的进程中遭到了蒙古人的入侵。蒙古人在中国北方的草原地带崛起，他们依靠强大的骑兵征服了其力量所及之地，建立了横跨亚欧大陆的蒙古帝国，改变了亚欧大陆文明发展的进程。这是在匈奴西迁引发亚欧民族大迁徙之后，游牧世界对农耕世界的再一次剧烈冲击。罗斯东部和南部地区长期被蒙古金帐（钦察）汗国统治。莫斯科公国开始兴起，逐步以莫斯科为中心，统一俄罗斯国家。

波兰和捷克国家长期处于罗马教廷和神圣罗马帝国的影响、控制之下。12—13 世纪神圣罗马帝国对波兰、捷克等国进行了征服，神圣罗马帝国的移民大量进入东欧各国，并控制了东欧国家社会经济发展的命脉。移民在客观上将先进的生产技术和贸易引入东欧，东欧也被纳入商业文明发展的历史潮流之中，波兰等国贸易发展，城市兴起。14 世纪后期以降，波兰和立陶宛逐渐联合力量共同对付周边强敌。捷克人民则通过宗教改革和胡司战争的方式维护自己的独立。欧洲开始从农业文明向商业文明转型，这在根本上推动了各国走向国家统一的进程。

15 世纪末，西欧商业文明的繁荣对东欧产生了长期的影响，由于生产水平的落后，东欧地区在东西方贸易中主要提供农产品。为了最大限度地获取利润，东欧封建主强化了对农奴的控制，将农奴牢牢地束缚在土地上进行农业生产，各国都出现了"农奴制再版"。正如马克思所说，在新航路开辟之后，人类的历史开始从分散的区域史逐渐走向整体史，世界的历史开始成为真正的"世界历史"。

思考题

1. 试述蒙古征服对罗斯产生的影响。
2. 简述莫斯科公国兴起的过程。
3. 简述波兰议会君主制的形成和特点。
4. 试述胡司宗教改革的原因和意义。
5. 简述胡司战争的历史意义。

▶ **拓展阅读**

朱寰《莫斯科国家封建土地制度的变革》

第十八章　中世纪后期的西欧（14—15世纪）

引　言

　　中世纪后期既是危机的时代，也是变革的时代。危机与变革构成这一时期西欧历史的双重变奏。14世纪初，西欧中世纪鼎盛时期的一些社会特征开始逐渐消失。13世纪前后，以农为本的西欧封建经济达到了繁荣的顶点。然而繁荣之下也潜伏着诸多危机，人口过多增长造成耕地不足和广大下层农民群众的日益贫困。这两种因素共同导致了西欧农本经济的危机。14世纪初，以外延式增长为主要模式的经济发展速度明显减缓。爆发于14世纪中叶且席卷整个欧洲地区的大瘟疫（黑死病）和历时长久的英法百年战争（1337—1453年），使西欧地区深深地陷入灾难、动荡和恐慌之中，也显露出与封建主义密切相关的一些军事和组织制度的无效性，昭示了时代变迁的到来。瘟疫和战争不仅造成巨大生命损失，也带来经济衰退，激化社会矛盾。1378—1417年的西方天主教会大分裂，导致罗马教皇与阿维尼翁教皇并存的局面，使教会危机加深，传统的教皇权理论和教会组织受到质疑和挑战。与此同时，西欧社会各个方面经历着缓慢而深刻的变化，经济、社会、政治、宗教和思想文化领域在社会危机和动荡之中逐渐呈现出一幅新景象，展示了活力和创新。由于大瘟疫的打击，西欧经济在14世纪以后经历了一次衰退，15世纪后半期开始复苏。中世纪西欧城市及其商品经济的发展始于10—11世纪，15世纪以后城市及其商品经济的发展在西欧更加广大的地域上展开。这种趋势进一步促进了整个社会的商品生产、贸易繁荣和货币流通的加速，推动了西欧国际贸易的发展。在社会方面，中世纪后期西欧各地区普遍经历了农奴制和庄园制的解体，这是商品经济的发展、农民争取人身自由的斗争和黑死病导致的一度地多人少等几个方面的因素共同造成的结果。政治上，西欧一些地区的王权逐渐加强，国家管理机构日趋完备，现代意义上的政府开始发展起来。中世纪后期，宗教和思想文化领域内的交锋和碰撞日益加剧，教会内部要求限制教皇权的理论和呼声已经出现，思想文化领域的世俗化趋势不断发展。总之，危机与变革共生，危机与再生并存，是中世纪后期西欧社会的总体特征。

第一节　黑死病与经济社会的变化

一、黑死病的流行

（一）黑死病爆发

14世纪中叶横扫整个欧洲的大瘟疫通常称作黑死病。黑死病是1347—1350年间在欧洲各地大范围传布的烈性传染病，主要病源是淋巴腺鼠疫，即一种由老鼠携带并由寄生在老鼠身上的跳蚤传播的传染病。

14 世纪中叶黑死病的大爆发其实是内部因素与外部因素交互作用的结果。来往于亚欧各地区之间的欧洲商队，不仅给欧洲带来了货物，也带来了疾病。通过这些商队，鼠疫从亚洲传播到欧洲。14 世纪对于西欧来说是"苦难世纪"。这不仅仅是因为黑死病在这个世纪的流行，还由于西欧地区从 14 世纪开始就不得不面对诸多"麻烦"。人口相对于当时的生产技术和土地开垦规模来说已经达到极限。有关 1000—1300 年间西欧人口增长的各种数据都是非常粗略的估计，但总增长率是十分可观的，这一点已经是共识。囿于当时的生产技术，农业生产力已经达到极限，远不能满足人口增长带来的需求，人口与资源特别是与土地之间的矛盾十分尖锐。英格兰的有关资料表明，英格兰农民拥有的土地规模在 13 世纪以后持续下降。到 13 世纪末，不少农民只拥有两英亩①甚至不足两英亩的土地，这远远低于当时提供一个标准家庭足够口粮的最低标准，按一般估计，这一标准需要 10—15 英亩土地。西欧其他地区人口密度特别是农村人口密度的情况也表明，人口之多已经使当时的农业生产不堪重负，土地紧缺，大量的经济和社会问题由此产生。普通人面临着高租金、重赋税和低收入的恶劣生存环境，实际生活水平显著恶化。1314 年起西欧出现异常多雨、潮湿和阴冷的反常气候，这种现象持续 7 年之久。气候的反常对于农业生产的影响是灾难性的。农业歉收，食物供给严重不足，于是饥荒发生了。饥荒或者直接夺走人的生命，或者击垮人的体质。14 世纪以后开始步入一个艰难时期的西欧人，根本无力抵抗大瘟疫的侵袭。

1347 年年底，传到欧洲的黑死病首先在西西里岛、撒丁岛和科西嘉岛蔓延，然后席卷意大利全境。1348 年黑死病进入法兰西和英格兰，到 1349 年不列颠各地普遍暴发瘟疫。此后，黑死病相继推进到北欧、尼德兰、德意志和东欧。到 1350 年年底，黑死病已经蔓延至俄罗斯。无论人口稠密还是稀少，欧洲很少有地区能够在这场大灾难当中幸免，也没有哪一个社会阶层和社会集团能够避开瘟疫的攻击。当瘟疫流传到教皇在法国的驻地阿维尼翁时，几周内枢机主教团成员的半数死于传染病。

黑死病的发作造成社会大恐慌，人们在惊恐中采取的对策各式各样。有人求助于祈祷，企盼奇迹的发生；有人及时行乐，听天由命；有人抛家舍业，逃难他乡；还有人陷入宗教狂热，通过鞭笞洗刷自己的罪孽。中世纪人不能真正解释瘟疫的成因，于是有了种种非理性的说法。有人把这场灾难归因于魔鬼所为，有人认为这是上帝对人的惩罚，还有人用星宿的作用来解释。更有人散布消息，说是

————————

① 1 英亩约合 4047 平方米。

某些人往井水里投毒，由此导致灾难的发生。结果，在欧洲遭受歧视和排挤的人和团体，特别是犹太人，就成为牺牲品。在瘟疫流行时期，犹太人是导致瘟疫流行的"祸根"的说法不胫而走，业已存在于基督徒心中对犹太人的敌对情绪，在瘟疫的催化下转变成对犹太人的迫害。在黑死病流行期间，欧洲各处都出现了对犹太人群体的迫害和攻击。当瘟疫传播到德意志时，美茵茨、科隆、法兰克福和斯特拉斯堡等城市都发生了迫害和屠杀犹太人的事件。

（二）历史作用

黑死病在欧洲的蔓延造成了一系列严重后果。这种后果既有经济、政治和社会层面的，也有观念和心理层面的。讨论中世纪后期的很多问题，都要考虑黑死病大爆发带来的影响。

黑死病造成的最直接、最严重后果是人口的损失。中世纪史料中有关人口死亡的估计有夸张，各个地区的情况也不相同。获得确切的人口死亡数字是不可能的，但人口大量死亡总是事实。通常估计人口死亡比例约为三分之一，在一些人口密集的城镇，死亡比例当会高于这个数字。需要注意的是，鼠疫没有随着黑死病的这次大爆发而消失。14 世纪 60 年代，15 世纪初，甚至 17、18 世纪，鼠疫仍然在欧洲局部地区流行，每一次发作都会夺走相当一部分人的生命。欧洲人口增长的曲线伴随黑死病的大爆发而下降，直至 15 世纪前半叶。虽然没有确切的统计数字，但人们普遍认为，欧洲人口在 1450 年左右约为 1300 年人口的三分之二。15 世纪后半叶人口缓缓回升，然而直到 1500 年，欧洲人口规模还未达到 1300 年的水平。

黑死病对中世纪欧洲人的信念、心理和态度的冲击是巨大的，以致黑死病本身成为中世纪后期文学和艺术上表现的一个主题。例如，薄伽丘的《十日谈》便以黑死病的爆发作为故事的背景。

黑死病对于价格、工资、劳动力和土地占有方面都有直接影响，不过这些影响的社会经济后果必须结合既有的社会经济条件加以说明。

二、西欧社会经济的变化

"危机""紧缩""发展"和"变化"这些概念，几乎同时出现在有关中世纪后期西欧社会经济状况的描述当中。这一点反映了西欧社会在中世纪后期具有的复杂性和多样性。以下从城市和乡村两个方面论述中世纪后期西欧社会经济的基本情况。

（一）城市商品经济的发展

14 世纪中叶黑死病的大爆发中，西欧的城市损失了大量人口，生产和贸易都受到严重影响。但从整体上看，西欧城市并没有因此而发生明显衰退，城市商品经济的发展是一个连续的过程。大瘟疫之后，城市经济迅速恢复。当然，黑死病以后西欧各国、各地区城市和城市商品经济的恢复和发展并不平衡。在英格兰，虽然林肯郡和其他一些以毛纺业为主的城市处境艰难，但新的制造业中心又在东盎格利亚等地发展起来。英国商人和荷兰商人打破了汉萨同盟对波罗的海和斯堪的纳维亚贸易的垄断地位，成为汉萨商人的有力竞争者。南部德意志和瑞士发展出一批新城市，形成新的制造业和商业中心，奥格斯堡和纽伦堡是其中的典型。特别是纽伦堡，成为中世纪欧洲以陆路贸易为主的最重要的城市。南部德意志的国内贸易大多经过纽伦堡，它控制着其周围各条商路，控制着南德与威尼斯的贸易路线，也控制着西欧市场与匈牙利和波希米亚的贸易路线。纽伦堡商人广泛活跃在西欧、东欧的市场上。

在意大利半岛的北部，城市更是呈现繁荣景象。佛罗伦萨两大银行世家巴尔第和佩贾齐虽然在 14 世纪 40 年代已经衰败，但一个新的银行之家美第奇家族从 14 世纪末异军突起。美第奇家族金融活动的规模从 14 世纪末起日益扩大。到 15 世纪，这个家族的银行不仅遍布佛罗伦萨、罗马、威尼斯、米兰、比萨等意大利主要城市，还出现在瑞士、尼德兰和英格兰，使得佛罗伦萨继续保有其欧洲金融中心的地位。1434 年以后，美第奇家族成为佛罗伦萨事实上的统治者。另外，佛罗伦萨的毛纺业十分发达，米兰、威尼斯、热那亚、博洛尼亚和佛罗伦萨还都有相当规模的丝织业。

中世纪后期，正是这些作为生产和商业中心的城市，充当了庞大的市场网络的基点。中世纪后期城市商品经济的地位和影响力，已远非 14 世纪以前的城市所能比拟。

（二）农奴制和庄园制的解体

城市商品经济的发展，势必带动农村社会经济关系的变革。中世纪后期西欧农村社会经济关系方面最突出的变化，是农奴制和庄园制的解体。

进入 14 世纪以后，西欧农奴制和庄园制逐渐走向解体，这是在商品经济发展和货币交换活跃这一大背景下必然出现的结果。这一时期，多数领主获得收入的主要方式是收取实物和货币租，出售庄园生产的谷物，收取司法金。所以，货币而非基于人身依附关系基础之上的劳役和其他义务，逐渐构成领主的主要收入。西欧人与土地之间的紧张关系在黑死病之后得以缓解，这是因为人口减少了，土地变得相对充足。一方面，领主相互间为争夺劳动力展开竞争，使劳动力的成本上升；另一方面，粮食价格因需求减少而下跌，威胁着领主的收入。在这种形势下，西欧特别是西北欧的领主放弃了对庄园自营地的直接经营，把这些土地转租出去。与此同时，领主放松对农民的人身控制，允许农民在交付一笔钱以后可以离开庄园，到他处谋求生路。14 世纪后期以来，领主出租自营地渐成普遍趋势，劳役在许多地区日渐废弃。自营地和劳役的废弃也就意味着农奴制和庄园制的解体，自由租佃制相应地发展起来。

农奴制和庄园制逐渐退出历史舞台的过程，也是农民通过斗争争取权利和自由的过程。面对黑死病以后劳动力缺乏的局面，一些领主甚至要求农民承担更加繁重的劳役，国王政府的法规则千方百计地压制农民的要求，所以就短时期来看，并不能说黑死病以后西欧各地农民的生产生活处境都有所改善。1358 年法国"扎克"起义和 1381 年英国瓦特·泰勒起义，是下层民众对于生存环境怨恨和愤怒的集中体现。农民斗争的基本目标是废除劳役，改善生产生活条件，争取人身自由。农民的斗争虽然失败了，但农奴制和庄园制走向解体的历史进程已经不可扭转，这是由商品经济不断发展和货币交换日趋活跃的大背景所决定的。

中世纪后期农奴制和庄园制的逐渐解体，标志着西欧农业生产经营方式出现重大变化，也说明农村社会经济关系开始发生重大变革。以往受人身依附关系束缚的农奴开始变成个体小农，庄园经济开始变成小农经济。脱离了领主和庄园的小农拥有了更多的自由，更多的自主性。但是，小农的分化是不可避免的。当 14 世纪后期承租土地的条件变得较为宽松的时候，一些富有眼光和胆识的农民利用土地的贬值承租或购买土地，并面向市场经营。这些人由此发家致富，成为农民的上层。不过富裕起来的毕竟是少数，大量农民或在乡下过着比较贫苦的生活，或为生活所迫逃到城市，充当廉价的劳动力，成为城市生活的最底层。中世纪后期城市商品经济的发展和乡村社会经济关系的重大变革，共同为资本主义的发生准备着条件。

第二节　英国与法国

一、百年战争

百年战争是中世纪后期发生在英国、法国之间的重大事件，也是西欧政治史和军事史上的重大事件。从 1337—1453 年，英国和法国之间发生了一连串的战争，断断续续，持续了百余年，史称"百年战争"。战争对英、法两国消耗之大都是空前的，由于法国是百年战争的主战场，战争对法国的破坏尤其严重。在军事史上，百年战争开始了从骑士作战向雇佣兵作战的转折，从冷兵器向热兵器的转折。旷日持久的战争激发起法兰西的民族精神，这种精神为法国王权最终克服封建割据创造了基本条件。

（一）复杂的起因

百年战争的起因多而复杂，两国之间的领地纠纷，对弗兰德尔的争夺，和英王对法国王位的要求等，都是导致两国在1337年开战的重要因素。1066年以来，先后统治英国的诺曼王朝和安茹王朝，是由法国的公爵和伯爵建立的，这些公爵和伯爵成为英王后，在法国仍然据有大片领地，这些领地在名义上仍是法王分封的封土。13世纪以来，不断强大起来的法王成功收回了英王在法国的大部分领地。但是两国之间的领地纠纷并未完全解决，由此导致的矛盾日趋尖锐。14世纪以后，两国围绕对法国西南部加斯科涅的争夺，成为燃起战火的重要原因。英、法两国还对富庶的弗兰德尔的控制权展开争夺。弗兰德尔是一处伯爵领地，这里经济发达，工商业繁荣，名义上臣服于法王，实际上是独立的。14世纪早期，弗兰德尔内部动荡，骚乱频发，法王借机插手，试图控制弗兰德尔。弗兰德尔是英国羊毛的主要市场，对于英王有巨大经济利益，所以英王自然不能坐视法王插手弗兰德尔。导致英、法两国开战的直接原因是法国王位的继承问题。1328年，法王查理四世（1322—1328年在位）无子而终，加佩王朝绝嗣。英王爱德华三世（1327—1377年在位）则以法王腓力四世（1285—1314年在位）的外孙的身份要求继承法国王位。法国大贵族以王位不能通过女系继承为由否决了爱德华三世的继承权，推出瓦洛亚伯爵腓力为法王，是为腓力六世（1328—1350年在位）。1337年，爱德华三世以此理由攻入法国，正式向法国开战，百年战争由此开始。

（二）漫长的过程

百年战争不是一次性战争，而是对1337—1453年间发生在英、法两国之间一系列战争的总称。百年战争可大致分为四个阶段。

1337—1360年为战争的第一阶段。这一阶段的著名战役是1346年的克雷西会战和1356年的普瓦提埃会战。克雷西会战中，法国投入的兵力是英军的几倍，但英军大获全胜。其原因除了战术之外，双方兵力的构成是重要因素。英军拥有一支为佣金作战的步兵，并配有长弓，其射程、穿透力和发射速度都远远强于弩，并具有较好的组织性。不仅如此，英军的骑兵也大多配有这种长弓。法军的主力则是传统的重装骑兵，装备笨重，行动不便，组织涣散。克雷西会战中英军以机动灵活的战术大胜法军。1356年，英军、法军在普瓦提埃再度发生激战。结果，法军伤亡惨重，法王、王子及很多显贵被俘，英军大获全胜。接下来双方开始和平谈判，1360年签订《布勒丁尼和约》。和约规定法王需交付英王大笔赎金，英王重新拥有法国的阿奎坦等领地，同时英王放弃对法国王位的要求。

1369—1380年为战争的第二阶段。法王查理五世（1364—1380年在位）富有政治头脑，足智多谋。他上台后锐意革新，准备反攻，以收复失地。1369年英、法重新开战。此时法军采取灵活多变的战术袭击英军，避免与英军决战。法军节节胜利，英军陷入被动，被迫于1380年停战。除加来在内的几个沿海城市外，英国在法国的领地全部归还法国。

1415—1420 年是战争的第三阶段。法军虽在第二阶段中获胜，但损失惨重。1415 年 8 月，英王亨利五世（1413—1422 年在位）率军在诺曼底登陆，10 月取得阿金库尔战役的重大胜利。法军死伤众多，且有上千人被俘，其中包括奥尔良公爵和波旁公爵，英军仅有轻微损失。1420 年，法国被迫签订《特鲁瓦条约》。条约除割让领地外还答应英王亨利五世为法王查理六世（1380—1422 年在位）的继承人。

1428—1453 年为第四阶段。法王查理六世死于 1422 年，英王亨利五世也于查理六世死后几周去世。亨利的儿子，一个刚满 10 个月的孩子成为英王，称亨利六世（1422—1461 年在位）。按《特鲁瓦条约》亨利同时兼法国国王。此时的法兰西实际上已经分成几个独立的地区，其中南方大部接受法国查理王太子的统治。1428 年，英军围攻通往法国南部的要塞奥尔良，法兰西处于空前的危机之中。此刻圣女贞德出现了。她的挺身而出使战争形势发生了大逆转，使法国摆脱了绝境。贞德本是一名普通农家少女，也是虔诚的教徒。她自称在 17 岁时受到天启，奉上帝之命解救奥尔良之围。于是她觐见太子查理，要求率军解救奥尔良之围。1429 年 4 月，贞德率部进抵奥尔良，并身先士卒冲向敌人。法军士气大振，英军仓皇溃逃，奥尔良之围遂解。贞德乘胜追击，收复巴黎东北的兰斯城。同年 7 月 17 日，查理在兰斯的教堂正式加冕，真正成为法兰西国王，称查理七世（1422—1461 年在位）。1430 年 5 月贞德及追随者在作战中被俘，次年 5 月贞德以异端的罪名被处死。此后英、法战争的整体形势已经不可逆转。到 1453 年，法国最终赢得了百年战争的最后胜利。除加来港外，英王失去了在法国的所有土地。

（三）深远的影响

英、法之间长年累月的战争给双方造成巨大损失。百年战争的战场在法国，所以法国受到更加严重的经济和社会伤害。战争使法国农村陷入萧条，军费的筹措也势必加重两国农民的负担。14 世纪英、法两国发生的民众起义，与上述局势有直接关系。

百年战争宣告了西欧封建骑士军事地位的衰退。英军在几次重大战役中以少胜多，证明由雇佣兵组成的手持长弓的步兵，具有明显的军事优势。他们更富有组织性，便于机动，可以远距离杀伤敌人。百年战争还宣告了火器时代的到来。此时的火器还相当原始，但一经使用就显现了冷兵器不可比拟的优势。作为百年战争的战场，法国多次陷入危机，奥尔良被围更使法国处于绝境。国家的多灾多难激起了法兰西民族意识。正是基于爱国主义或民族主义的意识，贞德出现在历史的舞台上。对国家和民族的忠诚，成为此后英、法建立新君主制的基础。

二、法、英民众起义

14 世纪后半叶以来西欧社会是与饥荒、瘟疫和战乱相伴的。严酷的生存环境和新生的苛捐杂税，激起了广大民众的怨恨和愤怒，促使法国和英国民众在 14 世纪后半叶奋起反抗。

（一）"扎克"起义

1357 年，以巴黎商人领袖艾田·马赛为代表的法国市民，利用三级会议中贵族席位暂时减少的机会，迫使摄政太子查理进行有利于市民的改革，即定期召开三级会议，会议有权决定战争、媾和、捐税收支、任命国王顾问等，是为"三月大敕令"。不久，太子逃跑。1358 年 2 月，马赛组织巴黎工商业者举行起义，反对落到市民头上的各种苛税。

5 月底，法国北方博韦农民举旗起义，很快发展成巴黎周围地区的农民起义。这次农民起义被称为"扎克"起义。"扎克"是法国贵族对农民带有嘲讽意味的称呼，义军以吉约姆·卡莱为领袖，提出要"消灭一切贵族，直到最后一个。"他们的旗帜上绘有王徽百合花，象征忠于国王。农民相信国王是上帝派来主持正义的，是农民的保护者。卡莱与巴黎的马赛交涉，以期建立联盟。但是整个起义缺少严密的组织和明确的目标，农民与市民也缺少相互配合。6 月，太子查理纠集近千名英国和法国的骑士，准备进攻起义的农民。然而恐于农民军人多势众，查理诡称谈判，诱使农军上当。农民军领袖卡莱轻信敌人，只身前往谈判，旋即被捕。敌人乘机进攻，农民军有两万多人被杀。农民起义失败不久，太子查理率部于 8 月攻占巴黎，巴黎市民起义也遭镇压。

（二）瓦特·泰勒起义

1381 年英国发生了瓦特·泰勒大起义。起义爆发的直接原因是政府为应对与法国的战争征收人头税。1377 年开始征收人头税，几年后又征另一种人头税，民众的税负不断加重。在农民眼中，开征新税是"坏习惯"，违背公平和正义。各地农民以怠工、抗税的形式不断进行斗争。在这一过程中，约翰·保尔的活动最为著名。保尔是下层传教士，向民众宣传基督教朴素的平等思想："当亚当种地、夏娃织布时，谁是贵族？"保尔的活动招致统治者的痛恨，被关进坎特伯雷大主教的监狱。保尔的活动反映了广大农民的不满与反抗情绪，为农民起义作了思想准备。

1381 年 5 月底，埃塞克斯郡和肯特郡的农民抗缴人头税的斗争，点燃了大起义的烽火。肯特郡的瓦特·泰勒领导了这次暴动。农民军向伦敦进发途中攻陷坎特伯雷，从狱中救出约翰·保尔。6 月 13 日，伦敦平民打开城门，欢迎农民军。6 月 14 日，困在伦敦塔里的国王理查二世被迫与农民军代表谈判。农民军明确提出：废除农奴制，实行贸易自由，每英亩货币地租不得超过 4 便士，赦免起义者。国王佯装答应，发给证书。一些农民接受了国王的答复，也有部分农民不满意，要求再见国王申诉要求。6 月 15 日，一部分农民在斯密思菲尔德广场再次与国王谈判，泰勒代表大家提出废除农奴制、没收教会土地分给农民、废除封建主一切特权等要求。这时，国王已准备镇压起义。在谈判过程中，伦敦市长威廉·沃尔沃思突然用剑刺死瓦特·泰勒；接着，数千援兵赶到斯密思菲尔德广场。伦敦和各地的农民起义军先后被镇压，多人被处以极刑，包括约翰·保尔。

三、"新君主制"

"新君主制"是指 15 世纪以后出现在西欧一些国家的绝对君主制。与此前的君主不同，15 世纪以后的君主极力联合市民阶级，取得其经济支持，致力于实现国家的统一，并开始建立稳定的中央集权统治。现代意义上的政府由此逐渐发展起来。新君主们的主要作为包括：限制封建贵族的权力、建立有效的国家税收体制、建立常备军、鼓励商贸发展。在新君主制统治时期，民族意识和国家认同日益成长。英、法两国在中世纪后期建立了典型的新君主制。

15 世纪中后期，英、法两国从黑死病和百年战争的创伤中逐渐恢复过来。人口出现了较明显的增长，经济形势好转，城市繁荣，商贸兴盛。这种局面为君主充实国库并建立高效的政府创造了条件。

（一）玫瑰战争与都铎王朝

百年战争结束以后，英国的约克和兰开斯特这两个敌对贵族集团为争夺王位进行战争，是为 1455—1485 年间的玫瑰战争。这是一场激烈的内战，交战双方主要是贵族及其武装家仆。战争中很多大贵族阵亡，这就使英国在基数上相对有限的大贵族进一步减少。1485 年伯爵亨利·都铎在战争中获胜，被推举为国王，是为英王亨利七世（1485—1509 年在位）。亨利七世是都铎王朝的奠基人，是英国新君主制的开创者。亨利七世坚定地镇压贵族叛乱，多次战胜争夺王位的挑战者。1487 年和 1504 年，他先后颁布法令，解散大贵族的家臣私兵，平毁贵族堡垒，并且特别设立"星室法庭"。该法庭可以不受一般法律程序束缚，专门惩治叛乱贵族。亨利七世重用新贵族和富商，地方各郡多派新贵族担任地方治安法官，掌管地方行政和治安工作。英国自中世纪中期起就建立了一套有效的法律和行政体系，并形成了议会制度。亨利七世的主要作为，在于他在民族意识和国家认同日益成长的基础上坚定地恢复了国家的和平与秩序，牢固地控制着贵族、教会和政府官吏，把国家凝聚为一个整体。都铎王朝的后世君主沿着亨利七世的道路进一步强化和完善新君主制，使英国终于发展成为统一的民族国家。

（二）法国王权强化

法国的情况较为复杂，建立新君主制的道路更加曲折。法王查理七世在统治期间建立了一支常备军，加强税收制度，并发展海外贸易。但在查理七世时期，法国大贵族的势力依然强大，尽管他们承认法王的权威，在自己的领地内却主宰一切。国王与大贵族的力量对比决定了查理七世还无法成为国家强有力的统治者。

路易十一（1461—1483 年在位）登上王位后开始了制服大贵族的过程。为此他编织了一张复杂而庞大的网，不择手段地对付这些贵族。他擅长把握时机，软硬兼施，使出浑身解数消除贵族对王权的威胁，很多大贵族最终被法王征服。路易十一大力消除政治障碍的同时，高度关注经济和税收。他鼓励工商业，大幅度增加税收，充实国库。到路易十一统治结束时，只有奥尔良和波旁家族的势力仍在，但也受制于与王室的婚姻，其他世家已不足以威胁王权。政府机构完全听从国王的意志，国王可以不经三级会议任意征税，并用庞大的税收维护官僚机器和常备军。经过路易十一的统治，法国成为管理有效、工商业繁荣、君主集权的国家。

第三节　神圣罗马帝国与意大利

一、黄金诏书：诸侯控制下的皇权

（一）七大选侯

13 世纪以后，德意志皇权日渐衰退，诸侯日渐强大。德皇腓特烈二世（1215—1250 年在位）死于 1250 年，随后其子康拉德继承皇位，是为康拉德四世（1250—1254 年在位）。康拉德统治时间短暂，政治上碌碌无为，霍亨斯陶芬王朝随着康拉德的死而终结。此后德意志各派诸侯为控制皇位展开激烈斗争，以致近 20 年竟没有推举出一位能够获得正式承认的皇帝，德意志由此进入了所谓"大空位时期"（1254—1273 年）。1257 年，两派诸侯分别推出卡斯提的阿方索十世和康沃尔的伯爵理查为德皇。两人为获得皇位竞相拉拢、贿赂德意志诸侯，但由于各派力量的掣肘，两人都未能在德意志获得真正有效的权力。既然没有真正的皇帝，各方诸侯更加专注于自己的邦国，巩固自己既有的地位和权力。正是在这一过程中，形成了由七大诸侯组成的享有推举皇帝大权的选侯团：美茵茨、科隆和特里尔三个大主教、萨克森公爵、巴拉丁伯爵、勃兰登堡侯爵和波希米亚国王，他们因此有"选侯"或"选帝侯"之称。选侯团的形成是一个极其复杂的过程，到 13 世纪中叶以后，选侯团推举皇帝的特权已经获得比较正式的认可。

（二）黄金诏书

在罗马教皇的调节和支持下，选侯在 1273 年推举哈布斯堡伯爵鲁道夫为皇帝，是为鲁道夫一世（1273—1291 年在位），哈布斯堡王朝由此建立。鲁道夫为恢复皇权作了种种努力，但已不能扭转局面。此时德意志真正的统治者已经是诸侯，他们在自己的邦内逐渐掌握了行政、立法、司法、军事和财政等各项大权，甚至有自己的等级代表会议即邦议会，俨然成为邦内的君主，而德意志或神圣罗马帝国不过是各邦组成的一个松散的联合体。鲁道夫的真正作为，在于他逐渐把奥地利作为哈布斯堡兴盛的基础。14 世纪以后，皇位主要在哈布斯堡家族和卢森堡家族轮流承袭，但有时仍会有其他家族的人被选侯推举为皇帝，这表明皇位其实已是诸侯之间角力的筹码。这样一种权力格局不可能不反映在法律上。1356 年，德皇查理四世（1346—1378 年在位）颁布著名的《黄金诏书》（又称《金玺诏书》），从法律上正式肯定七大选侯享有选举皇帝的特权。

《黄金诏书》肯定七大选侯享有一般诸侯所没有的特权地位，认为选侯地位等同于皇帝，而策划杀死选侯无论成功与否，均以叛国罪处死。《黄金诏书》承认选侯在自己邦国内享有的一切统治权。为保证选侯的领地、荣誉和权利的完整，《黄金诏书》规定选侯国实行长子继承制。诏书还规定，皇帝赐给城市或任何人的权利，不得有损诸侯的利益。

《黄金诏书》无疑是对德意志邦国林立在法律上的肯定，是诸侯分权对中央集权的胜利。不过，《黄金诏书》仍然肯定了皇权的存在，即使这个皇权已经形同虚设。换言之，德意志固然邦国林立，但又是邦国的联合体。这种联合固然是松散的，但还是具有某种一体性。还需指出的是，在争夺皇位的控制权斗争中，罗马教皇一直是重要因素，教皇的介入和干涉往往使形势更趋复杂。《黄金诏书》把皇帝产生的合法程序完全置于选侯的推举过程之中，意在排除罗马教皇这一外部因素。

不难发现，《黄金诏书》呈现的是一种诸侯控制下的皇权，国家的真正统治者是选侯和诸侯。诸侯不仅把持皇帝的推举，也把持帝国议会。帝国议会从 15 世纪初起已经在德意志政治生活中发挥重大作用，皇帝、选侯、诸侯和自由城市的代表参加会议，会议虽由皇帝主持召开，但皇帝的要求不能逾越法律。帝国议会在重大议案的表决上只设有三票，选侯、诸侯和自由城市代表各一票。任何有损诸侯利益的法案都不可能在会议上获得通过。

二、意大利城市国家

（一）城市国家

中世纪的意大利北部名义归属神圣罗马帝国，但从 12 世纪起这里事实上已经开始摆脱帝国的控制，并且形成一系列独立的城市国家，例如米兰、热那亚、比萨、威尼斯、佛罗伦萨，等等。这些城市国家最初的政府形式是"公社"，名曰共和，其实是城市富人的联合执政：本城最富有家族的成员轮流占据城市重要职位和市议会的席位。然而这并不能消除这些家族之间的争权夺利，所以后来一些城市走向寡头政治甚至独裁。新航路开辟以前，欧洲有两大国际贸易中心，南部有地中海贸易中心，北部是北海和波罗的海贸易中心。地中海贸易中心基本是意大利北部诸城市商人的天下，东、西方的商品经由意大利商人之手到达对方市场。

（二）威尼斯和佛罗伦萨

繁荣的工商业活动和频繁的政治动荡，成为这些城市国家的突出特点。其中的典型是威尼斯和佛罗伦萨。

威尼斯濒临亚得里亚海湾，这里地处从欧洲北部延伸到东地中海的商业网络的中心。威尼斯原是拜占庭的附属地，9 世纪时基本独立。独立后的威尼斯逐渐发展成为一个商人贵族共和国，并一直保持着共和政体的形式。威尼斯设有议会、元老院、总督、最高法院等机构和职位，政权把握在一批最富有的家族成员手里，实为商人贵族的寡头政治。威尼斯是典型的商业城市，其主要经济活动是贸易，特别是与东地中海地区的贸易。拜占庭皇帝早在 11 世纪就允许威尼斯在帝国境内设立商站并进行免税贸易。除此之外，威尼斯也有一些手工业，例如丝织业、造船业、武器制造业等。威尼斯是 1204 年第四次十字军东侵的积极参与者和受益者。它负责出战船运送十字军，以换取更多的贸易特权和商业利益。十字军攻陷君士坦丁堡后，威尼斯夺取了大量财富，还占有拜占庭许多领土，一跃成为地中海强国。威尼斯发行的货币杜卡特，通行于地中海区域。意大利的另一个城市国家热那亚一直是威尼斯的对手和劲敌，双方为争夺地中海贸易的控制权长年争斗。1379 年威尼斯击败热那亚，从此垄断了地中海东部的贸易。威尼斯在东方的很多商业据点随着土耳其在 1453 年攻陷君士坦丁堡而丢失。新航路开辟以后，欧洲的贸易中心逐渐转移至大西洋沿岸，地中海地区的商业地位下降，威尼斯由此遭受严重打击，逐步走向衰落。

佛罗伦萨的工商业在 11、12 世纪明显发展起来。佛罗伦萨 12 世纪以后脱离帝国控制，形成城市国家。佛罗伦萨在名义上也是一个共和国，但城市政权长期由富有的工商业者把持。1293 年，名为"正义法规"的佛罗伦萨宪法出台，规定行政机关长老市政会由 7 个大行会各选 1 名代表（称"肥人"，主要是富商、银行家）和 14 个小行会共选 2 名代表（称"瘦人"，主要是手工业者）组成。市政会负责人被称为"正义旗手"，兼任军队总指挥。佛罗伦萨的政权掌握在富商、银行家和行会上层分子手里。

与威尼斯不同，佛罗伦萨的主要经济活动是金融业和手工业。佛罗伦萨的银行家实力雄厚，活动广泛，与西欧各国的君主、贵族和罗马教廷保持密切关系，通过向他们放贷并代罗马教廷征税积累了大量资本。佛罗伦萨还有一项重要产业即毛纺织业。佛罗伦萨拥有大批从事毛纺织业的手工作坊，出产的优质呢绒闻名欧洲诸国。1378 年，不堪压榨的毛纺工人，主要是梳毛工发动起义，掌握了城市政权，且持续了三年。梳毛工推举出自己的正义旗手，建立了自己的行会。1381年，起义遭到镇压。起义失败后，佛罗伦萨的政权先后转入阿尔比齐家族和美第奇家族手中。特别是金融巨头美第奇家族执掌政权，表明佛罗伦萨已经进入寡头政治时代。1434 年，柯西莫·美第奇（1434—1464 年在位）取代阿尔比齐家族掌握政权，他表面上不担任官职，却是共和国的实际首脑：长老市政会经常在他家里召开，只有他的亲信才能担任重要官职。他的儿子洛伦佐·德·美第奇（1469—1482 年在位）被称为无冕之王。

14 世纪初，佛罗伦萨毛纺织业手工作坊中出现资本主义生产关系的萌芽，这是西欧较早出现的资本主义萌芽。发达的工商业活动，繁荣的城市生活，激烈的政治斗争，早期资本主义关系，成为文艺复兴的土壤。

三、各种城市同盟

（一）城市同盟

北海和波罗的海贸易区的主角是德意志城市商人。在中世纪，贸易特别是长途贸易是充满危险的经济活动。盗匪打劫、封建主掠夺破坏，都是经营长途贸易的商人必须面对的风险。一些国王出于获得一笔可观收入的考虑，通常能够为商业活动提供一些保护。但是德意志皇权在 13 世纪以后自身难保，更无力保护城市商人。相反，为了保住自身，德皇把很多有损城市利益的特权授予诸侯。这样一来，德意志的很多城市只能通过建立城市同盟来自保自卫。

德国的城市同盟主要有莱茵同盟、士瓦本同盟和汉萨同盟。莱茵同盟是莱茵河沿岸的一些城市在 13 世纪成立的以美茵茨为首的城市同盟，包括科隆、沃姆斯、斯特拉斯堡、巴塞尔等 60 多个城市。士瓦本同盟是 14 世纪的南部德意志城市的同盟，加盟城市曾多达 80 余个。

（二）汉萨同盟

最著名的城市同盟是汉萨同盟。这个同盟是北部德意志的城市联合体，其雏形可追溯至 12 世纪北德商人为同英格兰、俄罗斯等进行贸易而建立的组织。汉萨同盟正式形成于 13 世纪。"汉萨"系音译，意为商人公会，同盟的正式名称是"全德商人公会"。14 世纪初，同盟进入鼎盛时期，加盟城市多达 70—80 个。同盟的核心成员是吕贝克，盟址就设在吕贝克。加盟城市不仅有北德的城市，如不来梅、爱尔福特、马格德堡、柏林，还包括立沃尼亚的里加、列维尔、柯尼斯堡，瑞典的维斯比，波兰的格但斯克、克拉科夫，尼德兰的格罗宁根和乌得勒支等。同盟通过法兰克福（美因河畔）同奥格斯堡等南德城市保持商业联系，在俄国的诺夫哥罗德、挪威的卑尔根、尼德兰的布鲁日、英国的伦敦均设有商站。汉萨商人的主要活动区域是北海和波罗的海沿岸各地区，14 世纪后期垄断了对丹麦和波罗的海诸国的贸易。汉萨商人主要从事中介贸易，其经营的大宗商品包括北欧的木材、中欧的粮食和金属矿石、法国与北德地区的盐、波罗的海的青鱼和瑞典的鲱鱼、弗兰德尔和英国的毛纺织品、俄罗斯的毛皮等。

汉萨同盟主要是城市之间的商业性联合组织，政治色彩较淡。同盟既无强力执行机构，也无自己的军队。加盟城市之间矛盾重重，利益并不完全一致。不过同盟在强盛时期仍然发挥了重要影响。神圣罗马帝国皇帝查理四世正式承认其合法地位。同盟曾与瑞典联合击败丹麦，迫使丹麦承认同盟的贸易特权。如同意大利的城市国家一样，汉萨同盟也是伴随着新航路的开辟和欧洲贸易中心的转移走向衰落的。15、16 世纪，同盟设在各国的商站陆续关闭。17 世纪中叶以后正式解体。

第四节　西　班　牙

一、穆斯林统治下的西班牙

（一）穆斯林征服

8 世纪初，阿拉伯人在北非大举进攻。711 年，阿拉伯人越过直布罗陀海峡，进入西班牙，击溃西哥特王国，不到半年时间内就控制了西班牙大部分地区。西班牙的基督教徒退居西北部山区，建立了阿斯图里亚斯王国。到 713 年，阿拉伯人几乎征服了整个伊比利亚半岛，建立了穆斯林政权，西班牙成为阿拉伯帝国的一部分。750 年，统治阿拉伯帝国的倭马亚王朝被阿拔斯王朝取代，死里逃生的倭马亚王子拉赫曼逃到西班牙，依靠当地阿拉伯贵族的支持，于 756 年建立后倭马亚王朝，自称艾米尔（总督），以科尔多瓦为首都，宣布脱离阿拉伯帝国独立。中国史书依其统治的方位，称后倭马亚王朝为"西大食"。

（二）科尔多瓦哈里发

在后倭马亚王朝统治时期，统治者采取种种措施，巩固其新建立的国家。在宗教上，他们实行比较宽容的政策，允许非伊斯兰教徒负担少量的人头税和其他封建义务，对犹太人也较宽容。在军事上，建立了一支以柏柏尔人为核心的军队。在政治上，建立政教合一的中央集权统治。首都科尔多瓦是全国政治、经济和文化的中心，居民达 50 万人，有 700 座清真寺，其繁荣堪比东方大城市。西班牙的农业、手工业和商业贸易以及整个地区的经济生活达到前所未有的繁荣，其货币还在一些非洲国家流通。科尔多瓦集中了来自欧、亚、非洲各地的学者和研究者，科尔多瓦图书馆藏书量极其丰富，其中许多是古典作家著作的手抄本。科尔多瓦的学术活动对中世纪西欧文化的发展起到了重要的推动作用。

11 世纪初，科尔多瓦哈里发的统治由盛转衰，穆斯林各首领之间相互争斗，纷争不断。1031 年，科尔多瓦哈里发政权瓦解成一系列伊斯兰小王国，它们之间相互争战，这就为退居半岛西北部的基督教王国逐渐扩张提供了机会。

二、再征服运动

阿拉伯人征服西班牙以后，西哥特人在半岛的西北角建立了阿斯图里亚斯王国。以后这个王国又分成莱昂和卡斯提两个国家。到 11 世纪中期，半岛上的基督教国家主要有莱昂、卡斯提、纳瓦尔、阿拉贡等。在科尔多瓦哈里发政权由盛转衰时，半岛北部的这些基督徒小王国就开始了"再征服运动"。再征服运动也叫收复失地运动，音译为"雷康奎斯达"。再征服运动主要发生在 11—14 世纪。1085年卡斯提王国占领了穆斯林控制下的城市托莱多，此后这里成为基督教文化和伊斯兰文化交融、碰撞的一个重要场所。12 世纪初期，又一个基督教国家葡萄牙兴起。在东北地区，阿拉贡不断强大，并于 1118 年攻占穆斯林控制下的萨拉哥撒，进而与原属查理曼建立的西班牙边区东半部的巴塞罗那联结成一片。11 世纪末，西班牙的穆斯林开始寻求与北非穆斯林的联合。联合起来的穆斯林重新强大起来，再次征服了卡斯提王国占领的大部分土地。无论是半岛上的穆斯林政权，还是基督教政权，其内部的纷争一直不断，甚至还发生过基督徒与穆斯林联手对付另一支基督徒的事件。13 世纪以后，再征服运动加速。1212 年，卡斯提王国在欧洲十字军的支援下大败北非和西班牙穆斯林的军队，并于 1236 年和 1248 年分别收复科尔多瓦和塞维利亚。阿拉贡则在 1238 年占领了瓦伦西亚，再征服运动取得决定性胜利。到 13 世纪中叶以后，基督教王国控制了半岛几乎所有地区，穆斯林势力只据有半岛南端的格拉纳达，再征服运动已经基本完成。这时半岛形成三个主要国家：卡斯提、阿拉贡和葡萄牙。收复失地的过程，也是这些国家政治制度不断健全的过程。它们形成了等级代表会议，统治机构趋于完善，王权不断强化。再征服运动完成之时，也是半岛实现统一之日。卡斯提与阿拉贡于 1479 年正式合并，形成中央集权的西班牙国家。到 16 世纪初，整个伊比利亚半岛除葡萄牙外，完全统一于西班牙。

第五节　天主教会：教皇的权力和地位

教皇国在中世纪形成了一种君主政体，教皇位于教会权力体系的中心，地位高踞于教会之上。然而由于宗教会议的存在，教皇并不享有绝对专制的权力，教皇不是专制的君主。

一、教会的"阿维尼翁之囚"

（一）教皇选举制度

教皇在中世纪的天主教世界享有君主的地位和权力，然而与中世纪欧洲的世俗君主国不同的是，教皇的职位并非家族世袭，而是选举产生。在历史上虽然出现过一个家族产生几位教皇的现象，但是任何家族都不享有独占教皇职位的权利。

然而，关于教皇选举制度的法律规定存在着不足之处：如果枢机主教难以对继任的教皇人选达成三分之二多数票，极易出现教皇职位空缺的状态。1268 年至 1271 年就出现了这种情况，教皇职位的空缺对教会构成了极大的伤害。为了在尽量短的时间内产生有效的教皇人选，教会在 1274 年再次补充规定：枢机主教在选举教皇时，处于与世隔绝的封闭环境中；在投票选举的过程中，参与者的生活待遇随着时日的增长而递减，最终是以面包和水充饥。一系列的法律规定虽然奠定了教皇选举制度的基石，但是在中世纪并非总是能够得到执行，在 1292 年至 1294 年期间、1314 年至 1316 年期间，天主教会又出现两次教皇职位空缺的局面。

教皇选举制度还存在其他弊端。首先是教皇职位的不确定性，某些教皇出自法国，某些教皇出自意大利。与此相关联的是教皇统治缺乏连续性，经常随着教皇人选的变化而变化。其次是围绕着教皇人选的竞争，在枢机主教团之内形成了不同的家族派系或利益集团。由于枢机主教拥有教皇选举权，对于教皇职位的竞争经常在枢机主教之间展开，僧俗两界各派力量在枢机主教中间培植各自的代理人。虽然教会法并未规定教皇人选从枢机主教中间产生，但是枢机主教当选教皇的情况非常多见，教皇的职位在很大程度上由枢机主教把持。再次，教皇的入选标准也长期困扰教会。除了自身的圣洁之外，当选教皇是否还应当具备管理教会的才能？教会法并未对此做出相应的规定。如果当选的教皇不能胜任管理教会的责任，有可能造成教会疏于管理，尤其是造成教皇国财政收入的流失。

从理论上说，教皇的权力超越了教皇国的地理范围，向天主教世界的各个主教区延伸，成为天主教会组织的核心人物。然而实际的情况是，教皇缺少强制性的手段，教皇的统治有赖于各地主教区的承认。除此之外，教皇的统治还需得到世俗力量的支持，尤其是南部意大利国王的支持。枢机主教控制着教省一级的教会组织，拥有选举教皇的权力，常常借此培植自己的势力范围。教皇要想真正行使权力，必须在枢机主教与封建主中间发展自己的力量。

（二）"阿维尼翁教皇"

教皇权在英诺森三世（1198—1216 年在位）期间达到极盛，到了卜尼法斯八世（1294—1303 年在位）时期，教皇权已经开始衰落了。1303 年，法国国王及其联盟的军队俘获了卜尼法斯八世，要求他辞去教皇职位。虽然卜尼法斯最终得到释放，但是不久之后就去世了。1305 年波尔多大主教当选为教皇，是为克来门特五世。克来门特任职期间从未到过罗马，教廷先是设在普瓦提埃，从 1309 年起移往法国南部阿维尼翁，从此开始了"阿维尼翁教皇"时期（1309—1378 年）。先后有七任教皇驻跸在阿维尼翁，直至教皇格里高利十一世在 1378 年离开阿维尼翁，将教廷迁到罗马。

阿维尼翁教皇一向受到当时人的批判。人文主义学者彼特拉克把阿维尼翁看作教皇的逃亡之地，并且把教皇驻跸在阿维尼翁与古代犹太人的"巴比伦之囚"

相比拟，称之为"阿维尼翁之囚"。英格兰人把阿维尼翁教皇视为法国人的傀儡，因为这一时期的教皇是法国人，阿维尼翁教皇任命的 134 名枢机主教中，有 113 人是法国人。

远离罗马和意大利的混乱，阿维尼翁为教皇提供了和平的环境，这是教皇行政管理最为有效的时期。教皇约翰二十二世驻跸在阿维尼翁则是一件顺其自然之事，因为他在当选教皇之前就是阿维尼翁主教。约翰二十二世改革并且完善教廷管理制度，优化了财政系统与司法系统，提高了管理效率。教皇审理来自主教区的上诉案和关于特许权的请求，不仅使教皇作为君主的权力达到了一个新的高点，而且使阿维尼翁成为西方基督教世界的中心。约翰二十二世奠定了教皇政府的结构，这一结构存在到 16 世纪宗教改革。

二、天主教会大分裂与宗教会议运动

（一）天主教会大分裂

1378 年阿维尼翁教皇时期结束，紧接着开始的是教会史上又一个动荡和危机的时期。从 1378 年至 1417 年，天主教会陷入一场持续近四十年的分裂。最初是两位教皇分驻罗马和阿维尼翁两地，1409 年召开的比萨宗教会议宣布废黜并存的两位教皇，另选出一位新教皇。但是两位原有的教皇拒不退位，造成了三位教皇鼎立的局面。在神圣罗马帝国皇帝西吉斯孟（1411—1437 年在位）推动之下，教会在德意志南部城市康斯坦茨召开宗教会议（1414—1418 年）。这次宗教会议迫使三位教皇都退位，在 1417 年选出新教皇马丁五世（1417—1431 年在位），最终结束了教会的分裂局面。

天主教会大分裂期间，形成了大量关于教会组织结构与教皇权力的理论，"宗教会议主义"得到发展。1400 年至 1460 年被认为是"宗教会议时期"，因为宗教会议主义在这一时期召开的几次宗教会议上形成了强大的力量。

（二）宗教会议运动

宗教会议主义把天主教会大分裂归因于教皇权力过重，试图对教会的权力体系加以改革。康斯坦茨宗教会议在 1415 年 4 月发布了一项具有革命性的教令，阐述了一种"自下而上"的权力体系：宗教会议的权力直接来自于耶稣基督的授予，因而作为教职界代表的宗教会议理应执掌教会的最高权力；教会的统治者从宗教会议获得权力，作为教职界代理人并且应当向教职界负责。如果说中世纪的教皇国君主制是一种"自上而下"的权力结构，这项教令则试图将宗教会议的权力置于教皇的权力之上，以宗教会议约束教皇的权力。

宗教会议主义提出了革命性的思想原则，但是没有提出使之得以实施的办法。加之 1415 年教令是在天主教会大分裂的特殊时期提出的新主张，在教会内缺少普遍的认同。在 1431—1449 年召开的巴塞尔宗教会议上，宗教会议主义与教皇尤吉尼乌斯四世（1431—1447 年在位）形成激烈的冲突，最终的结果是教皇重新执掌君主权。1460 年，教皇庇护二世（1458—1464 年在位）发布教令，对宗教会议主义做出严正谴责，标志着宗教会议运动对教皇权的威胁正式结束。

宗教会议主义虽然受到了谴责，但是宗教会议的思想没有湮灭，并且继续对教会政治施加影响。到 1500 年时，在天主教会内已经建立起这样的传统：第一，宗教会议是教会的象征，但是只有经由教皇批准召集的宗教会议才具备合法性。教皇在 1512 年召集第五次拉特兰宗教会议（1512—1517 年），以实际行动强化了这一传统。第二，教皇必须出席宗教会议，宗教会议的决议必须得到教皇批准；只有在教皇与宗教会议达成一致的情况下，宗教会议的决议才能发生效力。

第六节　中世纪西欧文化

本节是研究中世纪后期的西欧文化，但需要追溯中世纪前期的西欧文化的发生、发展和演变过程，因此，在这里将中世纪西欧文化放在一起进行总体研究。

一、基本特征

（一）中世纪文化的基本特征

中世纪西欧文化的最主要特征是浓厚的基督教文化色彩。罗马帝国后期，政治动荡，战争不断，社会经济衰退严重。5 世纪末前后，随着西罗马帝国的解体和日耳曼人诸政权的建立，文化领域也逐渐发生变化。古典文化渐趋沉寂，基督教文化则不断发展。在政治的分裂中，基督教会成为联系罗马人和日耳曼人的纽带。西部帝国在文化上与东部渐行渐远。以罗马教会为中心，西欧逐渐形成了精神上的共同体——拉丁基督教会。拉丁语成为通用的书面语言和宗教仪式用语，教会的组织遍布各地。在相当长的时间内，教士和修士成为社会的知识阶层，教堂和修道院成为文化教育的阵地，教会成为思想文化的传承者。基督教不但深入经济、政治、社会和文化领域，而且主宰了个体生活的方方面面。基督教的原罪、末世、救赎等观念通过各种方式普及社会各阶层，并成为社会的主流价值观念。在文化领域里，无论教育、文学、艺术、史学还是哲学，都成为诠释基督教价值观念，服务信仰的工具。

（二）中世纪文化的独特性

西欧中世纪还被称为黑暗和愚昧的世纪。这是因为在基督教会的笼罩下，欧洲似乎陷于漫长的文化黑夜中，停滞不前，既缺乏古典文化的辉煌，又没有当代文化的活力。这种观点是随着西欧文艺复兴的出现逐渐形成的，有很大的片面性。基督教在发展过程中确实对古典文化成果有所破坏，尤其是在其国教化后不久。教会提倡的禁欲、出世等观念也带有明显的消极色彩，对人和社会的发展都产生了很大的负面作用。教会也控制西欧的政治，实行愚民政策，用武力镇压异端或异己。这些都是毋庸讳言的事实。但是，如果因此就全盘予以否定，也是不正确的。第一，与古典文化相比，基督教文化有其自身的特点，这是两种不同类型的文化，而非两种有优劣之分的文化，各有长短。其差异在特点上，而非品质上。二者之间是一种断续并存的扬弃关系，既有断裂，也有继承和发展。拉丁基督教文化不但与古典文化、现代西方文化不同，而且与东部帝国也就是拜占庭帝国的文化也有很大的差异。它在艺术等方面的成果是独一无二的，是近现代西方文化的重要基础之一。第二，中世纪西欧的文化并非停滞不前，而是在不断前进，并有不少耀眼的时刻。经过几百年的发展，在加洛林王朝查理曼统治时期出现第一次繁荣，被称为加洛林文艺复兴。10世纪中期至11世纪初，神圣罗马帝国三位奥托王统治时期，也曾出现过艺术和建筑领域的复兴。11世纪中期以降，随着西欧社会经济的发展、城市的兴起和与阿拉伯世界联系的扩大，西欧文化在教育、哲学、文学、法学、艺术、科学等领域又出现新的高涨，也就是12世纪文艺复兴，从而将西欧的文化推进到一个新的高度。这些复兴为14—17世纪的文艺复兴打下了基础。第三，基督教对异教文化并非完全排斥，而是有所吸收。西欧中世纪文化是在糅合了犹太文化、古典文化、日耳曼文化的基础上，以基督教为主体形成的综合文化体系。在演进过程中，还借鉴和吸收了伊斯兰教文化的一些成果。它是多种文化的共同结晶。基督教并非一个先验的宗教，而是在具体的历史环境中发展起来的。在这个过程中，既存在用基督教的理论消除或改造古典或日耳曼等文化的情况，也就是基督教化；也存在异质文化逐渐被纳入基督教信仰主流的情况，即基督教的民俗化。这是一个过程的两个方面，是基督教文化发展的真实写照。正因为如此，虽然西欧同为拉丁基督教文化圈，由于各地传统不尽相同，形成的文化特色也不完全一致。传统文化在一定程度上有所保留，与基督教文化融合形成灿烂的中世纪文明。

二、教育

（一）早期教育状况

罗马帝国后期，公私教育机构渐趋消失，受教育群体的规模不断缩小。529年，雅典学园关闭，古典的教育体系结束。同一年，高卢地区的主教们决定在辖区内建堂区学校。基督教会逐渐成为教育的主体，修道院学校和主教座堂学校成为主要的教育机构。

在11世纪前，西欧的教育基本为初中等教育。主要教学科目延续了古典的七艺教育，也就是语法、修辞、辩证法（逻辑）、算术、几何、音乐、天文。虽然科目没有变化，但教育的目的有较大转变，宗教教育成为教育主流，世俗教育退居次席。七艺教育由培养合格的公民被教会神学家们改造为神学教育和研究的入门工具与准备。学生最初基本是教士和修士，世俗人士很少。教育的目的也是宗教性的，培养的是合格神职人员。由于修道院在6世纪获得了大发展，并成为思想文化和学术的中心，修士也成为教育活动的主要承担者。8世纪末，加洛林朝国王查理曼大帝延揽英才，奖掖学术，振兴教育。782年，他聘请爱尔兰修士阿尔昆担任亚琛宫廷学校校长，发展教育。他不但规定每个修道院要建一所学校，而且命令所有的贵族都要送孩子入学读书。在阿尔昆的主持下，法兰克的教育事业有了很大的发展，西欧教育的中心也由爱尔兰（5—7世纪）转移到欧洲大陆。英格兰的阿尔弗雷德大帝，神圣罗马帝国三位奥托王也都注重教育，建立宫廷学校，发展教育。

（二）大学兴起

11世纪末以降，西欧的教育发生了大的变化。随着欧洲社会经济的发展，尤其是城市的兴起，市民生活的活跃，社会对法律、医学等专门人才的需求量大增。欧洲东西方文化交流的扩大和古希腊学术与罗马法的复兴，也推动了教育的高涨。一方面，受教育的人群日益增多，世俗教育不断扩大，专业化程度提高。高等教育逐渐兴起，并进入一个新的阶段。另一方面，教育机构多元化。在原来的学校体系基础上，出现了以培养实用性技术人才为主的专门学校，如行会学校、市民学校等。这个时期教育领域最大的变化就是大学的兴起。中世纪的大学是在主教学校的基础上发展而来的，最初是由教师和学生组成的自治性的行会同业组织。大学享有许多特权，享有刑事和民事豁免权，只接受自己团体的裁判，免除税收和军役，在自由通行等方面得到安全保障。大学的学生来自各地，按照生源地组织和管理。在发展的过程中，还形成学院制和针对贫困学生的奖助学金制。大学的特点之一就是实行分科分级教育，在原来七艺教育的基础上设置了高一级的教育门类如神学、医学和法学，形成学士和硕士学位教育体制。一般而言，大学教育分为6年左右的本科（艺学），毕业后获得学士学位。然后是6年左右的分科学习，研习神学、医学或法学。学生毕业后获得硕士学位，成为具有独立开业资格的师傅。在大学任教者一般称博士。1233年后，大学教师可以在任何学校任职。中世纪的大学很多，其中著名的有：意大利那不勒斯的萨勒诺大学、博洛尼亚大学（1088年建立，1158年获得许可），它们分别成为医学和法学教育的中心；法国的巴黎大学和蒙彼利埃大学（1181年），其中巴黎大学起源于巴黎圣母主教座堂学校，1150年左右建校，1180年获得特许，是欧洲中世纪最著名的大学，神学研究的中心；英国则有牛津大学（1096年）和剑桥大学（1209年）。到13、14世纪，越来越多的世俗君主或城市开办大学，大学也成为许多城市的重要组成部分。随着大学的发展，它们逐渐取代修道院成为知识和思想的中心。

三、文学

（一）早期文学和宗教文学

中世纪西欧的文学也带有浓厚的基督教色彩，成为阐释基督教价值观念的工具。中世纪文学的分类较为复杂。从语言上说，可以分为用拉丁文写成的拉丁文学和用民族语言或方言写成的方言文学；在体裁上则延续了原来的形式，如诗歌、散文、戏剧等，并在诗歌、传奇故事和圣徒传记等方面有较大的发展；从内容上来说，则可以分为基督教文学与非基督教文学。由于基督教的价值观念深入文学创作中，即便非基督教文学也有基督教的影子。大致说来，11 世纪以前，拉丁文的文学作品占据主导地位，以宗教性内容为主。11 世纪以后，方言文学异军突起，并逐渐成为文学创作的主力，反映世俗生活的非宗教作品增多。15 世纪以后，文学作品中逐渐出现反教士主义倾向，揭露和批判教士阶层的堕落与腐败。

《圣经》是中世纪最流行的宗教读物，既是基督教信仰的依据，又是脍炙人口的文学作品。成书于 5 世纪的哲罗姆的通俗本拉丁文《圣经》通行西欧。《圣经》故事和人物还以各种文学形式在社会上传播，其中的故事情节和人物等，则成为文学创作的源泉。教会利用这些文学形式传播普及基督教知识，宣传地狱的恐怖和天堂的美好。大量的圣徒传记则为信徒的宗教生活提供了榜样。

（二）传奇史诗与骑士文学

11 世纪以后，随着社会经济的进步和方言的发展，方言文学有了较大的发展，出现了传奇史诗、骑士文学等文学门类的成果。传奇史诗在形式上沿袭了《荷马史诗》和《埃涅阿斯纪》等古典史诗，其内容则多糅合日耳曼人的神话传说与民族历史。传奇史诗分为两类，早期史诗多反映日耳曼人迁徙时期由原始社会向国家过渡的情形，盎格鲁-撒克逊人的《贝奥武甫》、日耳曼人的《希尔德布兰特之歌》和北欧的埃达、萨加等是主要代表。其中《贝奥武甫》出现最早，成书于 8—11 世纪。后期的史诗则主要展示了国家建立、统一和封建化的过程，其中德意志的《尼布龙根之歌》、法国的《罗兰之歌》、西班牙的《熙德之歌》等是主要代表。这些文学作品都是在流传很久的基础上形成的，是用民族语言写成的，反映了民族意识的萌生与成长，也从一个侧面展示了基督教化的过程。

骑士文学的兴起和发展与西欧封建关系的建立与十字军东侵关系密切，最初出现在法国，并很快传播到德意志、西班牙、英格兰等国家和地区。它主要歌颂骑士的忠贞冒险精神和对贵妇人的爱情。骑士精神以虔敬、荣誉、勇敢、忠诚、优雅为指归，混合了基督教的虔敬与日耳曼人的尚武精神。骑士之爱则以追求柏拉图式的精神爱情为主要特征，对象往往是圣母或者年轻修女。骑士文学主要有抒情诗、短篇韵文故事和传奇故事等。其创作群体较广，既有骑士和封建贵族等，也有教士、市民甚至大学教授和学生。其中游吟诗人传唱和表演的骑士冒险和爱情诗以及亚瑟王传奇故事非常流行。法国的克里蒂安·德·特鲁瓦在12世纪末将流传了几个世纪的古代克尔特人武士亚瑟王的传说进行整理，写出了亚瑟王和他的圆桌骑士的系列故事。德意志的沃尔夫拉姆·封·埃森巴赫（1170—1220年）则在特鲁瓦的《圣杯传奇》基础上创作出了《帕齐伐尔》。英格兰的托马斯·马洛里在15世纪末创作了《亚瑟王之死》（又名《亚瑟王及其高贵的圆桌骑士全书》），成为亚瑟王传奇的集大成之作。

（三）城市文学

随着城市的兴起和市民阶层的扩大，城市文学应运而生。城市文学的作者多为市民，主要以写实或寓意的手法，用生动活泼的语言，歌颂市民生活、抨击讽刺封建主和教士。其体裁多样，有韵文故事、传奇故事、抒情诗、民谣、戏剧等。既有《列那狐传奇》和《玫瑰传奇》等名篇，也涌现了以乔弗雷·乔叟（1343—1400）等为代表的许多优秀的市民文学家。乔叟被誉为英国文学之父，其诗体小说《坎特伯雷故事集》，以朝圣者的视角讲述他们在坎特伯雷朝圣的故事，生动描绘了市民生活的方方面面。

四、艺术

中世纪的艺术在内容上也是以基督教为主要对象的。圣经故事和著名宗教人物通过绘画、建筑、雕刻、音乐、小手工艺制品、手稿装饰等视觉艺术形式展现出来，成为普及基督教知识，强化基督教价值观念的最直观、最有效的方式。中世纪西欧艺术领域的宗教色彩之浓厚，以至于有些学者指出，各种艺术运动在本质上都是宗教运动，尽管在形式上有一系列变化。

（一）早期艺术特点

中世纪初期，随着罗马的衰落、基督教的传播和日耳曼人的融合，艺术领域发生重要变化。古典艺术形式逐渐衰落甚至被遗忘，日耳曼人的传统艺术风格，在融合了早期基督教艺术的基础上，成为展示基督教的主要艺术手法。日耳曼人的建筑多为矮小的草木建筑，留存下的很少，与宏大的石质古典建筑形成鲜明对比。在艺术表现手法上则多用动物形象表现人物或情节，克尔特人的叶形纹饰和几何图案也是最常见的一种元素。这种艺术风格成为盎格鲁-撒克逊人、北欧人、哥特人、法兰克墨洛温王朝艺术的重要特点，流传下来的各种羊皮纸装饰写本是典型的代表。这些装饰写本多为《圣经》抄本，封面多用黄金和宝石等装饰而成，在空白处或文内，则配有精美鲜艳的图画或图案。爱尔兰的《杜洛福音书》

（650—700 年）、《林迪斯法恩福音书》（690—720 年）、《凯尔斯圣经》（800 年）、墨洛温王朝的《格拉西乌斯礼拜仪式书》（750 年）、加洛林时期的《乌特勒支诗篇》（9 世纪中期）、《艾伯福音书》（9 世纪中期）等是其中的代表。加洛林王朝时期，艺术领域开始以古典为榜样，出现复兴，尤其是在建筑和雕刻领域。这个时期也因此被称为前罗曼式艺术时期。查理曼在亚琛的礼拜堂是这种风格的代表。该礼拜堂仿照 548 年建成的拉文纳圣维特尔教堂，以中央式圆顶设计为基本格局，用大理石建成，内部用石柱支撑，墙壁上绘着圣经故事和人物。前罗曼式艺术一直延续到神圣罗马帝国奥托王朝早期，为罗曼式艺术的兴起奠定了基础。

（二）罗曼式艺术

罗曼式艺术一词出现在 19 世纪，用来指代查理曼帝国解体之后至 12 世纪哥特式艺术盛行之前西欧的主流艺术，其代表为建筑。这种艺术形式兴起于法国，后来传到西班牙、英格兰、弗兰德尔、德意志、意大利等地。圆形拱顶是罗曼式教堂建筑的主要特征，在布局上有筒形肋拱顶，也有尖肋拱顶。教堂多为会堂式布局，石质墙体厚重，窗户较小，透光性较差。内部由中殿、侧廊通道、回廊、耳堂、半圆形殿等组成，中殿与侧廊中间用柱子支撑。墙上装饰着壁画或者镶嵌画。雕刻是其另一大特点，多为圣经人物或动物的浮雕图案，作为廊柱、柱头、过梁、间柱等。门楣中心则为凹陷式，分层雕刻着圣经故事，尤其是基督的受难和末日审判等，兼具道德教化和美学功能。随着技术的进步，木质屋顶被玻璃屋顶代替，窗户也多用彩绘玻璃窗，大大提高了教堂的采光性，给教堂增加了绚丽的色彩。意大利比萨大教堂、法国普瓦提埃圣母大教堂、德意志斯拜耶尔大教堂等是罗曼式艺术的著名代表。这个时期的装饰抄本艺术水平也达到一个新阶段。

（三）哥特式艺术

继罗曼式艺术而起的是哥特式艺术。"哥特"一词源于日耳曼的哥特人，是 16 世纪的人文主义者发明的带有贬义色彩术语，用来指代 12 世纪至 15 世纪西欧的主流艺术形式。他们认为，哥特人毁坏了古典文化，哥特式艺术则妨碍了古典文化的复兴，因而斥之为野蛮、粗俗、低劣。哥特式艺术的首创者是法国圣德尼皇家修道院院长苏尔热（1081—1151）。1140 年，他在重建该院的礼拜堂时，采用了一种与罗曼式不同的思路与风格，这就是哥特式建筑。哥特式建筑一出现，便大受欢迎，很快延伸到绘画、雕刻、装饰等领域，取代罗曼式艺术，成为主流艺术形式，并逐渐传到德意志、尼德兰、西班牙、英国等阿尔卑斯山以北的国家和地区。哥特式艺术分为早期、盛期和宫廷国际哥特式三个阶段。与罗曼式教堂相比，哥特式教堂以尖形拱门为基本元素，用尖顶取代圆顶。墙体更加轻盈，有些地方用玻璃代替，彩绘玻璃普遍使用，光线和色彩感有了质的变化。教堂内部结构进一步简化，大大节约了空间，教堂高度也大大增加。正门上方的彩绘玻璃圆花窗成为一个显著标志。与外墙垂直建造的一排排飞扶壁，既消解了因高度带来的对墙体的压力，又增添了美观的效果。三联式多层正门，正门门楣中心的雕刻更加精细。写实性独立柱状雕像分布在门廊周围或墙上，绘画逼真生动，细致入微。高阔的空间，高耸入云的塔楼和尖顶，光线和色彩营造的变幻效果使人炫目，给人以无限的遐想。教堂是哥特式艺术的典型代表，集合了建筑、绘画和雕刻艺术，将建筑、信仰、精神融为一体，创造了神奇的效果，是中世纪艺术的最高峰。主要代表有法国的夏特尔大教堂、亚眠大教堂、朗斯大教堂、巴黎圣母院、德意志的科隆大教堂、英国的萨利斯堡（圣玛丽）大教堂等。

五、史学

（一）早期史学

与古典史学相比，中世纪史学在体裁、主题、目的和编撰主体等方面都发生了深刻的变化。古典史学大大弱化，甚至消亡，基督教史学占据主导地位。当代史和世俗史被普世的神圣史所代替，在民族史学兴起以前，世俗史淹没在神圣史之中，丧失了独立的地位。历史成为神意的体现，讲述的是救赎的故事，带有浓厚的道德说教色彩。史学作为《圣经》的余续或重新解释，成了论证基督教的工具。教士或修士是史学撰述的主体。奥古斯丁（354—430）的《上帝之城》（约413—426 年成书）奠定了历史认识的哲学基础，恺撒里亚的尤西比乌斯（263—339）的《教会史》和《编年史》奠定了历史撰述的新范式，甚至不断被续写。奥罗修斯（375—约418）的《反异教七卷书》则是最流行的历史教科书。12 世纪前后，民族语言历史兴起，史学风气随之转变，世俗史内容增加。

（二）年代记与编年史

基督教年代记是中世纪早期史学的最主要形式之一。基督教的年代记起源于修道院编写的复活节年表，最初在年表的空白处记载修道院所在地区每年发生的重大事件。7 世纪末，爱尔兰的修士们开始编纂年代记，后来经传教士带到欧洲大陆。年代记在加洛林王朝时期有了较大的发展，成为官方编纂历史的重要形式，其内容和范围大大增加，出现了《王室法兰克年代记》《圣伯丁年代记》《福尔达年代记》等。年代记并非严格意义上的史学著作，其内容多为世俗性的，记事并不连贯，但在保存史料方面具有较高的价值，是研究中世纪早期历史的重要史料。

与年代记相比，编年史的史学色彩更加浓厚。编年史严格按照年代的顺序，对事件作连续的叙述，所记事件之间有内在的逻辑关联，大多是在参考各种资料的基础上写成的。编年史又分为地区编年史和普世编年史。中世纪西欧最著名的编年史是用古英语写成的《盎格鲁-撒克逊编年史》，大约在 9 世纪末写成，后经传抄和多次续写，所记范围从公元前 60 年到公元 12 世纪中期，是研究早前英格兰历史的重要史料。普世编年史则以创世纪为起点，讲述人类的历史，其中弗莱辛主教奥托（1114—1158）的《双城：讫于 1146 年的普世编年史》（简称《双城史》或《编年史》）是杰出代表。

随着中世纪日耳曼人政权的建立，还出现了蛮族史。这些著作大都秉承古典史学的叙事模式，叙述日耳曼各民族的历史，尤其是作者所处时代的历史，是研究中世纪早期历史的重要材料。主要著作有：法兰克人都尔主教格雷戈里（538—594）的《法兰克人史》，东哥特人约丹尼斯在 551 年前后根据卡西奥多罗斯（约 485—约 585）所著同名著作缩写而成的《哥特人史》，西哥特王国塞维尔大主教伊西多尔（560—636）的《哥特人、苏维汇人和汪达尔人史》，英格兰修士比德（673—735）的《英吉利教会史》，伦巴德人执事保罗（730—799）的《伦巴德人史》，法兰克人艾因哈德（770—840）的《查理大帝传》等。

圣徒传是基督教史学的一大特色，数量巨大。虽然其中多神迹、征兆、魔怪等内容，却是研究社会史、文化史和心态史的重要材料。

（三）后期史学成就

12 世纪前后，随着民族意识苏醒和统一政权的成长，民族方言史学出现，并逐渐成为史学创作的生力军。民族方言史学中最多的是编年史。圣德尼皇家修道院僧侣们编撰的《法兰西大编年史》，从 13 世纪中期持续到 15 世纪末。英格兰圣阿尔班修院修士从 1214 年起编撰全国性的历史，一直持续了两个多世纪。法国让·福罗沙（1337—约 1405）的《编年史》，从 1322 年写到 1400 年，是了解百年战争的重要材料。德国哈特曼·谢德尔（1440—1514）的《纽伦堡编年史》实际上是一本普世编年史，从创世纪一直写到 15 世纪末。该书出版于 1493 年，其中有 1800 多幅精美的木刻画插图。它不但是最早的印刷书籍之一，而且绘有许多地区和城市的地图。意大利佛罗伦萨乔万尼·维兰（1275—1348）的《编年史》，则叙述了从创世到当时的编年史，后经他的弟弟和侄子续写到 14 世纪 60 年代。随着北欧加入基督教的阵营，也逐渐出现了用编年史编纂民族历史的做法。很多编年史历经数代或数人之手，不断被续写。王室贵族、教皇的历史也逐渐受到重视，出现了蒙莫斯的乔弗雷（1100—1154）的《不列颠诸王史》、让·德·约恩维尔（约 1124—1317）的《路易九世》等著作。十字军的兴起刺激了史学的发展，这些内容大多散见于其他著作中，也有专题性论述，如推罗的威廉（1130—1186）的《海外活动史》、乔弗雷·德·维勒哈杜恩（约 1160—约 1213）的《第四次十字军编年史和君士坦丁堡的征服》等。

六、哲学

（一）教父哲学

以 11 世纪中后期为界，西欧中世纪哲学可以分为教父哲学和经院哲学两个时代。教父哲学时代始于拉丁教父哲学的集大成者圣奥古斯丁，以新柏拉图哲学为主要基础，主要代表有波埃修（480—524）、约翰·司各脱·爱留金那（815—877）。奥古斯丁将基督教神学与哲学融为一体，系统论述了基督教教义，奠定了中世纪神哲学研究的基本范式。波埃修的《哲学的慰藉》及其翻译的希腊哲学著作，在几个世纪里是拉丁学界了解古典哲学的主要途径。约翰·司各脱·爱留金那著有《论自然》，翻译了伪狄奥尼修斯的著作，提出了否定神学问题，主张信仰服从理性，预示了后来的哲学的发展方向。

（二）经院哲学

经院哲学时代以坎特伯雷大主教圣安瑟伦（1033—1109）为起点，以亚里士多德哲学为主要工具，托马斯·阿奎那（1225—1274）是集大成者。经院一词原文为希腊文，拉丁文作"schola"，本意为"闲暇"，后引申为讲演、讨论、对话，在中世纪用来指代"从事学术或教育的场所"。这些场所的校长或导师称为"scholasticus"。后世便将以这些主教或修道院学校的学者为主体的学术活动称为经院学术，又称经院哲学。经院哲学曾经被视为一套固定的神学和价值体系。确切地说，它是一种方法，广泛用于中世纪盛期的教学与研究中，尤其是神学和哲学领域。经院哲学意在融合基督教、古典哲学和世俗知识，消除不同知识体系之间的矛盾，以实现认知上的一致。其主要特点是利用解释和辩论的方法，以严谨精细的思维获得科学的知识。一般是在教师解释文本的基础上，对问题进行辩论，在这个过程中，定义、区分和推理是基本工具。彼得·伦巴德（约1095—1160）的《箴言四书》是最流行的经院哲学教材。12 世纪，随着亚里士多德哲学在西方的复兴，他的逻辑学被普遍用于经院哲学。大学的出现和神学专业的设立推动了经院哲学的发展，其阵地也转移到大学。13 世纪，经院哲学达到顶峰，涌现了以托马斯·阿奎那为代表的诸多哲学家。阿奎那著有《神学大全》和《反异教大全》等，把亚里士多德哲学作为论证基督教神学合法性的工具。他的理论在他去世后被定为正统，奠定了天主教会正统教义和神学的基础。

西欧中世纪哲学是基督教笼罩的神哲学。哲学的独立性消失，成为神学的婢女，沦为论证基督教合法性的工具，这是其最主要的特点。基督教的神学家对古典哲学的诸问题并不感兴趣，他们关注的是神学问题。哲学研究以神学为依托，围绕着各种神学命题展开，神学家与哲学家是一体的。中世纪哲学的内容很广，涉及基督教神学教义的各个方面，尤其是上帝的存在、三位一体、信仰（神学）与理性（哲学）的关系、共相问题等，其中信仰和理性的关系是最根本的问题。

虽然教父哲学与经院哲学有共同之处，但也有所不同，尤其在方法和思路上。教父哲学是在批判古典哲学的基础上，以圣经为中心构建基督教的神学体系，用神学统领哲学。经院哲学则主要以古典哲学为工具和参照系，对既存神学体系的诸多命题进行论证，以求得二者的一致。一些被教父哲学家作为公理使用的论断，如上帝的存在问题，在经院学者那里被降格为定理，虽然不得否定，但需要证明。奥古斯丁认为，上帝的存在是不言自明的，根本无需证明。而在经院学者看来，这是需要论证的首要问题，因此出现了安瑟伦的先验本体论和阿奎那的五种方法等证明理论。在信仰和理性问题上，奥古斯丁确立的信仰基础之上的理解，以哲学为神学补充性发展工具的原则，虽然没有被彻底否定，但在经院学者那里已经引发了激烈争论，出现了双重真理说、信仰真理相容说乃至信仰服从理性等新观点。

"共相"是经院学者讨论的重要问题。共相又称"一般""概念"或"理念"。在这个问题上，分为唯实（实在）论和唯名论两派，每派中又有极端与温和之分。实在论者以新柏拉图学说为基础，认为只有理念或概念是唯一真实存在的东西，先于个体事物存在，个体或特殊事物只是现象。唯名论者则认为，概念只是一个名称，并非实在，其存在也只能是名义上的，真正的存在只能是个别的事物。唯名论的开创者为罗瑟林（约 1050—约 1125），主要代表有阿伯拉尔（1079—1142）、罗杰尔·培根（1214—1294）、邓·司各脱（1274—1308）、威廉·奥卡姆（1280—1347）等，其中中世纪最伟大的经院学者阿伯拉尔是温和派唯名论者。他认为概念并非客观存在，但又不仅仅是声音或语词，而是具有相同属性事物的表述，存在于人心中。实在论者的开创者为安瑟伦，主要代表有香蒲的威廉（1068—1122）、托马斯·阿奎那等。阿奎那是温和实在论者，认为共相既先于又后于个别事物，共相存在于个别事物中，二者无法分开。实在论和唯名论长期斗争，阿奎那之后，该派与司各脱、奥卡姆等唯名论者爆发了激烈论战。唯名论后来发展出了意志论，强调上帝的自由意志是一切的起源与依据，以消除理性与信仰内在矛盾，对宗教改革神学的发展有一定的促进作用。

经院学者在基督教神学的系统化、理性化、科学化方面做出了重要贡献，其研究思路和方法对哲学思维的精细化发展起了积极的作用。其对理性和信仰关系问题的讨论，则在客观上有助于理性的发展，为哲学摆脱神学的束缚奠定重要的基础，但因专注思辨、脱离实际、流于细琐，而备受诟病。阿奎那之后，经院哲学盛极而衰。随着人文主义的兴起，它也越来越受到批判。

本 章 小 结

本章主要介绍了 14、15 世纪中世纪后期的西欧遭遇的一系列重大危机和由此而来的社会变革及其在政治、经济、社会、宗教、文化等领域内的深刻影响。

14、15世纪的西欧经历了危机与变革。在此期间，中世纪时代的一些特征开始减弱，而一些新的问题与发展开始占据核心位置。黑死病引发了一系列灾难与危机，同时社会的变革也在加速。商品货币经济的发展促使地租形态发生变化，货币地租日益流行，这样的发展趋势促成早期资本主义关系的发生，并将最终导致封建主义的瓦解。西欧人的饮食和消费结构也出现了适应性变化，近代西欧农业模式的许多特征在这一时期逐渐形成，14、15世纪也成为西欧农业史上的一个重要转变时期。这一期间，西欧社会传统的军事技能也面临着严峻考验。专业军队、火药和大炮等新式武器的出现，传统的作战技艺逐渐落伍，也为西欧人日后在军事领域逐渐领先奠定基础。经过百年战争，英国和法国的王权在这一时期都得到了加强，民族意识和国家认同日益成长。伊比利亚半岛的"再征服运动"，推动了统一的西班牙王国的形成。不过这一时期西欧的政治局面仍然是多样化的，德意志诸侯割据的加强和意大利城市国家的发展，也是这一时期西欧政治史的组成部分。西欧商品经济、国际贸易、银行业等领域的调整，为西欧人进行大航海运动和大规模的海外侵略扩张提供了经济基础，对于黄金白银等物质财富追逐也成为西欧不断对外扩张的强大动力。天主教会在这一时期经历了动荡和危机，曾是中世纪社会生活特征标志之一的教会与国家之间力量平衡状态，此时也发生了重大转变。法国君主们对教皇有了更大的控制力，在教廷迁往阿维尼翁后，争夺教皇权的斗争进一步加剧，而教会的权势也进一步削弱。宗教会议运动的发生，表明教会内部酝酿着变革。这一时期文化繁荣，教育发展，大学兴起以后逐渐取代修道院成为知识和思想的中心。这些变化成为西欧向外部更广阔世界扩张的社会基础。

思考题

1. 试析黑死病的发生及其影响。

2. 简述英法百年战争的原因、过程及其影响。

3. 试比较英国、法国和西班牙中央集权形成的异与同。

4. 略析德意志《黄金诏书》产生的背景、内容及其意义。

5. 从天主教会大分裂与宗教会议主义的兴起看教宗权力的本质与兴衰。

6. 简述中世纪西欧文化的一般特征。

第十九章　非洲与美洲（公元前后—16世纪）

引　言

　　非洲、美洲是人类社会发展最早的文明区域之一。非洲是阿非利加洲的简称，是世界上仅次于亚洲的第二大洲，非洲大陆北部与欧洲隔地中海相望，东北有苏伊士地峡与亚洲相连，西南濒大西洋，东临印度洋。撒哈拉沙漠以南非洲，面积约占非洲总面积的三分之二。这里生活的土著主要是黑肤色的苏丹族和班图族。北非与撒哈拉以南非洲在人种构成、文化传统、生产力发展水平等方面形成了较大差别。因此，非洲社会的发展并不平衡，撒哈拉沙漠以北地区很早就进入了文明社会。而撒哈拉沙漠以南广大地区，由于多种因素的限制，直至欧洲殖民者入侵之前，许多地区仍未摆脱原始状态。然而，这里并非文明的不毛之地。炎热的气候、种类繁多的动植物资源，使非洲成为远古时代非常适宜人类生存的大陆。非洲很可能是人类最早的发源地，其发展的连续性也是其他大陆无法比拟的。进入阶级社会后，东北非、东非、西非、中非、南部非洲地区，出现了一系列区域文明中心，发展出独具特色的非洲文化。中古时代，伊斯兰教的传入更加丰富了非洲文化的多元性。

　　美洲是亚美利加洲的简称，由北美洲、中美洲、南美洲等部分组成。美洲社会的主要创造者是印第安人。在漫长的发展历程中，如同非洲社会一样，古代美洲各地区社会发展并不均衡，这些印第安人并非一个统一的共同体，他们居住分散，所处环境千差万别，生产方式不尽相同，语言复杂，呈现出不同的历史发展阶段。在哥伦布到达美洲之前，这块大陆也孕育出奥尔梅克、萨波特克、玛雅、托尔托克、阿兹特克、印加等诸多区域中心，发展起高度复杂的社会文化，创造出一种独特的古代美洲文明，在植物培育、动物驯养、手工业、天文历法、数学运算、文字、宗教、建筑艺术等方面为人类文明的发展做出了重要贡献。

第一节　中古非洲社会

一、埃及和马格里布

（一）中古埃及

　　395年，拜占庭帝国统治埃及后，隶农制和庇护制迅速发展。拜占庭皇帝、本地贵族和基督教修道院大地产在埃及经济中居统治地位。642年埃及成为阿拉伯帝国行省之一，封建关系进一步发展。拜占庭皇室土地、被杀或逃亡地主土地和无主荒地被收归国有。哈里发将部分没收土地分配给军事贵族、清真寺和阿拉伯移民。贵族和阿訇成为新封建主，仿效埃及地主建立庄园，役使依附农和奴隶耕种。阿拉伯人的统治政策，一开始就贯穿民族压迫与宗教歧视原则。他们对非穆斯林土地和成年男子分别征收高额土地税和人头税。土著科普特人纷纷改宗伊斯兰教、学习阿拉伯语。8 世纪末，阿拉伯语成为官方语言。

倭马亚朝哈里发将埃及作为扩张据点，征收高额赋税。8 世纪中叶，阿拉伯移民和科普特人在各地掀起暴动，埃及大部分落到起义者手中，加速了倭马亚王朝灭亡。阿拔斯朝无情搜刮，阿拉伯移民和科普特人进一步破产，埃及爆发更大规模起义。人民起义削弱了阿拔斯朝统治，促进了埃及独立。868 年至 969 年，埃及行省总督俨然成为独立君主。969 年至 1517 年，埃及成为一个独立的阿拉伯国家，首都开罗，领土包括今埃及、叙利亚、巴勒斯坦和阿拉伯半岛西部，一度还占有马格里布、美索不达米亚大部和苏丹北部。

国家独立有利于经济发展。马木路克苏丹纳绥尔在位时（1293—1340 年在位），修整、扩大了法蒂玛朝以来的水利工程并新建众多灌溉工程，农作物产量大大提高。手工业也很发达，纺织、蔗糖、肥皂、玻璃、陶器、铜器和皮革制品享有很高国际声誉，行销海外。埃及水陆交通十分发达，国内外贸易空前活跃。开罗、亚历山大里亚等工商业城市十分繁荣。经济发展给埃及国家带来巨大收入。马木路克朝实行军政合一体制，统治者利用财源购买奴隶，训练组成马木路克卫队（奴隶军团），使埃及国家拥有一支强大军队和不断扩大的官僚机构。国家机器空前强化。

11 世纪后，封建关系继续发展。法蒂玛朝把大量国有土地作为伊克塔封赐给服役军官。以后，阿尤布朝和马木路克朝也都实行大规模土地分封制度，加之权贵兼并和侵吞，埃及土地大部落入私人手中。最初，受封封建主只能征收来自伊克塔的地租作为军事服役报酬，伊克塔终身占有，死后由国家收回；12、13 世纪后逐渐变成世袭领地。14 世纪起，领地享有行政司法豁免权和任意征收地租权。这削弱了中央政权，加剧了封建分裂和人民苦难。14 世纪后期，埃及经济衰落。新航路开辟后，红海和印度洋上穆斯林船只经常受到袭击，东西商路不再经过埃及，过境税收入中断，国贫民苦。

11 世纪末至 14 世纪初，埃及进行了反侵略斗争。从 1096 年起，西欧封建主发动十字军东侵，占领叙利亚、巴勒斯坦部分土地，并多次进攻埃及本土，带来巨大破坏。萨拉丁和其继承者领导埃及人民打败了西欧多次十字军东侵。1291 年十字军最后一个据点阿克被攻克，彻底结束十字军东侵。1258 年，蒙古军灭阿拔斯朝后西进叙利亚。埃及和西亚人民于 1260 年、1281 年、14 世纪初多次打败蒙古军，迫其停止西进。

埃及文化十分繁荣。开罗是当时阿拉伯文化中心。开罗爱兹哈尔清真寺拥有藏书 20 万册的巨大图书馆，后发展为伊斯兰大学，聘请著名学者讲授各门课程，学生来自西班牙、北非、叙利亚、伊拉克和阿拉伯半岛。埃及学者阿里·伊本·约鲁斯制定的哈基木历表，比当时通行的历表准确。伊本·阿尔·海萨姆的光学著作《光学大全》几乎是中世纪欧洲所有光学著作的蓝本，深刻影响欧洲精英。被称为埃及历史家之王的马克里齐著有《王国史解》。《天方夜谭》的最后定本也由埃及说书人在 15 世纪编成。

（二）马格里布

马格里布最早居民柏柏尔人或摩尔人曾建立努米底亚、毛里塔尼亚等国。公元前 814 年至公元 439 年，腓尼基人和罗马人先后在此建立殖民点。439 年汪达尔人在此建国。534 年，拜占庭灭汪达尔王国，在此重建奴隶制大庄园。642 年，阿拉伯人西侵。710 年阿拉伯人完全征服马格里布。

阿拉伯人在马格里布用封建制取代奴隶制，并根据伊斯兰教土地国有原则重新确立封建关系。但柏柏尔人中保留了不同程度的氏族制度，这是其不同于阿拉伯帝国其他地区的一个特征。阿拉伯总督不仅对柏柏尔人征收各种苛捐杂税，而且强迫新穆斯林和非穆斯林一样交纳人头税，因此，人民反阿拉伯斗争此起彼伏。788 年，阿拉伯贵族伊德里斯·本·阿卜杜拉依靠柏柏尔部落力量，在摩洛哥北部建立独立的封建王朝伊德里斯。776 年，中马格里布起义首领伊本·罗斯图姆建立以哈瓦立及派教义进行统治的罗斯图姆朝。800 年，马格里布总督职位由阿格拉布家族世袭继承，实际上成为东马格里布地区的独立君主。

9 世纪时该地区封建大土地占有制发展起来。伊德里斯朝和阿格拉布朝君主都将土地赐给王族和官僚，先是作为禄田，很快变成世袭领地，马格里布分裂加剧。909 年，什叶派利用人民起义推翻阿格拉布朝，建立法蒂玛朝，统一马格里布。法蒂玛朝迁都开罗后，统治马格里布的齐里王朝又将大片土地授予王亲国戚和达官显贵，封建大土地占有制进一步发展，封地拥有者之一在中马格里布建立了以卡拉为首都的哈穆德朝。11 世纪中叶，阿拉伯游牧部落希拉勒人和苏莱姆人大举入侵，马格里布出现一种新的大地产——马赫曾部落土地。据地自雄的封建王公在内讧中常常向阿拉伯部落求助，以服兵役为条件让出大片土地给阿拉伯部落私有，这种获得封地、提供兵役的部落叫作马赫曾部落。马赫曾部落把土地变作牧场供本部落自由放牧，致使繁荣的农业再度衰落。马赫曾部落土地直到 16 世纪仍占重要地位。

封建大土地占有者，特别是游牧军事贵族势力不断发展、分裂割据严重、王朝更迭频繁、人民起义不断爆发是马格里布历史的显著特征。11 世纪，大规模人民起义在摩洛哥地区爆发。1061 年尤素福·伊本·塔士芬建立军事封建王朝阿尔摩拉维德。他利用人民起义消灭了摩洛哥和阿尔及尔以西地区的封建割据政权。20 年后，领土扩张到西班牙南部和东南部。但贵族残酷剥削人民，因此，建国不到 50 年，人民起义又在摩洛哥地区兴起。1147 年起义者建立阿尔摩哈德王朝。1160 年统一马格里布，经济一度得到恢复和发展。一个世纪后，阿尔摩哈德王朝逐渐衰弱，1269 年最终灭亡。王朝废墟上出现三个封建王朝：东部哈夫斯朝，首都突尼斯；中部阿卜德瓦德朝，首都特累姆森；西部马林朝，首都非斯。它奠定了今天马格里布三国，即突尼斯、阿尔及利亚和摩洛哥的基础。分裂给外族入侵造成机会。1415—1520 年，葡萄牙人侵占摩洛哥。反侵略运动此伏彼起持续近百年。

马格里布文化著名代表伊本·赫尔东著有《非洲柏柏尔人和穆斯林王朝史》，搜集了许多官方文献，是研究马格里布史不可多得的资料。

二、阿克苏姆古国和埃塞俄比亚王国

（一）阿克苏姆国

公元前 1000 年左右，阿拉伯半岛南部的塞白人渡过红海，移居埃塞俄比亚北部地区，与当地库希特各族逐渐融合，社会发展加速。公元前后形成以阿克苏姆城为国都的古代国家。3—6 世纪是阿克苏姆国鼎盛时期，被称为当时世界四大帝国之一。4 世纪，国王厄查纳在位期间凭借由象骑军和水军组成的强大武装四处征战，征服埃塞俄比亚高原、麦罗埃（在今苏丹喀土穆以北）等地。6 世纪时，其领土东到也门，西至撒哈拉，北抵埃及国境，南达索马里香料之地。同时，阿克苏姆还与拜占庭结盟，出兵阿拉伯半岛，与波斯帝国争雄。

阿克苏姆国家农牧经济相当繁荣，尤其是依仗地利建立阿杜里斯港，发展起大规模国际贸易，其巨额收益成为王权重要财源。依靠雄厚的经济基础，阿克苏姆建有相当完备的国家机器和典章制度。阿克苏姆国长期称所罗门王朝，国君自称所罗门后裔，自诩"涅古斯"（万王之王或皇帝）。4 世纪时，基督教自叙利亚传入，国王厄查纳率先弃犹太教皈依科普特派基督教，将其作为王权统治的精神支柱。在王权支持下，基督教广为传播。5、6 世纪，基督教渐成国教。阿克苏姆国家的精神、文化、政治生活无不刻上基督教印记，并对中古时期非洲大陆上唯一的基督教国家埃塞俄比亚文化影响至深。厄查纳还进行文字改革，废除萨巴文拼音法，建立了沿用至今的埃塞俄比亚文字体系——阿姆哈拉文。

7 世纪后，伊斯兰教和阿拉伯帝国兴起，势力扩至整个北非并控制红海地区的国际贸易。随后占领非洲红海岸，于 710 年破坏阿杜里斯港，从而使阿克苏姆国同海外隔绝而逐渐衰败。9、10 世纪，阿克苏姆国重新占领红海滨海地区，并征服埃塞俄比亚中部许多部族。10 世纪末,自称摩西后裔的阿高人起义,占领首都,建立起扎格维王朝。阿克苏姆国王被迫迁都绍阿。直到 13 世纪才重新强大,推翻扎格维王朝,建立所罗门朝统治的埃塞俄比亚王国。

阿克苏姆国家 7 世纪前是奴隶制国家,从邻近各国和各部族掠得大量奴隶,用以从事农业生产和建筑城堡宫殿。7 世纪后,王国衰落,奴隶来源减少。南扩过程中,国王把新占土地分封给有功之臣,形成一个新的军事封建贵族阶级,使封建关系发展起来。提格雷、阿姆哈拉等贵族领地发展成独立的封建小公国,到 13 世纪才被埃塞俄比亚王国统一。但奴隶制长期在社会经济中占重要地位。

(二)埃塞俄比亚王国

1270 年,叶库诺·阿姆拉克在贡德尔建立所罗门王朝,统治埃塞俄比亚高原大部地区。皇帝仍冠以"万王之王"头衔,在基督教会支持下,加强中央集权。在皇权保护下,教会大肆扩张势力,占据大量地产。皇帝将土地分封给服军役的贵族,大贵族再将其封地分封给中小贵族,建立起土地层层分封的封建等级制度。贵族以战争为职业,皇室和贵族除通过劫掠邻居和征收商税获得巨大收入外,他们的收入主要榨取自耕农民。广大农民承担着沉重的实物地租和劳役贡赋,同时奴隶制残余仍较深厚。14—15 世纪,埃塞俄比亚封建制度逐步形成,地方王公割据势力也随之渐起。北方穆斯林的扩张始终构成对埃塞俄比亚的强大威胁。14 世纪起,索马里地区伊斯兰国家开始反埃塞俄比亚统治的长期战争。16 世纪后,奥斯曼崛起,更使帝国危机加剧。同时,南方游牧民族加拉人不断北上入侵,攻城略地,此外,西欧葡萄牙、西班牙殖民主义势力源源东来,致使帝国内忧外患,腹背受敌,逐步衰败。但由于人民坚持斗争,埃塞俄比亚成为非洲少有的长期保持独立的国家。

三、努比亚

(一)库施王国

努比亚原是地域名词,包括今埃及南部、苏丹北部等地。古代努比亚文明的创立者是非洲黑人。早在公元前 3200 年埃及人就曾入侵努比亚。公元前 2000 年左右,努比亚出现了黑人历史上第一个国家——库施王国。此后,库施不断遭到埃及人入侵,因此具有深刻的埃及文明烙印。公元前 12 世纪,库施逐渐独立,发展起以奴隶生产为基础的发达的农牧业经济。此外,采矿业和对外贸易也较发达。公元前 8—前 6 世纪,库施国势强大,曾北上入主尼罗河流域,成为古埃及历史上的第二十五王朝。后势衰,退回努比亚。公元前 6 世纪后,库施王国迁都麦罗埃,史称麦罗埃王朝。麦罗埃王朝时期,库施人创设了麦罗埃文。1 世纪前后,进入繁荣时期,农牧、手工业、商业发达,与埃及、阿克苏姆、印度、西非都有贸易往来。宗教上信奉阿蒙、伊西斯、阿潘德麦克狮神等埃及神和麦罗埃神。及至 4 世纪，麦罗埃统治集团内讧迭起，国势日衰，并一度被阿克苏姆国家征服。基督教于 6 世纪中叶传入麦罗埃。

（二）穆库拉和阿勒瓦王国

6、7 世纪之交，阿克苏姆王国衰落，努比亚地区兴起了两个独立的基督教国家：6 世纪形成的穆库拉王国和 7 世纪建立的阿勒瓦王国。7 世纪中叶，阿拉伯人征服埃及，不久南下开始对努比亚进行蚕食。穆库拉人多次打败入侵军，最终双方订立和约。和约大致持续到法蒂玛朝，长达五百多年。12 世纪后期，萨拉丁派兵洗劫穆库拉王国。13 世纪中叶，马木路克王朝再次入侵，并将王国北部划为马木路克封地，伊斯兰教加速传播。阿勒瓦封建王国比穆库拉更为富强，首都索巴是最大的商队中心，拥有壮观漂亮的建筑物和黄金装饰的教堂，过境贸易给国家带来巨额财富。阿勒瓦王国保留了大量奴隶制残余。11—13 世纪是阿勒瓦王国繁荣时期，此后逐渐衰落。从此，伊斯兰教排挤基督教，使努比亚渐渐伊斯兰化，成为阿拉伯文明世界的一部分。16 世纪阿勒瓦和穆库拉一起并入芬吉苏丹国。

四、索马里和桑给帝国

索马里半岛及其以南的东非沿海一带广泛存在的古代水利工程和绵延几十公里的梯田遗迹，说明这里早就存在相当发达的灌溉农业。公元前 1000 年左右该地居住着库施语农民。公元初期班图人迁入，10 世纪中期原住民被同化。公元前 6 世纪起，阿拉伯、波斯、印度、埃及、希腊、罗马商人先后来到东非海岸从事国际贸易。在此带动下，公元前后，该地出现一批极富活力的商业城市，后发展为众多的城邦，其中较著名的有泽拉、摩加迪沙、马林迪、蒙巴萨、桑给巴尔、基尔瓦等。东非海岸居民，除阿拉伯、波斯和印度移民外，北部主要是索马里人，南部主要是班图人。7 世纪起，逃避战祸和政治迫害的阿拉伯人大批迁来。这些外来移民同当地居民融合，在北部产生了索马里-阿拉伯文化，在南部形成了斯瓦希里文明。8、9 世纪，伊斯兰教传入东非。10 世纪，非洲内陆班图人迁徙浪潮波及东非。在这两大历史因素交互影响下，9—13 世纪，索马里人部落中兴起众多伊斯兰城邦。各城邦普遍盛行奴隶制经济，其政治结构为君主制，文化上具有伊斯兰色彩，伊斯兰教在诸城邦的政治、文化中具有举足轻重的作用。各城邦之间弱肉强食，时有战争发生。

（一）阿达尔国家

北索马里早就存在以泽拉为都的阿达尔古国。公元前 3 世纪，来自南阿拉伯的阿布勒移民征服王国并将之一分为二：安卡利和阿达尔。4、5 世纪，阿克苏姆王国打败阿布勒人，该地成为阿克苏姆属国。9—13 世纪，索马里人部落中兴起一些伊斯兰城邦，其中最强大的是占据阿达尔旧地和安卡利大部的伊法特苏丹国。他们与埃塞俄比亚人展开了长期斗争。14 世纪早期，伊法特苏丹发动了反埃塞俄比亚战争，1415 年伊法特苏丹被杀。重建的阿达尔国被迫向埃塞俄比亚纳贡。16 世纪初，阿达尔国强大起来。在统一北索马里人部落后，停止向埃塞俄比亚纳贡，进行了长达 30 年的反抗战争，保卫了索马里独立。17 世纪末，阿达尔被游牧的阿法尔人灭亡，索马里分裂为一系列伊斯兰小国和游牧部落。

（二）桑给帝国

10—15 世纪是东非海岸的桑给帝国时期。"桑给帝国"并不是一个真正统一的国家。各城邦中长期居于霸主地位的是基尔瓦苏丹国，是哈桑·阿里·伊本于 975 年征服基尔瓦及其邻近岛屿后建立的。它很快发展为东非海岸的贸易中心。15 世纪后，国家达到极盛，莫桑比克、桑给巴尔、奔巴、蒙巴萨、马林迪、摩加迪沙等城邦苏丹都为其封臣。由于其他城邦竞争，15 世纪末帝国最后衰落。15 世纪末，葡萄牙殖民者侵入这一地区，此后 200 年中，葡萄牙人大肆掠夺，猎取黑奴，致使往昔相当繁荣的商业凋敝。

桑给帝国各城邦国家普遍实行奴隶制，贸易繁荣，阿拉伯人和斯瓦希里人商队深入内陆充当与印度洋、地中海各国和中国商品交换的中介。桑给从国际贸易中获得了巨额财富，建筑了华丽宫殿、雄伟的清真寺和坚固的堡垒。当时阿拉伯著名旅行家伊本·巴图塔、中国旅行家汪大渊、费信等人生动记载了东非诸城邦的繁荣。

五、加纳、马里和桑海

撒哈拉沙漠以南、南临几内亚湾、西起大西洋、东至乍得湖的广大地带为西非地区。此地居民多为苏丹语系黑人，所以西非也称西苏丹。历史上曾存在诺克、奥萨文化等早期铁器文化。自远古起，西、北非之间就存在密切的贸易关系，两地间的互惠关系使撒哈拉商路经久不衰。西非地区的文明发展也受到较先进的北非文明的强烈影响。特别是 7 世纪，伊斯兰教传及西非，推动了这一地区文明发展步伐。自 8 世纪起，西非地区先后有加纳、马里和桑海三个国家政权兴替变更，称雄一方。

（一）加纳国家

加纳原为国王称号，意为战时统帅。加纳国家大致形成于 3 世纪，其统治者据说为肤色较白、从北方迁来的柏柏尔人。8 世纪末，曼丁哥族索宁凯黑人夺取政权，建西塞·通卡尔王朝，立都昆比·萨利，统治达数百年之久。9、10 世纪是加纳国势强盛时期。加纳主要经济部门是农牧业。农业生产是较先进的锄耕灌溉农业，种植麦类、高粱、黍子和稻谷。冶铁业发达，铁制农具、工具和武器普遍使用。商业有一定发展。加纳以产金著称。王室独占尼日尔河和塞内加尔河上游地区诸多金矿，并控制食盐贸易，十分富庶。号称"黄金之王"的加纳诸王倚仗财富，装备大军，四处征战，成为西非历史上第一个强大王国。加纳保存着母系氏族制度，王位由外甥继承。加纳存在奴隶买卖和奴隶殉葬现象。

阿拉伯人征服北非后，商队来往加纳特别频繁，伊斯兰教也逐渐传入。一些城市兴办了伊斯兰学校和清真寺，阿拉伯文化随之流传。自11世纪中叶始，北非柏柏尔人的阿尔摩拉维德王朝为夺占黄金和奴隶大举入侵加纳。1076年，加纳被征服，国王被迫改宗伊斯兰教。1087年，加纳人民起义，恢复国家独立。但王朝元气大伤，国势日衰，内有分裂割据，外有异族频频入侵，及至1240年，加纳终为马里吞并。

（二）马里王国

继加纳称雄西苏丹的是尼日尔河和巴科伊河上游康加巴地区的马里。马里原为加纳藩属，其居民多为曼丁哥族马林凯人。8世纪前后，他们接受伊斯兰教。13世纪初，马里逐渐崛起，国王松迪亚塔先是打败宿敌苏苏人，而后征服加纳，迁都尼阿尼，大力发展经济，为帝国奠定基础。松迪亚塔之子武莱最先为自己加上"曼萨"（意为"众王之王"）尊号。14世纪上半叶，穆萨统治时期，国势达到顶峰，吞并桑海领土，控制众多国家和部落。其版图西起大西洋，东至加奥，北抵撒哈拉，南达赤道热带森林，成为撒哈拉以南的庞大帝国。马里广泛使用奴隶劳动，国王拥有许多奴隶部落，采用贡赋形式进行剥削。在此基础上，农工商业发达，城市繁荣，出现了延巴克图、瓦拉塔、加奥等重要商镇。1324—1326年，穆萨曾率大队人马途经埃及前往麦加朝觐，一路慷慨施舍，挥金如土，大肆炫耀财富，马里国王的富强声誉，远扬北非、欧洲。他还以重金礼聘大批穆斯林学者前往马里，大规模引进阿拉伯文明，使马里文化昌明，盛极一时。1352—1353年，北非著名旅行家伊本·巴图塔曾周游马里，对其文明繁荣作了生动记载。14世纪末，马里陷入内部混战、外族入侵困境之中，国力日蹙。15世纪下半叶，马里遭到原属国桑海的频频进攻，丧失大半河山，成为偏安小国。17世纪，马里亡于班巴拉人。

（三）桑海帝国

继加纳、马里之后称雄西非地区的是桑海人建立的桑海帝国。桑海人原居住在尼日尔河中游，传说其第一王朝是迪阿王朝，后逐渐溯流而上，于9世纪末占领加奥。迪阿朝第十五代国王科塞伊在加奥穆斯林影响下改宗伊斯兰教，并迁都于此，因而又称加奥帝国。1325年，桑海沦为马里属国。不久，桑海王子阿里·格伦和塞尔马·纳尔建立桑尼王朝，恢复国家独立，并与马里帝国抗衡。15世纪下半叶，桑海逐渐强大，在国王桑尼·阿里统率下，经30年征战，吞并马里部分国土，夺得廷巴克图、泽内等商业重镇，为桑海国家的富强奠定基础。15 世纪末，桑海阿斯基亚王朝建立，历代君王进行了一系列改革，军事上以常备军代替战时征兵制；政治上建立中央集权制，设立中央官职和地方行省制度；经济上，开凿运河，改良农业，采掘盐矿，统一度量衡，创立完整税收制度；宗教上，采用伊斯兰教巩固统治并专门设置管理全国非穆斯林的最高祭司，获得麦加谢里夫赐予的"苏丹地区哈里发"尊号；文化上，大力引进阿拉伯文化，招徕学者文人，奖掖学术，开办学校。帝国由此进入鼎盛时代，成为西非地区最大、也是最后一个帝国。

社会生产中，奴隶起重要作用。国王将奴隶编为若干部落，划定村落安置在各地，分别规定实物地租和徭役标准。奴隶还同土地相捆绑被分赠给僧侣和贵族。奴隶被禁止与自由民通婚，其村落是安插在自由民中间实行内婚制并受到歧视的异族单位。但桑海封建关系较马里王国时代进一步发展。然而仅半个世纪左右，桑海便国力渐枯，内乱不已。1590 年，桑海遭北方摩洛哥入侵，侵略军以火枪打败用刀矛弓箭和皮制、草编盾牌武装的桑海军。桑海连丧廷巴克图、加奥、泽内等重镇，失去西非霸主地位。此后，退守登迪，苟延百年时光，17 世纪初桑海国不复存在。桑海霸权覆亡后，西非地区陷入部族混战、奴隶起义之中，经济萎缩，经济文化中心南迁，在几内亚湾一带出现贝宁、伊费等小国。

六、班图人大迁徙与中南非洲

（一）班图人大迁徙

中、南部非洲的历史与非洲其他地区相比，有两个十分明显特征：一是社会发展程度较低；二是社会发展进程与操班图语的尼格罗人各族的大迁徙关系极为密切。

南部非洲土著属于科伊桑语系的布须曼人、科伊人和俾格米人。经济生活或以狩猎、采集为主，或以畜牧为主，社会发展缓慢，尚处在原始公社阶段。

公元初年，原居住在赤道以北喀麦隆高原的班图人受到北方民族压力，向赤道以南地区迁徙。班图人迁徙大体可分为三支：西支主要分布在刚果河下游的西赤道非洲一带；东支主要分布在赤道非洲中部和东非内陆地区，16 世纪时到达东非沿海地带；其中一支则向南迁徙，分布在南部非洲广大地区。这种波浪式民族大迁徙绵延至 19 世纪，建成的国家有刚果、莫诺莫塔帕等，推动了这一地区部落和民族的融合，提高了社会经济发展水平，并且形成了以农耕经济为基础的文明，对中南非洲社会发展产生深远影响。

（二）刚果国家

14 世纪前后，西班图族刚果人建国，首都姆班扎（在今安哥拉北部）。通过武力和联姻，刚果统一了许多部落和小王国。15 世纪中叶国势极盛时，版图北起奥戈韦河，南到本格拉，西临大西洋，东至开赛河和赞比西河上游。16 世纪初，周围各国独立，疆域缩小。刚果经济以农业为主，同时也有较发达的手工业和商业。农田劳动主要由妇女担任，男子除参加伐林、辟地等农业重活外，主要从事手工业。冶金、制陶、雕刻、编织、造船等手工业比较发达。国内商业十分活跃，各地有定期集市。刚果国家体制相对完备，拥有常备军和从中央到地方的行政管理机构。王位本按母系承袭，后改由父系继承，但王后和宫廷贵族对确定王位继承人有巨大影响。刚果王国是在原始公社制解体基础上形成的国家，发展中的封建关系和氏族制度紧密交织在一起。刚果自由民要向国王和贵族纳税服役。自由民中还保留农村公社组织，土地归公社所有，共同耕种，收获物上缴国库。刚果还有相当数量的不自由居民，不同程度依附于王室和贵族。奴隶已出现，是王宫和贵族的家庭仆役。

15 世纪末，葡萄牙殖民者入侵刚果，国王恩赞加·库武和部分贵族接受基督教洗礼。1506 年接受洗礼的王子阿方索一世被扶上台。此后，加紧传播基督教，教堂林立，首都改名为圣萨尔瓦多。葡萄牙人深入王国腹地，掠夺大量奴隶和财富。刚果为猎取奴隶，同周围部族进行战争，削弱了国力；葡萄牙人挑拨离间，加剧了王国分裂和内讧，阻碍了刚果经济、政治、文化发展。刚果人民最终奋起反抗，经过百余年战争，17 世纪后期葡萄牙人被逐出刚果，刚果赢得两百多年的独立。

（三）津巴布韦和莫诺莫塔帕国

津巴布韦（意即石头城）通常认为是马绍纳人所建，是 5 世纪前后建立的莫诺莫塔帕国的都城所在。莫诺莫塔帕，班图语原音为"姆温那莫塔帕"，意思是"被掠地区之主"，是 15 世纪中期一个统治者的称号。后被葡萄牙人讹译为莫诺莫塔帕，并用作国名。该国自称"马卡兰加"（意即"太阳之国"），12 世纪至 16 世纪处于全盛时期。15 世纪巅峰时，其疆域北起赞比西河，南越林波波河，东临印度洋岸。莫诺莫塔帕是在原始公社解体基础上形成的早期国家，氏族部落贵族在政治生活中起重大作用，保有母系氏族遗风。王国有一套完整的官僚机构。国家大权属于国王，但王后们享有决定王位继承人大权。莫诺莫塔帕国居民是南班图语系马绍纳人，主要以灌溉农业和畜牧业为生。织布、制陶、雕刻和金属冶炼等手工业十分发达。国内外商业贸易也较为发达。建筑水平相当高，津巴布韦四百多处遗址中著名的是津巴布韦古城遗址，它包括城墙、高塔、神庙、宫殿、库房、水井、地窖和住宅等建筑，主要是用雕凿成砖块般平整的花岗石砌成，建筑物精致美观、气势雄伟。16 世纪后，葡萄牙人垂涎莫诺莫塔帕的黄金，对其进行掠夺和侵略。莫诺莫塔帕国家渐趋衰亡。1693 年，被马绍纳族的罗兹威人灭亡。

第二节　中古美洲社会

一、印第安人社会概况

（一）名称由来和种族源起

"印第安人"这个术语源自 1492 年哥伦布初抵美洲时所犯的错误，他误以为已经到了印度及其附近地区，而将当地居民称为"印度人"，中文音译为"印第安人"。此后这一称呼沿用至今。这个名称极易引起误解，因为它给美洲各民族赋予了一种共同身份，而这本不存在。印第安人人种渊源，学术界尚无定论。此前存在各种假说，如美洲土著说、犹太人后裔说、迦南人后裔说、蒙古人后裔说、埃及人后裔说、腓尼基人后裔说、巴比伦人后裔说、大西洲人后裔说等。现今，通常认为，在最后一个冰川期，亚洲蒙古人种移民构成最初的美洲人。大约 5 万年前，亚洲移民开始穿过白令海峡大陆桥进入美洲。公元前 20000 年到公元前 8000 年之间是移民进入美洲的主要时期。大约 1 万年前，大陆桥消失，陆地移民停止。最后的移民因纽特人祖先和阿留申人或是乘船或从北极冰面进入美洲。漫长的移民过程中，不同体质类型和语言的人走出亚洲。此外，南太平洋岛屿一些岛民曾在数万年前驾驶舟筏，跨洋越海迁至南美地区。现代人类学、考古学研究指出，美洲人具有比较典型的蒙古人种遗传特征。

（二）社会发展概况

美洲农业发展自成体系。复杂多变的高原、丛林地形与气候为植物生长提供了便利。早期培育作物主要有玉米、南瓜、豆类、辣椒、西红柿等。家畜饲养也发展起来。虽然与亚洲和北非有一些平行之处，但 15 世纪末前，地域的辽阔和地理环境的多样性使美洲基本上处于独立发展状态，内部地区间的隔绝、闭塞特征较为明显。但在组织、生活方式、技术和信仰方面也存在诸多相似性，使其又像一个整体。

古代美洲社会在缓慢的发展过程中，呈现出极大的不平衡性、差异性、复杂性和多样性。根据其社会、经济和政治组织来看，涵盖了渔猎、采集经济为主的原始部落到奴隶制国家的各个发展阶段。16 世纪以前的北美印第安人，其社会形态大多没有超出原始公社时期，处于母系氏族向父系氏族过渡的不同阶段或氏族公社向农村公社过渡阶段，主要以渔猎和采集经济为主，如北冰洋沿岸的因纽特人和阿留申人，北美西北沿海以特林基特人和海德人为代表的部落，加拿大和美国北部原始森林地带阿塔巴斯克人、阿尔贡根人等部落，美国中西部大草原上的达科他（苏人）、科曼奇、夏延等部落，美国太平洋沿岸加利福尼亚人等。北美东部和东南部穆斯科吉人、易洛魁人和部分阿尔贡根人部落和美国西南部与墨西哥北部普韦布洛人发展程度较高，他们从事发达的定居灌溉农业，种植玉米、豆类、棉花、向日葵、南瓜和烟草等作物，用土砖建造房屋，有良好的制陶术和发达的纺织技术，兼营狩猎和采集，且土地归氏族共有，氏族成员有权选举和更换世袭酋长和军事领袖。北美大陆南部、中美洲和南美洲的一些部落较落后，过着半定居或流动生活，如亚马孙河流域的阿拉瓦克人、加勒比人和图皮·瓜拉尼人，从事原始农业，辅以渔猎和采集；巴西东部和南部热斯族人和博托库多人部落多属狩猎和采集部落；潘帕斯和阿根廷南部瓜拉尼人、克兰迪人、赫特人和部分阿劳干人部落是流动的狩猎者和采集者；居住在南美最南端的火地人部落以采集、渔猎为生。此外，这一地区还曾生活着创造了发达定居农业和高度文明的奥尔梅克人、查文人、玛雅人、特奥蒂瓦坎人、托尔托克人、萨波特克人、阿兹特克人和印加人等。

二、玛雅社会

（一）前玛雅社会

中美洲墨西哥地区曾发现过大约11000年前的人类化石——梯贝希班人。大约1万年前，该地区出现较高级石器时代文化。公元前2000年左右，进入原始公社繁荣时期。公元前1400年初，墨西哥地区经历了一次历史飞跃，巨大的祭祀中心、金字塔、广场建筑纷纷出现，精美的雕刻和绘画艺术、象形文字、计数法、历法、商业、技术以及整个社会的复杂结构快速发展。创造这些功绩的奥尔梅克人也被称为"橡树地上的定居者"（因其居住的墨西哥湾附近雨林中生长大量橡树）。人们通常将奥尔梅克文化视为中美洲数种文化，尤其是玛雅文化的始祖文化。

奥尔梅克人族源尚未确定，可能来自墨西哥西南高原或沿海海湾。奥尔梅克人首先通过和平方式进行扩张、贸易和通婚，一旦遇到敌对就诉诸武力。这种实施了数百年的军事和商业并重的统治政策对后世阿兹特克影响深远。奥尔梅克人征服了许多民族，建立起一个由世袭精英统治并由复杂宗教仪式占据生活主导地位的神权社会。公元前1200年，奥尔梅克人在圣洛伦佐建造了一个巨大统治中心。他们修建了许多浩大的公共设施和许多只能从天上才能理解的图案。公元前900年，统治者的残暴和剥削加上人口压力最终导致叛乱。圣洛伦佐随之衰败。很快，一个新的强盛王朝迅速在拉文塔崛起。新统治者修建了奥尔梅克文化中最为辉煌的建筑群和更多的头像。公元前600年左右，该宗教中心因不明原因废弃。两个世纪后，拉文塔被叛乱破坏。此后直到公元前200年，奥尔梅克人一直以特雷斯萨波泰特斯为中心进行商业活动。

与统治者相联系的美洲虎是奥尔梅克人重要标志。他们使用人牲祭神，使用图画符号而没有留下太多文字供后世研究。他们还雕刻出许多大鼻、厚唇、头戴头盔的巨大头像。统治者掌握了丰富的天文学知识，设计了美洲第一个历法，以365天为一年，以260天为一个仪式循环周期。历法使奥尔梅克官员能够有条不紊地安排宗教仪式，指导农民从事农事活动。

（二）经济、社会组织和政治体制

玛雅社会发端于远古石器时代，其祖先曾四处游牧。大约公元前 11 世纪初，玛雅人进入定居农业生活。农业生产是玛雅文化的经济基础。玛雅人经济发展水平不高，长期采用烧林耕作的原始农业生产技艺，石刀、石斧、尖头木棒等为其主要生产工具。玛雅人是世界上最早培育玉米的居民，他们还从野生植物中培植西红柿、甘薯、南瓜、豆类、辣椒、可可、棉花、烟草、龙舌兰和蓝靛植物。玛雅人饲养火鸡、狗和蜜蜂，集体从事渔猎。手工业方面，玛雅人用陶土、木头和石头制作器皿，用燧石和黑曜石制造武器和工具。他们用金、银、铜、锡等合金制成金属器具和装饰品。玛雅人每个城市和村落都有较发达的交易场所，买卖各种食物和日用品，并已采用可可和豆子作为交换媒介。

公元前 500 年左右玛雅人在伊萨帕、埃尔米拉乌尔、卡米纳尤瑜、胡亚迪赛兰等地开始砍伐森林、开凿运河、建造农田、水库、广场和高大的砖石金字塔。公元初期，玛雅人在尤卡坦半岛建立起一些奴隶制城邦。考古工作者发现了上千座古代城邦遗址，其中最大的有瓦沙克敦、科潘、帕伦克和提卡尔等。公元 150 年，早期社会突然衰亡。统治中心转移到佩滕伊察湖畔的提卡尔。提卡尔地处中美洲到墨西哥中部商路中心，城市人口 8 万—10 万人，贸易发达，是玛雅社会的经济支柱。这一地区中心广场碑石上的文字描绘了它长达 6 个世纪的强盛。

9 世纪末，玛雅地区突然衰落。考古学家把 9 世纪末以前的玛雅城邦称为“旧国时期”或古典时期。可能是由于外族入侵，部分玛雅人在 5 世纪时便开始向尤卡坦半岛北部迁徙。5、6 世纪之交，建立起奇钦·伊查。7 世纪时，奇钦·伊查居民放弃城市，迁到半岛西南部。10 世纪中叶，托尔托克人的进攻使伊查人回归，尤卡坦半岛上的玛雅城邦再度复兴。伊查人传说中的领袖库库尔坎恰好是托尔托克主神——空气与水之神克扎尔柯特尔的玛雅译名。

10 世纪后，奇钦·伊查西南兴起乌斯马里和玛雅潘两个城邦。11 世纪初，三方结盟。1194 年，玛雅潘击败奇钦·伊查和乌斯马里，取得霸主地位，“玛雅”之名大概是玛雅潘成为尤卡坦半岛北部政治中心时确立的。1441 年，乌斯马里联合其他城邦打败并洗劫玛雅潘。从此，内战时期开始，尤卡坦半岛分裂成许多城邦，相互混战。1485 年流行的大瘟疫使城邦进一步衰落。16 世纪上半叶西班牙殖民军侵入尤卡坦半岛后，兴盛千年之久的玛雅文化基本结束。10—16 世纪的玛雅后古典时期历史也称为“新国时期”或玛雅-托尔托克时期。

玛雅人建立城邦时，已由原始社会进入奴隶社会。到玛雅潘成为政治中心时，奴隶制相当发达，耕田、筑屋、搬运、捕鱼等方面使用奴隶劳动已成为相当普遍的社会现象。奴隶买卖盛行。战俘、罪囚、负债者是奴隶主要来源。自由民中已分化出贵族和僧侣。最高统治者称哈拉奇·维尼克（意为“大人”），权力至高无上，职位世袭。军事贵族和祭司是玛雅城邦政权的两大支柱。军事贵族作为地方行政长官，统司征税、治安、司法和作战等各种军政职责。祭司在社会生活中享有极高权威，以神意代言人身份掌管全部宗教仪式，通晓历法、文化、艺术知识，裁决社会诉讼，并充任各级统治者顾问。最高祭司职位世袭。农村公社是玛雅社会的基本单位，土地归公社集体所有，分给各家使用，原则上每隔三年重新分配一次。但一些果园、可可园则由贵族长期占用，成为其固定地产。公社内部阶级分化严重，阶级矛盾相当尖锐。村民必须负担许多徭役和贡赋，为贵族耕种土地，修筑房屋、庙宇和道路，向贵族缴纳贡税，向僧侣赠送礼品，并承担军队开支。

（三）宗教与文化

玛雅人的独特语言、前倾的前额、鸟嘴状鼻子和厚嘴唇有别于中美洲其他居民。玛雅人受惠于奥尔梅克人，喜欢类似于典礼仪式的球类运动，建造金字塔，并崇拜美洲虎。玛雅神灵众多，自然界中每个现象、社会各个职业和等级都有相应神灵，其中一些神的肖像模仿特奥蒂瓦坎神。超自然观念渗入玛雅人生活的各个方面。玛雅人将世界看成一个扁平地面，其四极和中心各由一位神所统治。这些神支撑天穹。天穹上有三层天，下有九层地界，各有神灵控制，太阳和月亮穿行其间。玛雅宗教盛行二元论：男女、善恶、白天与黑夜等，强调事物的对立统一。玛雅人虽有理性，但允许人祭存在。流血仪式是玛雅宗教的基本构成部分，正如神给予雨水养育人们一样，玛雅统治者认为神裔应该以自身维持生命必需的神圣血液来供养神。玛雅人战争的目的不是征服领土而是获得俘虏充当祭神礼品。

玛雅人吸收奥尔梅克历法和象形字母并加以发展。玛雅人使用"0"符号，数字系统用相乘的符号和横号表示，使用独创的20进位计数法。玛雅人利用这些数字准确计算和记录时间。他们的历法合并了许多相关联的时间周期，其重要成就"玛雅历"，属太阳历，以365.2420天为一年周期，分为18个月，每月20天，外加5天岁余。他们还划分出仅为260天的礼仪年。此外还有月球循环期、金星循环期等。玛雅历和礼仪年的结合就组成了著名的玛雅历法周期，由此发展出来的玛雅计数，远自地球诞生日直至永远。奇钦·伊查天文观象台是玛雅人天文成就之一。

公元前后，玛雅人将奥尔梅克文字体系发展成为美洲唯一完整的音义结合的象形文字体系。它由850个表音表意的图画和符号组成。强烈的历史意识是玛雅文化一大特点。玛雅人记载了所有王朝军事行政管理、典礼、宗教计划的重要日期和事件，并铭刻在数以百计的公共建筑物表面、城市广场上的纪念碑石上和树皮做成的纸上。但许多文化作品未能完整保存下来。西班牙殖民者的入侵，使大量珍贵的玛雅作品和许多掌握玛雅文字的僧侣被付之一炬。关于神话、传奇、历史、宗教、天文等方面的摘要《波波尔乌》《契兰巴兰》《德累斯顿手抄本》《马德里手抄本》《巴黎手抄本》《格马里耶手抄本》等被保留下来。

玛雅人的建筑和艺术同样成就非凡。金字塔、宫殿、广场等规模宏大的石头建筑是玛雅文化中最为生动的物化象征，如科潘城邦遗址方圆达数公里，建筑宏伟壮观，饰以精美的浮雕、石刻。玛雅金字塔无论在外形或功用上，都与埃及金字塔不同。色彩艳丽、形象生动、内容丰富的壁画艺术是玛雅人艺术才华的又一表现，其中以作于6—8世纪的波南帕克壁画最著名，堪称人类古代文化中最伟大的艺术作品之一。

三、阿兹特克社会

（一）前阿兹特克社会

奥尔梅克文化影响中美洲北部地区近千年。公元前500年，墨西哥阿尔班山地区萨波特克人就开始建造类似奥尔梅克风格的礼仪建筑。文化相似处非常明显：血腥的活人献祭宗教仪式，由充满征服欲望的强力贵族集团建立统治，与邻近部落建立贸易联系。萨波特克人在阿尔班山顶峰修建了一群宏伟建筑：石制金字塔、庙宇和大量礼仪建筑，所有建筑依南北轴线分布。他们在砂岩上刻画点和杠的图形，用象形文字铭刻领袖之名，并绘制许多倒立和肢解身体的头像，传达出向周边扩张领土的信息。2世纪初，其势力囊括周边200多个部落。得益于阿尔班山天然险峻和众多山脉保护，阿尔班城市上千年来一直是墨西哥南部地区稳固的权力中心。山谷底兴建起许多灌溉水渠，玉米、豆类、葫芦和其他作物产量大大提高。

萨波特克文化繁荣之际，在其西北几百公里外，1世纪，一群定居者以特斯科科湖东北的特奥蒂瓦坎城为中心发展文化。特奥蒂瓦坎的迅速兴起或许是奥尔梅克在邱秋科平原影响衰落的原因之一。特奥蒂瓦坎人修梯田，挖水渠，修建后世所谓的"齐南帕"，它是一种用以扩大耕种面积的人工浮岛，即是将水草、泥土等放置于藤条框架中，沉入湖底，以构成植物生长的苗床。同时，涌现了众多利用黑曜石矿床制造工具和武器的工场。特奥蒂瓦坎迅速崛起成为美洲地区最大、最富侵略性的世界性城市和日后所有墨西哥文明的中心和模板。特奥蒂瓦坎建造者刻绘了许多神秘符号，但其后裔不知其语言，甚至不知如何称呼自己。特奥蒂瓦坎这一称呼来自阿兹特克语，意即"神的住所"。阿兹特克人认为特奥蒂瓦坎是古代神的出生地和神所建城市的废墟。特奥蒂瓦坎规划细致、街道纵横交错、笔直宽敞。主轴是长达6公里的笔直大道，因敬神祭品经由此道被送上祭台，因而后世称之为"死亡大道"。城市坐落着巨大的广场、中心市场和两座美洲地区无与伦比的巨大金字塔：太阳、月亮金字塔。许多小型纪念碑和祠堂装点城市。它是古代美洲各种复杂宗教观念的崇拜中心，传教士曾遍布中美洲各个边远角落。400年后，特奥蒂瓦坎达到巅峰时期。在7世纪中期其文化突然消失前，势力范围扩展至墨西哥山谷广大区域与周边地区。城市统治者可能从世袭祭司阶层中挑选。特奥蒂瓦坎采用活人献祭。宗教热情促成了许多宏伟礼仪建筑的建设。特奥蒂瓦坎人利用宗教和贸易作为强有力武器，在极远地方建造了许多城镇中心，商品和黑曜石工具不仅供应本城和墨西哥山谷附近地区需求，而且远及中美洲各个部落，给当地艺术和宗教留下文化烙印。

阿兹特克人到达墨西哥前，控制墨西哥地区的是纳瓦特尔人的一支——托尔托克人。他们原居住于太平洋沿岸。约在4、5世纪时，托尔托克人一支由南部进入墨西哥谷地，继承特奥蒂瓦坎文化，创造出新文化。大约900年，托尔托克人在图拉建都。他们从事农业，种植玉米、辣椒等，精于手工业，尤以建筑和手工艺品闻名。他们接受了许多定居民族的文化特色，信奉雨神特拉洛克、羽蛇神克扎尔科亚特尔等神灵，并带来了强烈的军事伦理观念。武士崇拜和吞食人心的美洲虎与鹰的好战者形象是托尔托克艺术特点，表现了他们对献祭和战争的狂热崇拜。太阳金字塔是其建筑艺术的非凡体现，此塔分为5个层阶，顶部平台建有羽蛇神庙。神庙采用廊柱和壁柱支撑建筑物，支柱雕有武士人像。塔身侧面有绘画和雕像，多表现战争主题。

托尔托克时代，武士国家开始形成，政府趋于世俗化，由世俗首领和宗教祭司执政。图拉还与其他城邦结盟，组建最高委员会。联盟中，商人发挥重大作用。托尔托克人开疆拓土，占据了中墨西哥大部分地区，为后来阿兹特克人幅员广阔的国土打下基础。10世纪时，托尔托克人征服尤卡坦半岛。1150年左右，图拉城内讧，武士、祭司集团相互争斗，联盟瓦解。北方奇奇梅卡人乘机入侵，托尔托克人被迫迁出图拉地区。其间，一批人南迁进入墨西哥东南部和尤卡坦，与玛雅人混合，创造了新的玛雅、托尔托克混合文化。他们仿照图拉建筑建立了一些新城邦，如玛雅潘。一些玛雅城邦，如基切王国也由托尔托克家族统治。另一部分人移居特斯科科湖周围，中墨西哥人口和政治中心逐渐转移到墨西哥峡谷湖区。各个民族和城市都试图控制湖区。争斗的胜利者阿兹特克人（自称墨西卡人）最终建立了一个大帝国。

（二）经济、社会组织和政治体制

传说阿兹特克人属于纳瓦特尔语系奇奇梅卡族一支，故乡是阿兹特兰（意为"苍鹭之地"），阿兹特克由此得名。11世纪中叶，他们开始向墨西哥谷地迁徙。据说神曾启示他们，如果看到一只鹰衔蛇站在仙人掌上，即可结束流浪生活。此种景象在特斯科科湖附近应验，阿兹特克人遂在此定居。1325年，建都特诺奇蒂特兰。其好战和战斗技能使其作为雇佣军和军事同盟者颇具吸引力。15世纪初，逐渐强盛。1426年，领袖伊茨夸特尔率众战胜邻近部落，并与特斯科科、特拉科班结成联盟，成为控制中央高原绝大部分地区的大帝国，并伸展到墨西哥湾和太平洋沿岸，东达危地马拉。孟特祖玛一世（1440—1469年在位）起，阿兹特克人逐渐主宰联盟，主导战利品、贡物、土地分配。孟特祖玛二世（1502—1520 年在位）在位时期帝国达于极盛。正值此时，西班牙殖民者科尔特斯于 1519 年侵入墨西哥，1521 年攻陷首都。

首都特诺奇蒂特兰规模宏大，有"天堂基石"之称，是当时美洲最繁华的大都市。城市坐落在湖心岛上，由四条宽阔堤道和十字交叉水道连接湖岸。堤道上桥梁间隔，湖面上独木舟穿梭往返。16 世纪初约有 15 万人口，城内公共建筑物宏伟壮观，数目众多，拥有中央宫殿区和 40 座用白石灰粉刷的金字塔神庙，四周环绕泥砖居住区、较小宫殿和市场。街道宽广，宫厦雄伟，并拥有中心广场和无数花园、动物园。各种交通、水利设施一应俱全。

阿兹特克人主要生产部门是灌溉农业，狩猎已退居次要地位。他们会锻冶除铁外的许多天然金属，主要生产工具是木器或石器，也使用弓箭和投枪，刀刃和枪尖用黑曜石制成。为扩大种植面积，阿兹特克人在湖中和湖的四周采用了为农业修建浮动园圃"奇南帕"，这样一种巧妙的灌溉农业制度。特诺奇蒂特兰大量土地来自奇南帕。浮园耕作法和大规模的水利灌溉体系使农业产量非常高。1200 年后，湖水下降再一次刺激了奇南帕的建造。他们还修建了堤坝分隔淡水和咸水。

阿兹特克人利用砖石建造公共住宅，几个亲族同住一所"大屋"。土地归公社所有，由各家族共同耕种。男子在婚后分得份地，但不能转让或继承。此外，一些土地被留出来供奉神庙和国家。每个社区拥有依据历法制度不同周期而定期开放的市场，市场上货物种类繁多，多以物易物，可可豆和金砂有时充当货币。特拉洛克大市场每天经营，并由商人阶层或从事奢侈品长途贸易的波契特克控制。

阿兹特克人流浪期间已分为七个卡普里氏族。阿兹特克大部分地方生活以卡普里为基础，如分配土地、组织劳动帮伙、战争时期的军事单位、维持神庙、学校等。卡普里由家族长者议事会管理，但所有卡普里、家族并不平等。随着权势增强和帝国统治扩展，卡普里氏族的地位和性质发生变化，出现了其他形式的社会等级。某些特权家族逐渐演化成为被神化的贵族阶级和几近独裁的统治者。劳动者阶级已产生。他们并不附属于控制土地的卡普里，地位很低，但高于奴隶。最后，社会还存在其他群体，如中间集团的缮写员、工匠、医生等。长途商人地位特殊，组成一种卡普里类型，有自己的保护神、特权和内部划分，时而充当阿兹特克军队间谍或眼线。卡普里、神庙维持协会和行会超越等级依然在阿兹特克生活中起作用。服装、发型和其他等级象征的使用和限制，扩大了社会鸿沟。

帝国由众多联盟或臣属城邦组成。每一城邦形式上都由一个从贵族阶层挑选出来的议长进行统治，实则由一个家族世袭。特诺奇蒂特兰最高统治者大议长是实际上的皇帝，拥有巨大私人财富和军事、行政、司法与宗教等公共权力。首相权力巨大，地位崇高，通常是统治者近亲。帝国设有联盟议事会；理论上，三国联盟中其他城市的统治者也拥有发言权，但实际上大部分权力掌握在阿兹特克统治者手中。帝国从未真正统一过，帝国统治者追求的是行使政治支配而不必直接进行行政或领土控制。在许多方面，阿兹特克帝国不过是中美洲长期存在的一个观念和政府体制的延伸，它与其他城邦并无二致。

（三）宗教与文化

阿兹特克人社会宗教色彩极为浓厚，继承了托尔托克和玛雅文化记忆，但也有自身创造。他们相信灵魂永生并崇拜至少128位主神。最高首领也被当做神的化身。阿兹特克人节日和典礼主要有三大主题：生殖和农业神，如雨神特拉洛克以及水、玉米和生殖之神；阿兹特克人宇宙学中占据中心地位的创造之神，如太阳神和战神托纳蒂乌与黑夜之神；主导战争和献祭的部落保护神慧齐洛波奇特利（最高神）以及其他一些保护神。对战争和献祭的狂热是国家宗教的一部分，这也构成了其血腥的一面。阿兹特克人接受并进一步发展了中美洲长期存在的人祭宗教。献祭种类和次数的增加以及整个宗教象征体系和仪式，都发展为这种崇拜的一部分。军事美德与献祭崇拜充满整个社会，军队高度仪式化，成为这种献祭宗教人牲的供应者。为国家谋取稳定贡品和为慧齐洛波奇特利神获得祭品的双重目的推动了扩张。国家为此定期发动获得外族战俘的"鲜花战争"，致使周边部落与其交恶。西班牙殖民者就充分利用阿兹特克与其藩属的紧张关系，在众多印第安人协助下，摧毁了帝国。

阿兹特克历法与玛雅人大体相似，以365天为一年，逢闰年补加1天。他们将历法保存在石头上，如"太阳石"和"月亮石"都刻有几何图形和阿兹特克历法。阿兹特克人相信历史循环观，相信世界已经被毁灭四次。因而，阿兹特克思想中存在某种宿命观和最终因祭品不足而神灵将再次带来灾难的预言。阿兹特克文字受托尔托克象形文字影响，保存下来的两本用阿兹特克象形文字书写的《贡税册》，提供了关于阿兹特克范围、各地区组织和贡税等资料。他们还将1200多种植物与蛇、虫和矿物加以分类。其陶器多褐地黑纹，陶器形状优美，质地精良，纹样繁多。阿兹特克人除用天然铜锻造铜器外，在铸造和模压黄金方面也有很高技巧。阿兹特克人的石刻、纺织、羽绣等手工技艺也相当高超。

四、印加①社会

（一）前印加社会

南美洲安第斯高原是古代美洲人社会另一发祥地和农业中心。这里最早居民

---

① 关于 Inca 一词，旧译多为印加，部分学者按照克丘亚语的正确写法 Inka 和拉丁字母一般音译规则将之译为印卡。也有学者认为，遵照译名从主的音译规则以及克丘亚语和汉语的音位系统，字母 k 应对应汉语的 g 音，况且音译从旧，印加译法约定俗成已久，译为印加更合适。

是摩奇卡族、艾马拉族和克丘亚族。公元前 8500 年左右，安第斯高原出现采集和渔猎民族。公元前 4000 年左右，开始经营原始农业。公元前 3500 年，开始驯养羊驼，发展畜牧经济。公元前 1200 年前后发明制陶术，并发展起建筑、金属冶炼和水利灌溉农业。考古材料证明，安第斯高原曾经历诸多古文化时期，印加文化就是在继承和发扬各族古老文化基础上创立的。

"查文文化"因从秘鲁山村查文发现而得名。它以巨石建筑、复杂的雕像和装饰、石刻、陶器与精深的冶金技术闻名。祭司阶层统治查文人。起初，查文人通过征服来巩固势力。其建筑浮雕塞钦中描绘了斩首、断足和人祭场景，以此增添形象威慑力。查文人建立德万塔尔建筑群不久就以各种方式向利马和南海岸传播文化，当地许多建筑被查文模式改变。公元前 400 年，其文化影响北至卡贾玛克，南至阿诺克从亚马孙盆地边缘到太平洋东岸。查文人的建筑物不仅被视为艺术，更是神的象征，其宗教建筑注重对水的控制。庙宇、陶器上的图形主要来源于热带森林生物，如美洲虎、鳄鱼和混合鹰、蛇、人、鳄鱼、虎特征的怪兽。查文人雕像格式多以几何形式的重复建立起对称美，且雕刻完善平衡，很多雕像能自如倒置、旋转。公元前 200 年左右，查文文化上升到最高点后便开始莫名衰落，但它深刻影响了周边部落和南美后来文明。

北部沿海地区摩奇卡文化从公元前 11 世纪末开始，4—7 世纪时达到全盛。摩奇卡社会已分化出贵族、平民和奴隶。武士-祭司阶级构成统治集团。国王是神的代表。农民构成平民阶级，耕种土地、修建公共建筑、服军役等。中间阶层由官吏、工匠、医生等组成。摩奇卡人种植玉米、蚕豆、花生、南瓜、棉花等作物，还从事捕鱼。2 世纪初，摩奇卡社会突飞猛进。他们扩展了灌溉系统，修建渠道水库等水利设施。同时，出于宗教和经济利益，不断向外扩张。最后，他们控制了秘鲁海岸众多领土并向安第斯山腹地扩张。摩奇卡最重要的神是查文美洲虎神及其代理人太阳神，他们用活人献祭，战争是获得人牲的重要来源。摩奇卡人在陶器、铸造金属等方面成就显著，其陶器造型奇特，别具风格，常把器身制成人物、鸟兽形状。

秘鲁海岸南部一些人也在创造自身文化。这些人就是帕拉卡斯人及其文化继承者纳斯卡人。他们从事捕鱼、打猎和种植。人头是战争的战利品。帕拉卡斯人和纳斯卡的国家组织相对落后，不着力于建筑庙宇、宫殿和堡垒，而专注于纺织业发展。他们的纺织品精美绝伦，具有现实意义和社会宗教意义。编织业方面成就也很显著。帕拉卡斯人和纳斯卡人文化极为关注死亡和死后生活问题，崇敬并祭祀亡灵。为了表示对神的敬意，他们以制作干尸并用布匹层层包裹的特别方式埋葬死尸。他们的医学成就非凡，能够在头颅上穿孔。纳斯卡人登峰造极的创造性成就是该地区具有天文学意义的巨大的猴子、蜂鸟、蜘蛛等图案。

前印加时期最发达文化发生于 4、5 世纪，一直延续到 13 世纪。其遗址在今玻利维亚境内的的喀喀湖以南的村落蒂亚瓦纳科发现，是一组包括金字塔、庙宇、陵墓等在内的庞大建筑群。蒂亚瓦纳科（意为“创世中心”）兴起于高原南部地区，兴盛于 3—8 世纪。9 世纪，它大规模向外扩张，建立帝国，实行中央集权。1000 年左右，其文化影响遍及几乎整个安第斯山中部地区。蒂亚瓦纳科人信奉流泪之神——太阳神。文化上，以精美的石造建筑闻名，“太阳门”是古代美洲最卓越遗迹之一。蒂亚瓦纳科农业和金属加工业十分发达。12 世纪后，蒂亚瓦纳科人的横征暴敛激起地方反抗，帝国逐渐衰亡。

蒂亚瓦纳科文化崩溃后，北部沿海的奇穆国强盛起来。它在短期内整修好灌溉系统，生产迅速发展。它继承了早期摩奇卡文化传统，掌握了极高的金属冶炼、锻造技术和镶嵌工艺。他们用金、银、铜等制作工具和饰物，种类繁多。纺织品和陶器开始规模化生产。奇穆人是多神论者，主要崇拜太阳神、月神、海神等。首都昌昌城是古代美洲城市建设的典范和模板。其城市规划错落有致，城内划为 10 个大区，有街道相隔，街区功能齐全，并有巨大的围墙围绕。从 900 年到 1476 年它被印加征服期间，它控制了秘鲁北部海岸大部分地区。

（二）经济、社会与国家

奇穆扩张之时，安第斯高原南部地区几个种族集团展开了对蒂亚瓦纳科遗产的争夺。这些集团中有几个与克丘亚语系有亲属关系的氏族或阿伊鲁，住在靠近库斯科的的喀喀湖地区。印加（即“太阳子孙”）人的起源传说详细叙述了 10 个亲族从这个地区的洞穴中产生并依靠一位神话般的领袖占据库斯科的过程。

11 世纪，印加人和其他几个小部落定居在安第斯山区中部。12 世纪在秘鲁南部库斯科建国塔宛亭苏（意为“四方之国”）。开国君主曼科·卡帕克四处征战，扩张兼并。至第九代印加王帕查库提及其继承人图帕克·尤潘基时期，建立起中央集权的奴隶制帝国。16 世纪初，国家处于极盛时期。帝国版图以秘鲁为中心，从今天的哥伦比亚到智利，向东穿过的的喀喀湖和玻利维亚到阿根廷北部。疆域南北绵延 4000 公里，人口近千万。图帕克孙子一代，兄弟争位。最终阿塔瓦尔帕击败兄长瓦斯卡尔，夺得王位，内讧严重削弱了自身力量。正当其时，西班牙殖民者侵入，1533 年攻陷库斯科，灭印加国。

印加农业相当发达，以鸟粪肥田，培植了 40 余种农作物，以玉米和马铃薯为主要品种。此外有西红柿、木瓜、可可、菠萝、龙舌兰、花生、榛栗等。为扩充耕地，印加人发展起庞大的梯田系统和引水灌溉工程。城市供水系统安排巧妙，渠道纵横交错，渠底铺砌石块，重要建筑物内用暗渠引水。印加王对农耕极为重视，每年春初都要象征性躬耕田畴。畜牧业方面，驯养动物有羊驼等。

印加是一个早期奴隶制国家。王族、贵族、官吏和祭司属于统治阶级。平民、被征服部落居民和由战俘、罪犯组成的"雅纳人"是被统治阶级。印加王权威极高，被视为太阳化身，尊称为"印加·卡帕克"（意即"伟大的子孙"）。印加王位世袭，为保持王统血缘纯洁，印加王娶自己姊妹为后，以王后所生之子为其继承人。其他妻妾所生子女均为王族。作为推进结盟关系的王室多婚制度，带来了权力争夺和内战的可能性。印加人角色和责任以性别划分，对军事美德的强调强化了两性不平等。

印加王依靠军队和几乎所有贵族都参与的国家官僚行政体系对全国进行有效统治。塔宛亭苏被分成四个大省，分设总督统治，下设万户—五千户—千户—五百户—百户各级行政区域。社会基层组织是实行政治、经济和宗教合一的"阿伊鲁"。贵族阶级来自于王族阿伊鲁，拥有极大特权。另外，库斯科居民也被授予贵族地位。贵族通过服装、发式和习俗来与平民相区分，只有他们有资格戴用扩大耳朵的大耳环，因而后来西班牙人称其为阿雷洪人或"大耳朵人"。具有地区和种族多样性的帝国政策一体化是一项政治成就。地方贵族统治者被允许保持其身份并由印加王给予特权作为忠诚的回报，但其子女则被送往库斯科接受教育。

经济生活被纳入国家强制中。土地分为三种并依次由农民耕作：供祭祀或宗教活动用，归祭司和寺庙所有的"太阳田"；供王室、军队、公共工程开支、救灾等用的"印加田"；维持村社成员生活的"社田"。社田是村社共有土地，以家庭为劳动组织基本单位，原则上每年都依照家庭人口多少重新分配。印加王并不直接索取贡品，而是从阿伊鲁中夺取土地和劳动力分配给国家和宗教，并严厉对待反抗。成年男子被强制服劳役或军役。这种米达制劳动形式是印加统治的一个基本制度。统治者还从被征服部落中挑选少女和优秀工匠为宫廷、神庙和军队服务，如神庙中的太阳贞女。社区以为自足为目标，强调国家对产品和剩余品有限的商业贸易管理。因而，印加大部地区缺乏突出的商人阶层和大规模市场与货币流通。

（三）宗教与文化

印加政治和社会生活充满宗教意义。印加人特别崇拜太阳神，太阳崇拜遍及整个帝国，印加王是太阳神的尘世代理人。库斯科的太阳神庙是国家宗教中心，并陈放历代印加王木乃伊。文化和意识形态推动了印加征服和扩张。祖先崇拜在信仰中也极其重要。已逝统治者被制成木乃伊成为与神沟通的媒介在节日期间被公开瞻仰、献祭和咨询。印加借鉴奇穆王国王族遗产分割策略，所有政治权力和统治者称号传给其继承人，但宫殿、财富、土地仍在其所有男裔手中，以便维持对已逝国王的木乃伊崇拜。为此，每一位新王需要大量土地和财富。结果，死去的统治者越多，对劳动力、土地和贡品需求就越大，这就产生了自我驱动的扩张需求。印加人不禁止地方神灵崇拜。信仰是建立在万物有灵论基础上的。其他神灵也是国家宗教一部分。山岳、石头、河流、洞穴、坟墓和寺庙都被视为宗教圣地，并由某些阿伊鲁专门负责。神庙祭司主要负责重大节日与庆典并为国家行动提供占卜。

印加人崇拜天体，其天文知识与宗教活动关系密切。他们采用阴阳合历，太阴月以月亮圆缺一次为一月，一般一年分 12 个月，每月有 3 个 10 天的长周，为了适应一年天数，每年有一个 5 天短周，每 4 年加 1 天。太阳年以冬至为岁首。印加人没有文字，使用一种结绳记事制度或基普记载信息。印加国家幅员辽阔，民族很多，方言复杂。但印加人创办学校教授克丘亚语和结绳记事之法，有意识传播克丘亚语作为一种官方语言以促进统一。

印加人利用安第斯前人艺术传统和属民技术，在采矿、冶金、纺织和手工艺方面达到较高水平，形成专业化生产。织布也是一项具有政治和宗教意义的艺术形式。印加王要求妇女为宫廷和祭司编织高质量布料。印加纺织品绚丽多彩，花纹华美精致，有几何纹、螺纹和花鸟鱼虫等图案。用羽毛和金银丝编织的布艳丽豪华，专供贵族享用。印加人不知冶铁，但能开采金、银、铜、锡等多种金属，金属品制造在美洲人中最为先进，以黄金、宝石镶嵌而成的太阳图案绚丽壮观。印加人实际上没有使用过轮子。印加人对外科、解剖、麻醉等医学知识也有初步认识，会制作木乃伊干尸和开颅手术。最常用麻醉药从古柯叶中提取。此外还有金鸡纳、番木鳖等药物。

印加人的才能还表现在土地和水管理、道路体系、建筑业方面。他们在安第斯山脉陡坡上发展设计精巧的巨大农业梯田，运用复杂的灌溉技术浇灌农作物。首都库斯科城建于海拔 3000 米高原上，城内供水设施完备，四通八达。他们建造起大约 4000 公里长的拥有必需桥梁和堤道的遍及整个帝国的复杂道路体系，将帝国连为一体。两条主干线贯通全国：高原道路起自今哥伦比亚，纵贯厄瓜多尔、秘鲁、玻利维亚，再由阿根廷而达智利；沿海道路北起通贝斯，向南贯通秘鲁沿海一带，进入智利中部。支线道路遍及全国。沿路分布 1 万个以上坦博，充当客栈、仓库、信息中转站和印加军队供给中心。印加人建筑天赋极高，石块切割极为精密，宫殿、神庙和城堡皆以巨石垒筑而成而不施灰浆。一些建筑物巨大无比，如库斯科太阳神庙、马丘比丘城堡和萨克萨瓦曼古堡。

本 章 小 结

本章主要讲述了古代非洲、美洲社会辉煌的文明成就和诸区域中心、国家盛衰兴亡的历程。

非洲人创造了光辉灿烂的古代文明。由于地理因素所致，非洲社会发展呈现出明显的区域性特征。撒哈拉沙漠以北社会发展程度较高。撒哈拉沙漠以南各族发展不均衡。非洲社会发展并非完全处于孤立、闭塞状态，它一度受到外来基督教、犹太教和伊斯兰教的影响，尤其是伊斯兰教的传播促进了当地神权国家、语言和文化发展。非洲社会也不时通过地中海、苏伊士地峡、红海、印度洋和内陆的尼罗河－红海通道、撒哈拉商道、东南非黄金商道与外界交往。14、15 世纪后，非洲各主要国家大多陷入内部混战、外族入侵的双重困境中，少数国家因为人民坚决反抗尚能维持独立，多数则无力自守。西方殖民者的大肆掠夺致使非洲往昔繁荣的古代社会日渐凋敝、衰亡。

美洲社会的产生和发展与亚欧大陆人类社会主体相隔绝，使其文明成就尤为引人注目。美洲社会在缓慢的发展过程中，呈现出极大的差异性、复杂性和多样性。墨西哥、中美洲和南美安第斯地区的印第安人，超越了原始的、未开化的历史阶段，开始了文明的发展进程，建立起农业经济为基础的国家政治和社会制度，如等级分明的社会阶级制度、有组织的军事和宗教行动，创造了光辉灿烂的文化。然而，由于西班牙人的入侵，美洲社会的发展被粗暴打断，其大部分成果被摧毁，而其残存部分也多经受异化发展。

虽然，从总体上看，非洲和美洲相较于亚欧大陆文明而言，略显滞后。但这并不能抹杀非洲、美洲对于世界的重大贡献。事实上，非洲、美洲社会在许多方面都取得了令人惊叹的成就，其部分成就的重要价值就在于它的意义远远超出了一族的范围而具有世界性价值，例如非洲的咖啡，美洲的玉米、马铃薯、烟草等作物广泛种植而引发的农业革命是世界走向现代化的主要动力之一。非洲和美洲文明是人类历史发展历程中不可或缺的一个环节。

思考题

1. 简述古代非洲社会的明显特征。
2. 简述古代美洲社会的发展特征。
3. 简述玛雅、阿兹特克、印加社会各有何特色。
4. 如何看待古代美洲社会中的人祭？
5. 简述地理因素与古代非洲、非洲社会发展的关联。

阅 读 文 献

■ 李春辉：《拉丁美洲史稿》，商务印书馆 1983 年版。

■ 王治来、丁笃本：《中亚通史》（四卷本），新疆人民出版社、人民出版社 2010 年版。

■ 玄奘、辩机原著、季羡林等校注：《大唐西域记校注》，中华书局 1985 年版。

■ 孙成木、刘祖熙、李建主编：《俄国通史简编》，人民出版社 1986 年版。

■ 吴于廑：《中国大百科全书·外国历史》"世界历史"条，中国大百科全书出版社 1990 年版。

■ 北京师范大学历史系世界古代史教研室：《世界古代及中古史资料选集》，北京师范大学出版社 1991 年版。

■ 施治生、刘欣如主编：《古代王权与专制主义》，中国社会科学出版社 1993 年版。

■ 何芳川、宁骚主编：《非洲通史·古代卷》，华东师范大学出版社 1995 年版。

■ 刘城：《英国中世纪教会研究》，首都师范大学出版社 1996 年版。

■ 刘文龙：《拉丁美洲文化概论》，复旦大学出版社 1996 年版。

■ 纳忠：《阿拉伯通史》（上下卷），商务印书馆 1997—1999 年版。

■ 艾周昌主编：《非洲黑人文明》，中国社会科学出版社 1999 年版。

■ 哈全安：《古典伊斯兰世界》，中国青年出版社 1999 年版。

■ 马克垚：《西欧封建经济形态研究》，人民出版社 2001 年版。

■ 彭树智：《文明交往论》，陕西人民出版社 2002 年版。

■ 陈志强：《拜占庭帝国史》，商务印书馆 2003 年版。

■ 张箭：《地理大发现研究：15—17 世纪》，商务印书馆 2002 年版。

■ 刘祖熙：《波兰通史》，商务印书馆 2006 年版。

■ 徐家玲：《拜占庭文明》，人民出版社 2006 年版。

■ 杨军、张乃和主编：《东亚史》，长春出版社 2006 年版。

■ 蒋百里：《欧洲文艺复兴史》，东方出版社 2007 年版。

■ 杨人楩：《非洲通史简编—从远古至一九一八年》，人民出版社 1984 年版。

■ 李安山：《非洲古代王国》，北京大学出版社 2011 年版。

■ 张建华：《俄国史》（修订本），人民出版社 2014 年版。

■［意］马可·波罗：《马可波罗行纪》，冯承钧译，中华书局 1954 年版。

■［苏联］列夫臣柯：《拜占廷》，葆煦译，生活·读书·新知三联书店 1959 年版。

■［美］艾·巴·托马斯：《拉丁美洲史》第 1 册，寿进文译，商务印书馆 1973 年版。

■［捷］弗郎蒂舍克·卡夫卡：《捷克斯洛伐克史纲》，叶林译，生活·读书·新知三联书店 1973 年版。

■［波］斯坦尼斯瓦夫·阿尔诺耳德、马里安·瑞霍夫斯基：《波兰简史（从建国至现代）》，史波译，商务印书馆 1974 年版。

■［英］伯纳·路易：《历史上的阿拉伯人》，马肇椿、马贤译，中国社会科学出版社 1979 年版。

■［美］希提：《阿拉伯通史》，马坚译，商务印书馆 1979 年版。

■［瑞士］雅各布·布克哈特：《意大利文艺复兴时期的文化》，何新译，商务印书馆 1979 年版。

■［美］西·内·费希尔：《中东史》（上下册），姚梓良译，商务印书馆 1979—1980 年版。

■［伊朗］志费尼：《世界征服者史》，何高济译，内蒙古人民出版社 1980 年版。

■［法兰克］格雷戈里：《法兰克人史》，寿纪瑜、戚国淦译，商务印书馆 1981 年版。

■［巴基斯坦］赛义德·菲亚兹·马茂德：《伊斯兰教简史》，吴云贵等译，中国社会科学出版社 1981 年版。

■［埃及］艾哈迈德·爱敏：《阿拉伯-伊斯兰文化史》，纳忠等译，商务印书馆 1982—2007 年版。

■［苏联］格列科夫、雅库博夫斯基：《金帐汗国兴衰史》，余大钧译，商务印书馆 1985 年版。

■［德］卡尔·布罗克尔曼：《伊斯兰教各民族与国家史》，孙硕人等译，商务印书馆 1985 年版。

■［印度］《摩奴法典》，蒋忠新译，中国社会科学出版社 1986 年版。

■［波斯］拉施特主编：《史集》，余大钧、周建奇译，商务印书馆 1983—1986 年版。

■［印度］马宗达等：《高级印度史》，张澍霖等译，商务印书馆 1986 年版。

■［捷］瓦·胡萨：《捷克斯洛伐克历史》，陈广嗣译，东方出版社 1988 年版。

■［英］克里斯托弗·道森：《宗教与西方文化的兴起》，长川某译，四川人民出版社 1989 年版。

■［英］托马斯·马丁·林赛：《宗教改革史》，孔祥民等译，商务印书馆 1992 年版。

■［美］詹姆斯·W. 汤普逊：《中世纪晚期欧洲经济社会史》，徐家玲等译，商务印书馆 1992 年版。

■［英］莱斯利·贝瑟尔主编：《剑桥拉丁美洲史》第 1 卷，中国社会科学院拉丁美洲研究所组译，经济管理出版社 1995 年版。

■［法］费尔南·布罗代尔：《菲利普二世时代的地中海和地中海世界》，唐家龙、吴模信等译，商务印书馆 1996 年版。

■［俄］巴甫洛夫-西利万斯基：《俄国封建主义》，吕和声等译，商务印书馆 1998 年版。

■［古代阿拉伯］马苏第：《黄金草原》，耿昇译，青海人民出版社 1998 年版。

■［德］贡德·弗兰克：《白银资本——重视经济全球化中的东方》，刘北成译，中央编译出版社 2000 年版。

■［摩洛哥］伊本·白图泰：《伊本·白图泰游记》，马金鹏译，宁夏人民出版社 2000 年版。

■［英］佩里·安德森：《绝对主义国家的系谱》，刘北成、龚晓庄译，上海人民出版社 2001 年版。

■［英］昆廷·斯金纳：《近代政治思想的基础》，奚瑞森、亚方译，商务印书馆 2002 年版。

■［英］《盎格鲁-撒克逊编年史》，寿纪瑜译，商务印书馆 2004 年版。

■［法］马克·布洛赫：《封建社会》，张绪山等译，商务印书馆 2004 年版。

■［美］保罗·奥斯卡·克里斯特勒：《文艺复兴时期的思想与艺术》，邵宏译，东方出版社 2008 年版。

■［法］菲迪南·罗特：《古代世界的终结》，王春侠、曹明玉译，上海三联书店 2008 年版。

■［美］奥茨门特：《德国史》，邢来顺等译，中国大百科全书出版社 2009 年版。

■［法］罗伯特·福西耶：《剑桥插图中世纪史（1250—1520 年）》，李桂芝等译，山东画报出版社 2009 年版。

■［法］乔治·杜比主编:《法国史》，吕一民等译，商务印书馆 2010 年版。

■［美］布莱恩·蒂尔尼、西德尼·佩因特:《西欧中世纪史》，袁传伟译，北京大学出版社 2011 年版。

■［比］亨利·皮朗:《穆罕默德和查理曼》，王晋新译，上海三联书店 2011 年版。

■［英］罗伯特·斯旺森著，刘城主编:《不列颠与欧洲中世纪晚期历史大观》，首都师范大学出版社 2011 年版。

■［俄］瓦·奥·克柳切夫斯基:《俄国史》（5 卷本），张蓉初等译，商务印书馆 2013 年版。

人名神名译名对照表

一、本对照表只限于汉英两种文字的译名对照，按照汉译名首字拼音声母音序排列，收录书中主要的人名、神名和地名。日本、朝鲜和越南的人名和地名不列入表内。

二、上下卷的人名地名分别列表。人名一般用姓，帝王用名，都不用全称。官号、尊号、绰号和出身地等一般省略，习惯上人名与称号相连的，如成吉思汗、查理大帝等，仍然照旧。

三、少数地名附有常见的旧译或异译者，放在括号内。英文有不同拼法的人名、地名，也放在括号内。

四、世界上古史中习见的人名、地名一般不列入。

A

阿拔斯，阿卜杜拉	Abdullah Abbas
阿伯拉尔	Abelard
阿卜杜拉，伊德里斯·本	Idriss Ben Abdallah
阿达舍夫	Adashev
阿尔布列希特（阿尔伯特）	Albrecht
阿尔昆	Alcuin
阿尔斯兰，阿尔普	Alp Arslan
阿法纳西	Afanasii
阿克巴	Akbar
阿奎那，托马斯	Thomas Aquinas
阿拉里克	Alaric
阿拉乌丁	Alamudin
阿里不哥	Ariq Boke
阿列克修斯一世	Alexius I Comnenus
阿罗那顺	Arunasva
阿姆拉克	Amlak
阿塔瓦尔帕	Atahualpa
阿提拉	Attila
阿西尔	Ibn al-Athir
阿育王	Ashoka
埃克（凡·埃克兄弟）	Hubet Van Eyck & Jan Van Eyck

埃森巴赫，沃尔夫拉姆·封	Wolfram von Eschenbach
艾尔弗里克	Aelfric
艾哈迈德，尤素福·本	Yusuf Ben Ahmed
艾因哈德	Einhard
爱德华	Edward
爱留金那，约翰·司各脱	John Scotus Eriugena
安德列	Andre
安德罗尼卡	Andronicus
奥多阿克	Odovacar
奥多亚克	Odoacer
奥尔加	Olga
奥古斯丁	Augustine
奥卡姆	Ockham
奥朗则布	Aurangzeb
奥利维坦，皮埃尔·罗伯特	Pierre Robert Olivetan
奥列格	Oleg
奥罗修斯	Orosius
奥斯曼	Othman（Osman，Ottoman）
奥托雷阿努斯	Autorianus
奥托一世	Otto I

B

巴布尔	Ba-bur
巴格达迪	Baghdadi
巴哈杜尔	Bahadur
巴列奥洛格	Palaeologus
巴伦支，威廉	Willem Barentsz
巴图塔，伊本	Ibn Battuta
巴耶塞特	Bayezit
拔都	Batu
白拉祖里	Baladhuri
保罗（使徒保罗）	Paul the Apostle
保罗（执事保罗）	Paul the Deacon
贝尔斯基	Bel' skii
贝拉四世	Bella IV

比德	Bede
比鲁尼	Biruni
比翁多，弗拉维奥	Flavio Biondo
彼得拉克	Petrach
波埃修	Beothius
波拉，卡特琳娜·冯	Katherine von Bora
波列斯拉夫	Boleslav
波提切利，桑德罗	Sandro Botticelli
伯克尔，阿布	Abu Bakr
勃鲁盖尔（老皮特·勃鲁盖尔）	Pieter Bruegel the Elder
薄伽丘	Boccaccio
布鲁尼	Bruni
布鲁诺	Bruno
布洛赫，马克	Marc Bloch
C	
查罕杰	Jahangir
查理·马特	Martel，Charles
查理二世（秃头查理）	Charles Ⅱ
查理三世	Charles Ⅲ
查理四世	Charles Ⅳ
查理五世	Charles Ⅴ
查理六世	Charles Ⅵ
查理七世	Charles Ⅶ
查理曼	Charlemagne
查士丁尼	Justinian
察合台	Chagatai
超日王	Vikramaditya
成吉思汗	Jenghiz Khan（Genghis Khan）
慈温利，乌尔里希	Huldrych（Ulrich）Zwingli
D	
达·芬奇	Leonardo da Vinci
达·伽马	Ponte Vasco da Gama
达里伊	d' Ailly
达尼洛维奇	Daniilowitsch

戴克里先	Diocletian
但丁	Dante
德米特里·伊凡诺维奇·顿斯科伊	Dmitri Ivanovich Donskoy
德泰普尔	d'Etaples
狄奥多里克	Theodoric
狄奥多西	Theodosius
狄奥凡尼	Theophane
迪亚士	Bartholmeu Dias
丢勒	Albrecht Durer

E

厄查纳	Ezana
厄尔图格鲁尔	Ertugrul
鄂多里克	Odoric
恩赞加，库武	Nkuwu Nzinga

F

伐弹那，曷利沙（戒日王）	Harsa（Harsha）-Vardhana
法莱尔，纪尧姆	Guillaume Farel
梵藏	Brahmagupta
菲利二世	Philip Ⅱ
菲利四世	Philip Ⅳ
腓特烈一世	Frederick Ⅰ
费奇诺	Marsilio Ficino
弗拉迪斯拉夫二世	Vladislav Ⅱ
弗拉基米尔·摩诺马赫	Vladimir Monomakh
弗拉提斯拉夫	Vratislav
弗塞沃洛德三世	Vsevolod Ⅲ
福卡斯	Phocas

G

伽利略	Galileo
盖伦	Galen
哥白尼，尼古拉斯	Nicolaus Copernicus
哥伦布	Columbus
格雷戈里（格里高利）	Gregory
格里高利一世	Gregory I

格里高利七世	Gregory VII
格里高利十一世	Gregory XI
格林斯卡娅，叶琳娜	Elena Glinskaia
贵由	Guyuk

H

哈菲兹	Hafiz
哈克木，麦尔旺	Marwan Hakam
哈立德·瓦里德	Khalid Walid
哈伦	Harun
哈桑·阿里·伊本	Hassan Ali Ibn
哈特曼·谢德尔	Hartmann Schedel
海萨姆	Ibn al-Haytham（Al-Hazen）
赫蒂彻	Khadijah
赫勒敦，伊本	Ibn Khaldun
赫亚姆·欧默尔	Umar al-Khayyam
亨利二世	Henry II
亨利三世	Henry III
亨利四世	Henry IV
亨利五世	Henry V
亨利六世	Henry VI
亨利七世	Henry VII
侯赛因	Husayn Bayqarah
忽必烈	Kublai
胡登，乌尔里希·冯	Ulrich Von Hutten
胡马雍	Humayun
胡斯	John Huss（Jan Hus）
花拉子密	Khwarizmi
慧齐洛波奇特利（神名）	Huitzilopochtli

J

吉约姆·卡莱	Guillaume Cale
济金根，弗兰兹·冯	Franz Von Sickingen
加尔文，约翰	John Calvin
迦梨陀娑	Kālidāsa
杰式卡，约翰	John Zizka

君士坦丁	Constantine

K

喀比尔	Kabir
卡博特，约翰	John Cabot
卡尔波夫，费多尔	Fedor Karpov
卡尔施塔特，安德雷斯	Andreas Karlstadt
卡富尔	Kafur
卡利尼库斯	Callinicus
卡帕克，曼科	Manco Capac
卡提耶尔	Jacques Cartier
卡西奥多罗斯	Cassiodorus
卡西米尔一世	Casimir I
卡西米尔三世	Casimir III
卡西米尔四世	Casimir IV
卡西姆	Kasim
卡兹姆，穆萨	Musa al-Kazim
恺撒，盖乌斯·尤利乌斯	Gaius Julius Caesar
康博内拉，托马索	Tommaso Campanella
康拉德（马佐维亚公爵）	Conrad（dukes of Mazovia）
康拉德三世	Conrad III
康拉德四世	Conrad IV
考特莫克	Cuauhtemoc
科巴德二世	Kobad II
科尔特斯	Cortés
科勒特，约翰	John Colet
科穆宁，阿列克修斯	Alexius Comnenus
科塞伊	Kossoi
克兰默	Cranmer
克兰纳克，卢卡斯	Lucas Cranach
克里索洛拉斯	Chrysoloras
克洛维	Clovis
克扎尔柯特尔（神名）	Quetzalcoatl
库尔布斯基	Kurbskii
库库尔坎（神名）	Kukulkan

L

拉伯雷，弗朗西斯	Francois Rabelais
拉迪	Radhi
拉斐尔·桑西	Raphael Sanzio
拉施特哀丁	Rashid-al-Din
拉斯卡利斯，狄奥多勒	Theodore Lascaris
拉扎克，阿卜杜	Abdul Razzak
雷卡平，罗曼努斯	Romanus Lecapenus
雷翁，曼努埃尔·彭塞·德	Manuel Ponce de Leon
理查二世	Richard Ⅱ
利奥三世	Leo Ⅲ
利奥十世	Leo Ⅹ
留里克	Rurik
卢卜鲁克	Rubruck
卢布廖夫，安德烈	Andrey Rublev
鲁道夫一世	Rudolph I
路德，马丁	Martin Luther
路易九世	Louis Ⅸ
路易十一	Louis Ⅺ
罗洛	Rollo
罗曼努斯四世	Romanus Ⅳ
罗摩罗迦	Rama Raya
罗摩难陀	Ramananda
罗摩奴迦	Ramanuja
罗慕路·奥古斯都	Romulus Augustus
罗斯提斯拉夫	Rastislav
罗斯图姆，伊本	Ibn Rustam
罗退尔	Lothair
罗耀拉	Loyola
罗伊希林，约安	Johannes Reuchlin

M

马哈茂德	Mahmud
马赫迪	Mahdi（Mehdi）
马基雅维利	Machiavelli

马卡利	Makarii
马可	Marco Polo
马克里齐	Makrisi
马立克	Malik
马立克沙	Malik Shah
马利诺里	Marinoni
马洛里，托马斯	Thomas Malory
马蒙	Mamun
马萨乔	Masaccio
马赛，艾田	Etienne Marcel
马索维亚	Mazovia
马修·帕克尔	Matthew Parker
马志德，艾哈迈德·伊本	Ahamd Ibn Majid
麦斯欧迪	Masudi
麦哲伦，厄尔南多·迪	Ferdinand de Magellan
曼科·卡帕克	Manco Capac
曼奈蒂·贾诺佐	Manetti Giannozzo
曼努埃尔·克里索洛拉斯	Manuel Chrysoloras
曼苏尔	Mansur
梅兰希顿，菲利普	Philipp Melanchthon
梅什科一世	Mieszko I
美第奇，柯西莫	Cosimo Medici
美第奇，罗伦佐	Lorenzo Medici
蒙哥	Mongka
蒙田，米歇尔·德	Michel de Montaigne
孟福尔，西门·德	Simon de Montfort
孟特祖玛一世	Motecuhzoma I
孟特祖玛二世	Motecuhzoma II
米开朗基罗	Michelangelo
米兰德拉	Mirandola
闵采尔，托马斯	Thomas Müntzer
明多夫格	Mindovg
摩诺马赫，弗拉基米尔	Vladimir Monomakh
摩西	Mose

莫尔，托马斯	Thomas More
莫里斯	Maurice
木华黎	Muqali
穆阿威叶	Muawiyah
穆罕默德，阿拉乌丁	Ala-ud-din Muhammad
穆罕默德·拉伊克	Muhammad Rajk
穆罕默德	Muhammad
穆罕默德（古尔苏丹）	Muhammad of Ghor
穆罕默德二世	Muhammad Ⅱ
穆萨	Musa
穆斯台尔（耳）绥木	Mustasim
穆泰纳比	Mutanabbi

N

纳绥尔	Nasir
纳瓦伊	Newai
尼康	Nikon
尼斯福鲁斯·福卡斯（又称尼斯福鲁斯二世）	Nicephorus Phocas
涅斯托尔	Nestor

O

欧默尔	Omar
欧苏里	Usuli

P

帕查库提	Pachacuti
培根，罗杰尔	Roger Bacon
丕平（矮子丕平）	Pepin the Short
丕平（赫斯塔尔的丕平）	Pepin of Herstal
毗湿奴（神名）	Visnu
婆拜多	Vagbhata
普罗可普	Prokop
普西亚布蒂	Pushyabhuti

Q

虔诚者路易	Louis the Pious
乔叟，乔弗雷	Geoffrey Chaucer

屈出律	Kuchlug
S	
萨比特，栽德	Zayd Thabit
萨菲·丁	Safiyu' d-Din
萨拉丁	Saladin
萨鲁塔第，克鲁乔	Coluccio Salutati
塞健陀笈多	Skandagupta
塞里姆一世	Selim I
桑尼·阿里	Sonni Ali
沙·加汗	Shah Jahan
沙哈鲁	Shahruh
沙摩陀罗笈多	Samudragupta
沙勿略	Xavier
莎士比亚	Shakespeare
商羯罗	Sankara
湿婆（神名）	Sivas
室点密	Istami
释迦牟尼	Sakyamuni
术赤	Jochi
司各脱，邓	John Duns Scotus
斯拉沃米尔	Slawomir
斯维亚托波克	Svyatopolk
斯维亚托斯拉夫	Sviatoslav
松迪亚塔	Sundiata
苏莱曼	Sulayman
索里斯，胡安·迪亚士	Juan Diaz Solís
T	
塔赫马斯普	Tahmasp
塔士芬，尤素福·伊本	Yusuf Ibn Tashfin
塔塔统阿	Tata-tonga
塔西佗	Tacitus
泰伯里	Tabari
泰勒，瓦特	Wat Tyler
汤姆森	Thomsen

特拉洛克（神名）	Tlaloc
特里波尼安	Tribonian
提香	Titian
帖木儿	Timur
秃头查理	Charles the Bald
图拉真	Trajan
土门	Ashina Tumen
托纳蒂乌	Tonatiuh
托斯堪内里	Toscanelli
拖雷	Tului
W	
瓦茨拉夫二世	Wenceslas II
瓦尔泽苗雷尔	Waldseemüller
瓦拉，洛伦佐	Lorenzo Valla
瓦伦斯	Valens
瓦萨利，乔尔乔	Giorgio Vasari
瓦斯卡尔	Huascar
瓦西里一世	Vasilii I
威克里夫，约翰	John Wycliffe
威洛比，休	Hugh Willoughby
韦（瓦）里德	Walid
韦尔斯	Wells
韦斯普奇，亚美利哥	Amerigo Vespucci
维拉查诺，乔万尼·达	Giovanni da Verrazzano
维勒哈杜恩，乔弗雷·德	Geoffroi de Villehardouin
窝阔台	Ogdai
沃尔夫，赫罗尼姆斯	Hieronymus Wolf
沃尔沃思，威廉	William Walworth
乌尔班二世	Urban II
武莱	Uli
兀良合台	Uriyangqatai
兀鲁伯	Mirza Uluqh Beq
X	
西吉斯孟德三世	Sigismund III

西门斯，门诺	Menno Simons
西涅乌斯	Sineus
希波克拉底	Hippocrates
希拉克略	Heraclius
希沙姆	Hisham
谢德尔	Schedel
旭烈兀	Hulagu
Y	
雅德维佳	Jadowiga
雅克·卡提耶尔	Jacques Cartier
雅克·勒费弗尔·德泰普尔	Jacques Lefevre d'Etaples
雅罗斯拉夫	Yaroslav
亚盖洛	Jagiellon
亚历山大德罗维奇	Aleksandrovich
亚雅巴达	Aryabhatta
叶赫亚	Yahya
叶齐德	Yazid
伊本西那（阿维森纳）	Ibn Sina（Avicenna）
伊茨夸特尔	Itzcoatl
伊德里斯·本·阿卜杜拉	Idris Ben Abdallah
伊杜米斯	Iltutmish
伊凡诺维奇，德米特里	Dmitri Ivanovich
伊凡三世	Ivan III
伊戈尔	Igor
伊拉里昂	Ilarion
伊拉斯谟	Erasmus
伊琳娜	Ellene
伊斯马仪	Isma'il
伊西多尔	Isidore
易司哈格，侯奈因	Hunayn Ishaq
英诺森三世	Innocent III
尤利	Iurii
尤潘基，图帕克	Tupaqc Yupanqui
尤西比乌斯	Eusebius

地名译名对照表

A

阿杜里斯	Adulis
阿尔班	Alban
阿尔卑斯山	Alps
阿尔汉格尔斯克	Arkhangelsk
阿尔卡索瓦斯	Alcacovas
阿尔泰山	Altai
阿奎坦	Aquitaine
阿金库尔	Agincourt
阿科	Acre
阿克苏姆	Axum
阿拉伯半岛	Arabia
阿拉伯海	Arabian Sea
阿伦斯堡	Ahrensburg
阿姆河	Amu Darya
阿塞拜疆	Azerbaijan（Azerbaidzhan）
阿斯特拉罕	Astrakhan
埃塞克斯	Essex
爱德萨	Edessa
爱尔福特	Erfurt
安卡拉	Ankara（Angora）
安特卫普	Antwerp
安条克	Antioch
奥得河	Oder River
奥地利	Austria
奥尔良	Orléans
奥格斯堡	Augsburg
奥朗格巴德	Aurangābād
奥里诺科河	Orinoco River

B

巴尔干半岛	Balkan Peninsula

巴伐利亚	Bavaria
巴格达	Baghdad
巴哈马群岛	Bahamas
巴罗斯	Baros
巴塞尔	Basel
巴塞罗那	Barcelona
巴什基里亚	Bashkiria
巴士拉	Basra
巴特那	Patna
保加利亚	Bulgariya
卑尔根	Bergen
北方邦	Uttar Pradesh
贝加尔湖	Lake Baikal
比尔森	Plzen
比哈尔	Bihār
比利牛斯山	Pyrenees
波罗的海	Baltic Sea
波莫瑞	Pomorze
波斯	Persia
波斯湾	Persian Gulf
波希米亚	Bohemia
波兹南	Poznan
勃艮第	Burgundy
博格多山	Bogdoschanica Mountain
博哈多尔角	Cape Bojador
博洛尼亚	Bologna
博斯普鲁斯	Bosporus
博韦	Beauvais
不来梅	Bremen
布达	Buda
布格河	Bug River
布哈拉	Bukhara（Buxoro）
布拉格	Prague
布列斯特	Brest

布鲁日	Bruges
C	
昌昌城	ChanChan
车尔尼戈夫	Chernigov
葱岭	Pamirs
D	
达尔马提亚	Dalmatia
大不里士	Tabriz
德干高原	Deccan Plateau
德里	Delhi
德维纳河	Dvina River
的的喀喀	Titicaca
登迪	Dendi
第聂伯河	Dnieper River
蒂亚瓦纳科	Tiwanaku
顿河	Don River
多瑙河	Danube River
E	
讹答剌	Otrar
额尔古纳河	Argun River
额尔浑	Orkhon
额尔齐斯河	Irtysh River
F	
法尔斯	Fars
法兰克福	Frankfurt
凡湖	Van Lake
菲斯	Fez
芬马克	Finnmark
佛罗伦萨	Florence
弗兰德尔	Flanders
弗拉基米尔	Vladimir
弗里西亚	Frisia
弗罗茨瓦夫	Wroclaw
弗斯塔特	El-Fustat

伏尔加河	Volga River

G

冈达尔	Gondar
戈罗杰茨	Gorodets
格但斯克	Gdansk
格拉纳达	Granada
格鲁吉亚	Georgia
格罗宁根	Groningen
瓜廖尔	Gwalior
果阿	Goa

H

哈得孙河	Hudson River
哈达拉毛	Hadhramaut
哈马黑拉岛	Halmahera
哈米德	Hamid
豪兰	Howland
好望角	Cape of Good Hope
赫布里底群岛	Hebrides
赫拉特	Heart
花剌子模	Khwarezm（Khorazm，Choresmien）
恒河	Ganges
呼罗珊	Khorasan
华氏城	Pataliputra

J

基辅	Kiev
加奥	Gao
加来	Calais
迦太基	Carthage
加那利群岛	Canary Islands
加兹温	Qazvin

K

喀尔巴阡山	Carpathians（Karpaty）
喀拉海	Kara Sea
喀拉拉	Kerala

喀山	Kazan
卡尔西顿	Chalcedon
卡拉	Kara
卡利库特	Calicut
卡瑙季	Kannauj
开普敦	Capetown
凯鲁万	Kairouan
坎特伯雷	Canterbury
康斯坦茨	Konstanz（Constance）
柯尼斯堡	Königsberg
科尔多瓦	Cordoba（Cordova）
科佛里河	Kaveri River
科隆	Cologne
科纳克里	Conakry
科斯特罗马	Kostroma
科西嘉岛	Corsica Isle
克拉科夫	Krakow
克雷西	Crecy
克里米亚	Crimean
克里姆林宫	Kremlin
克鲁伦河	Kerulen River
克罗地亚	Croatia
克什米尔	Kashmir
肯特	Kent
库巴	Kuba（Quba）
库法	Kufa
库里科沃	Kulikovo
库斯科	Cuzco
库雅维亚	Kujawy
昆比·萨利	Kumbi-Saleh
L	
拉多加湖	Ladoga
拉合尔	Lahore
拉姆拉	Ramla

拉普拉塔河	Río de la Plata River
拉特兰	Lateran
拉文那	Ravenna
莱比锡	Leipzig
里伯	Ribe
里海	Caspian Sea
里加	Riga
里斯本	Lisbon
立陶宛	Lithuania
立沃尼亚	Livonia
梁赞	Ryazan
琉球	Ryukyu
卢布林	Lublin
鲁昂	Rouen
吕贝克	Lübeck
伦巴德	Lombard
罗斯	Rus
罗斯托夫-苏兹达尔	Rostov-Suzdal
列维尔	Reval

M

蒙巴萨	Mombasa
马（格）德堡	Magdeburg
马达加斯加	Madagascar
马尔代夫	Maldives
马尔马拉海	Marmara Sea
马尔瓦高原	Malwa Plateau
马格尔莫斯	Maglemose
马格里布	Maghrib（Maghreb）
马克坦岛	Mactan
马来半岛	Malay Peninsula
马林迪	Melinde
马林堡	Marienburg
马六甲	Malacca
麦地那	Medina

麦加	Mecca
麦罗埃	Meroe
曼西喀特	Manzikert
美多德	Metodej
美因茨	Mainz
蒙彼利埃	Montpellier
米兰	Milan（Milano）
明斯特	Münster
摩揭陀	Magadha
摩拉维亚	Moravia
摩鹿加	Molucca
摩洛哥	Morocco
莫桑比克	Mozambique
N	
那不勒斯	Naples
诺盖汗国	Nogai Khanate
那烂陀	Nalanda
纳季德（内志地区）	Najd（Nejd）
南蟠	South Phan
南特	Nantes
南洋群岛	South Pacific Islands
尼德兰	Nederland
尼斯河	Ness River
涅曼河	Neman River
纽斯特里亚	Neustria
诺夫哥罗德	Novgorod
诺森伯里亚	Northumbria
P	
帕多瓦	Padua
帕尔米拉	Palmira
潘诺尼亚	Pannonia
佩雷亚斯拉夫	Pereyaslavl
皮特拉	Petra
平户	Hirado

婆罗洲	Borneo
普斯科夫	Pskov
普瓦捷（普瓦提埃）	Poitiers

Q

岐阜	Gifu
奇钦·伊查	Chichen-Itza
钦察汗国（金帐汗国）	Kipchak（Khanate，Qipchaq Ulisi）
曲女城	Kanauj

R

热那亚	Genoa（Genova）
日德兰	Jutland

S

桑给巴尔	Zanzibar
撒马尔罕	Samarqand
萨拉哥撒	Saragossa
萨莱	Sarai
萨洛尼卡	Salonika
萨马拉	Samarra
萨默塞特	Somerset
塞尔维亚	Serbia
塞尔柱	Seljuk
塞内加尔	Senegal
塞萨利	Thessaly
塞维利亚	Seville（Sevilla）
散纳尔	Sennar
色雷斯	Thrace
绍阿	Shewa
斯凯岛	Isle of Skye
斯洛伐克	Slovakia
斯摩棱斯克	Smolensk
斯匹次卑尔根	Spitsbergen
斯特拉斯堡	Strasbourg
苏丹	Sudan
苏黎世	Zurich

粟特	Sogdiana
索巴	Soba
索姆那特	Somnath
T	
特奥蒂瓦坎	Teotihuacan
塔尔巴哈台山	Tarbagatai Mountain
泰西封	Ctesiphon
特（铁）诺奇蒂特兰	Tenochtitlan
特拉比松	Trebizond（Trabzon）
特鲁瓦	Troyes
特伦特	Trent
特斯科科	Texcoco
提阿雷特	Tiaret
提卡尔	Tikal
突厥	Turks
托尔德西利亚	Tordesillas
托伦	Torun
特维尔	Tver
W	
瓦伦西亚	Valencia
威斯特伐利亚	Westphalia
维肯	Viken
维斯杜拉河	Vistula River
温德亚山	Windhyan Mountain
沃姆斯	Worms
斡难河	Onon Gol River
乌得勒支	Utrecht
乌拉尔山	Urals
乌兹别克斯坦	Uzbekistan
X	
西福尔	Vestfold
西里西亚	Silesian
希贾兹	Hejaz
锡尔河	Syr Darya

锡兰	Ceylon
喜马拉雅山	Himalayas
咸海	Aral Sea
香槟	Champagne
谢佩岛	Isle of Sheppey
信德	Sind
兴都库什山	Hindu Kush
休达	Ceuta

Y

雅罗斯拉夫尔	Aroslavl
雅穆克河	Yarmuk River
亚琛	Aachen
亚德里亚堡	Adrianople
亚格拉	Agra
亚美尼亚	Armenia
叶斯里卜	Yathrib
伊比利亚半岛	Iberia Peninsula
伊庇鲁斯	Epirus
伊儿汗国	Llkhanate
伊斯法罕	Isfahan
伊斯坦布尔	Istanbul
易北河	Elbe River
约旦河	Jordan River
越前	Echizen

Z

泽拉夫善河	Zeravshan River
扎格罗斯山	Zagros Mountain
占城	Champa
中央邦	Madhya Pradesh
朱木拿河	Jumna River
爪哇	Java
准噶尔盆地	Junggar Basin

后　记

　　《世界古代史》是马克思主义理论研究和建设工程重点教材，是在教育部实施马克思主义理论研究和建设工程领导小组领导下组织编写的。在编写过程中，得到了教育部马克思主义理论研究和建设工程重点教材审议委员会的指导，得到了中宣部、中央党校、中央编译局、求是杂志社、中国社会科学院等有关部门和有关专家学者的支持。同时，广泛听取了高校教师和学生的意见建议。

　　本教材由首席专家朱寰主持编写，杨共乐、晏绍祥、王晋新、刘城任副主编。朱寰撰写导论；杨共乐撰写上册引言；朱泓撰写第一章第一节；段天璟撰写第一章第二节至第四节；刘健撰写第二章；郭丹彤撰写第三章；周巩固撰写第四章；王大庆撰写第五章；晏绍祥撰写第六章；官秀华撰写第七章；王晋新撰写下册引言，第八章，第九章第一节、第二节、第四节，第十章，第十五章，第十六章第一节、第二节、第四节；周颂伦撰写第九章第三节，第十六章第三节；周术情、哈全安撰写第十一章，第二十章第二节；徐家玲撰写第十二章，第十六章第五节；刘城撰写第十三章，第十八章第五节；朱寰、唐艳凤撰写第十四章第一节、第二节，第十七章，第二十章第三节；王云龙撰写第十四章第三节；侯树栋、武可撰写第十八章第一节至第四节；刘林海撰写第十八章第六节，第二十章第四节；孙义飞撰写第十九章；张乃和撰写第二十章第一节、第五节；晏绍祥、王邵励、孙义飞制作了译名对照表。侯建新、郭小凌、彭小瑜等参加了学科专家审议并提出了修改意见。顾海良、韦建桦、胡德坤、侯建新等作了出版前的审读。

2016 年 1 月 27 日

第二版后记

定期修订马克思主义理论研究和建设工程重点教材是保证其编写质量的重要途径。党的十九大胜利召开后，为推动习近平新时代中国特色社会主义思想进教材、进课堂、进头脑，深入贯彻落实党的十九大和十九届二中、三中全会精神，教育部统一组织对已出版教材进行了全面修订。本书经国家教材委员会高校哲学社会科学（马工程）专家委员会审核通过。

朱寰主持了本次教材修订工作，杨共乐、晏绍祥、王晋新、刘城、王邵励、王大庆、刘健参加了具体的修订工作。

2018 年 6 月

为收集对教材的意见建议,进一步完善教材编写和做好服务工作,读者可将对本教材的意见建议通过如下渠道反馈至我社。

咨询电话　400-810-0598

读者服务邮箱　gjdzfwb@pub.hep.cn

通信地址　北京市朝阳区惠新东街 4 号富盛大厦 1 座
　　　　　高等教育出版社总编辑办公室

邮政编码　100029

教学支持服务说明

本书有配套教学课件,供教师免费下载使用,请访问 xuanshu.hep.com.cn,经注册认证后,搜索书名进入具体图书页面,即可下载。